古代歷史文化研究輯刊

十 編

王明蓀 主編

第 22 冊

何夢瑤研究

荀鐵軍 著

國家圖書館出版品預行編目資料

何夢瑤研究／荀鐵軍 著 — 初版 — 新北市：花木蘭文化出版
社，2013〔民 102〕
序 2+ 目 2+282 面；19×26 公分
（古代歷史文化研究輯刊 十編：第 22 冊）
ISBN：978-986-322-350-4（精裝）
1.（清）何夢瑤　2. 學術思想
618　　　　　　　　　　　　　　　　　102014421

ISBN-978-986-322-350-4

9 789863 223504

古代歷史文化研究輯刊
十　編　第二二冊　　　　　　　ISBN：978-986-322-350-4

何夢瑤研究

作　　者　荀鐵軍
主　　編　王明蓀
總 編 輯　杜潔祥
出　　版　花木蘭文化出版社
發 行 所　花木蘭文化出版社
發 行 人　高小娟
聯絡地址　235 新北市中和區中安街七二號十三樓
　　　　　電話：02-2923-1455／傳真：02-2923-1452
網　　址　http://www.huamulan.tw 信箱 sut81518@gmail.com
印　　刷　普羅文化出版廣告事業
初　　版　2013 年 9 月
定　　價　十編 35 冊（精裝）新台幣 62,000 元

謹以此書紀念先父荀品高先生

（1939 ～ 1998）

何夢瑤研究

荀鐵軍　著

作者簡介

荀鐵軍，江西省金溪縣人，1967 年出生。先後就讀於江西醫學院、華南師範大學、暨南大學，中國古代史博士，研究方向為明清史。在《讀書》、《文藝評論》、《古籍整理研究學刊》、《中國醫學倫理學》、《南京中醫藥大學學報》、《安徽中醫學院學報》、《華南師範大學學報》、《南方日報》等發表論文多篇。

提　　要

　　何夢瑤（1693～1764），清康乾之際廣東南海縣人。幼年啟蒙於宗族私塾，13 歲求學於佛山心性書院。成人後以教書、行醫為業。29 歲入惠士奇門下學習六載，成為「惠門八子」之一。38 歲成進士，遂宦遊廣西、遼陽近 20 年，歷任知縣、知州，恪盡職守，仕途平淡，但精於醫學，懸壺濟世。58 歲辭官回鄉，歷任廣東三大書院山長，延續惠門之風。他一生交友廣泛，弟子眾多，著述涵蓋醫學、詩詞、算學、易學、音律等多領域，是清代廣東學術史上較有影響力的人物。

　　本文從社會文化史角度，研究和考證何夢瑤的成長際遇、仕宦沈浮、行醫生涯、社會交遊、學術活動等史實，分析康乾之際廣東士人群體組織與建構的途徑、形式與內涵，以及廣東士人文化與經濟社會的互動，揭示王朝國家權威與儒家正統文化對廣東社會與文化的影響。

自　序

　　2008 年我考入暨南大學，師從劉正剛教授讀博士。由於我有學醫背景，剛開始就設想做與醫學有關的題目，但幾經調整和困境。當通過方志、筆記、詩文集和田野調查等搜集出相對足夠的史料時，才開始著手構建論文的框架。博士論文的寫作是個漫長而痛苦的過程，一方面因我的史學基礎薄弱，另一方面還要工作，總覺得時間不夠。

　　史學要求做學問要從問題開始。我當時縈繞的問題是，後人對清代醫家的醫學專業方面討論很多，但是對醫家作為一個社會個體的成長過程、知識傳承、社會交往、政治經濟文化和社會的互動關係等，少有討論。我設想是從何夢瑤這個個體出發，挖掘和分析康乾時期嶺南士人的文化與社會關係。當然，我認為本書做了一些嘗試，但是這個設想的實現還需要更進一步的努力。

　　年過四十始學歷史的心境，正如黃仁宇所說「深感風卷雲消後，我自己已入中年，自此學歷史已有探詢人生意義的趨向。」〔註〕由於久在官場蹉跎，總覺得要做些自己感興趣，而又有人生意義的事情。作為初入史學殿堂的新兵，我深知自己學識的淺陋，文中難免錯謬。由於臺灣花木蘭文化出版社的鼎力支持，現不揣冒昧將此書出版，以求教於方家。是為序。

荀鐵軍
2013 年 4 月

_____

〔註〕黃仁宇：《〈萬曆十五年〉和我的大歷史觀》，《萬曆十五年》（增訂本），北京：
　　中華書局，2007 年，第 242～243 頁。

目

次

緒　論

　　何夢瑤，清代廣東南海縣人。雍正八年（1730）進士，歷任知縣、知州以及書院山長等職。何氏作爲經學家惠士奇的門生，著述豐富，涉獵廣泛，涵蓋醫學、詩詞、算學、易學、音律等，是廣東學術史上較有影響力的人物。《清史列傳》讚譽他說：「國朝二百年來，粵人論撰之富，博極群書，精通藝術，未有逾夢瑤者。」〔註1〕

　　清承明制，尊奉程朱理學爲正統，通過各種手段，諸如提倡理學、興文字獄、開四庫全書館等，對士大夫的生活和思想進行控制，客觀上促進了考據學的發展。廣東由於地理位置遠離皇權中心，皇權對廣東的作用呈現出與其他區域不同的特點。〔註2〕廣東爲清代南方文藪，特別是康乾時期，人才輩出。惠士奇督學廣東之後，門徒眾多，形成「惠門八子」，他們涉獵廣泛，興舉詩社，廣爲遊歷，成就一時廣東的學風際會。何夢瑤是其中重要一員。之所以選擇何夢瑤進行專題研究，主要基於三點考慮。

　　第一，通過對何夢瑤亦官亦儒亦醫的成長際遇、仕宦沉浮、行醫生涯、社會交遊、學術活動的專門研究，以管窺康乾時期廣東士人的精神風貌與生活狀況。

　　第二，康乾時期號稱「盛世」，但學界對這一時期廣東士人的研究比較分散，只在涉及某時段或某方面問題時涉及相關人物而已。何夢瑤作爲此時廣東士人的代表之一，學術界對他的研究大多僅側重於其醫學方面，論文雖

〔註1〕　王鍾翰點校：《清史列傳》第 18 冊，北京：中華書局，1987 年，第 5847 頁。
〔註2〕　參見陳春聲、劉志偉：《經營文化：中國傳統社會單元的運營與管理》，香港：香港教育圖書公司，1999 年。

多，但重複不少。對以何夢瑤為代表的士人群體展開研究，於進一步瞭解康乾時期廣東社會頗有意義。

第三，士人是中國古代社會的精英階層，其內在的精神風貌和外在的行為方式最能反映一個時代的特徵。尤其是士人的社會交往紛繁複雜，其動機因個體差異而存在較大懸殊。本研究以何夢瑤為主要對象，以求全面地瞭解士人群體之間的變化及其與社會的互動關係。

學界對清代士人的研究非常關注，成績斐然。僅以社會史研究視角而言，有關此方面的著述即已不勝枚舉，但從其研究內容而言，主要有遺民、士人群體的交往及士大夫與地方社會等方面。

明清易代，對於前朝遺民而言，面對國破家亡，他們深感「非我族類、其心必異」帶來的文化危機，這一集體記憶使他們表現出共有的時代特徵。因此，明末清初遺民所呈現出的「士風」問題是學界較多討論的話題。〔註3〕儘管對於「士風」，學界仍有爭議，我們在討論某一時期士人文化形態時，卻又不可避免地對該時期士人所表現出的共同特徵加以歸納。特別是對明末清初士人研究中，不少學者傾注了大量的精力加以梳理，並試圖歸納該時期的士風。趙園對明末清初的遺民問題進行詳細的梳理和探討，回應了明清之際的各種士人話題；以為積極參與政治是明末清初士風的重要面向，這種風尚有其制度的以及朝廷律令方面的根源。〔註4〕

以上這些研究成果，基本是以明末清初對士大夫價值轉變的的整體分析，有的學者則以地方士人的研究，探討地方士人與社會的具體形態。明清易代之際，嶺南士人表現出了鮮明的地域個性。甲申之變發生後，嶺南的士子紛紛「勤王救國」，當清王朝逐一平定各南明小王朝之後，嶺南士人又紛紛選擇出家與「殉道」兩條道路。〔註5〕

清朝鼎革後，加強了對士大夫的控制，試圖確立王朝的正統觀念，同時遺民在士大夫群體中的影響也慢慢淡化，士林精神世界開始發生變異。楊念

〔註3〕 趙園：《關於士風》，《中國文化研究》，2005年夏之卷。

〔註4〕 趙園：《明清之際士大夫研究》，北京：北京大學出版社，1999年；趙園：《士人‧言論‧心態──〈明清之際士大夫研究〉續編》，北京：北京大學出版社，2006年；趙園：《任道與任事──關於明清之際士人的一種姿態分析》，《西北師範大學學報》2006年第2期。

〔註5〕 吳琦、趙秀麗：《儒佛互補：明清易代之際嶺南士人的行為特徵》，《中南民族大學學報》2003年第3期。

群從清朝「正統觀」經歷的複雜背景和內容，考察了江南士人如何從「道統」的擁有者轉變爲「大一統」的脅從者的過程。〔註6〕清代士大夫出現異化也得益於朝廷在科舉方面承襲明制，繼續以科舉方式控制士人。因此，從上世紀九十年代以來，以清代進士爲核心的人才問題受到了學界的重視，較突出的研究包括何炳棣《明清進士與東南人文》、范金民《明清江南進士數量、地域分佈及其特色分析》和沈登苗《明清全國進士與人才的時空分佈及其相互關係》。〔註7〕

　　士人群體的交往問題也一直受到學界的關注。關於清代士人的交往，趙毅、秦海瀅認爲明清時期士人由於經濟基礎、政治因素等影響，其價值取向也有所不同，但是他們認同的基礎要素是共同的歷史記憶、生活遭遇和志趣追求，而社會交往正是這種認同的重要表徵。〔註8〕吳琛瑜以《吳門表隱》一書的個案分析，認爲清代中葉下層士人的文化交往是主要的人際交往方式，而這種文化交往是融合血緣、地緣、業緣和趣緣等關係形成的綜合型的社會交往方式。〔註9〕李文海、趙曉華認爲，清代官僚士人頻繁的人際交往既是交流學問、尋求友情的重要手段，也反映了生活方式。〔註10〕此外，還有對獨特士人群體及心態史方面的研究著作，如陳剛俊、彭潔通過對明清時期江西從醫士人群體的研究認爲，從醫士人雖游離於士大夫群體，卻又絲毫沒有放棄對「士紳化」的追求。〔註11〕心態史研究方面，如趙伯陶《明清八

〔註6〕楊念群：《何處是江南：清朝正統觀的確立和士林精神世界的變異》，北京：三聯書店，2010年；楊念群：《文字何以成獄？——清初士人逃隱風格與「江南」話題》，楊念群主編：《新史學（第一卷）——感覺·圖像·敘事》，北京：中華書局，2007年。

〔註7〕何炳棣：《明清進士與東南人文》，載《中國東南地區人才問題國際研討會論文集》，杭州：浙江大學出版社，1993年；范金民：《明清江南進士數量、地域分佈及其特色分析》，《南京大學學報》（哲人社版）1997年第2期；沈登苗：《明清全國進士與人才的時空分佈及其相互關係》，《中國文化研究》1999年第4期。

〔註8〕趙毅、秦海瀅：《明清時期淄川士人的社會交往與空間轉換》，《遼寧師範大學學報》（社會科學版）2008年第5期。

〔註9〕吳琛瑜：《清代中葉江南下層士人的社會文化交往圈——以〈吳門表隱〉作者顧震濤爲例》，《上海師範大學學報》（哲學社會科學版）2008年第1期；吳琛瑜：《清代前中期江南無功名下層士人社會生活探研》，蘇州大學2005年碩士學位論文。

〔註10〕李文海、趙曉華：《晚清官僚士人群體的人際交往》，《中國人民大學學報》2003年第6期。

〔註11〕陳剛俊、彭潔：《不爲良相願爲醫——明清江西從醫士人群體研究》，《江西中

股取士與文學及士人心態》中，認爲八股取士的方式直接影響了清代士人的心態。〔註12〕

　　許紀霖等學者提出知識分子的社會文化史研究路徑，重點考察的是知識分子在特定的社會語境和關係網絡中，如何產生知識分子共同體，如何相互交往，影響和建構社會公共空間和關係網絡。李孝悌以人物個案爲研究對象，討論了明清時期都市空間與知識群體的問題。有關該領域的研究，在國內外學界已有大量研究成果，在行文中將與之展開對話，在此不再贅述。〔註13〕

　　廣東地區社會的發展，到南宋政權南移後，逐步將地方精英整合在王朝之內。特別是在明代陳白沙的出現，珠江三角洲在全國文化舞臺上，屢領風騷。且明朝中後期的政治改革，大都是由廣東文人推動。由此，改變了廣東一地文化落後的情形。但是，在廣東的文化活動中，主要是由詩人主導，而非由官員或學者主導。這種情形一直延續至清朝開國後的第一代文人。

〔註14〕特別是明清之際由於商品經濟的高度發展，中國社會開始發生深刻的變化。在這種時代背景下，思想領域湧現出以顧炎武、黃宗羲、王夫之爲代表的思想家，他們反對清談，提倡實學，形成了注重通經致用的學術風氣。這種思想也影響著廣東地區，「嶺南三家」乃其代表。從而，中央文化與廣東本土文化在廣東地方社會中進行了的全方位的整合。葉漢明認爲這種文化整合是士大夫在地方社會推行教化工程，以及地方族群挪用士大夫文化符號以強化自身力量的一個歷史過程。〔註15〕劉志偉認爲明清珠江三角洲的士大夫集團在文化上的主要貢獻，是既將宋明理學的意識形態和倫理觀念地方化，又將地方文化傳統和地方價值觀納入宋明理學的規範中，使之倫理化和正統化；與此同時，爲地方利益以及同商業化相關聯的行爲模式提供了合理性的根據。〔註16〕

醫學院學報》2010年第3期。

〔註12〕趙伯陶：《明清八股取士與文學及士人心態》，《深圳大學學報》（人文社會科學版）2009年第1期。

〔註13〕許紀霖等：《近代中國知識分子的公共交往：1895～1949》，上海：上海人民出版社，2008年；李孝悌的《戀戀紅塵：中國的城市、欲望和生活》，上海：上海人民出版社，2007年。

〔註14〕科大衛：《皇帝和祖宗：華南的國家與宗族》，卜永堅譯，南京：江蘇人民出版社，2009年，第36、287～288頁。

〔註15〕葉漢明：《明代中後期嶺南的地方社會與家族文化》，《歷史研究》2000年第3期。

〔註16〕劉志偉：《地域社會與文化的結構過程——珠江三角洲研究的歷史學與人類學

　　李緒柏認為，明代廣東學術鼎盛時，便以浙、粵分派傳學。當時學界以廣東陳獻章，浙江王陽明為大師巨子。發展至清初廣東、江浙地區均遭受戰亂，而經短暫恢復之後，江浙地區的學術文化能很快再度繁榮，而廣東卻停滯了整整百餘年之久的一個解釋，是廣東學術文化的積累底蘊不夠深厚，比較脆弱，故一經挫折摧殘便難以較快恢復元氣。而廣東樸學淵源，追溯起來雖很早就受惠士奇、錢大昕諸大儒啓發，但直接推動卻來源於阮元。〔註17〕這種觀點是有其合理性，但從惠士奇對廣東士人的影響來看，「惠門八子」對惠士奇樸學方面的繼承甚少，他們更多是體現在詩學領域。如陳永正認為「惠門八子」是康乾時期廣東詩壇的重要代表。〔註18〕1924 年梁啓超就在《近代學風之地理的分佈》說：「康熙末，惠半農督廣東學政，始以樸學勵士，其季者有『惠門四君子』之目，然仍皆文士，於學無足述者。」〔註19〕梁認為「惠門四子」「皆文士，於學無足述」。此說影響甚大。程美寶亦認為乾嘉時期，樸學大興，心性之學旁落，廣東在學術領域有全國性地位和影響的學者如鳳毛麟角。直到嘉道之際，阮元辦學海堂，廣東學人才漸漸在全國學術上嶄露頭角，擺脫過去文化低落的形象，摒棄明代以來主導廣東的心學傳統。其影響直到咸同年間的陳澧和朱次琦並延續到晚清的康、梁。〔註20〕

　　這些觀點均以清代樸學的發展為標準，認為屈大均這一代之後廣東學術衰落，直至阮元推動廣東樸學發展，由此開闢了廣東學術發展階段。而據科大衛的研究，這一時期廣東學術的發展，只能說樸學這個學術潮流並沒有席卷廣東，主要是由於以書院為中心的知識領域，自覺地沿承了宋學的學術傳統。因此，在這種傳統的影響下，個別的學者在醫學、算學等專門領域中大展拳腳。〔註21〕科大衛同時指出，從南宋至清末，即所謂中國歷史的「晚期帝制」時期，「廣東的文人傳統歷經三造：創造於 12 世紀，再造於 16 世紀，三造於 18 世紀。最終創造出來的廣東文人，無論各自打著什麼政治算盤，但

　　對話》，《歷史研究》2003 年第 1 期；另見，劉志偉：《在國家與社會之間：明
　　清廣東地區里甲賦役制度研究》，廣州：中山大學出版社，1997 年。
〔註17〕李緒柏：《清代廣東樸學研究》，廣州：廣東省地圖出版社，2001 年。李緒柏：
　　《清代廣東文化的結晶體——東塾學派》，《廣東社會科學》，1996 年第 3 期。
〔註18〕陳永正：《嶺南詩派略論》，《嶺南文史》，1999 年第 6 期。
〔註19〕梁啓超：《近代學風之地理的分佈》，《清華學報》卷 1，第 1 期。
〔註20〕程美寶：《地域文化與國家認同：晚清以來「廣東文化」觀的形成》，北京：
　　生活・讀書・新知三聯書店，2006 年。
〔註21〕科大衛：《皇帝和祖宗：華南的國家與宗族》，第 289 頁。

都認爲自己與全國文人同屬一脈。」〔註22〕本書的研究對象何夢瑤正是這一文人傳統與歷史影響下的佼佼者。以上這些研究無疑對本書從整體上研究何夢瑤及其群體提供方法上的指導和借鑒。

學界對何夢瑤，有一定的研究。如劉小斌〔註23〕、張榮華、沈英森〔註24〕等人，對何夢瑤的生平及著作略有敘述，但並沒有進行全面而深入的探討。關於何夢瑤的醫學方面，則以對《醫碥》的研究最多。劉小斌對何夢瑤的醫學著作考證全面。〔註25〕有不少醫史學者論述了何夢瑤嶺南地域特色的治療經驗和中醫理論。〔註26〕但對何夢瑤醫學思想在清代乾嘉之後的影響和傳播缺乏研究。

何夢瑤的詩詞在嶺南有一定影響，也受到了一些學者關注。朱培高、嚴迪昌認爲，清代是廣東詩歌的高峰期。但在「嶺南三家」後沉寂，至「惠門八子」出，僅何夢瑤稍突出。〔註27〕有學者認爲何夢瑤的詩詞，受浙派影響，評價一般。〔註28〕但是學界對何夢瑤的詩論尚未有涉及和討論。同時，陳正生對何夢瑤的《賡和錄》有專業方面的探討。〔註29〕另有學者對何夢瑤的《算

〔註22〕科大衛：《皇帝和祖宗：華南的國家與宗族》，第49頁。

〔註23〕劉小斌：《何夢瑤生平及著作考》，《新中醫》1987年第1期。

〔註24〕張榮華、沈英森：《何夢瑤》，毛慶耆主編：《嶺南學術百家》，廣州：廣東人民出版社，2004年，第410～422頁。

〔註25〕劉小斌：《嶺南醫學史（上）》，廣州：廣東科技出版社，2010年。

〔註26〕分別見，劉小斌：《嶺南醫學史（上）》，廣州：廣東科技出版社，2010年；曾時新：《嶺南名醫何夢瑤》，《新中醫》1981年第1期；馬小蘭：《淺論何夢瑤〈醫碥〉之脈學成就》，《中華醫史雜誌》2001年第4期；徐復霖：《從〈醫碥〉看何夢瑤的學術經驗》，《新中醫》1980年第2期；張志斌：《何夢瑤〈醫碥〉的嶺南特色》，《廣西中醫藥》1980年第5期；田文敬：《簡評何夢瑤之〈醫碥〉》，《中國中醫基礎醫學雜誌》2006年第6期；王偉彪、鄭洪：《嶺南人體質特點與何夢瑤火熱論》，《廣東醫學》1998年第1期；劉志英、許永周：《何夢瑤的濕病論》，《新中醫》1989年第11期；李安民：《清代名醫何夢瑤的醫學成就》，《中醫雜誌》1998年第11期；呂平波：《何夢瑤對氣血生成來源的學術見解》，《中醫研究》2001年第8期；李際強、羅翌：《何夢瑤治療瘟疫病學術思想探討》，《中醫文獻雜誌》2009年第2期。

〔註27〕朱培高：《中國文學流派史》，黃山書社，1998年，第391頁；嚴迪昌：《清詩史》（下），臺北：五南圖書出版有限公司，1998年，第890頁。

〔註28〕范松義：《嶺南詞風「雅健」辨》，《文學遺產》2009年第6期；范松義：《清代嶺南越臺詞社考論》，《暨南學報》2008年第3期。朱庸齋選，陳永正注：《嶺南歷代詞選》，廣州：廣東人民出版社，1987年；廣東炎黃文化研究會編：《嶺嶠春秋：嶺南文化論集》，北京：中國大百科全書出版社，1994年，第459頁。

〔註29〕陳正生：《康熙十四律乃徐壽「律管試驗」之濫觴與戴念祖先生商榷》，《黃鐘》

迪》和《皇極經世易知》進行了較爲初步的討論。〔註30〕

　　關於與何夢瑤相關人物方面的研究也較爲薄弱。如，對於惠士奇的研究，
非常多見，但是對於惠士奇在廣東的活動以及「惠門」的研究卻相當欠缺。
王應憲的《惠士奇：清代廣東經學的開拓者》一文中雖有涉惠士奇及部分惠
門弟子的基本介紹〔註31〕，但是對於惠門四子、八子來源和關係並未進行深
入研究，也未談到惠門的交往。《嶺南學術百家》中分別介紹了「惠門八子」
中的何夢瑤、羅天尺、勞孝輿、蘇珥四人，以及胡方、馮成修、車騰芳、楊
仲興與惠門交往較爲密切的人物，但是限於篇幅，較爲簡略。〔註32〕

　　總之，從目前學界對何夢瑤的研究來看，研究範圍主要局限於醫學和詩
學，其他方面僅略有涉及。而於何夢瑤及其惠門群體的經歷和社會交往方面
缺乏研究；研究方法上概述性的論述多，而缺少嚴謹的考證；研究深度上，
除對《醫碥》研究相對深入外，於其他著作仍然缺乏深度探討。如此很難對
何夢瑤在所處的時代及其思想有整體把握。因此，對何夢瑤這一康乾時期廣
東重要人物及其士人群體，需將其置於廣東社會發展的脈絡下，在更大的範
圍、深度，以不同的視角和方法進行較爲全面的研究，從而更深刻地探討康
乾時期廣東士人與社會的關係和互動。

1995 年第 1 期。

〔註30〕近代以來，最早在雜誌上提到何夢瑤的是 1926 年裘沖曼在《清華學報》發表
的《中國算學書目彙編》中列入了何夢瑤撰的《三角輯要》(裘沖曼：《中國
算學書目彙編》，《清華學報》第三卷第一期，1926 年)；傅大爲認爲受《精蘊》
影響的中算書中，何夢瑤的《算迪》是討論堆垛問題最優秀的 (傅大爲：《異
時空裏的知識追逐：科學史與科學哲學論文集》，臺北：東大圖書公司，1992
年，第 104 頁)；嚴敦傑：《伽利略的工作早期在中國的傳佈》，《科學史集刊》
1964 年第 7 期；蕭運鴻：《〈算迪〉中的槓杆力學知識》，《力學與實踐》2006
年第 2 期；朱伯昆：《易學哲學史（中冊）》，北京：北京大學出版社，1988
年，第 139 頁；畢群聖：《大易論集摘要》，濟南：山東友誼書社，1990 年，
第 104 頁。

〔註31〕王應憲：《惠士奇：清代廣東經學的開拓者》，《嶺南文史》2006 年第 3 期。

〔註32〕毛慶耆主編：《嶺南學術百家》，廣州：廣東人民出版社，2004 年。

第一章　何夢瑤生活的社會環境

第一節　康乾盛世下的珠三角社會

　　珠江三角洲地處嶺南，南瀕大海，西、北江匯合於此，歷經數百年沉積，形成復合三角洲。地理上與北京、中原相距遼遠，然海路與東南亞地區較近，是一個相對獨立的地理單元。清代以來，珠江三角洲的平原面積不斷擴大，可供圍墾土地越來越多，人口由此大量增加〔註1〕，地區開發進入高潮。這時有大量土地被開墾利用，耕地面積擴展至3290萬畝之多，〔註2〕「桑基魚塘」進一步發展成熟，日益成為華南地區專業化蠶桑等商業性農業的生產基地，把三角洲傳統農業推向空前高水平。〔註3〕經濟作物的發展，專業性農業區的出現，使三角洲成為我國商品農業基地之一。手工業尤其是造船業、陶瓷業、冶鐵業、棉絲織業、製糖業，則在商品農業和技術進步的基礎上獲得長足發展，產業聚集促使若干城市成為手工業生產中心，如佛山的冶鐵業、石灣的陶瓷業、南海的絲織業、番禺的榨糖業等。持續發展的商業性農業與手工業提供源源不斷的各種商品，加上背山靠海、水網密佈的自然地理優勢，使得清代珠江三角洲日益成為與江南並立的全國性核心經貿區。可以說，發達的農工業基礎與優良的

〔註1〕　據王躍生統計，自順治十八年（1661）至康熙二十九年（1685）間，廣東省總的人口數增長了約11%，而這只是全省的均數，珠江三角洲地區應當遠不止。參見氏著《清代科舉人口研究》，《人口研究》，1989年第3期。

〔註2〕　馬立博：《清代前期兩廣的市場整合》，載葉顯恩主編：《清代區域社會經濟研究》（下冊），北京：中華書局，1992年，第1043頁。

〔註3〕　穆素潔：《商業性農業與變化的限度：1644年～1834年珠江三角洲的甘蔗種植業》，載葉顯恩主編：《清代區域社會經濟研究》（下冊），北京：中華書局，1992年，第363頁。

區位優勢使得珠江三角洲商品經濟日益繁榮，與鄰近廣西、湖南、江西諸省乃至江南等地構成區域性市場體系。更爲重要的是，對外貿易得到進一步的發展，絲綢、瓷器、茶葉由廣州源源不斷出口東南亞、歐洲等地區，逐漸形成以「行商」爲主導的對外貿易新格局——「廣州體系」。廣東在「四口通商」時期，從雍正七年至乾隆二十一年（1729~1756），粵海關在貿易總值、關稅收入上均占全國總數的六成多。乾隆二十二年（1757），實行廣州「一口通商」後，粵海關貿易貨值和關稅收入大幅度增加，超過原四海關的總和。乾隆二十三年至道光十七年（1758~1837 年），粵海關貿易總值平均每年約 5284萬兩，爲「四口通商」時期四海關年平均貿易額的 3.6 倍。〔註4〕如此長期的鉅額貿易活動以及地方開發爲珠江三角洲地區的社會經濟帶來持續繁榮。

經濟的發展必然聯動社會組織、文化習俗、思想觀念上發生一系列變化。

首先，地方宗族組織與功能進一步強化。長時間和平與繁榮的社會環境推動了地方社會圍繞土地資源、市場控制權以及地方影響力的爭奪，客觀上刺激了地方家族組織的聚攏與整合。家族模式的整合與擴張一方面強化以祠堂、族譜、祖墓爲中心的文化載體傳承共同記憶、彙聚社會群體的功能與作用，另一方面也催生出家族公產、家族機構等承擔公共功能載體的機制與訴求。清代廣東（特別是珠江三角洲地區）宗族沿襲明嘉靖時期霍韜對宗族組織的整合重構模式（設立族產、創建大宗祠、創置考功與會膳制、創立社學書院、制定家訓家規）。清初廣州大族建祀祭祖已相當普遍。清初屈大均《廣東新語》有記載稱：「其土沃而人繁，或一鄉一姓，或一鄉二三姓，自唐宋以來，蟬連而居，安其上，樂其謠俗，鮮有遷徙他邦者。其大小宗祖禰皆有祠，代爲堂構，以壯麗相高。每千人之族，祠數十所；小姓單家，族人不滿百者，亦有祠數所。」〔註5〕雍正年間，張渠宦粵時所作《粵東聞見錄》亦說：「粵多聚族而居，宗祠、祭田家家有之。如大族則祠凡數十所；小姓亦有數所……大族祭田數百畝，小姓亦數十畝……吾鄉乃邦畿之地，以卿大夫而有宗祠者尚寥寥無幾，其尊祖睦族之道，反不如瘴海蠻鄉，是可慨也。」〔註6〕嶺南地方基層社會利用建祠祭祖的文化手段既強化了地方宗族的整合力，同時也提高地方文化的正統性。在強化

〔註4〕 徐德志等：《廣東對外經濟貿易史》，廣州：廣東人民出版社，1994 年，第 95頁。

〔註5〕 屈大均：《廣東新語》，北京：中華書局，1985 年，第 464 頁。

〔註6〕 張渠：《粵東聞見錄》卷上，《宗祠祭田》，程明校點，廣州：廣東高等教育出版社，1990 年。

家族勢力的過程中，修建祠堂、修纂族譜、修繕祖墓成爲追尋宗族共同記憶、形成宗族歷史記述的重要手段。

其次，促進了廣東官府與地方社會對教育的重視。有清一代，廣東的書院發展後來居上，先後修復興建書院達 531 所，其數量之多堪稱全國之冠。雍正十一年（1733），清世宗詔令督撫大臣於省會建書院，「簡士之文行兼優者，讀書其中，所以樹人儲材用，宏萬世太平之基業。」這道詔令進一步激起廣東修建書院的熱情，「於時，粵東有粵秀書院，在肇慶者爲端溪書院，移樾所屬令，各舉其邑之俊良而肄業焉。」〔註7〕此後書院建設進入了快速發展期，廣東各地相繼修復、興建一批書院，形成官辦、官員捐辦、官倡民辦、民辦等不同形式的多元辦學態勢。與此同時，地方大族在獲得較大經濟力量後，出於鞏固乃至增強宗族勢力的需要，著力培養族人科舉仕宦求取功名，這樣就爲以「族」爲單位的「私學」教育的發展奠定了基礎，如佛山霍氏家族、李氏家族。經濟、社會（包括宗族）、文化的綜合作用，共同促進了珠江三角洲教育與科舉的興盛。

第三，康乾之際珠江三角洲地區的文化觀念也發生著不容忽視的變化。這一變化主要表現在地方的士大夫越來越認同正統文化的價值取向，極力擺脫被視爲蠻荒之地的成見。但他們自幼在家鄉接受的文化傳承，是一種在長期歷史過程中由多元文化融合而成的一種具有地方特色的傳統，與國家正統文化實有不少疏離和隔膜。所以，出身江南的經學家惠士奇康熙末年督學廣東後，很快感覺到嶺南地方文化上的粗陋和與國家正統文化的差距，刻意營造經學學習與傳播的氛圍。而商品經濟的發達以及本地民眾與市場日益密切的聯繫，又爲他們提供改變原有規範的需要和資源。對地方文化傳統的繼承，認同國家正統規範的要求，適應社會經濟新環境的需要，使他們十分積極地致力於創造一種新的傳統。他們在文化的種種創制，對以後珠江三角洲的社會變遷影響殊深。〔註8〕

最後，商業經濟的發展深刻地影響清代廣東的社會環境，尤其是士商之間的社會交往愈發頻繁、緊密。商品經濟的發展深重地改變著士人觀念，康乾時期珠三角地區一時形成「人多務賈與時逐」〔註9〕的局面，士大夫對市場關係和市場機制已經開始有越來越深的認識，商人和商業活動的地位和作用

〔註7〕　道光《廣東通志》卷138，《建置略十四》，第 2335 頁上。
〔註8〕　劉志偉：《在國家與社會之間：明清廣東地區里甲賦役制度研究》，第 27 頁。
〔註9〕　屈大均：《廣東新語》卷14，《食語》，北京：中華書局，1985 年，第 371 頁。

受到廣泛的重視。工商業的發展雖然沒有徹底改變士大夫文化上的主導地位，但思想觀念的變化同樣聯動社會整體環境的變遷。廣東士紳一般都不會歧視商業活動，清代珠江三角洲地區許多商人的傳記，或者特別強調傳主「棄儒就賈」、「熟習經史」的經歷，或者稱頌傳主好善樂施的德行，或者讚揚傳主助子弟讀書仕進的貢獻。雖然無論是社會整體還是商人本身，都把士大夫文化的道德規範作爲衡量個體的價值標準，但士農工商之間似乎並不存在難以逾越的鴻溝。相反不少廣東商人在取得經濟地位後，積極參與地方公共事務，與士紳一道在地方社會上發揮著重要作用。乾隆二十年，廣州諸商捐建越華書院，就是個極好的例子。〔註10〕因此，經濟的發展帶來觀念的變化，深刻地改變廣東尤其是珠江三角洲地方社會的社會結構與交往模式。

何夢瑤故里乃清廣東南海縣雲津堡大沙村（今廣東省佛山市南海區西樵鎮崇北村）。南海作爲明清廣東省城廣州府的附郭縣，毗鄰廣州的地理優勢，使之處於以廣州爲中心珠江三角洲經濟發達地區的副中心，尤其是下轄的佛山鎮成爲明清陶瓷業、製造業的名鎮。經濟的快速發展造成地方社會風習的改變。據康熙《南海縣志》卷六《風俗志·習尚》記載：「廣郡稱海濱，鄒魯而南邑爲首，衣冠文獻埒於中州。自濂溪過化以後，有陳去華師事陸之靜而道學興，多士剛直信義，婦女罕出閨門，較異他郡。⋯⋯衣冠宴會，後輩輕佻，日趨於侈，崇信左道禮僧薙髮者有之。城西一帶異省商人雜處，閩產尤多，鬥訟繁興，爲居民害。邑中大魁蟬聯名卿鼎峙，殆衣冠之藪也。陶冶之良亦甲天下。海洲、鎮湧、金甌、綠潭、沙頭、大同、九江魚桑爲業，尚氣健訟，錢糧易通。佛山地廣人稠，俗雜五方；白沙多煙皮爲生；官窯、瓦窯、雷岡逐末者眾；平洲、張槎、山南則富室；西樵山頂十三村稍近淳樸而弦誦稀聞，其他非儒則農，間作工賈，漁稻隨處俱饒，家無積金，用度自裕。」〔註11〕由此可見，南海地方社會經濟發達，外省商人和商品雲集，百姓生活日益富庶「趨侈」。與經濟社會日益發達互爲表裏的是，明清時期南海始終是珠江三角洲地區教育與文化的中心之一。明代理學家湛若水曾長期寓居南海西樵山授徒講學，同時期倡導理學的名士方獻夫、霍韜均爲南海人，其家鄉皆靠近西樵山，由此南海特別是西樵山成爲明清時期嶺南理學重鎮。與此同時，

〔註10〕道光《廣東通志》卷137，《建置略十三》，廣東省地方史志辦公室輯：《廣東歷代方志集成》，廣州：嶺南美術出版社，2007年影印本，第2329頁下～2330頁上。

〔註11〕康熙《南海縣志》卷6，《風俗志·習尚》，第120頁上。

據康熙《南海縣志》卷八《學校》載，全縣共有書院 14 所、社學 157 所、義學 2 所，在廣州府名列前列，更領先於省內其他縣。〔註12〕

而何夢瑤出生地雲津堡恰處於南海縣中部，與西樵山西北一江之隔，交通比較便利，清初商業頗為繁榮。康熙《南海縣志》卷一《輿地志》載：「雲津堡村九，曰大沙，曰上林，曰渦村，曰華夏，曰上下新村，曰東岸，曰林村，曰草尾，曰百滘。」〔註13〕其中的大沙村現更名為崇北村。據崇北村現任（2011 年）村委主任何春華（下坊村人）介紹：崇北村現轄國泰、上坊、下坊三個自然村。上坊村曾名深巷，因有一大巷長約 400 米得名；下坊村曾名大沙三社，何氏先祖在此隆起的沙洲上定居開發，故名大沙。沿北江水道呈條形分佈，坐北朝南，北江支流南沙湧按北至南走向，可達佛山、廣州、中山、珠海，樵北路按北至南走向，從村後通過，可達丹灶、官山、佛山、廣州。〔註14〕從康熙《南海縣志》「習尚」所言，此地方「多士剛直信義」，「非儒則農」，儒與農成為最常見的職業。

圖 1.1　康熙時期廣東南海縣總圖〔註15〕

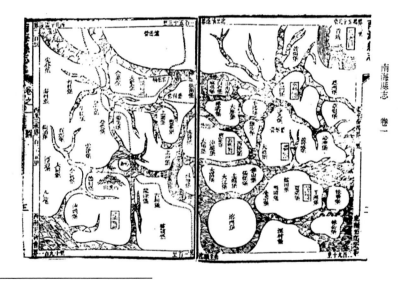

〔註12〕康熙《南海縣志》卷 8，《學校》，第 155 頁下～156 頁上。

〔註13〕康熙《南海縣志》卷 1，《輿地志》，第 43 頁下～44 頁上。

〔註14〕筆者於 2011 年 3 月曾到下坊村，訪問了崇北村委主任何春華及何富貴等人，瞭解何夢瑤及下坊村有關歷史；非常幸運的是何春華提供了宣統《大沙深巷何氏族譜》卷 1 的複印件一份，在此向其致謝！

〔註15〕選自康熙《南海縣志》卷 1《新舊縣治儒學各圖》，北京：書目文獻出版社，《日本藏中國罕見地方志叢刊》，1992 年，第 26 頁上。

美國學者韓書瑞指出:「嶺南社會有著高度發展的結構和複雜的社會組織。三角洲地區是自我意識極強的父系家族堡壘,有少數家族能將其居住地和開基始祖追溯到宋代,但大多數只能追溯到明代和清初。〔註16〕何夢瑤家族開基始祖據說是南宋初年自江西南來避亂的何熙和,出於敬宗收族的需要,後世族人便逐漸形成所謂「吾祖宗以一人之身分衍而為千萬人之身,而千萬人之身實合而出於一人之身」〔註17〕的說法。以《大沙深巷何氏族譜》為中心,我們可以簡單重構南宋以來的何氏家族史。〔註18〕

大沙何氏據說在宋建炎年間為躲避戰亂,其祖先何熙和由江西南遷廣東,其子何靖夫則卜居番禺大石,靖夫子何道成即生於番禺,後再次西遷定居南海西樵大沙,大沙何氏宗族繁衍彙聚,自此「洎而族矣」〔註19〕。入明以降,生齒繁衍,支派旁生,宗族勢力日趨強盛。嘉靖五年(1527),十一世族人何一陽倡建大宗祠,大宗祠在深巷西,坐亥向巳兼乾巽。雍正元年(1723)重修,乾隆三十年(1765)增建後樓。清末族譜修撰者指出:早期大沙何氏流傳著一部承載家族共同記憶的舊譜,後來不幸散佚,「舊譜之作創於何人,今不可考」。及至十三世何聞(湛一公)曾對舊譜加以重修,「自是而後多歷

〔註16〕 韓書瑞、羅友枝:《十八世紀中國社會》,陳仲丹譯,南京:江蘇人民出版社,2008 年,第 176 頁。

〔註17〕 何星煒:《重修何永思堂家譜序》,宣統《大沙深巷何氏族譜》卷1,《序》,第 1 頁 b。

〔註18〕 值得注意的是,清末修譜何氏族人業已指出:早期大沙何氏流傳著一部承載家族共同記憶的舊譜,後來不幸散佚,「舊譜之作創於何人,今不可考」。及至十三世何聞(湛一公)曾對舊譜加以重修,「自是而後多歷年所,其中有無修纂未得其詳」,晚至嘉慶年間才再次重修族譜。依照世系計算,如自南宋高宗起始,至十三世何聞時期約在明代中期,與同時期珠三角強化宗族建設與宗族士紳化大體同步。何聞重修的族譜成為後世尋找共同記憶、重構家族史的源頭。從歷史編纂學意義上而言,何氏族譜修撰斷斷續續,相隔時間較長,嚴重削弱了族譜文字的精確性和可信度。族譜序言有云:「舊譜語多樸直之語,則是先世原有宗譜,但作始者無從考,且繼修者諒亦有人,然譜具不備載。」另一方面,正由於舊譜散佚,文字記載缺失,難以系統梳理世系,「派別支分不有譜以聯之,將渙而不萃」,宗族聯結的文書基礎鬆散,族人身份認同意識模糊;清季族人何容舒感慨「迄有明初葉,厥後克昌,支派繁衍,然統系既遠,數典或忘思厥先人」。為強化宗族內部的感情紐帶,何氏族人自十三世何聞以來四修族譜,本研究所依據的正是宣統年間重修族譜。

〔註19〕 何容舒:《重修何永思堂族譜序》,宣統《大沙深巷何氏族譜》卷1,《序》,第 4 頁 b。

年所，其中有無修纂未得其詳」，晚至嘉慶年間才再次重修。何聞重修的族譜成爲後世尋找共同記憶、重構家族史的源頭。有學者已經指出，明代中後期地方社會與王朝國家整合的驅使下，地方廣泛修撰族譜、建造祠堂，共同促成明代宗族建設的規範化與制度化。在這種背景下，嘉靖以來珠三角地區興建起眾多祠堂。宗族成爲明中後期以來整合華南鄉村社會的主要制度形式之一。〔註20〕由此可知，十三世何聞重修族譜，嘉靖五年倡建大宗祠，既是這一社會潮流席卷下的產物，反過來也映證了明代宗族制度規範化的影響範圍與效應。大宗祠永思堂內曾有對聯一副，題作「奇勳銘石嶺，雅望鎮廬山」〔註21〕，可算是大沙何氏家族千百年播遷史的勾勒。

南遷後的何氏宗族至何夢瑤，共歷十六世。〔註22〕檢閱族譜可以看出，南海何氏宗族頗有崇儒重教、推重詩文的家風，雖然從未出現名宦大儒，但博取功名者歷來不乏其人。何夢瑤先輩獲得庠生資格者數名，如何益謙（郡庠生）、何士誠（郡庠生）、何胤榮（郡庠生）、何埏（郡庠生）、何方榮（香山前山寨守備）、何玉枚（恩貢生，敘選儒學教諭）、何玉瑤（肇慶府庠生）。據說九世孫何貴（西菴公）博聞強識，精通五經，曾赴江門從陳白沙遊，然而甫及陳門先生即逝，轉而受業於陳氏好友門下。後世族人特別提及何貴學業愈進，「以染恙不出應世」，暗示其傚仿陳白沙厭棄功名、終身不仕、矢志講學、鼓吹文教的人生志趣。因是之故，何氏家族大宗祠永思堂門額相傳即爲陳白沙題書。〔註23〕十三世何鐸（二華公）十歲能文，長貫群籍，有詩名，與勞太沖兄弟及陸錫蒼等爲文社，互相唱酬，共成詩集《覆瓿錄》，所著詩文皆堪傳世。〔註27〕當然，這種家風傳統與明清宗族重視教育不無關係。宗族試圖通過教育科考，培養更多族人入仕，以達到顯族揚威的目的。一方面，努力發展以「族」爲單位的包括義學、族學等形式的「私學」教育，另一方面給予大量經濟支持，資助族人讀書科考。針對族內子弟參加科舉的資助獎

〔註20〕 參見科大衛：《皇帝和祖宗：華南的國家與宗族》，第149～156頁。

〔註21〕 據何春華提供的手寫複印資料。

〔註22〕 據《大沙深巷何氏族譜》所收錄何夢瑤《壬午聯壽序》載：「吾族之聚居本鄉者凡五：自北而南，曰四甲，曰西族，曰東族，曰二社，曰三社。著籍皆數百年。生齒當日滋，而西族稱蕃衍。……瑤時與青松叔、東郊弟同受業卜俞師。」同譜還稱：「十六世東郊公，諱迎春，字昌時，廣振公次子。」故何夢瑤與何迎春爲同輩兄弟，由此可確定何夢瑤爲大沙何氏的第十六代。

〔註23〕 宣統《大沙深巷何氏族譜》卷1，《藝文》，《重修大宗祠序》，第78頁b。

〔註27〕 宣統《大沙深巷何氏族譜》卷1，《善錄》，第50頁a～52頁b。

勵措施，大沙深巷何氏宗族作出明文規定：

> 一、應試至道考例給卷金銀壹兩，不及道考者不與。

> 一、入科不論生監，例給卷金銀肆兩。

> 一、縣府批首進庠後，加卷金銀拾圓。

> 一、進庠謁祖書金銀貳拾兩；舉人書金銀肆拾兩；解元陸拾兩；進士書金銀捌拾兩；會元壹佰兩；點中書加書金銀貳拾兩；點部屬加書金銀三拾兩；點翰林加書金銀伍拾兩；點鼎甲加書金銀壹佰兩；點知縣不加，如在京未及回鄉書金許其先領。

> 一、新舊科會試每人程儀銀陸拾兩，留京再試亦照例送。

> 一、恩歲貢書金銀壹拾伍兩，副貢書金銀貳拾兩，優拔貢書金銀三拾兩。

> 一、優拔貢朝考程儀銀三拾兩；得一等，花紅銀伍拾兩；用小京官，回京程儀銀伍拾兩；用知縣，赴任程儀銀貳拾兩；用教職，花紅銀貳拾伍兩，赴任程儀銀拾兩。

> 一、進士任京官赴京供職程儀銀伍拾兩，舉人、進士分發外任程儀銀貳拾兩，教職程儀銀拾兩。其餘捐納議敍。實授赴任外省者程儀銀貳拾兩。

> 一、武生花紅銀拾兩，武舉花紅銀貳拾兩。會試程儀銀三拾兩。武進士花紅銀三拾兩。點侍衛加花紅銀拾兩，點鼎甲加花紅銀伍拾兩。若由武舉、武進士實授赴任程儀銀貳拾兩。

> 一、進庠及恩優拔副歲貢，在祠慶酌本人同祖親屬免份金。舉人以上同曾祖親屬免份金。

> 一、舉人、進士不論文武任外官者，俱要償還書金。若候補及甫到任者免，如任滿及超秩，宦囊豐厚，除還回書金外，本人仍須義舉以厚嘗項。〔註25〕

　　與明清珠江三角洲眾多宗族一樣，何氏宗族形成並延續著「讀書、科考、仕進」的文人傳統。何夢瑤生於斯，長於斯，死於斯。康乾之際珠江三角洲的發展與變化，無疑是塑造其人生經歷與思想觀念的社會土壤，反過來何夢

〔註25〕《大沙深巷何氏族譜》卷1，《條例》，第44頁a～45頁a。

瑤的學行思想也折射出康乾時期珠江三角洲地區的「一般知識、思想與信仰世界」。〔註26〕

第二節　何夢瑤的早期經歷

一、生卒年與字號考

關於何夢瑤，《清史稿》、《清史列傳》均有專傳。《清史稿》卷四八五《列傳二七二》記載：

> 何夢瑤，字報之，南海人。惠士奇視學廣東，一以通經學古爲教。
> 夢瑤與同里勞孝輿、吳世忠，順德羅天尺、蘇珥、陳世和、陳海六，
> 番禺吳秋一時並起，有惠門八子之目。雍正八年成進士，出宰粵西，
> 治獄明愼，終奉天遼陽知州。性長於詩，兼通音律、算術。謂蔡元
> 定《律呂新書》本原《九章》，爲之訓釋。更取《御製律呂正義》研
> 究八音、協律、和聲之用，述其大要，參以曹廷棟《琴學》，爲書一
> 編。時稱其決擇精當。又著《算迪》，述梅氏之學，兼闡《數理精蘊》、
> 《曆象考成》之旨。江藩謂：近世爲此學者，知有法，不知法之所
> 以然。知之者，惟夢瑤也。〔註27〕

《清史列傳》記載與之相仿〔註28〕，後來研究者大抵以此作爲何夢瑤研究的起點。需要指出的是，《清史稿》關於何夢瑤的記述仍顯單薄，存在不少亟待修正、補述與完善之處。一方面，《清史稿》所謂：「何夢瑤，字報之，南海人。」此語概出自於道光朝《廣東通志》卷二八七《列傳二十》。〔註29〕其他後出地方志記載與之相似。如道光《南海縣志》卷三九《列傳八》〔註30〕，光緒《廣州府志》卷一二八《列傳十七》。〔註31〕諸種官方史志文書記載只不過進一步紹介何夢瑤的鄉里，由「南海縣」具體至「堡」「村」

〔註26〕 此語出自葛兆光：《中國思想史》，上海：復旦大學出版社，1999 年。
〔註27〕 《清史稿》卷 485，《列傳二百七十二・文苑二》，北京：中華書局，1977 年點校本，第 13375 頁。
〔註28〕 王鍾翰點校：《清史列傳》第 18 冊，第 5847 頁。
〔註29〕 道光《廣東通志》卷 287，《列傳二十》，第 4600 頁下。
〔註30〕 道光《南海縣志》卷 39，《列傳八》，廣東省地方史志辦公室輯：《廣東歷代方志集成》，廣州：嶺南美術出版社，2007 年，第 722 頁上。
〔註31〕 光緒《廣州府志》卷 128，《列傳十七》，第 1991 頁下。

等基層政權範圍，記載仍過於簡略，且有陳陳相因之嫌。另一方面，時人後學文集筆記與私人修史記載則較爲完備。基於此，本研究兼採官私多方記載，對何夢瑤之生卒年、字號、家世等基本信息加以補正。

（一）關於何夢瑤生卒年的各種說法及考證

關於何夢瑤生卒年，據筆者目力所及，學界共有四種不同說法：第一種觀點認爲何夢瑤生卒年分別爲康熙三十一年（1692）、乾隆二十九年（1764），如廣州中醫藥大學劉小斌教授等；〔註 32〕第二種觀點認爲何夢瑤生卒年分別爲康熙三十二年（1693）、乾隆二十九年（1764），如張榮華和沈英森、曾時新、李寶峰、李安民、嚴峻峻和呂平波；〔註 33〕第三種說法認爲何夢瑤生卒年分別爲康熙三十三年（1694）、乾隆二十九年（1764），如張志斌；〔註 34〕第四種說法則認爲何夢瑤生卒年分別爲康熙三十二年（1693）、乾隆二十八年（1763），如長青。〔註 35〕需要說明的是，以上研究者除劉小斌外，均未標明史料出處，而劉小斌所言乃依據道光《南海縣志》，然其推測方法有誤。道光《南海縣志》卷三九《列傳八》記載何夢瑤年「二十九，康熙辛丑歲試，惠公士奇籍於庠」，「卒年七十二」〔註 36〕。此處辛丑年即康熙六十年（1721）。文內所謂年二十九、年七十二當爲傳統紀年的虛齡，劉小斌卻誤以爲周歲，故而其推測結果生年 1692 年有誤。

筆者試從何夢瑤多種自述史料對其生卒年進行再次考證。據乾隆十一年

〔註 32〕分別見，劉小斌：《何夢瑤生平及著作考》，《新中醫》1987 年第 1 期；劉小斌、郭世松：《〈景嶽全書〉對嶺南醫學之影響》，《新中醫》1988 年第 2 期；劉小斌：《嶺南名醫何夢瑤研究》，《中華醫學會醫史學分會第 12 屆 1 次學術年會論文集》2008 年；同一內容另見劉小斌：《嶺南醫學史（上）》，廣州：廣東科技出版社，2010 年，第 348 頁；馬小蘭：《淺論何夢瑤《醫碥》之脈學成就》，《中華醫史雜誌》2001 年第 4 期；王崇存：《嶺南醫家何夢瑤〈傷寒論近言〉輯殘本整理及相關研究》，廣州中醫藥大學碩士研究生學位論文，2008 年，第 34 頁。

〔註 33〕分別見，張榮華、沈英森：《何夢瑤》，毛慶耆主編：《嶺南學術百家》，第 410頁；曾時新：《嶺南名醫何夢瑤》，《新中醫》1981 年第 1 期；李寶峰：《〈醫碥〉論痰思想初探》，《江蘇中醫》1993 年第 8 期；李安民：《清代名醫何夢瑤的醫學成就》，《中醫雜誌》1998 年第 11 期；嚴峻峻：《嶺南醫家婦科學術源流及臨證經驗整理研究》，廣州中醫藥大學碩士研究生學位論文，2001 年，第 15 頁；呂平波：《何夢瑤對氣血生成來源的學術見解》，《中醫研究》2001 年第 4 期。

〔註 34〕張志斌：《何夢瑤〈醫碥〉的嶺南特色》，《廣西中醫藥》1989 年第 5 期。

〔註 35〕長青：《何夢瑤》，《山西中醫》1990 年第 2 期。

〔註 36〕道光《南海縣志》卷 39，《列傳八十一》，第 722 頁上～723 頁上。

七月何夢瑤所呈遞履歷折稱：「臣何夢瑤，廣東廣州府南海縣進士，年伍拾肆歲。由廣西思恩縣知縣煙瘴伍年俸滿，乾隆拾年陸月分籤陞奉天府遼陽州知州缺。敬繕履歷，恭呈御覽謹奏。乾隆拾壹年柒月貳拾捌日。」〔註 37〕

圖 1.2　何夢瑤履歷折

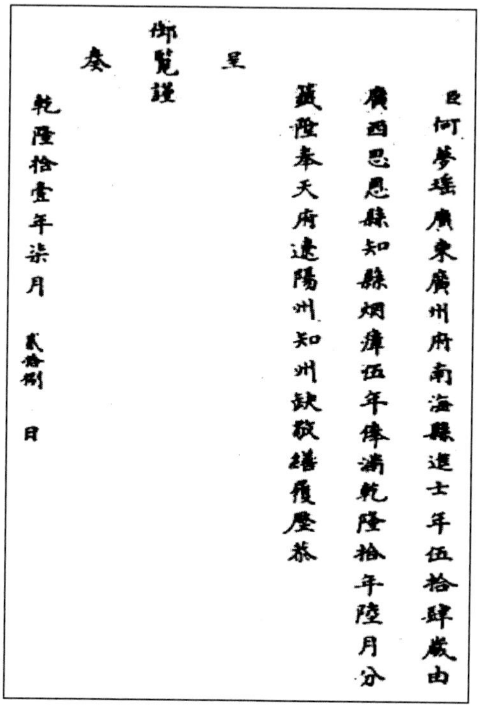
臣何夢瑤廣東廣州府南海縣進士年伍拾肆歲由
廣西思恩縣知縣烟瘴伍年俸滿乾隆拾年陸月分
籤陞奉天府遼陽州知州缺敬繕履歷恭
呈
御覽謹
奏
乾隆拾壹年柒月　貳拾捌　日

由此可知，乾隆十一年（1746），何夢瑤時年虛齡五十有四，因此可以推算出何夢瑤當生於康熙三十二年（1693）。又據何夢瑤所著《壬午聯壽序》稱：「曾幾何時，老成凋謝，兒童漸長。青松叔、東郊弟俱六十以上，瑤亦倏躋古稀矣。今年季春賤辰日，承各房諸父兄，攜朋罇過餉，皤皤黃髮，又復植杖成林，恍然前日之盛。」〔註 38〕壽序落款時間爲「乾隆二十七年壬午冬月穀旦」，即乾隆二十七年（1762）冬。是年何夢瑤剛滿七十虛齡，此亦可證明其生年當爲康熙三十二年（1693）。又據光緒《廣州府志》稱何夢瑤卒年七十

〔註 37〕秦國經主編：《清代官員履歷檔案全編（下冊）》，卷 16，上海：華東師範大學出版社，1997 年影印本，第 333 頁上。

〔註 38〕何夢瑤：《壬午聯壽序》，宣統《大沙深巷何氏族譜》卷 1 複印件，《藝文》，〔出版時間不詳〕，原件藏崇北村上坊自然村，第 66 頁下～67 頁下。

二〔註39〕，故可確認何的卒年當爲乾隆二十九年（1764）。即何夢瑤生於康熙三十二年（1693），卒於乾隆二十九年（1764），享年七十有二，恰處於清康乾之際。

（二）關於何夢瑤字號的補證

何夢瑤以名行，字贊調，一字報之，號西池，晚年自號硯農〔註40〕。其中「報之」一字於史料中較爲常見。如前引道光《南海縣志》、道光《廣東通志》、光緒《廣州府志》、《清史稿》等官方史志文書均記曰「何夢瑤，字報之」。而乾嘉時期粵東名儒陳仲鴻在《粵臺徵雅錄》中的記載則更爲完備，稱：「何西池，名夢瑤，字贊調，一字報之。」〔註41〕晚清順德學者梁廷枏《粵秀書院志》亦稱：「何報之先生夢瑤，字贊調，一字西池。」〔註42〕由此可知，何夢瑤除「報之」一字外，仍有一字「贊調」。關於「贊調」一字，除《粵臺徵雅錄》、《粵秀書院志》和羅天尺、勞孝輿等少數詩文提到外，其它詩文集、方志諸書均未提及。惠門八子中以羅天尺與何夢瑤的關係最爲密切，羅在其詩集《癭暈山房詩刪》和一些序文中，「贊調」和「報之」經常互用，稱之「贊調」者共有八處〔註43〕，稱之「報之」者有十處〔註44〕。從羅天尺的寫詩時

〔註39〕光緒《廣州府志》卷128，《列傳十七》，第1992頁上。

〔註40〕《粵台徵雅錄》稱：「（何夢瑤）晚又自稱研農」。但何之蛟在《樂只堂人子須知序》言：「先君解組投林，舌耕糊口，取號硯農。」因何之蛟乃何夢瑤次子，其說更爲可信，故採「硯農」。參見，羅之煥撰，陳仲鴻注：《粵台徵雅錄》第9頁；何之蛟：《樂只堂人子須知序》，何夢瑤：《樂只堂人子須知》，廣東科技出版社，2011年，第13頁。

〔註41〕羅元煥撰，陳仲鴻注：《粵臺徵雅錄》，第9頁。

〔註42〕梁廷枏編：《粵秀書院志》卷14，《傳一》，趙所生、薛正興主編：《中國歷代書院志》第3冊，南京：江蘇教育出版社，1995，第199頁下。

〔註43〕分別是：《答何贊調》、《次胥江驛憶雍正丙午十一月與何贊調陳海六蘇瑞一陳聖取奉送惠夫子歸舟至此》、《冬日送陳海六薦優北上》、《秋日送何贊調十弟試用桂林》、《寄何十贊調岑溪官署》、《送何十贊調知遼陽州》、《羊城晤何十贊調歸自遼陽因束蘇二瑞一》和《須言次何贊調原韻同張柏園作》。

〔註44〕分別是：《春杪梅蒼枝招同太史辛北村刺史何報之司馬馮石門國博耿湘門馮同文陳祝三高於天黃全石秋晼文學雨三弟集育青堂賦觀孔雀開屏歌》、《春日過粵秀書院訪何報之因傷勞孝輿郭月坡用集梅園韻》、《壬申上巳梁採山李鏡江何報之盧深潮鍾鐵橋何青門耿湘門朱阜開舍弟雨三舟駐張槎候潮聯句再送張司馬繼成長歌》、《雙榕社爲何十報之賦》、《春日病中寄祝何報之七十》、《何十報之罷官貧甚三郎備於粵西爲酷吏証陷以死作此傷之》、《覽外孫馮學勝遊鼎湖詩作此示之兼柬何報之山長》、《寄端溪山長何報之索坑硯》、《菊芳園詩鈔·羅天尺序》和《阮齋文集·羅天尺序》。

間來看，使用「贊調」的時間不僅跨度很大，而且用「贊調」較「報之」要早，如提到雍正四年（1726）奉送惠士奇歸京之事的《次胥江驛憶雍正丙午十一月與何贊調陳海六蘇瑞一陳聖取奉送惠夫子歸舟至此》。而用「報之」的詩基本上是何夢瑤退居之後的事。羅天尺在提到惠門八子其他同學或者關係比較密切的張汝霖的時候，多用「贊調」，而提到何夢瑤的官職或者社會職務「山長」的時候多用「報之」。

此外，勞孝輿在為《瘦暈山房詩鈔》作的序中也是用「贊調」。勞孝輿在序中並沒有落款時間，但是序中提到「聖取薄宦於江浙，贊調雖捷，去將卑棲於桂林。」〔註45〕文中的聖取即陳世和，卒於雍正九年（1731）〔註46〕，即此序的寫作時間最遲不會超過雍正九年。更為重要的是，何夢瑤胞弟字宣調〔註47〕，故而，筆者認為「贊調」乃按家族排行而取的字，應為何夢瑤最早採用的字，而「報之」應為成進士之後，甚至是棄官退居之後才用之字，因此更為時人與後學所熟知，以至於眾多研究者只提到「報之」，而沒有提及「贊調」一字。有人認為「報之」可能源自《詩經・衛風・木瓜》：「投我以木桃，報之以瓊瑤。匪報也，永以為好也！」〔註48〕而張衡的《四愁詩》亦有「美人贈我金錯刀，何以報之英瓊瑤。」〔註49〕後一句含「何」、「報之」、「瑤」等字。此外，清初嶺南三大家之一的陳恭尹《答鮑讓侯即送之之楚》有「承君惠我以瑤華，欲報之章常不卒」〔註50〕之句，亦含有「瑤」、「報之」等字。陳恭尹於何夢瑤等惠門弟子有較大影響，且惠門八子之一的陳世和即

<hr />

〔註45〕 勞孝輿：《瘦暈山房詩鈔序》，道光《廣東通志》卷198，《藝文略十》，第3287頁上。

〔註46〕 據何夢瑤《讀羅履先丁卯冬得勞孝輿凶問作，感賦次原韻》之原注：「辛亥，灘江舟中得孝輿書，知陳聖取卒於官。」雍正辛亥乃雍正九年（1731）；然而《粵東詩海》標注「陳世和（1696～1733）」不知所依何據；參見，溫汝能纂輯，呂永光等整理：《粵東詩海》卷75，廣州：中山大學出版社，1999年，第1426頁。

〔註47〕 何夢瑤：《哭宣調弟》，《菊芳園詩鈔》卷6，《鶴野集》，乾隆壬申鐫，第3頁b～4頁b。

〔註48〕 參見吉常宏、吉發涵：《古人名字解詁》，北京：語文出版社，2003年，第54頁。

〔註49〕 徐陵：《玉臺新詠》卷9，《四部叢刊》景明活字本，上海：商務印書館，民國18年景印本，第59頁。

〔註50〕 陳恭尹：《答鮑讓侯即送之之楚》，《獨漉堂詩集》卷10，《清代詩文集彙編》編纂委員會編：《清代詩文集彙編》，上海：上海古籍出版社，2010年，第486頁下～487頁上。

陳恭尹之嫡孫。何夢瑤後期取字「報之」，此或爲其取義的古典與今典。又據何夢瑤次子何之蛟《樂只堂人子須知序》言：「先君解組投林，舌耕糊口，取號硯農。」〔註51〕故何夢瑤字贊調，一字報之，號西池，晚號硯農。

二、何夢瑤的家與鄉

關於何夢瑤這一房支的世系與歷史，因文獻不足徵之故，尙難以理清。目前僅知何夢瑤祖父名亘明，父親名體嚴，有一胞弟何宣調。據光緒《廣州府志》卷五八《選舉表二十七》：「何亘明以孫夢瑤貤贈文林郎，何體嚴以子夢瑤贈文林郎。」〔註52〕文林郎乃正七品文官所授散官名，何夢瑤雍正十一年初授廣西義寧知縣，乾隆十年升任奉天遼陽知州。由此可知，遲至乾隆十年（1745），何夢瑤乃祖乃父業已離世。乾隆十五年（1750），何夢瑤有詩《庚午臘月羅履先寄示新刻並索和桐花詩次韻》寄贈羅天尺，內稱「憶昔我母年九十，高堂朝旭明金萱。詔賜玉帛賀客滿，詩歌樛木辭不繁」，可知何夢瑤之母已獲高壽。是詩自注「學使惠公揭樂隻字顏堂」，其時惠士奇仍在粵督學，惜不久「忽病跗腫繼瘠首，湯液直欲空藥園。」由「我母去我二十載」可知，距乾隆十五年二十載，其母約雍正八年（1730）左右離世。〔註53〕何在廣西任知縣期間，爲節省費用，曾讓胞弟何宣調做自己的幕僚。何夢瑤詩集《菊芳園詩鈔》中《哭宣調弟》自注有「予令粵西，委弟幕事。」和「弟治簿書，必夜分乃寢」即有此情說明。〔註54〕

遍查何夢瑤所撰文字，未見任何關於其妻的記載，僅同窗辛昌五〔註55〕提及：「西池少時，妻子僕婢財十數人，有田數十畝，足供饘粥，意興甚豪。」〔註56〕可見何夢瑤早年家境也可算得上殷實，但何氏在詩文中從不提及其

〔註51〕何之蛟：《樂只堂人子須知序》，何夢瑤：《樂只堂人子須知》，廣東科技出版社，2011年，第13頁。

〔註52〕光緒《廣州府志》卷58，《選舉表二十七》，第890頁下。

〔註53〕何夢瑤：《庚午臘月羅履先寄示新刻並索和桐花詩次韻》，《菊芳園詩鈔》卷7，《懸車集》，第10頁a～10頁b。此詩「憶昔我母年九十」似乎有誤，如果其母雍正八年去世，而此時何夢瑤38歲，推出其母52歲生何夢瑤，似難合常理；故或「九十」有誤，或「我母」可能爲「祖母」。

〔註54〕何夢瑤：《哭宣調弟》，《菊芳園詩鈔》卷6，《鶴野集》，第3頁b～4頁b。

〔註55〕辛昌五，順德北滘人。據咸豐《順德縣志》卷25《列傳五》，第621頁下有：「（辛昌五）敦學行，能文章。雍正己酉鄉試第一。明年登第，官檢討，工詩。與梁善長、羅天尺交契。」

〔註56〕辛昌五：《辛序》，何夢瑤：《醫碥》，鄧鐵濤、劉紀莎點校，北京：人民衛生

妻，頗與當時文人習慣相左。清初之屈大均、同學羅天尺以及稍晚一輩的黎
簡等廣東名流，均有大量詩歌等文字提及妻，個中緣由不得而知。

何夢瑤的後人雖然文獻不足徵，但也有迹可循。據羅天尺《瘳量山房詩
刪》續編《苦哉行》之序：「何十報之罷官貧甚，三郎傭於粵西，爲酷吏誣陷
以死，作此傷之。」〔註 57〕可知何夢瑤至少有三子，其中第三子傭於粵西，
死於酷吏誣陷。次子名何之蛟，何夢瑤去世後，何之蛟曾爲父親何夢瑤《人
子須知》作序。〔註 58〕有一子名鵠兒，何夢瑤乾隆十年（1745）除夕羈留遼
陽之際，鵠兒索要壓歲錢，何書一「錢」字與之，並賦詩教誨，勉勵勤於讀
書：「孔方於我分無緣，實汝空囊別有錢。莫道充饑同畫餅，須知一字值金千」。
〔註 59〕有一孫阿黃，據辛昌五序《醫碥》云：「予嘗過其家，老屋數椽，僅蔽
風雨，琴囊藥裏，外無長物。有數歲兒，破衣木履，得得晴階間，遽前揖人，
婉變可愛。問之，則其孫阿黃也。」〔註 60〕有曾孫名何清臣。據王福報序《樂
只堂人子須知》：「其曾孫清臣，懼其未成書者之易於散失也，於《人子須知》
一集，錄而存之，次爲若干卷。」〔註 61〕

據道光《南海縣志》記何夢瑤十三工詩，「即應童子試，屢考輒落。」
〔註 62〕何夢瑤十三歲參加的童子試也稱「童試」，童生通過童試，入學爲生
員，雖然有種種的優待，比如國家免去其本身的差徭；地方官要以禮相待，
非黜革，不受刑責等等，但生員尚未有做官的資格。所以，嚴格地說，童試
只是科舉考試的準備階段。然而，一般說來，非經童試而入學，就不能參加
科舉考試。當然，也可以通過「捐監」而越過童試，從而獲得科舉考試的資
格。但這是「異途」，而且也不能享受官府提供的「學租」和「廩米」之類
的津貼。童試爲三年兩考，每次童試則由縣試、府試和院試三次構成。這三
次考試中，院試即由學政主考的最後一次考試是決定性的，縣和府的兩次考

出版社，1994 年，第 52 頁。

〔註 57〕羅天尺：《苦哉行》，《瘳量山房詩刪》續編，四庫未收書輯刊編纂委員會：《四
庫未收書輯刊》第 10 輯 18 冊，北京：北京出版社，1997 年影印本，第 600
頁下。

〔註 58〕何之蛟：《樂只堂人子須知序》，何夢瑤：《樂只堂人子須知》，第 13 頁。

〔註 59〕何夢瑤：《除夕鵠兒索金壓歲書一錢字與之》，《菊芳園詩鈔》卷 6，《鶴野集》，
第 1 頁 b。

〔註 60〕辛昌五：《辛序》，何夢瑤：《醫碥》，第 52～53 頁。

〔註 61〕王福報：《樂只堂人子須知序》，何夢瑤：《樂只堂人子須知》，廣東科技出版
社，2011 年，第 6 頁。

〔註 62〕道光《南海縣志》卷 39，《列傳八》，第 722 頁上。

試則是盡量讓本縣本府的考生錄送院試。院試錄取生員的人數根據各府、州、縣學的學額而定出。清代童試錄取人數是根據府、州、縣的行政級別而定出的，也就是所謂大、中、小學的學額。

　　據道光《廣東通志》卷一七一《經政略十四》：「南海縣學、番禺縣學、東莞縣學、順德縣學、香山縣學各二十名，廩生二十名，增生二十名。二年一貢。雍正二年題准廣東之南海、番禺、東莞、順德、新會、香山、海豐、海陽、潮陽、揭陽、澄海十一縣照府學額各取進童生二十名。」〔註63〕而每次參加童試的人數，據侯方域說順治時的情況：「今者大縣之弟子，殆不下二千人，中小縣亦各千餘人。」〔註64〕又據張仲禮的估計，清代平均一個縣的童生數在 1000 至 1500 人之間。〔註65〕可見，童試競爭也是相當激烈的。所以，何夢瑤童試「屢考輒落」也是很正常的。功名屢考屢落，何夢瑤當時心境可謂悲涼。但仍舊要維持生計。周作人曾在《知堂回想錄》中說：「前清時代士人所走的道路，除了科舉是正路之外，還有幾條叉路可以走得。其一是做塾師；其二是做醫師，可以號稱儒醫，比普遍的醫生要闊氣些；其三是學幕即做幕友，給地方「佐治」，稱作「師爺」，是紹興人的一種專業；其四是學生意，但也是錢業和典當兩種職業，此外便不是穿長衫的人所當做的了。」〔註66〕而湊巧的是何夢瑤則前三種職業都做過。何氏最初的職業是做塾師。據羅天尺在何夢瑤考中進士分發廣西之際，所贈詩《秋日送何贊調十弟試用桂林》中有言「廿年講學西樵洞」〔註67〕，說明何夢瑤在考中進士之前，大抵教了二十年左右的書。何夢瑤雍正八年（1730）成進士，時年三十八歲，依此逆推，何夢瑤約於康熙五十年（1711）始為塾師，時年十九歲左右。從何夢瑤的宗族來看，先輩讀書人中以教書課童為業者多有所見。如十一世的樵峰公、樂郊公、體明公，十二世的養吾公，十四世公侃公均好學能文，通經史之學，「下帷講學，垂老不輟，鄉之後進者多出其門」。〔註68〕與何夢瑤同

〔註63〕道光《廣東通志》卷 171，《經政略十四》，第 2794 頁下。

〔註64〕侯方域：《重學校》，賀長齡輯：《皇朝經世文編》卷 57，《禮政》，臺北：文海出版社，1972 年，第 2099 頁

〔註65〕張仲禮：《中國紳士——關於其在 19 世紀中國社會中作用的研究》，李榮昌譯，上海：上海社會科學院出版社，1991，第 90 頁。

〔註66〕周作人：《知堂回想錄》，臺北：龍文出版社，1989 年，第 64 頁。

〔註67〕羅天尺：《秋日送何贊調十弟試用桂林》，《癭暈山房詩刪》卷 8，第 557 頁上。

〔註68〕宣統《大沙深巷何氏族譜》卷 1《善錄》，第 51 頁 a～51 頁 b，第 52 頁 a，第 54 頁 b～55 頁 a，第 56 頁 b～57 頁 a。

輩並爲同學的何迎春，科考失利後，亦以課徒自娛，「西寧史氏聞公才名，延至柳園訓子侄十餘載，造就人才皆有法則，後因年老固辭乃止」。〔註69〕

羅天尺說「報之家西樵山下，俗多爲胥。」頗值得注意。經查宣統《大沙深巷何氏族譜》卷一《善錄》臚列了從九世到十九世共 60 人的事迹，其中爲掾吏幕客的就達 12 人，恰占 1/5。如：「（何聞）以家貧不克卒業，雖力稼穡，手不釋卷。……壯爲邑郡掾」，「（何祖蔭）少工儒業，有才識，長而練習典章國故，爲州縣掾」，「（何帝裔）以食貧出爲邑郡諸掾」「（何簡元）乃數奇不售，遂不復應試。西池公攜之北上」，「（何爲槐）屢試不售，棄就督掾」，「（何始昆）惜家貧，棄就掾吏」等等。〔註70〕此譜僅爲深巷自然村之族譜，並沒有包括何夢瑤所在的下坊村等其他大沙村的自然村，但足以反映大沙村出「俗多爲胥」的特點。到了康熙五十八年（1719），27 歲的何夢瑤，爲了獲得更好的前途，經同鄉介紹，到巡撫署當差「爲胥」。但因其性格耿直，只做了三個月，就拂袖而去了，並作《紫棉樓詞》數闋寄意。《菊芳園詩鈔·羅天尺序》說：「報之家西樵山下，俗多爲胥。當牽率報之給事大府中，詫傺不自得，填《紫棉樓詞》數闋，遂擲筆去。」〔註71〕道光《南海縣志》卷三九《列傳八》亦載何夢瑤：「二十七充巡撫署掾，屬三月，鬱不樂，作《紫棉樓樂府》寄意，拂衣去。」〔註72〕

三、青少年教育

（一）啟蒙教育

清初，清廷對於社學的政策搖擺不定。順治九年（1652）題准，「每鄉置社學一區，擇其文義通曉，行誼謹厚者，補充社師，免其差役，量給廩餼養贍。提學案臨日，造姓名冊申報查考。」〔註73〕這是鼓勵興辦社學的政策，但是由於廣東當時正處在戰亂時期，雖然有政策上的支持，但無施行的環境。到康熙二十五年（1686），由於廣東各地的社學發展出現了不規範的狀況，於是清政府又下諭旨，對社學發展予以調整：「議准，社學近多昌濫，令提學嚴

〔註69〕宣統《大沙深巷何氏族譜》卷1《善錄》，第57頁a。
〔註70〕宣統《大沙深巷何氏族譜》卷1，《善錄》，第52頁a～60頁b。
〔註71〕羅天尺：《羅天尺序》，何夢瑤：《菊芳園詩鈔》，第2頁b。
〔註72〕道光《南海縣志》卷39，《列傳八》，第722頁上。
〔註73〕《清會典事例》第5冊，卷396，《禮部·學校·各省義學》，北京：中華書局，1991年，第417頁下。

行查革」；又於康熙五十二年（1713），「議准，各省府州縣，令多立義學，延請名師，聚集孤寒生童，勵志讀書。」〔註74〕廣東各地的社學基本處於停頓，並有不少社學更名為義學。不過順康期間的社學多為明代遺留，極少新建。

廣東的社學出現了高潮是在雍正至乾隆期間，雍正元年（1723），「議准，州縣設學，多在城市，鄉民居住遼遠，不能到學。照順治九年例，州縣於大鄉巨堡，各置社學。擇生員學優行端者，補充社師，免其差役，量給廩餼。凡近鄉子弟，年十二以上，二十以內，有志學文者，俱令入學肄業。仍造名冊，於學臣案臨之日，申報查考。」〔註75〕此後，廣東社學進入了高潮。道光《廣東通志》卷一四四《建置略二十‧學校八》記載了當時各地社學數量情況，廣東珠江三角洲社學高漲，就出現在雍正年間。廣州府社學總數達到297個（南海 112，番禺 47，順德 74，東莞 14，從化 1，龍門 3，新寧 1，增城 7，香山 8，新安 6，花縣 4，新會 15，三水 2），而南海縣達到 112 個，超過廣州府社學總數的 1/3。〔註76〕從經濟因素上看，珠江三角洲是當時經濟實力較強的地區，商業的發展與文化教育的發展相輔相成，促進了學校的興盛。商人投資府州縣學，也有的就分別設置了社學、義學、書院。

據康熙《南海縣志》卷八《學校》，何夢瑤所在的雲津堡有社學三所，分別是上社、莘村和永思，〔註77〕其中永思乃大沙村何氏社學。〔註78〕何夢瑤有可能在永思社學接受了啟蒙教育。據何夢瑤所撰《壬午聯壽序》稱：「夢瑤少時，及見子雋公，龐眉皓首，領袖文壇巍若。公一門三代皆擅聲詩，與良生、廣揚諸叔爭執騷壇牛耳。」〔註79〕子雋公是指何氏第十四代何士誠。宣統《大沙深巷何氏族譜》卷一《善錄》云：「十四世公侃公，諱士誠，字子雋。縠冶公長子。少聰穎，醇謹深厚，年十四為文典贍沉博。十七通五經子史綱目，西岸房恒泰公器重之，攜之英德學署。十八補國朝韶郡諸生，後改回本郡。經九科不第，淡如也。進修教誨至老彌篤。鄉之後進者多出其門，壽八

〔註74〕《清會典事例》第 5 冊，卷396，《禮部‧學校‧各省義學》，第 417 頁下～418 頁上。

〔註75〕《清會典事例》第 5 冊，卷396，《禮部‧學校‧各省義學》，第 418 頁上～418 頁下。

〔註76〕道光《廣東通志》卷 144，《建置略二十‧學校八》，第 2632 頁上。

〔註77〕康熙《南海縣志》卷 8，《學校》，第 8 頁 a。

〔註78〕宣統《大沙深巷何氏族譜》卷 1 就有《重修何永思堂家譜序》。

〔註79〕何夢瑤：《壬午聯壽序》，宣統《大沙深巷何氏族譜》卷 1，《藝文》，第 66 頁下～67 頁下。

十七。續承先志，振興後人，稱兩得焉。」〔註80〕少年何夢瑤對祖父輩的讀書人何士誠非常仰敬，亦可能受其啟蒙指點。

然而何夢瑤正式入族塾的啟蒙老師則是族兄何玉枚（字卜俞）。何夢瑤《壬午聯壽序》自述其童年時，與族叔何青松、族弟何迎春等，一同受業於族兄何玉枚，「得周旋侍從群公之側，若泰山梁木之可仰，祥麟威鳳之可儀也。」〔註81〕宣統《大沙深巷何氏族譜》卷一《善錄》稱何玉枚：「穎悟逾常，好學工詩，博通今古。十歲能文。二十補廣寧邑庠，科歲常列優等，補廩膳生。乃棘闈十載不售，至樊學憲歲試，充貢。時逢恩科考，授教職，未任而卒。鄉鄰後學多出其門，有掇巍科登顯仕者。」〔註82〕何玉枚為康熙四十七年恩貢生〔註83〕，何夢瑤對其讚譽有加，稱其「以製藝屈服行輩，其餘齒德俱尊者，指不勝屈。」〔註84〕除受教於族兄何玉枚外，何夢瑤還有一個啟蒙老師是侄兒輩的何翰先。據《菊芳園詩鈔》卷二詩《哭侄孫開將》其二自注稱：「開將父翰先先生，自號橫塘主人，蓄一印文曰『鍾子期菩薩』，予嘗師之。兒輩亦受業開將。」〔註85〕

總之，何夢瑤童年時期啟蒙教育應是在家族內完成的。道光《南海縣志》卷三九《列傳八》讚譽說何夢瑤穎悟絕倫，「十歲能文，十三工詩」〔註86〕，說明何夢瑤除天資聰穎聰明外，啟蒙教育應是成功的。然而需要說明的是，何在《醫碥》自序中曾言說「瑤少多病失學」〔註87〕，可知其童年時體弱多病，「失學」可能意味著沒有接受到足夠而連續的學業教育。

（二）師從麥易園

當時到經濟和教育比較發達的佛山鎮就讀，似乎蔚為風尚。何夢瑤的同學羅天尺就有送其弟到佛山塾就讀之詩《夏日送天俊弟之佛山塾》，其中有：

〔註80〕宣統《大沙深巷何氏族譜》卷1，《善錄》，第57頁下。

〔註81〕何夢瑤：《壬午聯壽序》，宣統《大沙深巷何氏族譜》卷1，《藝文》，第66頁下～67頁下。

〔註82〕宣統《大沙深巷何氏族譜》卷1《善錄》，第56頁下～57頁上。

〔註83〕道光《廣寧縣志》卷10，《選舉》，廣東省地方史志辦公室輯：《廣東歷代方志集成》，廣州：嶺南美術出版社，2009年影印本，第261頁下。

〔註84〕何夢瑤：《壬午聯壽序》，宣統《大沙深巷何氏族譜》卷1，《藝文》，第67頁下。

〔註85〕何夢瑤：《哭侄孫開將》，《菊芳園詩鈔》卷2，《鴻雪集》，第13頁a。

〔註86〕道光《南海縣志》卷39，《列傳八》，第722頁上。

〔註87〕何夢瑤：《自序》，《醫碥》，第47頁。

佛山之鎮天下雄，三城百粵咽喉通。

東走甌駱西桂邕，秦函粵鑄居其中。

挾子求師開童蒙，我弟盛年氣如虹。

低頭趨就如三公，爲師豈得爲郡同。〔註88〕

康熙四十四年（1705），十三歲的何夢瑤開始到佛山鎮跟從名士麥易園讀書。麥易園，名在田，字耀三，一字宗道，香山人。〔註89〕康熙五十九年（1720）中舉〔註95〕，此後「即絕意仕進」〔註90〕，以課徒講學自娛。麥一生著述宏富，何夢瑤稱麥氏乃「今代文章伯，當年月旦評。」〔註91〕綜合道光《廣東通志》、道光《佛山忠義鄉志》、光緒《廣州府志》、光緒《香山縣志》諸書記載，其著述有《易經要義》、《春秋詳訓》、《古文端》、《易園詩文集》、《半農山莊詩鈔》等〔註92〕，大多作爲課教的講義或是推薦生徒學習的範文。〔註93〕麥氏本香山小欖人〔註94〕，後長期寄居南海縣，於佛山心性書院講學，道光《佛山忠義鄉志》將其編入「流寓」卷〔註95〕，確認其爲寄居本地的外鄉名士。而民國《佛山忠義鄉志》將麥易園歸爲「南海大瀝人」〔註96〕，由此可知麥易園留居南海時間應該不短，且已形成了一定的社會影響力。道光《佛山忠義鄉志》稱麥易園：

> 生而端重，篤志力學。讀書以精熟爲務，淹貫經史，領康熙庚子經魁。律己嚴潔，儀容整肅。開講席於佛山心性書院，生徒雲集。近而廣州各邑，遠而肇廉各郡，暨粵西鄰界諸處，皆裹糧負笈以從。在田盡興訓迪，前後多知名士。時新會胡方以學行自高，於人少許

〔註88〕羅天尺：《癭暈山房詩删》，卷5，第535頁下～536頁上。羅天俊，字雨三，號漁侶。

〔註89〕分別見，光緒《香山縣志》卷21，《藝文》，廣東省地方史志辦公室輯：《廣東歷代方志集成》，廣州：嶺南美術出版社，2007年影印本，第448頁下；道光《佛山忠義鄉志》卷8，《名宦》，第5頁b。

〔註95〕光緒《廣州府志》卷43，《選舉表十二》，第698頁下。

〔註90〕何夢瑤：《哭麥易園師》，《菊芳園詩鈔》卷6，《鶴野集》，第2頁b～3頁b。

〔註91〕何夢瑤：《哭麥易園師》，《菊芳園詩鈔》卷6，《鶴野集》，第2頁b～3頁b。

〔註92〕道光《佛山忠義鄉志》卷8，《名宦》，第5頁b。

〔註93〕民國《佛山忠義鄉志》卷15，《藝文二》，第5頁a。

〔註94〕光緒《香山縣志》卷11，《選舉》有「麥惜（麥易園之父），小欖人，字禮恭。」又據《粵東詩海》卷82：「麥惜，字禮恭，號柳池，香山人。貢生，能詩。」

〔註95〕道光《佛山忠義鄉志》卷8，《名宦》，第5頁b。

〔註96〕民國《佛山忠義鄉志》卷14，《人物九》，第2頁a。

可，獨愛重在田，以女妻之。在田厚於人倫，修脯所入，贍貧弟，
建祖祠，撫教猶子，兼予田宅。〔註97〕

　　何夢瑤與族侄何簡元等一道於佛山鎮拜師麥易園求學。麥易園課徒嚴
厲，直至晚年，何夢瑤對麥的督責仍記憶猶新。何夢瑤詩作《故山用陸放翁
韻》回憶稱少時從學之際，「師麥易園館課甚嚴，不得弈棋、飲酒。」〔註98〕
由此，麥氏的思想和觀點對於何夢瑤等生徒應有著潛移默化的直接影響。值
得玩味的是，何夢瑤一生軌迹與乃師麥易園有著幾分相似，正如何夢瑤記述
麥易園「師登賢書後，即絕意仕進」〔註99〕，以教書講學自娛，何夢瑤晚年
同樣寄居書院自適。每每回憶麥易園，多提及麥易園教書生涯，並與自己作
比，其詩作《哭麥易園師》有自注：「師舌耕而富，予腰折而貧，榮辱得失不
堪並論。」〔註100〕與此同時，麥易園以研治經學聞名廣東，有《四書輯釋》、
《易經要義》、《春秋詳訓》諸書傳世，何夢瑤亦對經學頗有研究，尤其是對
易經情有獨鍾，應與其早年追隨麥易園讀書不無關係。

　　除師生情誼外，何夢瑤與麥易園之間另有一層關係。麥易園與「惠門八
子」之一的吳秋同為番禺著名學者胡方之婿。〔註101〕有文獻稱：「時新會胡
方以學行自高，於人少許可，獨愛重在田，以女妻之。」〔註102〕而何夢瑤
對胡方的學問尤為推崇，〔註103〕惠士奇來粵後，遍訪名士，何夢瑤遂向惠
士奇舉薦胡方。〔註104〕可以說兩人亦師亦友的交誼貫穿何夢瑤一生，及至
乾隆十三年何在遼陽任上，忽聞麥易園離世消息，悲痛不已，遂賦詩《哭麥
易園師》〔註105〕紀念，傾訴其一生「予心折高隱，白賁見幽貞」，充滿對麥
易園德業高行的仰慕之情。麥易園對何夢瑤的影響由此可見一斑。

〔註97〕　道光《佛山忠義鄉志》卷8，《名宦》，第5頁b。
〔註98〕　何夢瑤：《故山用陸放翁韻》，《匊芳園詩鈔》卷3，《學制集》，第6頁b。
〔註99〕　何夢瑤：《哭麥易園師》，《匊芳園詩鈔》卷6，《鶴野集》，第2頁b～3頁b。
〔註100〕　何夢瑤：《哭麥易園師》，《匊芳園詩鈔》卷6，《鶴野集》，第2頁b～3頁b。
〔註101〕　何夢瑤：《哭麥易園師》其四自注有「師與先友吳始亭皆胡婿。」《匊芳園詩
　　　　　鈔》卷6，《鶴野集》，第3頁a。
〔註102〕　道光《佛山忠義鄉志》卷8，《名宦五》，第165頁下。
〔註103〕　何夢瑤：《哭麥易園師》其四有「金竹胡先輩，程朱後一人。」《匊芳園詩鈔》
　　　　　卷6，《鶴野集》，第3頁a。
〔註104〕　何夢瑤：《哭吳始亭》的原注：「學使惠天牧先生訪廣東名宿，瑤以胡公對。」
　　　　　《匊芳園詩鈔》卷4，《南儀集》，第8頁a。
〔註105〕　何夢瑤：《哭麥易園師》，《匊芳園詩鈔》卷6，《鶴野集》，第2頁b～3頁b。

第二章　何夢瑤與廣東惠門

第一節　惠士奇與康雍之際廣東士風

一、惠士奇督學廣東

康熙五十九年（1720），翰林院編修、江蘇長洲人惠士奇提督廣東學政。
惠士奇（1671～1741），字天牧，一字仲孺，晚號半農，人稱紅豆先生。其父
惠周惕、其子惠棟，均爲清代考據學代表人物，史稱「三惠」。學政是官學的
負責人，代表朝廷執掌學校政令，管理本省學校事務，主要工作是巡視各地，
主持歲、科考試和考覈教官。清代學政一職，直接承繼於前明舊制。不過，
清廷爲適應統治的需要，先後幾番調整學政官制。乃至康熙末年，學政來源、
掄選、去向、職責、地位等基本定型。〔註1〕

惠士奇畢生倡導經學。錢大昕（1728～1804）《惠先生士奇傳》載，惠
士奇入粵之初，即「頒條教以通經爲先，士子能背誦五經，背寫三禮、左傳
者，諸生食廩餼，童子青其衿。」〔註2〕楊超曾《翰林院侍讀學士惠公墓誌
銘》亦言惠士奇視學粵東，頒行條約，以通經爲先務，令諸生誦習五經三禮
三傳，「校士歲餘，士皆梟嘷雀躍，專事經書，其爲文章矞皇娟麗。」〔註3〕

〔註 1〕 參見安東強：《清代學政沿革與皇朝體制》，中山大學博士學位論文，2010 年。
〔註 2〕 錢大昕：《惠先生士奇傳》，《潛研堂文集》卷 38，長沙龍氏家塾重刊本，第
22 頁 a～22 頁 b。
〔註 3〕 楊超曾：《翰林院侍讀學士惠公墓誌銘》，周駿富輯：《清代傳記叢刊‧綜錄類
三》，《碑傳集》卷 46，臺北：明文書局，1986 年影印版，第 628 頁。

惠士奇曾致序學生羅天尺的《癭暈山房詩刪》，更明確吐露心聲：「時余方以經學訓諸生，令習三禮、三傳。能通者諸生食廩餼，能習者童子青其衿。始而駭然，既而帖然，久而怡然以悅。」〔註4〕惠士奇督學甚嚴，粵人學風爲之一變。正如後人稱道：惠士奇「毅然以經學倡」之舉，廣東士風「三年之後通經者漸多，文體爲之一變。」〔註5〕乾隆《長洲縣志》甚至稱頌惠士奇視學廣東，教以誦習五經、三禮、三傳，「士蒸蒸向學，文風丕振，爲粵東數十年學臣冠」。〔註6〕惠士奇倡導經學的同時，諄諄教導學子不要以科舉講章爲學問，認爲「蓋明倫在於講學，興行本乎讀書。學之不講是吾憂，書何必讀惡夫佞。……孰是醇乎醇，斷歸大雅。二禮乃一朝之會典，損益可知。三傳爲列國之編年，異同互見。豈可束之高閣，亦當藏於巾箱。自昔名儒，各守通經家法。從來科舉，尤多謬種流傳。勿棄程朱之書，專信高頭說約。毋廢漢唐之注，但觀近代講章。使者切切提撕，無異酋人之木鐸。諄諄勸勉，有如戒律之浮圖。」〔註7〕

雍正元年（1723），惠士奇任廣東學政三年期滿。由於惠士奇爲人品高廉潔，且廣東學風確有變化，同年六月二十日，廣東巡撫年希堯應廣東童生要求，密奏世宗，極力請求留任：

> 署理廣東巡撫事物布政使奴才年希堯謹奏爲學臣清介公明據實奏聞，仰祈睿鑒事。竊奴才在京即聞廣東學臣惠士奇清介自持，取士最公。及奴才到任後，細加訪查，惠士奇歲科兩試，果然不受賄賂，不狥情面。匪持考試文童悉秉至公，即錄取武生毫無夤緣；又能剔除拾弊，細心閱卷，故所取之士多係孤寒，而拾府壹州莫不悅服。惠士奇以寒儒出身，能仰體皇上作養人才盛心，不受賄賂，不狥情面，文武生童秉公拔取，是誠不負聖恩。如此廉潔之員未易多得。今考試已竣，現遵部文補試加額童生。據通省生童赴奴才衙門具呈，

〔註4〕惠士奇：《原序二》，羅天尺：《癭暈山房詩刪》，第485頁下。

〔註5〕錢大昕：《惠先生士奇傳》，《潛研堂文集》卷38，長沙龍氏家塾重刊本，第21頁b。

〔註6〕乾隆《長洲縣志》卷25，清乾隆十八年刻本，第1274～1275頁。相同的內容還見於乾隆《元和縣志》卷25。因乾隆《長洲縣志》是乾隆十八年刻本，而乾隆《元和縣志》是乾隆二十六年刻本，有關惠士奇的內容幾乎一字不差，可以推定乾隆《元和縣志》是照搬了乾隆《長洲縣志》的相關內容。

〔註7〕陳仲鴻：《附錄》，羅元煥撰，陳仲鴻注：《粵臺徵雅錄》，第56頁。

懇請題留再任。伏思學差遵奉欽點，何敢冒昧題請，但惠士奇清介
公明，奴才又不敢壅於上聞，相應具折據實奏知，伏乞皇上睿鑒。
謹奏。　雍正元年陸月貳拾日

但是，雍正似乎對年希堯密折的保薦，並不是很放心，朱批：「另差一
個，保管比惠士奇更強。」〔註8〕

留任惠士奇的請求被雍正駁回二個月後，年希堯又在《廣東巡撫年希堯
奏陳王朝恩等官聲折》的密折中，試圖再次說服皇帝：「臣自到任以來，不
敢收門生，結心腹，故此不敢輕保一人。惟學臣惠士奇，公而且明實，不賣
秀才。臣訪之再四，知之最確，故敢於前折奏。」〔註9〕兩廣總督楊琳也同
時密奏世宗：「廣東學臣編修惠士奇校士公明，一文不取。臣初亦未敢盡信，
今三年已滿。現今補考特恩廣額童生，亦將完畢，則其始終如一矣。臣遍歷
各省，所遇學臣中僅見者。有此清操特出之員，臣何敢淹沒不為上聞。」鑒
於廣東督撫的多次請求，世宗遂允准惠士奇留任三年。〔註10〕又據《雍正上
諭內閣》卷八一：「又奉上諭。翰林院侍講學士惠士奇，前任廣東學政時，
該督撫人人稱揚其善。巡撫年希堯極力保薦，乞再留粵三年。是以復令其留
任，嗣後督撫等亦無不交口稱揚，譽言日聞於朕。」〔註11〕由於惠士奇的口
碑極好，以致於其在廣東學政任上，雍正對其高看一眼，不斷提拔其職務，
由「四年丙午補詹事府右春坊、右中允，升侍講學士轉侍讀學士。」〔註12〕
而且，根據朱批「惠士奇觀其人吏治可以用得否？」雍正曾經有意想提拔惠
士奇為地方大員。但是，楊琳在其奏覆中言：

廣東總督臣楊琳為回奏事，本年十月二十九日，奉到朱批臣奏《廣
東學臣惠士奇清操折》內奉批「早有旨留三年矣。惠士奇觀其人吏

〔註8〕 中國第一歷史檔案館編：《署廣東巡撫年希堯奏廣東學臣惠士奇清介公明折》
　　　　（雍正元年六月二十日），《雍正朝漢文朱批奏摺彙編》第1冊，南京：江蘇
　　　　古籍出版社，1991年影印本，第551頁下～552頁上。
〔註9〕 中國第一歷史檔案館編：《廣東巡撫年希堯奏陳王朝恩等官聲折》（雍正元年
　　　　八月二十三日），《雍正朝漢文朱批奏摺彙編》第1冊，南京：江蘇古籍出版
　　　　社，1991年影印本，第875頁下。
〔註10〕 中國第一歷史檔案館編：《兩廣總督楊琳奏陳年希堯居官盡職等事折》（雍正元
　　　　年八月二十三日），《雍正朝漢文朱批奏摺彙編》第1冊，第868頁下～869頁上。
〔註11〕 《雍正上諭內閣》卷81，清文淵閣四庫全書本，第759頁。
〔註12〕 楊超曾：《翰林院侍讀學士惠公墓志銘》，《碑傳集》卷46，周駿富輯，《清代
　　　　傳記叢刊・綜錄類3》，台北：明文書局，1986年，第630頁。

治可以用得否？欽此。」查惠士奇校士公明，臣已試之三年，是以敢爲奏聞，但惠士奇雖未做過臨民之官，臣與之共事三年觀其作用，惟有衡文乃其所長，恐非吏治之長材也，理合回奏。

雍正元年拾壹月拾陸日臣楊琳。

（雍正御批）：「如此據實方是，知道了」。〔註13〕

這樣，惠士奇與地方大員之職位失之交臂。

圖2.1　署理廣東巡撫布政使年希堯奏為學臣清介公明折

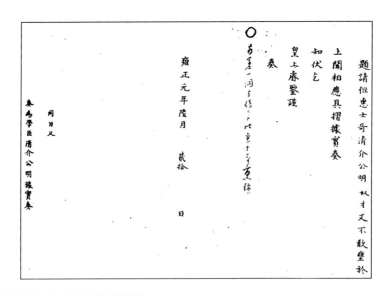

〔註13〕中國第一歷史檔案館：《廣東總督楊琳奏覆惠士奇非吏治長材折》（雍正元年十一月十六日），《雍正朝漢文朱批奏摺彙編》第二冊，第278頁上。

圖2.2　廣東總督楊琳奏覆惠士奇非吏治長材折

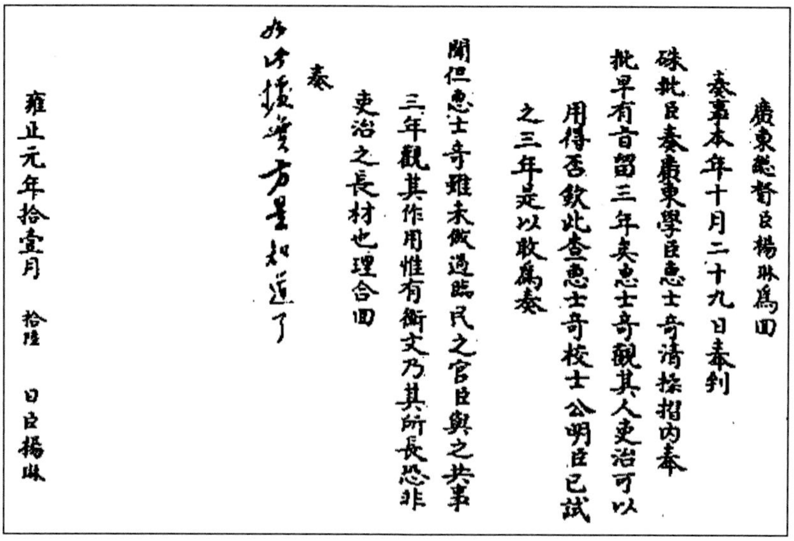

到了雍正五年（1727），惠士奇學政差滿回京後的第二年，進見雍正，卻因為奏對不實冒犯雍正，被指為「贖欺詐之罪」，罰修鎮江城垣。據《雍正上諭內閣》卷八一：「及（惠士奇）差滿來京進見時，見其舉止輕佻，奏對不實。至問以地方利弊，茫然不知；問以官員賢否，亦一味含糊，惟極力袒庇方願瑛。又薦一年邁不能出仕之人，求朕旌獎。似此居心行事，與朕前此所聞迥異，況在粵兩任，未聞陳奏地方利弊一事，其為沽取虛名，視國事如膜外，諂媚督撫致令越格保薦也明矣。其人甚屬巧詐，朕留心細加察訪，其在學政任內亦並非一塵不染之人。從前將伊留任三年，竟為所欺矣。似此巧詐奸詭之風，不可不遏。著交與祖秉衡，令伊修理鎮江城垣效力，以贖欺詐之罪。」
〔註14〕從這個史料可以推想，一方面，惠士奇在任內只是關心學政分內的事情，於「地方利弊、官員賢否」沒有作深入思考；另一方面，可能是最關鍵的是他為廣東按察使方願瑛說好話。此前，王士俊揭發布政使官達向黃江礦廠庫官索要規禮銀一千二百餘兩的事。代理巡撫阿克敦令官達審理此案。阿克敦令索賄人自審其索賠賄案，王士俊覺得不符合制度，其中必有不可告人之處，故請求改員嚴訊，阿克敦又令按察使方願瑛會審，而方願瑛又是與阿克敦、官達關係密切的人。士俊遂向吏部報告此事，指控阿克敦、官達、方

〔註14〕《雍正上諭內閣》卷81，清文淵閣四庫全書本，第759頁。

願瑛朋謀徇私。吏部上奏皇帝，又值楊文乾也疏劾阿克敦、官達，上命解官達、方願瑛職，令兩廣總督孔毓珣及楊文乾同審此案，並命王士俊代理布政使。經查實，阿克敦等人皆獲處治。雍正登基初期，對於吏治腐敗非常痛恨，方願瑛涉及此案，並有「方願瑛力勸士俊從寬銷釋」之情形〔註15〕，而惠士奇以書生之意氣，為之辯護，顯然激怒了雍正皇帝。至於說惠士奇「並非一塵不染之人」並無確實的證據，屬於雍正的捕風捉影之詞。

惠士奇從雍正五年（1727）奉旨修鎮江城到雍正九年（1731）以產盡停工罷官。五年之後，到了乾隆元年（1736）才「奉旨調取來京引見，以講讀用，所欠修城銀兩得寬免。」〔註16〕

由於朝廷的嚴格要求，以及惠士奇的廉潔自律，在其督學廣東前後六年，上至總督巡撫，下至普通學子、平常百姓，對惠士奇的人品和廉勤無不稱道。其學生楊超曾（1694～1742）總結惠士奇一生，稱其大端有四：持品端嚴，律身孝友，取士公明，居官廉勤。〔註17〕為此，在朝有督撫舉薦，在野有配食祭祀。錢大昕《惠先生士奇傳》稱惠士奇任滿還都，送行者如堵牆，「既去，粵人尸祝之，設本主配食先賢。潮州於昌黎祠，惠州於東坡祠，廣州於三賢祠。每元旦及生辰，諸生咸肅衣冠入拜。其得士心如此。」〔註18〕不僅廣州、惠州、潮州三地祭祀惠士奇，嘉應、吳川、高州、儋縣、海陽等邊遠之地亦紛紛祭祀。〔註19〕總之，惠士奇在廣東督學六年，為其推行經學提供了時間上的保障，在他的極力倡導和教誨下，廣東士風為之一變，尤其是惠門弟子深受經學影響日深，逐步走上官方倡導的正規化科舉與學術之路。

二、增廣學額

經過康熙在位幾十年的勵精圖治，大清皇朝逐漸平息叛亂，社會逐步穩

〔註15〕《東華錄》雍正十一，清光緒十年長沙王氏刻本，第2368頁。
〔註16〕江藩：《國朝漢學師承記》，北京：中華書局，1983年，第20頁。
〔註17〕楊超曾：《翰林院侍讀學士惠公墓誌銘》，周駿富輯：《清代傳記叢刊·綜錄類三》，《碑傳集》卷46，臺北：明文書局，1986年影印版，第628頁。
〔註18〕錢大昕：《惠先生士奇傳》，《潛研堂文集》卷38，長沙龍氏家塾重刊本，第22頁a。
〔註19〕光緒《嘉應州志》卷16，《學校》，廣東省地方史志辦公室輯：《廣東歷代方志集成》，廣州：嶺南美術出版社，2009年影印本，第258頁下；光緒《海陽縣志》卷20，清光緒二十六年刊本，第717頁。

定，經濟從恢復到活躍，成爲清代社會發展較快的時期。由於經濟的穩定發展，人口增長較快，應試科舉的士子增多，民間社會一直都有增加學額的呼聲和要求。由於康熙在位之時，府州縣的學額一直沒有明顯增加，以致地方上違例以冒籍來「自我」增加學額的現象較爲普遍。如，光緒《嘉應州志》卷三二載：「國初潮屬有數縣文風未盛，多有不能如額者，學使者往往以此邑之有餘，補彼邑之不足。程鄉一邑常取進三四十名，謂之通榜。（吾）疑不可信，後讀《東華錄》，康熙十八年三月，左都御史魏象樞奏學道考試十弊：二曰額外溢取童生，撥發別學；十曰將額外溢取童生，混附生員冊內報部，乃知向日果有此風也。仲和案本志寓賢《惠士奇傳》云：先是程鄉能文士多淹滯，辛卯、癸丑間冒籍之禁未嚴，潮屬邑通考。士奇蒞歲科試，程之入泮者百餘人，士氣始揚。此即通榜之證。」〔註20〕

雍正繼位初期，爲因應社會的呼聲和皇權管理的需要，遂逐步實施「增廣學額」之政。雍正二年三月諭禮部等衙門：「治天下之要，以崇師重道。……直省應試童子，人多額少，有垂老不獲一衿者。其令督撫會同學臣，查明實在人文最盛之州縣，題請小學改爲中學，中學改爲大學，大學照府學額數取錄。督撫等務宜秉公詳查，不得徇私冒濫。」〔註21〕根據聖旨，各地紛紛上奏增廣學額。又雍正三年三月：「增廣東省各學取進文童額數，南海、番禺、東莞、順德、新會、香山、海豐、海陽、潮陽、揭陽、澄海十一縣，向係大學，照府學額，各取進二十名。三水、增城、保昌、英德、興寧、長樂、龍川、程鄉、饒平、儋州十州縣，向係中學，升爲大學，各取進十五名。新寧、和平、永安、大埔、惠來、平遠、鎮平、開平、吳川、東安、西寧十一縣，向係小學，升爲中學，各取進十二名。」〔註22〕

廣東各地因爲此項惠政而對惠士奇感恩戴德。如，光緒《高州府志》卷九《建制二》：「張惠二公祠在城內文昌閣右，乾隆二十五年建，祀總兵張奇英、督學惠士奇。」〔註23〕民國《儋縣志》卷一五《官師宦績》：「儋州舊本

〔註20〕 光緒《嘉應州志》卷32，《叢談》，第598頁下。

〔註21〕 《清實錄》第7冊，卷17，（雍正二年甲辰，三月）條，北京：中華書局，1985年，第282頁下～283頁上。

〔註22〕 《清實錄》第7冊，卷17，（雍正三年乙巳，三月）條，第448頁下～449頁上。

〔註23〕 光緒《高州府志》卷9，《建制二》，臺北：成文出版社，民國56年，第124頁下。

中學，每榜取進只十二名。自惠提學至瓊，見儋文才頗盛，特題請升爲大學，歲科額取共三十名。自此儋之科甲，遂相繼而起，故多士感激，設主配享東坡祠。」〔註24〕

雍正初年的增廣學額，一則順應民間要求；二則爲朝廷多選良才；三則從朝廷到地方官府亦有相應的經濟能力。惠士奇督學廣東，其重要事功在於傳達聖意，發現和培養人才，主辦科考，增廣學額，正風化俗。惠士奇遵照聖旨，分別對廣東各府縣增廣學額。此政策一施行，多得社會歡迎，順應民心。惠士奇之所以得到廣東士子感激，除了其本身的學行、廉潔、公平之外，與雍正的這個善政亦有很大關係，畢竟科舉關乎士子人生之最大命運，而惠士奇是在廣東具體執行這個政策的人。惠士奇在施政方面嚴格秉承朝廷旨意，毫不徇私，不折不扣地施行，也爲惠門弟子樹立了榜樣。「惠門八子」中官至知縣的何夢瑤、勞孝輿和陳世和等，爲官皆一絲不苟，勤政廉明，嚴奉旨意，與惠士奇的言傳身教不無關係。

三、惠士奇與廣東士人

惠士奇履任廣東學政伊始，便立志整飭廣東學風士風，改變文化相對落後的局面。他廉潔律己，公平取士，曾經「在粵東時，又嘗懲槍手頂替之習，一日發十五人奸，粵人咸詫爲神明。」〔註25〕嚴懲投機頂替之習，整飭廣東士風。除精心發掘和培養生員外，還敦學重教，廣交社會名士。一方面爲發現人才，醇化學風，達致「以其鄉之產，療其鄉之病」〔註26〕的目的，另一方面也爲何夢瑤等惠門弟子構築了基礎廣泛的學術交往平臺和社會網絡。

惠士奇入廣東後，高度關注廣東本土的名流學者，曾與何夢瑤提起，欲造訪廣東名宿，何夢瑤毫不猶豫即推薦了老師麥易園的岳父胡方。〔註27〕因何對胡方的學問幾近於崇拜，讚譽「金竹胡先輩，程朱後一人」。〔註28〕胡方，

〔註24〕民國《儋縣志》卷15，《官師宦績》，廣東省地方史志辦公室輯：《廣東歷代方志集成》，廣州：嶺南美術出版社，2009年影印本，第1189頁。

〔註25〕楊超曾，《翰林院侍讀學士惠公墓誌銘》，《碑傳集》卷46，周駿富輯，《清代傳記叢刊‧綜錄類3》，臺北：明文書局，1986年影印版，第629頁。

〔註26〕惠士奇：《謝梁也先生文序》，嘉慶《澄海縣志》卷25，《藝文上》，廣東省地方史志辦公室輯：《廣東歷代方志集成》，廣州：嶺南美術出版社，2009年影印本，第618頁上。

〔註27〕何夢瑤：《哭吳始亭》自注有「學使惠天牧先生訪廣東名宿，瑤以胡公對。」《菊芳園詩鈔》卷4，《南儀集》，第8頁a。

〔註28〕何夢瑤：《哭麥易園師》，《菊芳園詩鈔》卷6，《鶴野集》，第3頁a。

字大靈，新會金竹岡人，學者稱金竹先生。生於順治十一年（1654），卒於雍正六年（1727）。〔註29〕初由番禺籍補諸生，後充歲貢，致力於講求義理之學，敦崇實行。道光《新會縣志》卷九《列傳二》稱胡方年十二應童子試，「廣州司李塗某奇其文，延與語，謂當薦之學使，方端坐不答，亦不再至。總督吳興祚聞其名，使其客招之，方走匿，不能得也。」〔註30〕四十歲後，潛心著述，杜門不出，注《周易》十卷、《四子書》十卷、《莊子》四卷，「句疏字櫛，補先儒所未及，制義千首有奇。」〔註31〕

惠士奇從何夢瑤處得知胡方之後，求賢若渴，曾三顧茅廬探訪胡方。據道光《廣東通志》卷二八七《列傳二十》：「先是方僑居南海之鹽步，惠檥舟村外，遣吳生者至其家求一見。急揮手曰：學政未藏事，不可見，不可見。出吳而局其門。惠再至，索所著書，僅乃得之。惠試竣，仍介吳生假冠投刺。至則長揖曰：今日齋沐謝知己。方年邁，無受教地，不能執弟子禮。數語遂起。惠握其手曰：縱不肯多語，敢問先生，鄉人誰能爲文者？答曰：並世中無人。必欲求之，惟明季梁朝鍾耳！惠遂求梁文並其文刻之，名曰《嶺南文選》。惠嘗語吳生曰：胡君貌似顧亭林，豐厚端偉，皆富貴福澤之象，不於其生，必享大名於身後。蓋方之知己，當時一惠而已。」〔註32〕此引路者吳生，即吳孟旦也。〔註33〕吳孟旦，字旭亭，雍正元年拔貢。史稱其「言動必以禮，其學博採師友，聞一善趨若不及，爲學使惠士奇所知」〔註34〕。吳孟旦與胡方可謂世交。其父吳啓炫（字琬若，號南塘），乃東莞籍庠生，與胡方交契。宣統《番禺縣續志》卷一九稱吳啓炫與胡方交往甚密，「每相對忘形，談及明季國初軼事及高人逸士之遺聞，相與欷歔不置。」吳啓炫除長子孟旦外，還有一子吳秋，亦爲「惠門八子」之一，恰是胡方之婿。〔註35〕特別是，吳孟旦對胡方學問頗爲崇敬，嘗「手錄方著述殆遍」〔註36〕。故吳孟旦成爲引見

〔註29〕袁行雲：《清人詩集敘錄》，北京：文化藝術出版社，1994 年，第 533 頁。

〔註30〕道光《新會縣志》卷 9，《列傳二》，廣東省地方史志辦公室輯：《廣東歷代方志集成》，廣州：嶺南美術出版社，2007 年影印本，第 264 頁下。

〔註31〕同治《番禺縣志》卷 44，《列傳十三》，廣東省地方史志辦公室輯：《廣東歷代方志集成》，廣州：嶺南美術出版社，2007 年影印本，第 553 頁上。

〔註32〕道光《廣東通志》卷 287，《列傳二十》，第 4600 頁上。

〔註33〕光緒《廣州府志》卷 130，《列傳十九》，第 2024 頁下。

〔註34〕光緒《廣州府志》卷 130，《列傳十九》，第 2024 頁下。

〔註35〕民國《番禺縣志》卷 19，《人物二》，第 294 頁下。

〔註36〕光緒《廣州府志》卷 130，《列傳十九》，第 2024 頁下。

惠士奇拜會胡方的最佳人選。惠士奇深感胡方之學問難得，稱之爲廣東「白沙後第一純儒。」〔註37〕將其文章與明儒謝元汴、梁朝鍾文章一道收錄入《嶺南文選》，使之廣爲廣東士人所習。〔註38〕雍正四年冬十二月，惠士奇學政任滿。〔註39〕即將離任之前，上薦胡方於朝廷，稱讚胡方人品端正，學術醇厚，一介不苟，五經盡通，乃廣東接理學之傳者，「粵人比之江門陳獻章」，請求朝廷依古養老之禮，「月致羊酒以寵異之，俾士子咸知讀書立品」。〔註40〕但是，雍正認爲惠士奇此舉居心不正，旨在以求旌獎，況且薦舉「一年邁不能出仕之人」〔註41〕，對惠士奇留下不好之印象。由此，旌獎胡方之事不了了之。

胡方性格怪癖，交遊不廣，過從較密者僅釋迹刪、汪後來等人。〔註42〕據黃培芳《香石詩話》可知，惠士奇與胡方有詩詞唱和。惠士奇曾以「欲學王生報廷尉，其如方厭美名高」詩句贈胡方，胡方亦有送惠公詩云：「玉皇香案舊清班，出入均勞亦載閒。仁壽孟堅須作長，承明莊忌促教還。主知預恐蒼生寄，使事兼陳赤子艱。便道雁門歸許白，謝公情更繫東山。」〔註43〕

翁廷資，字爾偕，號海莊，潮州海陽人。據《潮州府志》卷二九《人物中》載，翁爲康熙四十八年己丑科進士，初授四川渠縣令，但不久因病歸里，「學使臧公賞其文，延入幕中。繼受知大中丞彭公。壬午鄉試許以掄元，及榜發名列第三，爲之快快。己丑成進士，授四川渠縣令，旋以疾罷。」〔註44〕

雍正二年，出於誘進多士的考慮，惠士奇以爲人才難得，上書要求題補

〔註37〕民國《開平縣志》卷45，《雜錄》，廣東省地方史志辦公室輯：《廣東歷代方志集成》，廣州：嶺南美術出版社，2009年影印本，第436頁上。

〔註38〕道光《廣東通志》、光緒《廣州府志》、民國《番禺縣志》、《清史稿》等文獻均只列梁朝鍾、胡方二名，但是其實《嶺南文選》選了三家的作品，除梁、胡外，被選入的還有明代的謝元汴的著作。詳見，羅天尺：《癭暈山房詩刪》卷6，《奉送惠文宗還朝》；檀萃：《楚庭稗珠錄》等。

〔註39〕蕭奭：《永憲錄》卷4，北京：中華書局，1959年，第321頁。

〔註40〕同治《番禺縣志》卷44，《列傳十三》，第553頁上。

〔註41〕《世宗憲皇帝上諭內閣》卷81，商務印書館四庫全書出版工作委員會：《文淵閣四庫全書》，北京：商務印書館，2005，第759頁。

〔註42〕袁行雲：《清人詩集敍錄》，第533頁。

〔註43〕黃培芳：《香石詩話》卷4，《續修四庫全書》編纂委員會：《續修四庫全書》卷1706，上海：上海古籍出版社，2002年，第178頁下。

〔註44〕乾隆《潮州府志》卷29，《人物中》，廣東省地方史志辦公室輯：《廣東歷代方志集成》，廣州：嶺南美術出版社，2009年影印本，第612頁上。

翁廷資爲韶州府教授。吏部以學臣無題補官員之例予以否決，誰知雍正卻指出「惠士奇居官聲名好，所舉之人諒非徇私，著照所請補授，後不爲例。」〔註45〕次年，翁廷資正式出任韶州府教授。〔註46〕翁廷資離任韶州教授告歸後，主持韓山書院講席，潛心著述，留下《韓山詩箋》、《棟花小署諸草》諸種著述，成爲粵東一帶名儒。〔註47〕

及至晚清，光緒皇帝再次提起惠士奇舉薦翁廷資的典故，允許學政題請補缺，明確指出「如實有經明行修之儒，准學政題請補缺。從前惠士奇督學廣東，將翁廷資題補韶州府教授，曾奉世宗憲皇帝特旨允准，士論榮之。今若稍予變通，將學官無慚，博士之才多士亦交修學行矣。」〔註48〕由此將惠士奇「破例」之事，規範化爲常態制度。

翁廷資的提拔，由於是雍正專門爲惠士奇破例，所以史料記載較多。然除翁廷資外，惠士奇還專門向皇帝舉薦過吳睿英。《翰林院侍讀學士惠士奇奏舉廣東茂名知縣吳睿英折》稱：「翰林院侍讀學士臣惠士奇謹奏，臣欽遵諭旨，舉得廣東茂名縣知縣吳睿英辦事甚勤，才堪肆應，善於折獄，能察其情。臣謹奏。」由於奏摺沒有落款時間，我們還不能判斷惠士奇上奏的準確時間，但從內容分析大概是雍正二年至四年之間，因爲雍正四年冬惠士奇就任滿離開廣東了。吳睿英，浙江山陰人，康熙五十五年由監生任莆田縣丞，康熙六十一年任臺灣縣丞，雍正二年任茂名縣知縣。〔註49〕光緒《高州府志》卷四九還記載了吳睿英爲民除虎患之事迹：「六月，茂名鐵爐山多虎，傷往來行人及羊牛。知縣吳睿英親往驅之，虎益橫，一月內殺附近居民男女三十七口。至八月，鄉民極力捕之始息。」〔註50〕《翰林院侍讀學士惠士奇奏舉廣東茂名知縣吳睿英折》中批了「雍正元年十月升」〔註51〕，也許雍正考慮到吳睿

〔註45〕錢大昕：《惠先生士奇傳》，《潛研堂文集》卷38，長沙龍氏家塾重刊本，第22頁a。

〔註46〕同治《韶州府志》卷5，《職官表》，臺北：成文出版社，民國55年，第102頁上。

〔註47〕乾隆《潮州府志》卷29，《人物中》，第612頁下。

〔註48〕朱壽朋編：《東華續錄（光緒朝）》光緒五十三，上海：上海集成圖書公司，清宣統元年，第1438頁。

〔註49〕乾隆《莆田縣志》卷7，《職官》，臺北：成文出版社，民國57年，第239頁上；乾隆《重修臺灣縣志》卷9，《職官》，《中國地方志集成》，上海：上海書店，1999年，第177頁下；光緒《高州府志》卷21，《職官四》，第305頁上。

〔註50〕光緒《高州府志》卷49，《紀述二》，第738頁上。

〔註51〕吳睿英雖是雍正元年十月升職，但是估計雍正二年才到任茂名縣知縣，故各

英被提拔的時間不長，所以沒有同意惠士奇所請。

惠士奇在廣東，除交結胡方、翁廷資、吳睿英等名士外，還有眾多廣東士人與之交往，或拜於惠門下，或雅集唱和。在粵六年間，惠士奇廣交名士，栽培學子，增廣學額並通過旌表節婦和耆壽，以達到淳風化俗的目的。這些活動對康乾時期廣東文化起著重要的影響和作用，對惠門弟子有潛移默化之影響，也爲惠門弟子構建了一個廣泛交流的網絡和平臺。（詳見表 2.1《惠士奇廣東交往表》和表 2.2《惠士奇旌表節婦與耆壽表》）。

惠士奇曾於各郡試竣，臨別廣東之時，以告示贈言士子：

> 照得三年已逝，正氣常留。一官雖貧，多文爲富。蓋明倫在於講學，興行本乎讀書。學之不講是吾憂，書何必讀惡夫佞。賈山涉獵，尚未淹通。谷永泛疏，焉能洽浹。才如子政，猶自溺於禨祥。傳若康成，未免惑於圖讖。猥云步亦步，誰正群言？孰是醇乎醇，斷歸大雅。二禮乃一朝之會典，損益可知。三傳爲列國之編年，異同互見。豈可束之高閣，亦當藏於巾箱。自昔名儒，各守通經家法。從來科舉，尤多謬種流傳。勿棄程朱之書，專信高頭說約。毋廢漢唐之注，但觀近代講章。使者切切提撕，無異酋人之木鐸。諄諄勸勉，有如戒律之浮圖。爾多士果能捨舊圖新，居今稽古。明珠翠羽，個個席珍。鶴藥鸞英，枝枝棹秀。恭遇皇恩廣額，聖代延英，網不盡之珊瑚。更補歲科二試，栽無言之桃李。居然文武兩元，眞所謂鷹隼逢秋，蛟龍得雨者矣。若夫惕時玩歲，自是無能。蕩檢瑜閒，豈非不肖。固宜三居定罪，二物收威。然而鹽可洗金，醜能變好。石堪抵玉，鹽亦成良。與其執法以相繩，孰若下觀而自化。故枳棘不棲鸞鳳，泮林未絕鴟鴞。使者所以急於求才，而緩於絀惡也。從此學如不及，日進無疆。張曲江之風度猶存，寧無興起。邱瓊山之典型未墜，尚可追攀。勉哉，爲異日期。行矣，與諸生別。去如初至，行炭穴而不緇。久乃益堅，酌貪泉而仍潔。清夜之捫心不愧，下車之立誓依然。莫笑空囊，探取悉嶺南名勝。休言長物，採來惟海外文章。此日心旌，方搖曳於龍樓鳳閣。他年魂魄，定來往於梅嶺珠江。
> 特示。〔註52〕

地方志均寫「（雍正）二年任（茂名縣知縣）」。

〔註52〕陳仲鴻：《附錄》，羅元煥撰，陳仲鴻注：《粵臺徵雅錄》，第56～57頁。

告示中惠士奇對廣東學子傾注了惓惓深情，於為學為人都做出了榜樣。

總之，惠士奇在粵期間嚴格執行朝廷「增廣學額」的諭令，順應廣東社會對科舉改革的強烈呼聲和需求。同時，惠士奇學為人師，取士公明，廉政勤政。尤其是重視人才培養和社會教化，一方面進一步將清代主流文化（經學）在廣東進行傳播和灌輸，發現和培養了一批人才，另一方面重視社會的教化，旌表化俗，褒獎符合當時社會倫理要求的人物。阮元說「論廣東士人敦崇經術，則鄭晃導其先路；至惠士奇始大辟門庭，釐正文體。」〔註53〕

可以說，惠士奇的人品和行事作風及其學術觀點，深得廣東士子崇拜，深重地影響了康雍之際的廣東士風，更不用說對於何夢瑤等惠門弟子的直接影響了。惠士奇代表著中央文化，努力將廣東地方文化正統化。其肩負改良廣東社會的抱負，借助於皇權的權威、朝廷的良政和以身作則的清廉，開創了康乾時期廣東文化的新氣象，「之後一代的廣東文人，均自視為廣東學政惠士奇（1721～25 年在任）的門生，而非明遺民的門生」〔註54〕。何夢瑤在惠士奇的言傳身教之下，思想上和學術上皆以惠士奇為宗，以至於在學術興趣方面與惠士奇亦多有重合，如在詩歌、易學、音律，甚至算學等等方面都追隨惠師舊迹。何夢瑤亦代表惠士奇將地方文化正統化之成果。當何夢瑤宦遊廣西荒蠻之地，何夢瑤所為亦是承續師風，始終將地方文化正統化作為其經邦濟世之手段。

表 2.1　惠士奇廣東交往表〔註55〕

姓　名	籍貫	事　　由	依　　據
胡方	新會	惠士奇三度探訪，並上薦胡方於朝廷。	同治《番禺縣志》卷四四
翁廷資	海陽	題補翁廷資為韶州府教授。	錢大昕：《惠先生士奇傳》，《潛研堂文集》卷三八
吳睿英	浙江山陰	惠士奇舉薦吳睿英。	《雍正朝漢文朱批奏摺彙編》（第33冊）
黃冕	香山	以文受知惠士奇，但早卒。	光緒《香山縣志》卷一四
鄭養性	揭陽	獻所注周禮、左氏等書於惠士奇，深許可。	道光《廣東通志》卷二九五

〔註53〕轉引自，陳以沛：《清代廣東學政署的始末》，《嶺南文史》1993 年第 4 期。
〔註54〕科大衛：《皇帝和祖宗：華南的國家與宗族》，2009 年，第 288 頁。
〔註55〕惠門弟子列於後面的表 2.3《惠門弟子匯總表》，故此表不列入；惠士奇官府同僚亦不列入。

海涵	不詳	建青雲亭，惠士奇題額「源頭流水」。	道光《瓊州府志》卷一一
梁無技	番禺	惠士奇督學時，年七十猶就試。	乾隆《番禺縣志》卷一五
何士達	順德	任廉州府教授，惠士奇將薦之，何士達旋卒。	光緒《廣州府志》卷一三二
歐瑤	順德	惠士奇、王丕烈皆賞其才，屢歲薦教習官。	咸豐《順德縣志》卷二五
李修凝	香山	著《尚書正義》、《小香亭稿》、《宦遊草》，惠士奇題其集。	光緒《香山縣志》卷一四
李鳴岡	嘉應	爲惠士奇所器重，有國士之目。	光緒《嘉應州志》卷二三
陳飄雲	嘉應	惠士奇謂，程鄉多才而學養深，陳飄雲爲最。	光緒《嘉應州志》卷二九
張作舟	大埔	與惠士奇稱莫逆。	民國《大埔縣志》卷二三
薛元默	順德	與惠士奇結方外交，多唱酬。	咸豐《順德縣志》卷三〇
潘鳳昌	順德	弱冠餼南海庠。操行純謹，教生徒，督課嚴厲，以故及門多獲售者。督學陳均橄下學表之。惠士奇來視學，復表曰：「文高行卓」。	咸豐《順德縣志》卷二五
梅元捷	順德	篤友愛，嘗建祖祠，恤族里，義孚於人。精邃易理，以歲薦任新安教諭。勸學興行，不問修脯。惠士奇旌其堂。	咸豐《順德縣志》卷二五
何一柱	順德	康熙乙酉舉於鄉，授樂會教諭。一柱捐建義學，勒條款於石示訓。惠士奇試瓊南，見士風丕振，大獎之。	咸豐《順德縣志》卷二五

表 2.2　惠士奇旌表節婦與耆壽表

姓　　名	籍貫	事　　　由	依　　　據
崔氏	番禺	年十九而夫死，遺一女，無子，孀守數十年。嗣子士卓，補國學。有司區以「節壽雙全」。惠士奇爲之作序。	乾隆《番禺縣志》卷一六
陳氏	揭陽	孫君快妻。年十六于歸，二十而寡，事姑以孝聞。貞守六十一年。惠士奇以『琨玉秋霜』區旌之。	乾隆《揭陽縣正續志》卷六
鄭氏	順德	桂林生員李紹唐妻。國子生啓瑜女。于歸僅十三日夫死。氏養翁姑，承歡閨間。伯父檢討際泰嘗手書「獎美廿年」。惠士奇表廬曰：『松柏堅操』。	咸豐《順德縣志》卷二九
關氏	新會	郡學生關中立女，譚惠臣妻。夫卒，時年二十二。有勸之他適者，氏抱孤，跪泣於先太翁巡按正國木主前，翦髮矢志，勸者改容。學使惠士奇補孫元弟子員。額其堂曰「薼訓薩方」。	道光《新會縣志》卷一〇

謝氏	嘉應	李伯彡妻，年二十五，守節五十年。惠士奇旌曰：挺節教勞。	光緒《嘉應州志》卷二七
趙氏	潮陽	楊東園妻。年二十八守節。惠士奇贈曰：竹栢完貞。	光緒《潮陽縣志》卷一九
古氏	嘉應	監生劉瑞妻，年十九歸劉，至二十七夫逝。一子在抱，守節四十年。竭力奉姑，苦心教子。惠士奇聞其節書扁旌之。	光緒《嘉應州志》卷二六
陳氏	嘉應	劉仕相妻，生二子。年二十九夫死，以女工易錢米，送子讀書。忍饑耐寒，堅守四十餘年。惠士奇表其廬。	光緒《嘉應州志》卷二六
莊氏	海陽	蔡斯庸妻。斯庸卒，足不踰閫閾，撫二孤成立，苦節終身。惠士奇旌其門。	乾隆《潮州府志》，《抄存潮州府舊志小序》
葉氏	嘉應	林賢洲妻，生一子，周歲夫亡。氏年二十四，矢志堅守事翁姑。夜盜入室，氏死守房門，保護衰姑，尤巾幗所難。惠士奇表其廬。	光緒《嘉應州志》卷二六
歐陽氏	嘉應	鄒昌恭妻，年二十四生一子，夫亡。氏念堂上翁姑垂老，嬰孩無託，勉作未亡人。守志三十七載而終。惠士奇表其廬。	光緒《嘉應州志》卷二六
邱氏	嘉應	廩生鍾機妻。夫讀書不治家產。氏日夕紡績以佐讀。未幾機卒。子文秀、南麟俱幼，家計益索。氏荊釵布裙，備嘗三十餘年。二子俱出仕。惠士奇表其廬。	光緒《嘉應州志》卷二六
何方俊	南海	性戇直，夫妻壽俱九十餘。惠士奇贈晉秩耆賢匾額。	宣統《大沙深巷何氏族譜》卷一
霍子惇	東莞	東莞斗萌人，壽一百零一歲。督學惠士奇旌之。	宣統《東莞縣志》卷八二
盧泮臣	順德	順德龍山人，九十八歲；妻溫氏，一百零五歲。督學惠士奇旌其門。	民國《順德縣志》卷一二

第二節　惠門網絡

　　惠士奇來粵後，廣結地方名士，獎掖青年學子，力圖整飭康雍之際廣東的學風與民俗。在粵六年間，既構築了以惠士奇爲中心的區域性士人交往關係網，同時也形成數十名所謂「南海明珠」的弟子彙聚而成的「廣東惠門」。

一、惠門的形成及特點

　　本文所謂「廣東惠門」是指惠士奇提督廣東學政期間，由科考或遊幕等

機緣所形成的以惠士奇爲師的地域性士人群體。從分佈範圍上看，惠門弟子全部屬於廣東籍，遍佈廣東各府州縣；從演變軌迹上看，廣東惠門形成於惠氏來粵之初，發展於惠氏在粵之際，延續於惠氏離粵之後。而到雍正八年之後，惠門弟子相繼分散各地，直至乾隆十五年後重聚於廣州。故此，可將廣東惠門的演變分爲形成、發展、延續、重聚等四個時期。

（一）形成期（康熙五十九年至雍正元年，1720～1723 年）

康熙五十九年（1720）冬，惠士奇受任廣東學政來粵。入粵之初，即「頒條教以通經爲先，士子能背誦五經，背寫三禮、左傳者，諸生食廩餼，童子青其衿。」〔註56〕次年，惠士奇在廣州九曜坊學政衙署內檢考郡邑諸生，何夢瑤、蘇珥、羅天尺、陳世和、陳海六等童生被點爲生員。〔註57〕。這一時期惠門初具規模，主要由康熙六十年的廣東諸生員組成，成員包括羅天尺、何夢瑤、蘇珥、陳世和、陳海六等人，其中羅天尺、何夢瑤、蘇珥、陳海六四人後來合稱「惠門四子」。陳世和乃陳恭尹之孫，雍正元年（1723）考取拔貢。此後廣東惠門正是在此基礎上發展而來。何夢瑤有詩《寄懷陳聖取》，曾記其與陳世和兩人康熙六十年以來兩年有餘的同窗生涯：「兩載松窗掩白雲，秋風猶憶共論文。雙門支屐君尋我，半夜籠燈我訪君。」〔註58〕所謂「兩載松窗掩白雲，秋風猶憶共論文」可以透露出康熙六十、六十一年兩年間惠門的動向。

（二）發展期（雍正元年至雍正八年，1723～1730 年）

據史料記載：「學士天牧惠公，於康熙辛丑初，以編修來粵視學，至雍正丙午凡六年。一以經古之學爲教。在廣州先任所取士賞譽者數十人。惟石湖與何西池、蘇古儕、陳時一、勞阮齋、陳鰲山、吳南圃、吳竹泉，每駐省暇，即啓合招集，論文賦詩。因得訂交於九曜官署。」〔註59〕何夢瑤居官廣西之際，亦曾有詩《羅履先郵詩招隱次韻奉答》言及於此，其序稱：

〔註56〕 錢大昕：《惠先生士奇傳》，《潛研堂文集》卷 38，長沙龍氏家塾重刊本，第 22 頁 a～22 頁 b。

〔註57〕 道光《南海縣志》卷 39，《列傳八》，第 722 頁上。這一年何夢瑤 29 歲，羅天尺 36 歲；而《歷代入粵名人》認爲：「羅天尺爲惠士奇按試廣東所選拔，大加稱許，時年僅 17 歲。」顯然有誤。參見，李小松、陳澤泓編著：《歷代入粵名人》，廣州：廣東人民出版社，1994 年，第 455 頁。

〔註58〕 何夢瑤：《寄懷陳聖取》，《菊芳園詩鈔》卷 1，《煤尾集》，第 12 頁 b。

〔註59〕 羅元煥撰，陳仲鴻注：《粵臺徵雅錄》，第 9 頁。

十年判袂，千里牽思，每憶拜石亭『高病鶴山僧』之句，西禪月上，荒祠殘碣之遊，恍若日前。詎堪雲散連眉，長吉作賦玉樓（洵玉）。草檄陳琳，埋麟秋草（聖取）。季子既泣，夢於古藤陰下（始亭）；諸君復傷心於畫蠟條邊（海六、仲坡諸子），所喜不第江東，終焉折桂（履先）。上書蘇子，相繼聯鑣（瑞一），實慰我心，差強人意耳。僕久沉宦海，長坐愁城，仕實爲貧，官非作達。食來無肉，知雞肋之終拋；歸去有期，驗馬角之已長。幽蘭可佩，行覓君空山深谷之中；秋菊堪餐，幸竢我荒徑疏籬之下。敢賡原韻，用達鄙懷。〔註60〕

「十年判袂」時在雍正八年。其中「洵玉」未見其他史料，可能爲較早入惠門，有才而早逝者。

康熙六十年至雍正四年，惠士奇在粵期間，據羅天尺事後回憶稱，諸生訂交於廣州城內九曜官署。〔註61〕「校交之暇，輒爲拜石亭詩，惠公用鍾記室語評之，相與爲樂。後公還朝，子輩俶舟祖送至胥江驛，各獻詩別。」〔註62〕九曜官署內有環碧園，乃南漢藥洲故址，故又名藥洲、石洲。園內有九曜石，上鎸有月夜泛舟題詠，精巧雅致，頗有名氣，故而署內原有愛蓮亭一座，後更名拜石亭。早於宋熙豐年間，士人往往雅聚於此，或元宵之際泛舟觴詠，或盛夏時期於茲避暑。惠士奇來粵後，構置一水石清華舫於亭北，諸生紛紛聚集於此，師生暢談，優遊其間。〔註63〕何夢瑤有詩《拜石亭雜詠》記述其時九曜官署內拜石亭、九曜石的景況。其二有云「艇樣廻廊泊淺沙，玉堂仙從本清華。龍門泉石香山月，恰稱詩情七字佳」。其六有云：「清談銷盡蠟燈紅，強拉揚雲說六鋒。絕倒不知春夜永，城頭敲落五更鐘。」〔註64〕師生暢談的情形令人難忘，歷久彌新。除此之外，學友同好間志趣相投，或飲酒酬對，或切磋棋藝。何夢瑤此後時時追憶往事，其《送天牧師

〔註60〕何夢瑤：《羅履先郵詩招隱次韻奉答》，《菊芳園詩鈔》卷4，《南儀集》，第5頁b～6頁a。
〔註61〕明末廣東提學道駐於廣州城內九曜坊（又名藥洲、石洲）衙署。清初，朝廷所封的平南王尚可喜等駐紮內城，學政等衙署被迫遷於番禺縣育賢坊。平定三藩後，各官員衙署遷回廣州城，但學政衙署仍留在番禺縣。直至康熙四十九年廣東學政張明先題請遷署，始遷回原址。參見安東強：《清代學政沿革與皇朝體制》中山大學博士論文，2010年，第52頁。
〔註62〕羅天尺：《菊芳園詩鈔序》，何夢瑤：《菊芳園詩鈔》，第3頁a。
〔註63〕民國《番禺縣志》卷40，《古迹一》，第623頁上～623頁下。
〔註64〕何夢瑤：《拜石亭雜詠》，《菊芳園詩鈔》卷1，《煤尾集》，第1頁b～2頁b。

還朝六首》記述惠師在粵六年師生往事：「一自笙歌列絳帷，春風回首六年期。愛蓮亭畔看花樣，拾翠洲邊唱竹枝。」〔註65〕尤其與羅天尺、陳海六、蘇珥、陳世和交往的情形，更是牽動宦海浮沉多年的何夢瑤追憶懷舊之情愫。其有詩《懷羅履先陳海六蘇瑞一》稱當年「張燈夜戰棋爭道，遶寺秋吟酒壓箋」，不過此刻空留「此情可待成追憶，只是當時已惘然」的惆悵。陳世和於雍正元年（1723）考取拔貢。何夢瑤有詩《寄懷陳聖取》，記兩人自康熙六十年以來兩年有餘的同窗生涯：「兩載松窗掩白雲，秋風猶憶共論文。雙門支屐君尋我，半夜籠燈我訪君。」陳世和嘗欲手錄《冊府元龜》且續《太平御覽》，何夢瑤以「錄就元龜須轉借，續成御覽幸相聞。著書自是名山好，誓墓何妨學右軍」贈詩相勉。〔註66〕

　　惠門弟子且夕過從，除經常切磋學問，還時常挑燈對弈，吟詩作畫。幾十年後，何夢瑤常回憶同窗之景：「尚憶紅豆齋，立雪同絳幬。竹君遶千竿，石丈拜九曜。風吟水面來，醇醉娑尾釃。」〔註67〕以及「懷人竟夕不曾眠，窗外飄飄月隨煙。勝會可能追往日，閒身空復憶當年。張燈夜戰棋爭道，遶寺秋吟酒壓箋。此境別來君記否，荒祠殘碣對平田。」〔註68〕

　　羅天尺序勞孝輿《阮齋文集》也曾經回憶：「憶康熙癸卯，惠天牧督學吾粵。子與蘇子瑞，一同寓仙湖，與陳子聖取晚成堂鄰比。而孝輿與何子報之寓館亦近，且夕過從。酒闌燈地之下，子輒強報之唱紫棉樓院本，紫棉樓院本之所自塡。間復與瑞一效韓孟爲城南聯句，相與爲樂。孝輿、聖取斗酒其旁。子贈孝輿詩有『酒杯催乾眼愈大，月影橫斜談不休』之句，其風致可想也。」〔註69〕雍正六年冬，陳世和被薦優北上，羅天尺在家設宴爲之餞行，並作詩贈之：「別我將爲燕薊行，感我與君交四世。行藏約略同生平。佩弦佩韋各有異。阮狂嵇懶殊同并，典衣沽酒話胸臆。……曩昔吳門共師事，坐言起行同群英。」〔註70〕表達了同門兄弟世交情誼和平素交往情景。

〔註65〕何夢瑤：《送天牧師還朝六首》，《菊芳園詩鈔》卷1，《煤尾集》，第10頁b～11頁a。
〔註66〕何夢瑤：《寄懷陳聖取》，《菊芳園詩鈔》卷1，《煤尾集》，第12頁b。
〔註67〕何夢瑤：《哭吳始亭》，《菊芳園詩鈔》卷4，《南儀集》，第8頁a～8頁b。
〔註68〕何夢瑤：《懷羅履先陳海六蘇瑞一》，《菊芳園詩鈔》卷1，《煤尾集》，第16頁b～17頁a。
〔註69〕羅天尺：《阮齋文集序》，道光《廣東通志》卷197，《藝文略九》，第3285頁下～3286頁上。
〔註70〕羅天尺：《戊申冬月陳聖取二弟過訪雞度軒小酌即送其薦優引見北上》，《癭暈

　　惠門之中，吳秋最年輕。何夢瑤詩稱：「同學數十人，惟君年最少。詩筆獨秀出，爛漫啓秘突。」〔註71〕其岳丈乃胡方，故吳秋頗受胡方學術之影響。何夢瑤詩亦稱：「婦翁胡明經，絕學程朱紹。遯世誰見知，韜光秖自照。薦雄我何功，遺文君自校。冰玉遙相映，堂階日深造。」〔註72〕惠士奇欲交結廣東名士，何夢瑤乃是胡方的推薦人，其兄吳旭亭爲惠胡相會的引接人。何夢瑤追憶以往與吳秋同拜惠門的生活片段，「尙憶紅豆齋，立雪同絳幬。竹君遶千竿，石丈拜九曜。風吟水面來，醇醉斃尾釃。」〔註73〕

　　蘇珥致序勞孝輿《春秋詩話》稱，「康熙甲辰，余應歲試，識孝輿場中。時羅履先同余寓仙湖，何報之、陳聖取朝夕相過，孝輿並締交稱莫逆。諸子皆學使惠公所賞識，同在師門，風義倍敦也。」此「康熙甲辰」有誤，應爲雍正甲辰，歲在雍正二年（1724）。蘇珥於康熙末年進入惠門，及至雍正二年方識見勞孝輿，則知作爲「惠門八子」之一的勞孝輿應遲至雍正二年方入惠士奇門下。乾隆十二年（1747），羅天尺得知勞孝輿死於貴州鎮遠任上，寫下詩作《乾隆丁卯仲冬病中得勞孝輿二弟鎮遠凶問，感成二十五韻》，並寄何夢瑤，內有「憶昔廿年前，文場識子初。相齒弟與兄，聯鑣何與蘇。論文眼上視，尙未有髭鬚。況復兼詩豪，辟易可萬夫。」〔註74〕何夢瑤從羅天尺處接獲勞孝輿離世消息後，悲痛萬分，同窗往事歷歷在目，「勞二湖海豪，百尺樓上居。聯床爲弟兄，掉鞅爭前驅。」〔註75〕

　　此外，還有周炳、曹憤、胡定等人也是這一時期入惠門受教的。周炳，字蓬五，號陶甫，雍正元年拔貢，乾隆七年任澄邁教諭，後掌教常平常新書院。史志文獻稱周炳「康熙末惠天牧士奇學士按試粵中，延至幕下」。〔註76〕何夢瑤詩《懷周蓬五》有自注：「時同在惠幕中閱卷」，「是年四月鄉試，瑤與諸子俱下第，惟周得選拔」〔註77〕。由此可知，周炳應爲何夢瑤之同窗，

　　　　山房詩刪》卷3，第501頁下～511頁上。
〔註71〕何夢瑤：《哭吳始亭》，《菊芳園詩鈔》卷4，《南儀集》，第8頁a。
〔註72〕何夢瑤：《哭吳始亭》，《菊芳園詩鈔》卷4，《南儀集》，第8頁b。
〔註73〕何夢瑤：《哭吳始亭》，《菊芳園詩鈔》卷4，《南儀集》，第8頁b。
〔註74〕羅天尺：《乾隆丁卯仲冬病中得勞孝輿二弟鎮遠凶問感成二十五韻》，《癭暈山房詩刪》卷2，第499頁上。
〔註75〕何夢瑤：《讀羅履先乙卯冬得勞孝輿凶問作感賦次原韻》，《菊芳園詩鈔》卷7，《懸車集》，第4頁a。
〔註76〕光緒《廣州府志》卷162，《雜錄三》，第2554頁下。
〔註77〕何夢瑤：《懷周蓬五》，《菊芳園詩鈔》卷1，《煤尾集》，第2頁b。

且於雍正元年前已入惠士奇門下。據宣統《東莞縣志》卷六七《人物略十四》：
「周炳，字蓬五，號榴村，凹頭人。幼矢怙，事母孝，母歿，廬墓三年未嘗
見齒。博學工詩。康熙中以鴻博薦。惠士奇按試粵中，延致幕下。一日，攜
諸名士遊羅浮至鐵橋，炳獨廢然返。眾訝之，士奇曰：吾知之矣！詩贈之有：
知君尚有慈親在，不敢相從過鐵橋句。其篤行類此，性好禮，與妻終身相敬
如賓。每遇必起立，鄉閭式之。雍正元年拔貢，肄業太學。乾隆七年，授澄
邁教諭。創建社學，刻程氏家塾及朱子分年讀書課程，以勉學者。引年歸，
澄邁士子立碑以誌其德。」〔註78〕與周蓬五相敬如賓的妻子鍾氏，後來活到
了101歲，並於乾隆四十一年被旌表。〔註79〕對於周蓬五考獲拔貢，何夢瑤
在《懷周蓬五》中不無羨慕之情，並以「鐵橋千尺隔紅塵」調侃之：

> 曾從西閣共芳晨，拜石亭邊拜主人。
>
> 雅曲彈來珠錯落，深宵捧出酒逡巡。
>
> 客歸珠海同過夏，花發榴村獨佔春。
>
> 欲向羅浮訪精舍，鐵橋千尺隔紅塵。〔註80〕

曹憼，字萬為，別號杜峰，保昌人。據道光《直隸南雄州志》稱曹憼「聰
穎力學，經史百家言，靡不研索。」，「學使惠天牧館之拜石亭，由是彌邃於
經。」〔註81〕由此可知，曹憼應為惠士奇在廣東學使任上的入室弟子。

胡定，字敬醇，號靜園，保昌人，「年十七受知督學惠士奇」〔註82〕。道
光《直隸南雄州志》言胡定：「生具殊質，六歲出就外傅。閱七月，背誦四書、
毛詩。稍長博通群書，陰陽、卜筮、推算無不淹貫。年十五應試，郡侯深加
嘆賞，呼為神童。受知督學士奇惠公，歲科試俱冠軍。雍正丙午中式第二人。
丁未會試中明通榜，庚戌成進士。癸丑殿試授翰林院庶吉士。丙辰授檢討，
充大清一統志纂修官。戊午主試廣西，預修八旗通譜。」〔註83〕

〔註78〕民國《東莞縣志》卷67，《人物略十四》，廣東省地方史志辦公室輯：《廣東歷
　　　　代方志集成》，廣州：嶺南美術出版社，2009年影印本，第754頁下。

〔註79〕道光《廣東通志》卷325，《列傳五十八》：「澄邁縣教諭周炳妻鍾氏，年一百
　　　　一歲。乾隆四十一年旌。」第5167頁上。

〔註80〕何夢瑤：《懷周蓬五》，《菊芳園詩鈔》卷1，《煤尾集》，第2頁b。

〔註81〕道光《直隸南雄州志》卷7，《辟舉》，臺北：成文出版社，民國56年，第114
　　　　頁上。

〔註82〕民國《順德縣志》卷22，《列傳七》，廣東省地方史志辦公室輯：《廣東歷代方
　　　　志集成》，廣州：嶺南美術出版社，2007年，第284頁上。

〔註83〕道光《直隸南雄州志》卷25，《宦績》，第459頁下。

　　可以說，惠士奇在粵六年所形成的「惠門」及其活動，可用何夢瑤《送天牧師還朝六首》內「劣能注選稱書簏，粗解摛詞類鼎銘。最是中庭猶趁蝶，杏花壇上寫遺經」，「一自笙歌列絳帷，春風回首六年期。愛蓮亭畔看花樣，拾翠洲邊唱竹枝」〔註84〕諸詩句概括。

　　惠門弟子還在廣州組成南香詩社，何夢瑤、羅天尺、陳世和、蘇珥、勞孝興等眾惠門弟子多有參加。結詩社對於「惠門八子」來說早有淵源。早在清初，陳世和的祖父陳恭尹和羅天尺祖父羅孫耀，與梁槤、劉雲漢等結石湖詩社，流連山水，雅集唱和。〔註85〕羅天尺乾隆十七年致序何夢瑤《菊芳園詩鈔》時稱：「憶二十年前，余與報之十餘輩結南香社時，講藝晚成堂。堂獨漉陳先輩壇坫地也，文酒流連，儔偶徵逐，雖不盡以詩，而一時聲氣豪上，稱極盛焉。」〔註86〕由乾隆十七年（1752）逆推二十年，時在雍正十年（1732）。又何夢瑤乾隆十六年序《春秋詩話》時云：「顧孝興善言詩，嘗同飲聖取晚成堂，雨窗夜話……追念二十年前尊酒論文，徒深舊雨之感。」〔註87〕由乾隆十六年（1751）逆推二十年，時在雍正九年（1731）。兩種形成時間不同的文獻均稱「二十年前」，由此這裏所謂「二十年前」應非實指。因陳世和於雍正五年被薦江浙，可知南香詩社應於雍正五年前已設立，而何夢瑤雍正八年才分發廣西，故詩社極可能持續到雍正八年。何夢瑤、羅天尺等惠門同學結成「南香社」，以陳恭尹之孫陳世和的晚成堂為聚會之所。至於詩社集會內容，應與傳統詩社一樣，無外乎談詩論賦，這可從何夢瑤序勞孝興的《春秋詩話》可見一斑。何稱當年南香詩社集會時，「嘗同飲聖取晚成堂，雨窗夜話。孝興謂國風淫詩備列，不知所逸何等，宣尼可作，當不受刪詩之誣；又謂陳正字碎琴燕市，無異王右丞主第琵琶。一座首肯。」〔註88〕可以說，南香詩社以及晚成堂成為惠士奇北上後，惠門活動與交往的重要平臺，延續了惠士奇離粵後的惠門諸弟子間的交往。

　　廣東士人結社在明代比較興盛。清初順、康年間，廣東詩社多追慕明末

〔註84〕何夢瑤：《送天牧師還朝六首》，《菊芳園詩鈔》卷1，《煤尾集》，第10頁b～11頁a。
〔註85〕李緒柏：《明清廣東的詩社》，《廣東社會科學》2000年第3期。
〔註86〕羅天尺：《羅天尺序》，何夢瑤：《菊芳園詩鈔》，第2頁b。
〔註87〕何夢瑤：《春秋詩話序》，勞孝興：《春秋詩話》，陳建華、曹淳亮主編：《廣州大典》第4輯，《嶺南遺書》第2冊，廣州：廣州出版社，2008年，第506頁上。
〔註88〕何夢瑤：《春秋詩話序》，勞孝興：《春秋詩話》，第506頁上。

遺風，如：西園詩社、西園十二堂吟社、東皋詩社、蘭湖詩社、黃村探梅詩
社、石湖詩社等等。於此可見，順、康間廣東詩社之盛，不讓晚明。且其時
詩社核心中堅人物，首推「嶺南三家」（屈大均、陳恭尹、梁佩蘭）。雍正、
乾隆年間，廣東詩社之風稍歇。究其原因，一爲清廷統治已穩，明末遺民相
繼謝世，所謂故國之思，漸已淡忘。二爲雍、乾間文字之獄大興，禁燬書目
之令屢頒，人人自怵，談虎色變。〔註89〕故此期有關結社資料，顯著漸少，
遠遜清初，如：獻玉堂詩社、南香詩社、晚成堂詩社、懶園四子詩社等。其
時還有一些臨時性的詩會，如：白燕堂詩社、香山小欖麥氏詩會，是以詩歌
徵集爲主的一次性活動，參加詩歌徵集的應徵士子不少，但是其主要成員並
不多，經常性的活動也不多，詩歌徵集和評選完成之後，詩社也就逐漸曲終
人散了。何夢瑤等人的「南香社」也只不過是惠門弟子爲主的小範圍結社，
正如羅天尺所說「雖不盡以詩」，也就是說當然不完全是詩社，更爲重要的是
他們這一批士子，切磋舉業的重要平臺。〔註90〕

　　雍正六年（1728）羅天尺與勞孝輿同在省局編修省志。〔註91〕至雍正八
年（1730），惠門諸子因故紛紛離開廣州。勞孝輿爲羅天尺《癭暈山房詩鈔》
序言稱：「聖取薄宦於江浙，贊調雖捷，去將卑棲於桂林。若海六、瑞一輩俱
不得志，散居鄉塾，而余獨與履先棲遲省會，以手腕供人役，一燈相對，中
夜悲歌，抑獨何哉，抑獨何哉！」〔註92〕至雍正八年，隨著人事的變遷，惠
門的發展期已日益接近尾聲，轉而進入了延續期。

（三）延續期（雍正八年至乾隆十五年，1730～1750年）

　　乾隆四年（1739）三月，羅天尺、蘇珥進京會試，面觀惠士奇。此時惠
士奇告病得請，擬束裝還吳，而家中老屋紅豆齋已被賣。由惠門弟子胡定首
倡，羅天尺、蘇珥、楊纘烈、到蘇以及在京的廣東同人共同釀金四百兩爲惠

〔註89〕李緒柏：《明清廣東的詩社》，《廣東社會科學》2000年第3期。
〔註90〕有關詩社內容參見羅元煥撰，陳仲鴻注：《粵臺徵雅錄》，第4頁；羅天尺：《五
　　　　山志林》卷2，《昌華苑詩》，第93頁。何夢瑤輩之後，粵中著名詩人如馮敏
　　　　昌、張錦芳、胡亦常、黃丹書、黎簡、呂堅等，都少有結社記載，說明此期
　　　　廣東詩社處於停滯階段。
〔註91〕羅天尺：《五山志林・自序》，《清代廣東筆記五種》，廣州：廣東人民出版社，
　　　　2006年，第31頁。
〔註92〕勞孝輿：《癭暈山房詩鈔序》，道光《廣東通志》卷198，《藝文略十》，第3287
　　　　頁上。勞孝輿後於乾隆元年（1736）以知縣用，分發貴州。

師贖紅豆齋。羅天尺有詩《贖屋行》敘其事。〔註93〕

　　據何夢瑤詩《哭吳始亭》，何在任廣西岑溪知縣之際（雍正十三年至乾隆四年，1735～1739），惠門八子之一的吳秋曾經到岑溪官署訪何夢瑤。

　　乾隆十五年（1750），胡定被聘修順德縣志，與羅天尺幾乎朝夕相處，並在縣志中採納不少羅天尺《五山志林》中的資料。「歲庚午，余承修順德邑志，於所輯《五山志林》多所掇取焉，因歎其嘉惠藝林者非淺鮮也。」〔註94〕胡定見到好書，連夜請羅天尺前來共賞：「有桃村人呈先人黎景義所著《二丸集》，公以事冗未寓目。一夕，偶檢閱，見其《聖門弟子生卒辨》、《歷代帝王年歲考》，典核淹貫，大加讚賞。夜招予簧燈讀其詩歌，慷慨激昂，儼若炎午，文穀音集，陰風凜驚，彷彿有物歎息於其旁。」〔註95〕

　　此一時期，惠門中唯羅天尺、蘇珥、胡定等有直接交往，而其他惠門同學如陳海六、陳世和、何夢瑤、勞孝輿等，由於距離遠隔，皆只能依靠書信往來。如雍正十一年秋何夢瑤試用廣西義寧縣，羅天尺為之寫下《秋日送何贊調十弟試用桂林》；雍正十三年何夢瑤實授岑溪知縣，羅天尺又書《寄何十贊調岑溪官署》，何夢瑤回寄《羅履先郵詩招隱次韻奉答》；乾隆十二年，羅天尺寄何夢瑤《乾隆丁卯仲冬病中得勞孝輿二弟鎮遠凶問感成二十五韻》告知勞孝輿死訊。

　　（四）重聚期（乾隆十五年之後，1750 年之後）

　　何夢瑤歸里後，乾隆十七年「今復相聚於郡城，細數舊遊，惠公墓木已拱，陳子聖取死於越，勞子孝輿卒於黔，吳子仲坡中歲失明，壹鬱殂落，餘潦倒青衫槁死牖下者，幾過其半。惟余與報之、瑞一，髮白齒豁，頹然三老，共話前塵，恍然若夢，擁殘編而互商榷，今昔之感何如也？」〔註96〕此時惠門之中，陳世和、勞孝輿、吳世忠、吳秋諸人業已離世，惠門八子僅剩羅天尺、蘇珥、何夢瑤「頹然三老」，「共話前塵，恍然若夢」。何夢瑤在粵重結詩社，或欲接續早歲南香詩社的未竟之業，承繼廣東明清兩代南園五老、三大家之餘緒。「五先生遠三家死，詩老風流誰得似。南園新闢素馨田，結

〔註93〕　羅天尺：《贖屋行》，《癭暈山房詩刪》卷 5，第 531 頁上～531 頁下。
〔註94〕　胡定：《五山志林・序》，《清代廣東筆記五種》，廣州：廣東人民出版社，2006 年，第 30 頁。
〔註95〕　羅天尺：《五山志林・二丸集》，《清代廣東筆記五種》，廣州：廣東人民出版社，2006 年，第 91 頁。
〔註96〕　羅天尺：《羅天尺序》，何夢瑤：《菊芳園詩鈔》，第 2 頁 b。

社重邀五七子。」可惜此時惠門之中僅剩羅天尺一人參與詩社,「孝廉（羅
履先）船艤海幢東,凌晨踏浪追吟蹤。催詩欲釀黃梅雨,弄袖微生舶趖風。」
「江東舊樹詞壇幟,紅豆齋邊文酒地。昔夢前塵總已非,故人今我依然是。」
〔註97〕何羅兩人同窗之誼至此延續三十餘年。

廣東惠門起於康熙末年,至雍正四年惠士奇回京前,惠門弟子親聆教誨。
雍正四年至八年,惠門弟子結南香詩社,切磋詩文與科舉制藝。隨著陳世和、
何夢瑤、勞孝輿等遠赴他鄉,陳海六側身饒平,惠門活動遂分散,僅羅天尺、
蘇珥時有相聚,其他諸人皆間以書信溝通。爾後陳世和、勞孝輿、吳世忠、
吳秋相繼謝世,至乾隆十五年,僅餘何夢瑤、羅天尺、蘇珥、辛昌五等人延
續惠門交往。總而言之,廣東惠門交往之特點:一是切磋舉業;二是結成詩
社;三是宴飲雅集;四是詩文交流。

二、惠門四子、惠門八子與南海明珠

惠士奇在粵六年,其門下以「惠門四子」或「惠門八子」最為著名,然
因史料問題,學界對於「惠門四子」、「惠門八子」、「南海明珠」混用較多,
甚至以訛傳訛。筆者擬對他們的來龍去脈進行鈎沉考析。

（一）惠門四子

「惠門四子」亦稱「惠門四俊」、「惠門四君子」,但大多數文獻稱「惠門
四子」。目前可見「惠門四子」的成員不一,大概有四種:一是羅天尺、何夢
瑤、蘇珥、陳海六;二是羅天尺、何夢瑤、蘇珥、勞孝輿;三是羅天尺、何
夢瑤、鍾獅、車騰芳;四是羅天尺、何夢瑤、蘇珥、胡方。

正式提出「惠門四子」之說,目前可見最早出現於錢大昕的《惠先生棟
傳》一文。錢大昕指出惠士奇視學廣東之際,一大批青年才俊被網羅門下,
其中「粵中高才生蘇珥、羅天尺、何夢瑤、陳海六時稱『惠門四子』」。〔註98〕
錢大昕於乾隆三十九年簡放廣東學政,故有可能看到有關史料而正式提出「惠
門四子」。錢大昕提出「惠門四子」之史料來源可能有三:

一是,勞孝輿在為羅天尺《瘦筤山房詩鈔》（十卷）序中稱,乃師惠士奇

〔註97〕何夢瑤:《辛未春杪梅蒼枝邀集育青堂觀孔雀開屏因成長歌》,《菊芳園詩鈔》
　　　　卷 7,《懸車集》,第 11 頁 a。
〔註98〕錢大昕:《惠先生棟傳》,《潛研堂文集》卷 39,長沙龍氏家塾重刊本,第 1
　　　　頁 a。

視學廣東，倡導古學，「吾黨二三子若羅子履先、陳子海六、何子贊調、陳子聖取、蘇子瑞一輩皆從之遊。」〔註99〕勞孝輿在序中並沒有落款時間，但是序中提到「今年夏有省誌之役，與履先襄事於粵秀山堂，討論軼事，發爲詩歌。」又據羅天尺《五山志林・自序》：「雍正六年，詔天下纂修《大清一統志》，余邑大夫柴公謬采虛聲，命與諸君子編輯局中。未閱月，藩憲王公檄爲省局分校，屢辭不獲。在局三閱月，又以多病不任事，荷總局庶常魯公放歸里塾。」〔註100〕故此，此序的寫作時間爲雍正六年（1728）。〔註101〕勞孝輿提及羅天尺、陳海六、何夢瑤、陳世和、蘇珥五人。

二是，乾隆四年（1739），惠士奇爲學生羅天尺詩集《癭暈山房詩刪》作序稱：「余昔視學廣東，歲在辛丑。試廣州，得羅生天尺、何生夢瑤、蘇生珥、陳生海六等數十人，皆南海明珠也。」〔註102〕提及羅天尺、何夢瑤、蘇珥、陳海六四人名字。

三是，乾隆十七年（1752），羅天尺序《菊芳園詩鈔》所言：「余與何子報之、蘇子瑞一、陳子聖取、海六同補郡邑。」〔註103〕此處提及羅天尺與何夢瑤、蘇珥、陳世和、陳海六五人同補郡邑。

以上三則史料中，勞孝輿序和羅天尺序均提及羅天尺、陳海六、何夢瑤、陳世和、蘇珥五人（僅順序不同）；而惠士奇序僅提及羅天尺、何夢瑤、蘇珥、陳海六等四人，少了陳世和。錢大昕提「惠門四子」而不是「惠門五子」，可能是源於惠士奇序。因陳世和卒於雍正九年，故乾隆四年惠士奇作序時不提陳世和，亦爲自然。還有一種可能是誤讀羅天尺《菊芳園詩鈔序》的結果。羅天尺序稱「余與何子報之、蘇子瑞一、陳子聖取、海六同補郡邑。」很容易將「陳子聖取、海六」誤認爲「陳海六（字聖取）」一人，而其實是陳世和（字聖取）、陳海六兩人。這種誤讀有一例證，如桂文燦（1823

〔註99〕勞孝輿：《癭暈山房詩鈔序》，道光《廣東通志》卷198，《藝文略十》，第3287頁上。

〔註100〕羅天尺：《五山志林・自序》，《清代廣東筆記五種》，廣州：廣東人民出版社，2006年，第31頁。

〔註101〕何夢瑤詩有注：「庚戌修省志，開局院中，履先與友人勞孝輿分校西齋。」庚戌爲雍正八年，與羅天尺所言「雍正六年」不同，因羅爲當事人，故採信「雍正六年」。參見，何夢瑤：《辛未春杪羅履先過訪粵秀書院贈詩次韻奉答》，《菊芳園詩鈔》卷7，《懸車集》，第14頁a。

〔註102〕惠士奇：《惠士奇序》，羅天尺：《癭暈山房詩刪》，第485頁下。

〔註103〕羅天尺：《羅序》，何夢瑤：《菊芳園詩鈔》，第1頁a。

～1884）在其《經學博採錄》卷二有：「自東吳惠半農來粵督學，喜以經學提倡。士類時有蘇瑞一珥、羅履先天尺、何西池夢瑤、陳聖取海六四君，稱『惠門四子』。」〔註104〕

康熙六十年惠士奇來粵，羅天尺、何夢瑤、蘇珥、陳世和、陳海六五人同補郡邑諸生，至雍正元年五人一同與試待選拔貢，惠士奇「悉不以與選」，僅陳世和（1696～1733）獲選拔貢，〔註105〕所以惠士奇口稱「四子終必顯」，實則寬慰羅天尺、何夢瑤、蘇珥和陳海六四人。因此，羅天尺、何夢瑤、蘇珥、陳世和、陳海六五人，乃康雍之交惠士奇廣東門生之中最為得意的門生，尤以何夢瑤得賞識，即所謂「惟四子終必顯，何生尤當先鳴」。

此後的著述和地方志大多沿用《粵臺徵雅錄》和《潛研堂文集》的說法。如：江藩在《國朝漢學師承記》中惠棟的傳記裏提到，「粵中高材生蘇珥、羅天尺、何夢瑤、陳海六，時稱『惠門四子』」〔註106〕錢林（1762～1828）《文獻徵存錄》卷五有：「南海蘇珥、羅天尺、何夢瑤、陳海六皆傳其業，稱『惠門四子』」〔註107〕又如咸豐《順德縣志》卷二五《列傳五》載：「（蘇）珥……與同縣羅天尺、陳海六、南海何夢瑤襄校閱，稱『惠門四俊』」〔註108〕同治《番禺縣志》卷三三《列傳二》記載：「粵中高才生蘇珥、羅天尺、何夢瑤、陳海六，時稱『惠門四子』」。〔註109〕再如光緒《廣州府志》卷一二八《列傳十七》記載：「年二十九受知惠士奇，稱惠門四俊」。〔註110〕吳汝綸（1840～1903）《吳汝綸全集·纂錄下卷第十六》：「粵人蘇珥、羅天尺、何夢瑤、陳海六，時稱惠門四子。」〔註111〕

值得注意的是，關於「惠門四子」組成人物的變化問題。錢大昕《潛研堂文集》首次提到「惠門四子」是：蘇珥、羅天尺、何夢瑤和陳海六。但是，

〔註104〕桂文燦：《經學博採錄》卷 2，周光培編：《歷代筆記小說集成》，《清代筆記小說》第 28 冊，石家莊：河北教育出版社，1996 年，第 322 頁。

〔註105〕羅元煥撰，陳仲鴻注：《粵臺徵雅錄》，第 10 頁。

〔註106〕江藩：《國朝漢學師承記》，北京：中華書局，1983 年，第 23 頁。

〔註107〕錢林：《文獻徵存錄》卷 5，顧廷龍主編：《續修四庫全書》，上海：上海古籍出版社，2002 年，第 188 頁下。

〔註108〕咸豐《順德縣志》卷 25，《列傳五》，第 624 頁上。

〔註109〕同治《番禺縣志》卷 33，《列傳二》，第 463 頁上。

〔註110〕光緒《廣州府志》卷 128，《列傳十七》，第 1991 頁下。

〔註111〕吳汝綸：《吳汝綸全集》第 4 冊，《纂錄下卷第十六》，合肥：黃山書社，2002 年，第 1023 頁。

最早馮敏昌（1747～1806 年）在其《魚山文集》中就換成：勞孝輿與何夢瑤、羅天尺、蘇珥。《魚山文集》筆者未見，但是，道光《廣東通志》卷二八七卻是引用《魚山文集》的這個說法：「（勞孝輿）與何夢瑤、羅天尺、蘇珥齊名，世稱『惠門四君子』（魚山文集）」〔註112〕嘉道間的張維屏（1780～1859 年）在《國朝詩人徵略》卷二七亦言：「孝輿受知學使惠士奇，與何夢瑤、羅天尺、蘇珥齊名，世稱『惠門四君子』」〔註113〕道光《佛山忠義鄉志》卷九：「（勞孝輿）受知學使惠士奇與何夢瑤、羅天尺、蘇珥齊名，世稱『惠門四子』，名大噪。」〔註114〕之後，光緒《廣州府志》卷一二八《列傳十七》亦載：「（勞孝輿）受知學使惠士奇，與何夢瑤、羅天尺、蘇珥齊名，世稱惠門四君子」〔註115〕晚清的南海人桂文燦（1823～1884）就曾經提出這個問題，他的《經學博採錄》卷二：「粵東自國初以來，詩壇最盛。講學者承前明道學之遺，躬行實踐，自東吳惠半農來粵督學，喜以經學提倡。士類時有蘇瑞一珥、羅履先天尺、何西池夢瑤、陳聖取海六四君，稱惠門四子。（此據江鄭堂《漢學師承記》也。考《阮通志》、《南海縣志》並云瑞一、履先、西池與勞阮齋孝輿為惠門四子。又或云履先、西池，與鍾鐵橋獅、車蓼洲騰芳為惠門四子，未知孰是。）」〔註116〕桂文燦在文中甚至還提到第三種「惠門四子」的組成，即「羅天尺、何夢瑤、鍾獅和車騰芳」，筆者未見有其他史料佐證。

　　事實上，勞孝輿於雍正元年方投師惠士奇門下，且不久其父病逝，勞孝輿隨即回鄉守孝，所以，一方面入門較晚，另一方面在學時間較短，故惠士奇應對勞瞭解不深，亦未見惠士奇提及勞的史料，故不可能成為「惠門四子」之一。那為什麼會出現「惠門四子」組成人物的變化？或者說為什麼會將勞孝輿取代陳海六？筆者以為有以下幾個原因：

　　其一，陳海六、勞孝輿均為「惠門八子」，比較容易因為資料的不足或者後人記憶不清而搞混淆。

　　其二，勞孝輿的知名度遠高於陳海六。據《粵臺徵雅錄》：「勞阮齋，字

〔註112〕道光《廣東通志》卷 287，《列傳二十》，第 4601 頁上。
〔註113〕張維屏：《國朝詩人徵略初編》卷 27，周駿富輯：《清代傳記叢刊‧學林類 29》，臺北：明文書局，1986 年影印版，第 17 頁 a。
〔註114〕道光《佛山忠義鄉志》卷 9，《人物十六》，第 183 頁上
〔註115〕光緒《廣州府志》卷 128，《列傳十七》，第 1993 頁下。
〔註116〕桂文燦：《經學博採錄》卷 2，第 322 頁。

孝輿，以字行，又號巨峰，南海人。雍正乙卯拔貢。乾隆丙辰并薦鴻博。至京師，先以拔貢廷試第五，入引見，以知縣用；再試鴻博不售。旋奉分發貴州。歷署錦屏、清鎮，授龍泉，攝清溪，調畢節、鎮遠各縣尹。越十年，卒於官。」〔註117〕又據錢林《文獻徵存錄》卷四：「（勞孝輿）有《春秋詩話》、《讀杜識餘》及《阮齋文鈔》四卷，《阮齋詩鈔》四卷。」〔註118〕而陳海六則相形見絀。咸豐《順德縣志》卷二五《列傳五》：「（陳海六）以優行貢太學，考教習，派八旗官學，未當館而歸，選饒平訓導。」〔註119〕《粵臺徵雅錄》：「後鰲山選為饒平訓導，仍屢赴鄉闈，竟不售。」〔註120〕故此，勞孝輿既被薦博學鴻詞，又為知縣十年，且著作較多；陳海六雖為優貢，但僅以饒平訓導終其一生，著述亦無考，其聲望和影響自然無法與勞孝輿相比。據《春秋詩話·蘇珥序》：「康熙甲辰〔註121〕，余應歲試，識孝輿場中。時羅履先同余寓仙湖，何報之、陳聖取朝夕相過，孝輿並締交稱莫逆。諸子皆學使惠公所賞識，同在師門，風義倍敦也。」〔註122〕即到了雍正二年（甲辰，1724），勞孝輿與蘇珥、何夢瑤、羅天尺、陳世和等才締交場中，諸子並得到「惠公所賞識」。

其三，是勞孝輿之子——勞潼的個人影響所致。勞潼雖然只是個舉人，但是得名較早，在鄉里做了許多善事，頗有威望。據道光《廣東通志》卷二八七《列傳二十》：「勞潼，字莪野，孝輿子。乾隆乙酉舉人（魚山文集）。受知武進劉星煒，大興翁方綱，餘姚盧文弨（莪野行畧）。得名最早，事母孝至，不肯再應禮闈。以引獎後進為己任。……其敬恤宗親，倡率鄉黨備賑義舉，皆有成績。丙午、丁未薦饑，賴以存活無算……」〔註123〕又道光《佛山忠義鄉志》卷九《人物十八》：「（勞潼）始設教本鄉，繼在羊城，及門知名之士指不勝屈，士林奉為圭臬。吉制軍曾延主越華講席，以病未就，旋卒。生平著作極富。已梓者如《四禮翼》，《人生必讀》各書。未梓者備載書目。馮太史敏昌、陳觀察昌齊皆極推重焉。」〔註124〕根據以上記載，勞潼在鄉以孝聞名，敬恤宗親，率鄉義賑，又

〔註117〕羅元煥撰，陳仲鴻注：《粵臺徵雅錄》，第 10 頁。
〔註118〕錢林：《文獻徵存錄》卷 4，第 167 頁上。
〔註119〕咸豐《順德縣志》卷 25，《列傳五》，第 624 頁下。
〔註120〕羅元煥撰，陳仲鴻注：《粵臺徵雅錄》，第 10 頁。
〔註121〕應為雍正甲辰（雍正二年，1724 年）之誤。
〔註122〕蘇珥：《春秋詩話序》，勞孝輿：《春秋詩話》，第 504 頁上。
〔註123〕道光《廣東通志》卷 287，《列傳二十》，第 4609 頁上。
〔註124〕道光《佛山忠義鄉志》卷 9，《人物十八》，第 186 頁上。

分別在佛山、羊城開館授學，廣召弟子，著作豐富，以致馮敏昌、陳昌齊皆極為推重。故馮敏昌《魚山文集》遂首先將勞孝輿作為「惠門四子」之一。

由於前述「惠門四子」的各種不同說法，直到現代還有人錯把胡方與何夢瑤、羅天尺、蘇珥認為是「惠門四子」。〔註125〕

由此可知，將羅天尺、何夢瑤、蘇珥、陳海六等四人並列，最早源於惠士奇（其原意是指除陳世和之外的羅、何、蘇、陳四人，故實際上其最為欣賞的門徒是五人），而包括此四人的「惠門四子」概念確定於錢大昕，但在傳播過程中出現變化，混入勞孝輿、車騰芳、鍾獅、甚至胡方等人。勞孝輿進入「惠門四子」的過程，表明了當時社會掌握話語權的文人對於「歷史」的故意誤讀，亦反映出當時社會崇尚官與文的風習。從本質上說惠門四子形成於康雍之交，大概在康熙六十年惠士奇來粵之初，晚至雍正元年選取拔貢之際前後，為其時惠士奇所培養廣東應試門生最優異者，即所謂「惟四子終必顯」。

（二）惠門八子

《粵臺徵雅錄》首次提出「惠門八子」之說：「學士天牧惠公，於康熙辛丑初以編修來粵視學，至雍正丙午，凡六年。一以經古之學為教，在廣州先任所取士賞譽者數十人。惟石湖與何西池、蘇古儔、陳時一、勞阮齋、陳鰲山、吳南圃、吳竺泉，每駐省暇，即啟合招集，論文賦詩，因得訂交於九曜官署。閒嘗隨往外郡，分校試卷，是時聲華籍甚，又投契最深，故有『惠門八子』之目。」〔註126〕此「惠門八子」包括羅天尺（石湖）、何夢瑤（西池）、蘇珥（古儔）、陳世和（時一）、勞孝輿（阮齋）、陳海六（鰲山）、吳世忠（南圃）、吳秋（竺泉）八人。在原「惠門四子」羅天尺、何夢瑤、蘇珥和陳海六四人基礎之上，增加陳世和、勞孝輿、吳世忠和吳秋四人。此八人乃惠士奇康熙六十年至雍正四年前後六年間「在廣州先任所取士賞譽者數十人」之中最卓異者。由此可知，所謂惠門八子乃惠士奇在粵六年間的最得意之門生，與惠門四子略有區別。惠門四子加上陳世和（實際上是「五子」），乃最早入惠門者，時在康熙六十年惠士奇來粵之初，晚至雍正元年選取拔貢之際前後。惠門八子則為康熙六十年至雍正四年惠士奇在粵六年所培養門生

〔註125〕袁行雲：《清人詩集敘錄》，第533頁。
〔註126〕羅元煥撰，陳仲鴻注：《粵臺徵雅錄》，第9頁。

的代表。此後關於「惠門八子」，各相關史料皆記載很清楚，沒有出現像「惠門四子」那樣的混亂情況。如，錢林《文獻徵存錄》卷四：「（勞孝輿）補諸生，受知學使惠士奇。與順德羅天尺、蘇珥、陳世和、陳海六、南海何夢瑤、吳世忠、番禺吳秋齊名，號『惠門八君子』」〔註127〕張維屏《國朝詩人徵略》卷二三：「天牧惠公來粵視學，賞譽者數十人，惟何西池、羅石湖、蘇古儕、陳時一、勞阮齋、陳鰲山、吳南圃、吳竺泉投契最深，有『惠門八子』之目。」〔註128〕黃培芳《香石詩話》卷四：「惠天牧先生士奇視學時，最賞識者有八子之目。石湖其首選也。『惠門八子』羅石湖外，則有：南海何西池監州夢瑤，著有《菊芳園詩鈔》，其它著述等身，旁通百家，雖醫宗、算法亦有成書；南海勞阮齋明府孝輿，乾隆薦舉鴻博，著有《阮齋詩鈔》及《春秋詩話》等書；順德蘇瑞一孝廉珥，有詩文集未梓，求其文並得其書者，稱為二絕；順德陳時一徵君世和，獨漉先生之孫，詩人士皆孝廉之子也，有《拾餘子草》；順德陳鰲山學博海六；南海吳南圃世忠，山帶前輩之從子；番禺吳竺泉秋，胡金竹高弟亦其壻也。」〔註129〕道光《廣東通志》卷三三一《雜錄一》記載：「學士天牧惠公於康熙辛丑初，以編修來粵視學，至雍正丙午凡六年。一以經古之學為教。在廣州先任所取士，賞譽者數十人，惟石湖與何西池、蘇古儕、陳時一、勞阮齋、陳鰲山、吳南圃、吳竺泉……是時聲華藉甚，文契最深。故有『惠門八子』之目。」〔註130〕咸豐《順德縣志》卷二五《列傳五》：「（羅天尺）與同縣蘇珥、陳海六輩稱『惠門八子』」；「海六，喜湧人，一字鰲山。『惠門八子』之一也。」〔註131〕同治《番禺縣志》卷四四《列傳十三》：「（吳孟旦）弟秋，字始亭。嘗受業於婦翁胡方，與羅天尺、何夢瑤、蘇珥、陳世和、勞孝輿、陳海六、吳世忠並為惠士奇所賞拔，有『惠門八子』之目。」〔註132〕卷五三《雜錄一》：「惟羅石湖與何西池、蘇古儕、陳時一、勞阮齋、陳鰲山、吳南圃、吳竹泉，……故有『惠門八子』之目。」〔註133〕光緒《廣州府志》卷一三○《列傳十九》記載：「（吳

〔註127〕錢林：《文獻徵存錄》卷4，第167頁上。
〔註128〕張維屏：《國朝詩人徵略初編》卷23，第7頁b。
〔註129〕黃培芳：《香石詩話》卷4，第182頁上～182頁下。
〔註130〕道光《廣東通志》卷331，《雜錄一》，第5308頁下。
〔註131〕咸豐《順德縣志》卷25，《列傳五》，第596頁上，624頁下。
〔註132〕同治《番禺縣志》卷44，《列傳十三》，第554頁上。
〔註133〕同治《番禺縣志》卷53，《雜錄一》，第660頁上。

孟旦）弟秋，字始亭。嘗受業於婦翁胡方。與羅天尺、何夢瑤、蘇珥、陳世和、勞孝輿、陳海六、吳世忠並爲惠士奇所賞拔，有惠門八子之目。」卷一三二《列傳二十一》：「督學惠士奇知之（羅天尺）尤深，手錄其詞賦示諸生。與同縣蘇珥、陳海六輩稱惠門八子」；卷一六二《雜錄三》：「惟石湖與何西池、蘇古儕、陳時一、勞阮齋、陳鰲山、吳南圃、吳竺泉……故有『惠門八子』之目。」〔註134〕等等這些說法，被民國初年編纂的《清史稿》吸收，該書在記載何夢瑤時說：「惠士奇視學廣東，一以通經學古爲教。夢瑤與同里勞孝輿、吳世忠，順德羅天尺、蘇珥、陳世和、陳海六，番禺吳秋一時並起，有惠門八子之目。」〔註135〕

爲便於後面的論述，下面先簡要介紹「惠門八子」中的另外七人。

1、羅天尺，字履先，號石湖，順德人。青年時期就以淵博聞於鄉里。十七歲試於有司，日竟十三藝。之後得心悸之病，所以經常在經卷和藥爐間生活。乾隆丙辰（1736）恩科孝廉，惠士奇知之尤深，手錄其詞賦示諸生。會開博學鴻詞科，巡撫傅泰將薦之，以母老辭。乾隆四年（1739）會試不第。乾隆十四年至乾隆二十二年任順德鳳山書院山長。所著有《五山志林》、《癭暈山房詩刪》等。

2、蘇珥，字瑞一，號古儕，晚號睡逸居士。順德人碧江人。七歲即能寫文章，長於書史。喜歡飲酒。十三歲受知於惠士奇，後食餼入幕。乾隆元年（1736，丙辰）開博學鴻詞科，當時的刑部右侍郎楊超曾推薦蘇珥〔註136〕，但是，他以母老未赴試。乾隆三年（1738）鄉試，中孝廉。與羅天尺一同參加乾隆四年（1739）的會試，不第。蘇珥平時率性而爲，不修邊幅，不慕浮名，惟嗜學，老而不倦。詩有別趣，而不輕作，爲文長於序記，與書法皆名重一時。當時人能夠得到他的文並由其書者，稱爲「二絕」。著作有《宏簡錄》、《辨定筆山堂類書》、《安舟雜鈔》、《明登科入仕考詩文集》等皆散佚，惟《安舟雜鈔》傳於世。

3、陳海六，字海六，一字鰲山，以海六字行，順德喜湧人。潛心研究宋五子書，講太極圖說。雍正優貢。考教習，派八旗官學，未當館而歸。乾隆十一年（1746）任選饒平訓導。此後多次赴鄉闈不第。

〔註134〕分別見，光緒《廣州府志》卷130，《列傳十九》，第2024頁下；卷132，《列傳二十一》，第2061頁下；卷162，《雜錄三》，第2554頁下。
〔註135〕《清史稿》卷485，《列傳二百七十二·文苑二》，第13375頁。
〔註136〕楊超曾，爲惠士奇早期弟子，蘇珥得其推薦，可能與惠士奇有關。

4、勞孝輿，字阮齋，號巨峰，南海人。雍正十三年（1735）拔貢。乾隆丙辰（1736）被推薦博學鴻詞。至京師，先以拔貢廷試第五，入引見，以知縣用。再試鴻博不售。之後分發貴州省，歷任錦屏、清鎮、龍泉、清溪、畢節、鎮遠知縣。在貴州經歷十年，卒於鎮遠知縣任上。所著有：《春秋詩話》、《阮齋詩鈔文鈔》、《讀杜竊餘》等。

5、陳世和，字聖取，別字時一，順德人。陳恭尹之孫。康熙三十八年（1699）孝廉，雍正元年（1723）恩科拔貢。雍正五年（1727）巡撫傅泰奉徵選貢生、生員，陳世和名列首薦，即奉發試用浙江署鹽課大使，後改龍遊縣丞，到任未幾，卒。詩文散佚，所存有《拾餘子草》。

6、吳世忠，字仲坡，號南圃，南海人。是吳文煒之從子，得以博覽吳文煒的豐富藏書。年少就有謝庭蘭玉之美譽，詩名亦早著。白燕堂詩社選拔列第十一名，白燕堂詩社的結集《嶠華集》收錄其五首詩。

7、吳秋，字始亭，號竺泉，番禺人。受業於岳父胡方，是其高足，詩筆獨秀。「惠門八子」中最年輕而早卒。

（三）南海明珠

「南海明珠」一詞最早見於杜甫的《諸將五首》其四：

> 回首扶桑銅柱標，冥冥氛祲未全銷。
>
> 越裳翡翠無消息，南海明珠久寂寥。
>
> 殊錫曾爲大司馬，總戎皆插侍中貂。
>
> 炎風朔雪天王地，只在忠臣翊聖朝。〔註137〕

廣東濱臨南海，自古有採珠以貢朝廷之風。惠士奇督學廣東之始嘗言：「漢時蜀郡僻陋，有蠻夷風。文翁爲蜀守，選子弟就學，遣雋士張寬等東受七經，還以教授；其後司馬相如、王褒、嚴遵、楊雄相繼而起，文章冠天下。漢之蜀猶今之粵也。」〔註138〕他認爲廣東士人的缺乏和水平不高，主要是因爲缺乏真正有水平官員的引導、教育和發現。在此意義上說，「南海明珠久寂寥」用於廣東是非常貼切的，而且惠氏希望通過他的努力，培養的廣東士子皆爲「南海明珠」以貢朝廷所用。

〔註137〕杜甫：《諸將五首》，《全唐詩》第 7 冊，卷 230，北京：中華書局，1960 年，第 2511 頁。

〔註138〕錢大昕：《惠先生士奇傳》，《潛研堂文集》卷 38，長沙龍氏家塾重刊本，第 22 頁 b。

順德籍進士趙林臨爲《醫碥》作序時，讚譽何夢瑤早年爲諸生之際，「即文名藉甚，學士惠公稱爲南海明珠。」〔註139〕陸以湉（1802～1865）在其《冷廬醫話》引用此說：「西池少負才名，學士惠公，稱爲南海明珠。」〔註140〕此後由於《醫碥》受到當代諸多醫史研究者重視，多有提及何夢瑤被惠士奇稱爲「南海明珠」。〔註141〕然而，實際上被惠士奇稱爲「南海明珠」的不只何夢瑤一人，而是整個惠門弟子群體，其中較早被惠士奇稱爲「南海明珠」的應是蘇珥。

蘇珥，號古儕，字瑞一，順德碧江人。其文與書法稱爲二絕。〔註142〕錢林《文獻徵存錄》更進一步記蘇珥「性率易，詩有理趣。學使惠士奇稱之曰『南海明珠』」〔註143〕。道光《廣東通志》卷二八七《列傳二十》亦稱蘇珥「性脫畧不羈，然篤於學，嘗掉臂遊市中，且行且誦，人莫能測。詩有別趣，惠士奇稱之曰『南海明珠』」〔註144〕後出文獻不斷有此說。而錢大昕對「惠門四子」的排序，以蘇珥爲首。由此觀之，較之於何夢瑤，從文獻記載數量、頻率以及次序而言，蘇珥應是惠士奇較早稱之爲「南海明珠」的。

乾隆三年蘇珥中舉後，於乾隆四年（1739）與羅天尺結伴進京會試。在京覲見恩師惠士奇，羅呈上自己的詩作，惠士奇很是讚賞，並爲之作序。在序中，惠士奇再次提到「南海明珠」：

> 余昔視學廣東，歲在辛丑。試廣州，得羅生天尺、何生夢瑤、蘇生珥、陳生海六等數十人，皆南海明珠也。……羅生輩實先爲之倡焉，最後得辛生昌五等數十人皆斐然成章，而辛生尤善揣摩，遂魁鄉薦。羅生學古之暇工科舉文，亦得登賢書。先是何生成進士出爲縣令，辛生入翰林旋乞歸奉母，羅生以病不獲計偕，獨蘇生好古不善揣摩之學，困於場屋者數矣。戊午秋鄉薦竟魁其經，與生同上公車，謁余於京師旅舍。余見而笑曰，「南海明珠」同入貢乎？〔註145〕

〔註139〕趙林臨：《趙序》，何夢瑤：《醫碥》，第49頁。
〔註140〕陸以湉：《冷廬醫話考注》，上海中醫藥大學出版社，1993年，第117頁。
〔註141〕參見劉小斌、張志斌、田文敬、王偉彪、鄭洪、劉志英、許永周、李安民等人的論文。
〔註142〕羅元煥撰，陳仲鴻注：《粵臺徵雅錄》，第9頁。
〔註143〕錢林：《文獻徵存錄》卷4，第167頁下。
〔註144〕道光《廣東通志》卷287，《列傳二十》，第4604頁下。
〔註145〕惠士奇：《惠士奇序》，羅天尺：《癭暈山房詩刪》，第485頁下。

由此可知，「南海明珠」非獨指何夢瑤一人，而是包括何夢瑤、羅天尺、蘇珥、陳海六等在內的惠門「數十人」。所謂「南海明珠同入貢乎？」實質上反映了惠士奇對其培養的廣東弟子的表現非常滿意，最後都被社會認可，成爲朝廷可用之人。

第三節　何夢瑤在惠門中的交往

一、南海何從瞻北斗

在論述何夢瑤的惠門交往之前，首先不得不提及其與惠士奇之間的師生之情。康熙六十年（1721），何夢瑤、蘇珥、羅天尺、陳聖取、陳海六諸人被惠士奇選中爲郡邑生員。惠士奇以竹枝詞爲試士題，何夢瑤以《珠江竹枝詞》六首應試而才華初露：

其一

儂是珠江水上生，今年水比往年清。

海珠寺右魚珠左，無數人來看月明。

其二

看月人誰得月多，灣船齊唱浪花歌。

花田一片光如雪，照見賣花人過河。

其三

賣花聲最斷人腸，花落花開枉自傷。

莫向百花墳上過，阿喬命薄似眞娘。

其四

不死人間是素馨，春風歲歲喚來生。

昌華不少如花女，埋沒何人喚姓名。

其五

昌華苑接荔枝洲，影入珠江不肯流

試上五層樓上望，珊瑚千樹水西頭。

其六

春日高樓大道傍，穿花盤繞試新妝。

珠江舊是風流地，肯把斑騅送陸郎。〔註146〕

羅天尺也作《荔枝竹枝詞》二首應試：

其一

萬樹蟬聲一笛風，廣東五月火山紅。

香名欲買眞無價，只在楊妃一笑中。

其二

南人飽食不曾饒，樹底蒲葵任意搖。

妾似青鹽郎白水，相逢內熱一時消。〔註147〕

惠士奇見到羅天尺《荔枝竹枝詞》，大加讚賞，並特別手錄其詩，以示諸生。〔註148〕雍正四年十二月，惠士奇任滿還京，眾人送行如堵牆。何夢瑤、羅天尺、陳海六、蘇珥和陳聖取等弟子親自送到廣州府西北的胥江驛。〔註149〕多年後，學生羅天尺經過此地，依然想起當時情景：「薊北書來鬢欲華，胥江前此拜侯芭。江山知爾還無恙，開遍蔓青一地花。」〔註150〕何夢瑤飽含深情地寫下《送天牧師還朝六首》，現選錄三首如下：

其一

支硎山色鬱崔嵬，秀毓名賢曠世才。

丹篆光分龍虎氣，紫霄人上鳳凰臺。

家傳史記當周柱，榜放門生盡楚材。

南海何從瞻北斗，文昌高座近三臺。

其三

漫勞年月細分程，勸學初編炳日星。

懷餅不辭雙腕脫，賣薪還教一燈熒。

劣能注選稱書簏，粗解摛詞類鼎銘。

最是中庭猶趁蝶，杏花壇上寫遺經。

其五

一自笙歌列絳帷，春風回首六年期。

〔註146〕何夢瑤：《珠江竹枝詞》，《菊芳園詩鈔》卷1，《煤尾集》，第1頁a～1頁b。

〔註147〕羅天尺：《荔枝竹枝詞》，《癭暈山房詩刪》卷13，第590頁下。

〔註148〕羅元煥撰，陳仲鴻注：《粵臺徵雅錄》，第7頁。

〔註149〕康熙《南海縣志》卷2，《建置志》，第51頁上載「胥江水驛在縣西北三水界」。

〔註150〕羅天尺：《次胥江驛憶雍正丙午十一月與何贊調陳海六蘇瑞一陳聖取奉送惠夫子歸舟至此》，《癭暈山房詩刪》卷12，第580頁上。

愛蓮亭畔看花樣，拾翠洲邊唱竹枝。

安定來時人奏雅，昌黎歸後士無師。

沉香水綠同南浦，惆悵蘭舟纜引絲。〔註151〕

詩句「南海何從瞻北斗，文昌高座近三臺。」「愛蓮亭畔看花樣」、「拾翠洲邊唱竹枝」，不無充溢著對惠士奇及其門下讀書生涯的感念與不捨，正所謂「借寇六年剛一瞬，珠江秋月若爲情」。惠士奇督學廣東六載，其對何夢瑤的影響在以下幾個方面：

（一）惠士奇品格的影響

據前所述，廣東巡撫年希堯言惠士奇：「公而且明實，不賣秀才。」〔註152〕兩廣總督楊琳亦言其：「校士公明，一文不取。臣初亦未敢盡信，今三年已滿。現今補考特恩廣額童生，亦將完畢，則其始終如一矣。臣遍歷各省，所遇學臣中僅見者。有此清操特出之員，臣何敢淹沒不爲上聞。」〔註153〕又據惠士奇《舟中與子書》言：

> 猶記康熙六十一年秋，試初畢，還省城，與將軍管源忠、巡撫楊宗仁燕語。管謂予曰：「老先生不名一錢，固善，萬一日後奉旨當差，如之何？」楊正色曰：「天理可憑，決無此事，吾能保之。」予搖手曰：「保不得！保不得！」楊愕然曰：「何謂也？」予曰：「男兒墜地，死生禍福已前定，萬一吾命當死，公能保我不死耶？君子惟潔乃心，盡厥職而已，他非所知也。」管左右顧，笑曰：「好漢！好漢！」予當時已料及此事，君能致其身，即粉骨分所不辭，倘有幾微難色，便非好漢。汝當仰體我心，歡欣鼓舞，以樂飢寒，則我快然無憾矣。
>
> 〔註154〕

由是可見惠士奇「操行之潔，比於白圭、振鷺」〔註155〕並非溢美之辭。

〔註151〕何夢瑤：《送天牧師還朝六首》，《菊芳園詩鈔》卷 1，《煤尾集》，第 10 頁 b ～11 頁 a。

〔註152〕中國第一歷史檔案館編：《廣東巡撫年希堯奏陳王朝恩等官聲折》（雍正元年八月二十三日），《雍正朝漢文朱批奏摺彙編》第 1 冊，第 875 頁下。

〔註153〕中國第一歷史檔案館編：《兩廣總督楊琳奏陳年希堯居官盡職等事折》（雍正元年八月二十三日），《雍正朝漢文朱批奏摺彙編》第 1 冊，第 868 頁下～869 頁上。

〔註154〕梁章鉅：《國朝臣工言行記》卷 13，周駿富輯：《清代傳記叢刊》第 54 冊，臺北：明文書局，1986 年，第 657～658 頁。

〔註155〕沈德潛：《惠士奇》，《清詩別裁集》卷 22，石家莊：河北人民出版社，1997

惠士奇的廉潔直接影響了何夢瑤、陳世和、勞孝輿等。何夢瑤爲官勤勉、廉潔，以致於爲官之時要向友人討米吃，在思恩縣遷遼陽知州之時「貧不能置舟車」。

此外，惠士奇的《紅豆齋時術錄》含《樂》、《訛言》、《爲人後》、《孟子》、《寇準》、《王安石》、《司馬光》、《高宗上》、《高宗下》、《孝宗》、《防海》、《荒政》等十二篇文章，言古人古制，多宋時政事，亦論時人時政。故惠士奇於《宋史》研究獨詳。其論荒政，以爲荒政之弊有四：一曰勸分，二曰抑價，三曰過糶，四曰行粥。又主開渠之法、通商之法、廣糴之法、蜑戶之法，所謂以實心行實政，則存乎其人。從所涉及範圍而言，惠士奇實乃抱經世濟民思想，非不識時務之經生。所以，何夢瑤繼承儒家入世傳統，潛心學習惠士奇的經世濟民思想，並在宦遊中加以實踐。

（二）惠士奇樸學的影響

惠士奇還撰有《易說》六卷，《禮說》十四卷，《春秋說》十五卷。楊向奎先生認爲：「士奇言《易》能開後世之先路者，乃在其以訓詁解《易》，還《易》以本來面目。……在《禮說》中，士奇頗多精義，以訓詁探禮之源流，較勝於以理想體系妄圖符合者。」並認爲「士奇樸學開哲理之端，惠棟、戴震固如是也，然則謂士奇開吳皖兩派之先河者，非誣也。……論清代樸學吳門惠氏實屬大宗，而士奇乃大宗之不祧祖也。」〔註156〕何夢瑤從學啓蒙老師麥易園時就與易學有所接觸，入惠門後，更受惠士奇之影響，到晚年任山長時仍傾注心血研究《易經》，作《皇極經世易知》。何夢瑤在序中言及撰寫目的：「粵洲先生得諸道藏手自抄錄爲之傳注。……然辭義簡奧，如攻堅木，其初甚難，漸乃說解，其管窺十二篇則又汪洋浩渺，茫無涯涘，令讀者如河伯向若，旋其面目，初學病之。……點勘兩載，始有條理，隨手劄記，積成八卷，另爲圖一卷，冠諸其首，名曰《經世易知》。」〔註157〕黃培芳在《校刊皇極經世易知序》中也說：「至我朝南海何西池先生，推本先祖是書，復爲《皇極經世易知》。先生負鴻博之才，著述甚富，以邵子之學未易窺測，故於各說

年，第 425 頁。
〔註156〕楊向奎：《清儒學案新編》卷3，《三惠學案》，濟南：齊魯書社，1994年，第108～113頁。
〔註157〕何夢瑤：《皇極經世易知》，「序」，四庫未收書輯刊編纂委員會：《四庫未收書輯刊》4輯27冊，北京：北京出版社，2000年，第2頁下～3頁上。

爲之參互考訂，刪繁舉要，勒成此書，取大易易知之義名編。」〔註158〕

惠士奇還著有《琴笛理數考》、《交食舉隅》，阮元言：「惠氏世傳漢學，今世學者皆宗之，蓋儒林之選也。紅豆以律呂、象數，研究者稀，因潛心二事，著《琴笛理數考》以明律，《交食舉隅》以明推步。觀其以金錢食解春秋食既，日月有氣無體之說，言甚甄明。雖專門名家，無以過之也。」〔註159〕而何夢瑤深受其師影響，對於律呂、象數皆有相當研究，作《賡和錄》和《算迪》，詳見後文。此外，受惠士奇《春秋說》的影響，勞孝輿亦深研《春秋》，作《春秋詩話》。

（三）惠士奇詩歌的影響

惠士奇有《半農先生集》三卷。是書凡《南中集》一卷、《採蕘集》一卷、《紅豆齋時術錄》一卷。其中詩集爲《南中集》和《採蕘集》，《南中集》爲粵遊之作，收詩六十二首，《採蕘集》收詩七十三首。沈德潛言其「詩近唐人，以自然爲宗。」〔註160〕又謂「天牧詩秀而流動，七古尤爲擅長，自應特勝乃翁一籌。」〔註161〕何夢瑤的詩受惠師影響，也是詩法唐人。羅天尺在《菊芳園詩鈔》序中說何夢瑤的詩：「覘其品格，類祖渭南。渭南詩意盡於句，拙生於巧，……報之煉不傷氣，清不入佻，中藏變化，不一其體。」〔註162〕羅天尺指出何夢瑤的詩「類祖渭南」，即宗白居易。何夢瑤自己也說：「廿年文酒無多日，盍早休官擬白蘇。」〔註163〕明確了自己承繼白蘇的詩歌取向。檀萃也認爲何夢瑤詩「出入白、蘇間，略爲生色。」〔註164〕

漆永祥認爲，東吳三惠之家學傳至惠棟時，發生了很大的變化，這就是放棄了辭章之學，而轉而專力於經學，尤其是漢易的研究。惠棟不喜爲詩，其論「唐人詩學最盛，孔穎達、顏師古二人通經史，獨無詩名」，實則是夫子自道之言。〔註165〕而何夢瑤、羅天尺等惠門弟子，雖與惠棟有同窗之誼，但

〔註158〕黃培芳：《校刊〈皇極經世易知〉序》，何夢瑤：《皇極經世易知》，第3頁下。

〔註159〕漆永祥：《東吳三惠詩文集》，臺北：中央研究院中國文哲研究所，2006年，第496～497頁。

〔註160〕沈德潛：《惠士奇》，《清詩別裁集》卷22，第425頁。

〔註161〕蔣寅：《東瀛讀書記》，《文獻》1999年第1期。

〔註162〕羅天尺：《羅天尺序》，何夢瑤：《菊芳園詩鈔》，第2頁b。

〔註163〕何夢瑤：《五十》，《菊芳園詩鈔》卷5，《寒坡集》，第14頁a。

〔註164〕檀萃：《楚庭稗珠錄》，廣州：廣東人民出版社，1982年，第140頁。

〔註165〕漆永祥：《東吳三惠詩文集》，臺北：中央研究院中國文哲研究所，2006年，第25頁。

是學術趣味不同，繼承了惠士奇的辭章之學，然於樸學方面卻是淺嘗輒止，難以企及惠棟的高度。

惠棟乃惠士奇次子，與何夢瑤諸人也有往來。據錢大昕《惠先生棟傳》載：「學士視學粵東，先生從之任所。粵中高才生蘇珥、羅天尺、何夢瑤、陳海六時稱惠門四子，常入署講論文藝，與先生為莫逆交。至於學問該洽，則四子皆自以遠不逮也。」〔註166〕此傳記分別被江藩《國朝漢學師承記》和李元度《國朝先正事略》所因襲。據此傳記，惠棟與何夢瑤等惠門弟子相從數年，談文論藝，結為莫逆。乾隆五年（1740）六月，惠士奇攜惠棟至嶺南。據道光《廣東通志》卷二五六《宦績錄二十六》記載：「（惠士奇）己未告歸，攜其子棟至嶺南，校刊所著《春秋說》十五卷，遊羅浮，過潮州。惠潮諸生迎謁者千餘人」。〔註167〕乾隆五年六月，羅天尺《惠學士半農先生挽詩百韻》有注：「公庚申六月至潮，旋歸吳，廣士爭迎不至」。〔註168〕又據光緒《嘉應州志》卷一九《宦績》：「庚申夏，以侍讀學士乞休。歸攜其子棟來遊，士人感慕，操舟出迎，觀者如堵。寓九賢祠兩閱月，日饋豚酒不絕，遠鄉聞風咸執文就正。……去之日，州人製木主祠之。今祀培風書院」。〔註169〕

總之，正是惠士奇南來以及由此形成濃郁的師生情，成為惠門諸子之間交往密切的緣起與紐帶。

二、相齒弟與兄

在「惠門八子」之中，羅天尺與何夢瑤的交往是時間最長的，也是最為密切的。尤其是何夢瑤棄官回到廣州後，兩人往來更加頻密。除經常共同參與詩社酒會外，兩人之間也時常相互唱和。據查，羅天尺《癭暈山房詩刪》中涉及何夢瑤詩歌多達25首，何夢瑤《菊芳園詩鈔》亦有詩歌15首涉及羅天尺。羅天尺有詩稱何夢瑤「我友何十久不見，十日一書五羊渡」，足見兩人書信往來之頻繁，亦知兩人感情之深厚。羅天尺（1686～1766），字履先，號石湖，廣東順德人。青年時期就以淹博聞於鄉里。十七歲試於有司，日竟十三藝。乾隆元年（1736）恩科孝廉，惠士奇知之尤深，手錄其詞賦示諸生。

〔註166〕錢大昕：《惠先生棟傳》，《潛研堂文集》卷 39，長沙龍氏家塾重刊本，第 1 頁 a～1 頁 b。
〔註167〕道光《廣東通志》卷 256，《宦績錄二十六》，第 4107 頁下。
〔註168〕羅天尺：《惠學士半農先生挽詩百韻》，《癭暈山房詩刪》卷 10，第 573 頁下。
〔註169〕光緒《嘉應州志》卷 19，《宦績》，第 333 頁下。

會開博學鴻詞科，巡撫傅泰將薦之，以母老辭。乾隆四年會試不第。所著有
《五山志林》、《瘦羃山房詩刪》等。羅天尺擅長詩歌，深受乃師惠士奇賞識
與惠門同好欽佩。據勞孝輿《瘦羃山房詩鈔序》所引惠士奇評價羅詩曰「詩
與爲匯唐，不若眞宋，精求於韓杜，而佽助以眉山劍南是。惟吾子冶溪之言
曰：『自科舉業興，人鮮實學，五都之市，碎胡琴者，純盜虛聲。』今羅君
不僻，處天末赤幟將樹君所矣。」〔註170〕何夢瑤認爲羅天尺詩歌水平居惠
門諸子之首：「吾黨工詩者素推羅履先，僕與勞孝輿、陳聖取、蘇瑞一皆不
及。」〔註171〕接替惠士奇出任廣東學政的鄭虎文（字炳也，號誠齋，浙江
秀水人）在《順德羅孝廉天尺詩文稿序》云：「羅孝廉以詩文雄踞壇坫者三
四十年，廣東人推名宿，率以孝廉爲稱首。」〔註172〕羅天尺雖未謀面但書
信頻繁的好友蔡時田（字修萊，號雪南，四川崇寧縣人），竟將羅的詩才比
作李白。據彭端淑《國朝詩話補》：「順德羅履先天尺，粵中名宿，與吾友蔡
雪南神交萬里之外。雪南每賞其《南塘漁子》、《石湖》等歌，不愧李青蓮。」
〔註173〕晚清粵東三子之一的黃培芳也在其《香石詩話》中稱：惠士奇視學
廣東時，「最賞識者有八子之目，石湖其首選也。」〔註174〕可能同樣指羅天
尺之詩才應居惠門之首。近人袁行雲《清人詩集敘錄》亦言羅天尺廣東推爲
名宿者垂四十年，「清初廣東詩，以屈大均、梁佩蘭、陳恭尹三家最著，天
尺爲之嗣響。濃淡相間，高雅超脫。……取材宏博。蓋本於性情，參以學問，
故能聲實相副，一往駿利也。」〔註175〕此言羅天尺爲清初嶺南三家之「嗣
響」，評價可謂很高，尤顯羅詩在康乾廣東之地位。

　　羅天尺於乾隆十七年爲何夢瑤《菊芳園詩鈔》作序稱：「憶二十年前，
余與報之十餘輩結南香社時，講藝晚成堂。堂獨瀍陳先輩壇坫地也，文酒流
連，儕偶徵逐，雖不盡以詩，而一時聲氣豪上，稱極盛焉。」〔註176〕此應

〔註170〕勞孝輿：《瘦羃山房詩鈔序》，道光《廣東通志》卷198，《藝文略十》，第3287
　　　　頁上。
〔註171〕何夢瑤：《春秋詩話序》，勞孝輿：《春秋詩話》，第506頁上。
〔註172〕鄭虎文：《順德羅孝廉天尺詩文稿序》，《吞松閣集》卷26，四庫未收書輯刊
　　　　編纂委員會：《四庫未收書輯刊》10輯第14冊，北京：北京出版社，2000
　　　　年影印本，第240頁上。
〔註173〕彭端淑：《國朝詩話補》，《續修四庫全書》編纂委員會：《續修四庫全書》卷
　　　　1700，上海：上海古籍出版社，1994，第101頁上。
〔註174〕黃培芳：《香石詩話》卷4，第182頁上。
〔註175〕袁行雲：《清人詩集敘錄》，第770頁。
〔註176〕羅天尺：《羅天尺序》，何夢瑤：《菊芳園詩鈔》，第2頁b。

在何夢瑤雍正八年分發廣西前。何夢瑤、羅天尺等惠門諸子結成南香詩社，以陳世和（陳恭尹之孫）晚成堂爲聚會之所。何夢瑤也曾於乾隆十六年提及南香詩社舊事：「顧孝輿善言詩，嘗同飲聖取晚成堂，雨窗夜話。孝輿謂國風淫詩備列，不知所逸何等，宣尼可作，當不受刪詩之誣；又謂陳正字碎琴燕市，無異王右丞主第琵琶。一座首肯。……追念二十年前尊酒論文，徒深舊雨之感。」〔註177〕羅、何交往情景，已在前面第二節中敘述頗詳，此不贅述。

何夢瑤於雍正八年分發到廣西後，由於距離遠隔，來往不便，但其與羅天尺仍經常書信不斷。雍正十一年秋何夢瑤試用廣西義寧縣前，好友羅天尺專門爲之寫下《秋日送何贊調十弟試用桂林》「廿年講學西樵洞，百里之官古桂林。盛世豈容猿鶴侶，吾儒誰有利名心。重華考注蒼梧辨，新息冤傳薏苡吟。憑弔政間無不可，灕江湘水同何深。」〔註178〕以示祝賀。十三年實授岑溪知縣，羅天尺從書信得知後，寫下《寄何十贊調岑溪官署》：「望斷蒼梧百里煙，思君如在剡溪船。浮沉拙宦過三載，聚散名山憶十年。多病欲求勾漏藥，紀遊誰寄綠珠篇。樵西舊有移家約，好買雲端二頃田。」〔註179〕羅詩有勸說何夢瑤與其在宦海沉浮，不如回鄉隱居之意。何夢瑤有感於羅詩，一方面懷想舊時光景，一方面亦覺官場如「雞肋之終拋」，回寄《羅履先郵詩招隱次韻奉答》云：

> 石湖秋色淨無煙，何日隨君上釣船。
> 十載相思愁似月，一官將老酒爲年。
> 空拋陶句教蘇和，肯把嚴詩雜杜編。
> 便乞南園修舊社，歸耕猶有硯如田。〔註180〕

此處何夢瑤多次提及「十年」或「十載」，若自雍正十三年逆推十年，則時在雍正四年（1726）左右。其時恰逢乃師惠士奇離任北上之際，如今悠忽間十載，惠師門下拜石亭學習時光歷歷在目。故而何夢瑤序云「十年判袂，千里牽思，每憶拜石亭『高病鶴山僧』之句。西禪月上，荒祠殘碣之遊，恍若日前。」亦如詩作所言：「十載相思愁似月，一官將老酒爲年。」

〔註177〕何夢瑤：《春秋詩話序》，勞孝輿：《春秋詩話》，第506頁上。
〔註178〕羅天尺：《秋日送何贊調十弟試用桂林》，《癭暈山房詩刪》卷8，第557頁上。
〔註179〕羅天尺：《寄何十贊調岑溪官署》，《癭暈山房詩刪》卷8，第561頁上。
〔註180〕何夢瑤：《羅履先郵詩招隱次韻奉答》，《菊芳園詩鈔》卷3，《學制集》，第5頁b～6頁a。

乾隆十二年（1747），羅天尺得知勞孝輿死於貴州鎮遠任上，寫下詩作
《乾隆丁卯仲冬病中得勞孝輿二弟鎮遠凶問，感成二十五韻》，並寄何夢瑤：

> 西風欺病骨，八載江湖居。今年冬十月，病瘧詩難驅。
>
> 空齋戰木葉，勢似潮頭呼。有客來詢視，兼言好友殂。
>
> 病軀聞之驚，起哭血淚枯。憶昔廿年前，文場識子初。
>
> 相齒弟與兄，聯鑣何與蘇。論文眼上視，尚未有髭鬚。
>
> 況復兼詩豪，辟易可萬夫。時惟最匿我，甘自捧盤盂。
>
> 大吏薦鴻博，強欲與我俱。轉念我母老，獨自策蹇驢。
>
> 闇闇叫不聞，作吏夜郎區。隔絕萬餘里，十年無一書。
>
> 近從蜀中箚，稍悉時念予。我被老病催，兼爲反哺烏。
>
> 子亦作牛馬，籍書官何驢。何時歸南粵，再把浮邱裾。
>
> 社共繼南園，酒可斟黃壚。孰知天忌才，溘逝竹王都。
>
> 近聞花苗亂，豈奮伯也殳。倘得歿王事，亦可壯吾徒。
>
> 魂兮歸來未，我夢何模糊。苟曰傳未眞，欲殺世豈無。
>
> 行作再生詩，付與黔中魚。〔註181〕

羅天尺乾隆四年會試落第後，從此養病鄉野，以課徒教書自娛。正如詩
作所謂「八載江湖居」，距離乾隆十二年共八載。恰於此時，有人告知勞孝
輿病死他鄉的消息，匆匆間已逝二十載，往事湧上心頭。遙想雍正初年「文
場識子初」、「相齒弟與兄」，與何夢瑤、蘇珥、勞孝輿諸人情同手足，同謀
舉業，共赴科場。值得注意的是，羅詩亦有勸慰何夢瑤歸隱之意。「子亦作
牛馬，籍書官何驢。何時歸南粵，再把浮邱裾。社共繼南園，酒可斟黃壚。
孰知天忌才，溘逝竹王都。」其中，「浮邱」當爲晚明士人在廣州城西浮邱
觀所設立的浮邱詩社。萬曆中葉，廣東南海人、官至光祿寺正卿的郭棐致仕
歸里，與陳堂、袁昌祚諸人闢社，旨在接續南園五子。〔註182〕而「近聞花
苗亂，豈奮伯也殳。倘得歿王事，亦可壯吾徒」的詩句，正表露出羅天尺對
好友何夢瑤安危的深切關懷，遠隔重山並未消弭肝膽相照的同學之誼。何夢
瑤收到羅天尺詩句後，深切緬懷好友勞孝輿，遂步原韻寫下《讀羅履先乙卯
冬得勞孝輿凶問作，感賦次原韻》其中有：「聯床爲弟兄，掉鞅爭前驅。」

〔註181〕羅天尺：《乾隆丁卯仲冬病中得勞孝輿二弟鎮遠凶問感成二十五韻》，《癭暈山
　　　　房詩刪》卷2，第499頁上。

〔註182〕參見李緒柏：《明清廣東的詩社》，《廣東社會科學》2000年第3期。

「艱難憶故交，書箚來潛夫。驚聞龍遊客，笑視清泉盂。篷窗夜風雨，滂沛
聲淚俱。傷逝復惜別，羈孤悔司驢。「送籠久剪羽，卑棲甘窮鳥。」「當君死
羅旬，值我遷留都。感此遂乞身，歸田操攝殳。」〔註183〕表達了同學之間
真摯的情感，對自己雖然即將陞遷遼陽，但於官場充滿倦怠，萌生退意。

　　乾隆十年（1745）六月，何夢瑤升任奉天府遼陽知州。羅天尺贈詩《送
何十贊調知遼陽州》：「羨子一麾出，三韓萬里遊。時當清晏日，吏得帝王州。
毳帳春風暖，邊城白日留。龍興原此地，容易達宸旒。」〔註184〕

　　杭世駿於何夢瑤《匊芳園詩鈔》序亦稱：「羅孝廉履先，其才長於詩，而
與報之交密。知報之之才者莫如余，知報之之詩者又莫如履先。」〔註185〕由
此可知，羅天尺、何夢瑤兩人交誼之一斑。據劉伯驥《廣東書院制度沿革》，
羅天尺於乾隆十四年至乾隆二十二年任順德鳳山書院山長。〔註186〕乾隆十五
年，羅天尺在廣州重逢何夢瑤。感於老友相聚，遂寫下詩作《羊城晤何十贊
調歸自遼陽因柬蘇二瑞一》：

　　　　生計知誰是，相逢萬事非。老尋珠海友，生自玉門歸。

　　　　賣藥成仙易，論心入道微。東坡同有約，商議買漁磯。〔註187〕

　　重逢之後，何夢瑤出示新著《匊芳園集》，請羅天尺做序。羅對何詩評
價甚高：「覘其品格，類祖渭南。渭南詩意盡於句，拙生於巧，髮無可白方
言老，酒不能賒始是貧，句法多同。報之煉不傷氣，清不入佻，中藏變化，
不一其體。國初諸公矯王李鍾譚之習，群稱蘇陸。一時競尚，未易有此造詣
也。」〔註188〕羅天尺是序成於乾隆十五年五月初七日。同年十月，羅亦將
新刻《瘦羋山房詩》寄給何夢瑤，並附上詩作《雞庋軒十月桐花歌》索合。
〔註189〕何夢瑤遂賦詩《庚午臘月羅履先寄示新刻並索和桐花詩次韻》作答。
〔註190〕

〔註183〕何夢瑤：《讀羅履先丁卯冬得勞孝輿凶問作感賦次原韻》，《匊芳園詩鈔》卷7，
　　　　　《懸車集》，第4頁a～4頁b。
〔註184〕羅天尺：《送何十贊調知遼陽州》，《瘦羋山房詩刪》卷7，第548頁。
〔註185〕杭世駿：《匊芳園詩鈔序》，何夢瑤《匊芳園詩鈔》，第3頁b。
〔註186〕劉伯驥：《廣東書院制度沿革》。〔不詳〕：商務印書館，〔1938〕，228～231頁。
〔註187〕羅天尺：《羊城晤何十贊調歸自遼陽因柬蘇二瑞一》，《瘦羋山房詩刪》卷7，
　　　　　第549頁上。
〔註188〕羅天尺：《匊芳園詩鈔序》，何夢瑤：《匊芳園詩鈔》，第3頁a。
〔註189〕羅天尺：《雞庋軒十月桐花歌》，《瘦羋山房詩刪》卷5，第533頁上～533頁
　　　　　下。
〔註190〕何夢瑤：《庚午臘月羅履先寄示新刻並索和桐花詩次韻》，《匊芳園詩鈔》卷7，

　　何夢瑤被聘暫代粵秀書院山長後，以自嘲語氣賦詩一首《鬚言》寄送羅
天尺：

　　　　憶昔己酉逢許負，許我秋榜當飛揚。
　　　　虞翻骨屯安得爾，爲言秀出弄鬚長。
　　　　多言或中何足信，一發詎意乃迭雙。
　　　　今冬此鬚復秀發，百白一黑幽而光。
　　　　自笑臣朔饑欲死，豈有黿鼎供染嘗。
　　　　況乃微官棄雞肋，寧復遷擢微眉黃。
　　　　鬚兮莫更相戲謔，揶揄久厭鬼在旁。
　　　　忽聞大吏聘山長，爲我鹿洞開講堂。
　　　　斗筲器小易盈滿，此須乃爲修脯祥。
　　　　慚恧直欲割棄汝，效顰恐笑狂生狂。
　　　　鬚言公不識時務，奇徵異瑞殊非常。
　　　　孔方有神世所重，入粟拜爵貲爲郎。
　　　　龍頭巍巍孰與比，官資僅與州佐當。
　　　　書生一錢等萬貫，瓶貯詎異倉與箱。
　　　　何況館穀逾十斛。不煩諛墓時繞床，
　　　　高名厚實請自較，兩榜不敵錢一囊。
　　　　十千莫惜沽美酒，沾濡使我常蝟張。
　　　　世上頗少丈夫氣，留此殊足表剛方。
　　　　悲歌但可將客手，苦吟莫藉抽枯腸。
　　　　掀髯大笑汝言是，風亭欲雪傾一觴。
　　　　此時鬥草未須汝，且復爲我綴檳榔。〔註 191〕

此時何夢瑤剛從遼陽歸里，囊中羞澀。加之暫代山長束脩不到正常聘任
者的 1/3（詳見後文），故有「官資僅與州佐當」、「兩榜不敵錢一囊」之言。
羅天尺和了一首《鬚言次何贊調原韻同張柏園作》：

　　　　何十寄我詩一章，讀之舌撟眉飛揚。
　　　　舌不能言眉不語，鬚乃喋喋爭其長。
　　　　自言何子髯秀出，射雕可卜中其雙。

　　　　《懸車集》，第 10 頁 a～10 頁 b。
〔註 191〕何夢瑤：《鬚言》，《菊芳園詩鈔》卷 7，《懸車集》，第 4 頁 b～5 頁 b。

　　爲官大致二千石，上興得貴生輝光。

　　豈意老沾玉關雪，馬醴羊酪不能嘗。

　　覽鏡幾欲割棄汝，謳論潘白兼曹黃。

　　忽然我鬚亦掀動，揶揄如鬼窺其旁。

　　笑言汝貌如瓜削，得吾眉目增堂堂。

　　撚之覓句豈知苦，燎因煮藥何不祥。

　　虱多敢學丞相貴，挽去一任嬌兒狂。

　　我不負汝汝負我，人生貴賤豈無常。

　　況汝送人日作郡，年過五十步爲郎。

　　主簿之戲應不免，丈夫氣概豈能當。

　　我今欲辭煩輔去，任爾迂腐隨巾箱。

　　何君爾敢肆嘲弄，何異地下讒上床。

　　我聞鬚言增愧赧，寸舌欲卷口欲囊。

　　作詩用答何君語，如戟慎勿輕擧張。

　　效顰毋乃太輕薄，烏染自古無奇方。

　　天生萬物不兼有，鼠厭無足蟹無腸。

　　閨閫巧倩亦寵幸，請鬚勿言盡一觴。

　　倘謂龍蝦十文貴，明朝入海同鳴榔。〔註192〕

　　羅詩中「豈意老沾玉關雪，馬醴羊酪不能嘗」乃調侃何官遼陽而辭官，而「天生萬物不兼有，鼠厭無足蟹無腸」似諷何氏嫌館資低之意。

　　乾隆十八年，何夢瑤接替全祖望，出任端溪書院山長。羅天尺亦爲順德鳳山書院山長，仍然與何夢瑤保持密切的往來。在此之間，羅天尺還遣其子緒兒赴肇慶，請何夢瑤醫治足疾。此外，羅天尺還有詩《覽外孫馮學勝遊鼎湖詩作此示之兼柬何報之山長》和《寄端溪山長何報之索坑硯》：

　　文章垂老怯清遊，詩寄羚羊惱置郵。

　　爾爲硯材求院長，何殊螃蟹乞監州。

　　峒人執贄紛鴻鵒，峽舫歸裝壓石尤。

　　分我一枚何足惜，接鄰攻玉共千秋。〔註193〕

〔註192〕羅天尺：《鬚言次何贊調原韻同張柏園作》，《癭暈山房詩刪》卷5，第534頁上～534頁下。

〔註193〕羅天尺：《寄端溪山長何報之索坑硯》，《癭暈山房詩刪》卷9，第569頁上。

　　到乾隆二十七年（1762），何夢瑤恰逢七十大壽，羅天尺寄詩《春日病中寄祝何報之七十》祝賀並慨歎歲月之流逝：

　　　　遙指珠江作巨羅，紫棉一曲爲君歌。

　　　　白頭兄弟河山隔，紅豆生徒死喪多。

　　　　久病餘丹猶待寄，清明省墓望相過。

　　　　三韓八桂皆春夢，莫更當筵歎逝波。〔註194〕

　　由於何夢瑤祖墳在紫泥，每年清明掃墓都要拜訪老友羅天尺。乾隆二十八年（1763）何夢瑤清明掃墓遇風雨大作，羅天尺作詩抒發懷想和擔心：

　　　　我友何十久不見，十日一書五羊渡，

　　　　今朝倏起鯉魚風，握手溪頭日將暮。

　　　　君因上墓來龍灣，龍灣望裏青雲山。

　　　　忽思我友如宛在，迂道入門驚衰顏。

　　　　君授我杖我授幾，並坐歡笑諸孫環。

　　　　柚香蔗甜我所好，開度分餉思同甘。

　　　　別來時事休要說，但言養生書可耽。

　　　　衰年思苦易損命，老景膈弱休加殮。

　　　　相愛只在二三語，不必緒論兼雄談。

　　　　門爾初日射林隙，便理舟楫淩江潭。

　　　　白打自可薦清潔，棄官豈有愧松杉。

　　　　日中金烏忽失墜，馮夷鼓浪蛟龍驂。

　　　　峽心風卷青蘿斷，嶺頂雲開半日銜。

　　　　我坐高齋戰林木，況君一葉浮危灘。

　　　　我輩生平何所恃，忠信豈有天不諳。

　　　　昨宵會面能幾何，歡樂何少憂患多。〔註195〕

　　乾隆二十九年（1764）何夢瑤去世，享年72歲。羅天尺得知噩耗「臨風老淚」寫下《寄哭何十夢瑤》：

　　　　不禁臨風老淚傾，素車難遂憶生平，

　　　　千秋文字通肝腑，九轉丹方託死生。

〔註194〕羅天尺：《春日病中寄祝何報之七十》，《癭暈山房詩刪》續編，第599頁下～600頁上。

〔註195〕羅天尺：《癸未清明何十省墓紫泥迂道枉顧信宿發舟忽風雨大作作此懷之》，《癭暈山房詩刪》續編，第602頁下～603頁上。

注述自爲吾輩事，詩歌留與後人評，

知君最達莊周理，何用山陽要愴情。〔註196〕

三、強拉揚雲說六鋒

蘇珥（1699～1767），字瑞一，號古儕，晚號睡逸居士，廣東順德碧江人。蘇珥乃「惠門八子」之一，據稱七歲即能寫文章，長於書史。十三歲受知於惠士奇，後食餼入幕。乾隆元年開博學鴻詞科，當時刑部右侍郎楊超曾推薦蘇珥，但他以母老未赴試。乾隆三年（1738）鄉試中舉。與羅天尺一同參加乾隆四年會試，不第。蘇珥爲人放浪形骸，脫略不羈，率性而爲，不修邊幅，不慕浮名，惟嗜學，老而不倦。平時詩有別趣，而不輕作，爲文長於序記，與書法皆名重一時。著作有《宏簡錄》、《辨定山堂類書》、《安舟雜鈔》、《前明登科入仕考》諸書皆散佚，惟《安舟遺稿》傳於世。〔註197〕

關於蘇珥，南海學者謝蘭生（1760～1831）的《蘇瑞一先生逸事》對其有形象的刻畫：

公性嗜酒，無一日不持杯。惟執親喪斷酒三年，一勺不入口。人餉以珍異，必焚香薦於寢曰：「某人以某物饋，某男敢敬獻。」凡四時品物，先薦而後敢嘗。有某顯者欲求公文，至所住聚賢坊，不能舁八轎，徒步至門，拒不納。將軍錫公特庫，撫軍鶴公年、關権唐公英咸敬愛公，每宴集，以得公爲歡。公亦時一再往。一日遣使延公，公不至。叩其故，則昨夜被竊衣帽，不能往。大吏震怒，飭縣追給。令窘甚，饋公衣服財物兩大篚。公曰：「此非我故物，胡能強顏受！」令曰：「大吏促我急，而盜又不可得。公不受，會當重譴矣！」公曰：「篚中物不可以污我。我爲言大吏，贓物已得，不以是瑣瑣者累也。」乾隆三年，典試聞公棠素耳公名，又知公治《春秋》，欲從暗中摸索。遍簡《春秋》房，無佳文。搜遺得一卷，已塗抹狼藉。愕然曰：「非老名宿焉能辨此！」拔冠房首。榜發，果公也。放榜之夕，諸報喜者皆不詣公。曰：「蘇先生中，人誰不知？焉用報！」黎明，其門人市題名錄，始知之。公曰：「余文艱滯，自分不售。今既賞文，何爲置第五？」沉吟久之，乃徐徐冠服出門

〔註196〕羅天尺：《寄哭何十夢瑤》，《癭暈山房詩刪》續編，第604頁下。

〔註197〕王鍾翰點校：《清史列傳》第18冊，第5848頁。

去。先外祖吳寅谷公，公姻家也，往道喜，不相值。候至巳刻，公還，則極稱解元王定九文，嘖嘖不去口。乃爲寅谷公朗誦一遍，指謂某處好、某處勝予文遠甚。寅谷公固好學，聞公稱善處，輒求覆誦。公援筆默寫一篇，並加評點以示。蓋公出門時，問知王住處，乞草稿讀一遍，即能背誦，並虛衷服善如此。〔註198〕

蘇珥性格雖率性而爲，但不失法度，且其書法爲粵人所重，但遺留詩文少見，原因可能因其自述「余善病不能工，履先天才獨絕，超超元箸，余尤喜其贈遺之作，頌不忘規。」〔註199〕《清詩紀事》載其詩作《贈漢亭》一首：「九疑風雨暗崎嶇，八節波濤險有餘。世路合裁招隱賦，俗情催廣絕交書。傳聞入市人成虎，親見張弧鬼滿車。舊約耦耕堂願築，平田龜坼又何如！」〔註200〕足見蘇珥對詩文創作亦頗有造詣。蘇珥曾評述何夢瑤「報之下筆蘊藉，欲言者無罪，聞者足戒，以合於風人之旨。」〔註201〕

蘇珥早年求學期間常與何夢瑤「同寓仙湖」〔註202〕兩人之間自始交情不淺。何夢瑤《菊芳園詩鈔》中與蘇珥有關的詩作有五首：《拜石亭雜詠》、《舟過碧江阻風寄蘇瑞一》、《懷羅履先陳海六蘇瑞一》、《羅履先郵詩招隱次韻奉答》、《羅石湖見示城南訪蘇瑞一》。其中《拜石亭雜詠》其六：「清談銷盡蠟燈紅，強拉揚雲說六鋒。絕倒不知春夜永，城頭敲落五更鐘。」原注有：「蘇古僑口吃，說里人六鋒事，一座絕倒。」〔註203〕描繪了他們在惠門學習時候的生活趣事。而何夢瑤直接寫給蘇珥的只有《舟過碧江阻風寄蘇瑞一》：

大王風起走江煙，過客難停訪戴船。

水彙東南波卷地，雨連春夏勢沉天。

脫罾通印長魚美，壓簷辭房牡蛤鮮。

歸日定從司業飲，破除三百賣文錢。〔註204〕

〔註198〕仇江選注：《嶺南歷代文選》，廣東中華民族文化促進會編，1993年，第325～326頁。

〔註199〕蘇珥：《春秋詩話序》，勞孝輿：《春秋詩話》，第504頁上。

〔註200〕蘇珥：《贈漢亭》，錢仲聯主編：《清詩紀事》乾隆朝卷，南京：江蘇古籍出版社，1987年，第7977頁。

〔註201〕蘇珥：《春秋詩話序》，勞孝輿：《春秋詩話》，第504頁上。

〔註202〕羅天尺：《阮齋文集序》，道光《廣東通志》卷197，《藝文略九》，第3285頁下。

〔註203〕何夢瑤：《拜石亭雜詠》，《菊芳園詩鈔》卷1，《煤尾集》，第1頁b～2頁b。

〔註204〕何夢瑤：《舟過碧江阻風寄蘇瑞一》，《菊芳園詩鈔》卷1，《煤尾集》，第11

《粵東詩海》卷八一載有蘇珥的《瓜州阻雨》，有可能是和何夢瑤《舟過碧江阻風寄蘇瑞一》的詩作：

> 歷盡江南第幾關，瓜州無那滯前灣。
>
> 浮萍暫梗風翻浪，倦鳥難歸雨暗山。
>
> 欲借漁蓑尋客路，漫沽村酒破愁顏。
>
> 醉中高臥來清夢，夢到高堂著彩斑。〔註205〕

何夢瑤辭官回鄉後，常與蘇珥等把酒臨風，作詩論文，數十年來同學情誼篤深。「惠門八子」之中，羅天尺、蘇珥、何夢瑤三人交往時間最長，交往亦最密。據咸豐《順德縣志》卷二五記載蘇珥「生平最篤友誼。夢瑤死聞，即挈舟往哭，至則已蓋棺，遽令其屬啓而覆視，對屍大慟。」〔註206〕充分顯示蘇珥對何夢瑤的真性真情。

四、艱難憶故交

何夢瑤與勞孝輿相識於雍正元年（1722）鄉試科場。蘇珥序《春秋詩話》：「康熙甲辰〔註207〕，余應歲試，識孝輿場中。時羅履先同余寓仙湖，何報之、陳聖取朝夕相過。」〔註208〕因蘇珥與何夢瑤諸人相識較早，故而可知何夢瑤諸人亦於雍正元年初識勞孝輿。蘇珥對勞孝輿性情有過一番描述：「孝輿性情篤雅類履先，風致瀟灑類報之，志大則似聖取。惟聖取不修邊幅，頹然自放，與孝輿頗異。余（蘇珥）亦疏慵忤物，而孝輿反並愛之，與諸子共為耐久交無異也。」〔註209〕

勞孝輿（1696～1745），字阮齋，號巨峰，廣東南海人。雍正十三年（1735）拔貢，乾隆元年（1736）被舉博學鴻詞。至京師，先以拔貢廷試第五，得入引見，以知縣用。歷任貴州錦屏、清鎮、龍泉、清溪、畢節、鎮遠知縣。在貴經歷十年，卒於鎮遠知縣任上。著有《春秋詩話》、《阮齋詩鈔文鈔》、《讀杜竊餘》等。暨南大學毛慶耆教授曾於《勞孝輿及其〈春秋詩話〉》一文中考

　　　頁 b～12 頁 a。

〔註205〕溫汝能纂輯，呂永光等整理：《粵東詩海》卷 81，廣州：中山大學出版社，1999 年，第 1529 頁。

〔註206〕咸豐《順德縣志》卷 25，《列傳五》，第 624 頁上。

〔註207〕原文如此，應為雍正甲辰（雍正二年，1724）之誤。

〔註208〕蘇珥：《春秋詩話序》，勞孝輿：《春秋詩話》，第 504 頁上。

〔註209〕蘇珥：《春秋詩話序》，勞孝輿：《春秋詩話》，第 504 頁上。

證勞孝輿生卒年爲 1697 年與 1746 年。〔註 210〕然據袁行雲《清人詩集敍錄》轉錄勞濟《先明府詩鈔紀後》：「乙丑（乾隆十年）病作，令濟等護眷回粵，至臨終皆在籍，不得視飯含焉。」〔註 211〕而勞孝輿享年五十，故生卒年當爲 1696 年與 1745 年。

　　勞孝輿生性爽直，自述頗好浪遊，「妄欲迹遍海內，與天下士交。」早歲隨父遊覽瓊南，望洋而歎，「讀海外文，謬謂有所得」。甫弱冠之際，杖策踰嶺渡河，徜徉江湖間，愈覺「以未得交當世巨公偉人爲歉」，故而投師惠士奇門下。勞孝輿入惠門後，何夢瑤與之交往日益密切。惠門求學期間，兩人住居毗鄰，羅天尺回憶當年何勞過從甚密，「孝輿與何子報之寓館亦近，且夕過從。」〔註 212〕可惜的是，不久勞父病逝，勞孝輿隨即回鄉守制，其序羅天尺《瘦畺山房詩鈔》所言：「余實未嘗承謦欬也。事竣弗獲祖送，每誦二三子胥江驪唱，嗟歎不能已。」〔註 213〕自此何、勞少有會面，正如勞孝輿自稱：「回憶數年前，與二三子酬歌縱論時，曾不轉盼，而風流雲散。聖取薄宦於江浙，贊調雖捷，去將卑棲於桂林。若海六、瑞一輩俱不得志，散居鄉塾，而余獨與履先棲遲省會，以手腕供人役，一燈相對，中夜悲歌，抑獨何哉，抑獨何哉！」〔註 214〕惠士奇離粵後，惠門弟子在廣州組成南香詩社，勞孝輿、何夢瑤均有參加。何夢瑤序勞孝輿的《春秋詩話》還有提及：「顧孝輿善言詩，嘗同飲聖取晚成堂，雨窗夜話。孝輿謂國風淫詩備列，不知所逸何等，宣尼可作，當不受刪詩之誣；又謂陳正字碎琴燕市，無異王右丞主第琵琶。一座首肯。」〔註 215〕可知南香詩社時期，何、勞二人還有著密切的往來。此後，何夢瑤科舉得中進士，於雍正八年任職廣西，勞孝輿亦因博學鴻詞於乾隆元年分發貴州；此後，因距離阻隔，兩人再未相見。正如

〔註 210〕毛慶耆：《勞孝輿及其〈春秋詩話〉》，廣東炎黃文化研究會編：《嶺嶠春秋：廣東文化論集（二）》，北京：中國社會科學全書出版社，1995 年，第 397～408 頁；另見毛慶耆、郭小湄：《中國文學通義》，長沙：嶽麓書社，2006 年，第 687 頁。

〔註 211〕袁行雲：《清人詩集敍錄》，第 905～906 頁。

〔註 212〕羅天尺：《阮齋文集序》，道光《廣東通志》卷 197，《藝文略九》，第 3285 頁下。

〔註 213〕勞孝輿：《瘦畺山房詩鈔序》，道光《廣東通志》卷 198，《藝文略十》，第 3287 頁上。

〔註 214〕勞孝輿：《瘦畺山房詩鈔序》，道光《廣東通志》卷 198，《藝文略十》，第 3287 頁上。

〔註 215〕何夢瑤：《春秋詩話序》，勞孝輿：《春秋詩話》，第 506 頁上。

何夢瑤序言所謂「未幾聖取宦越，孝輿宦黔，僕亦沿牒象郡，自是杳不相聞」。乾隆十年勞孝輿卒於貴州任上，而此時何夢瑤即將北上赴任遼陽知州，未及謀上最後一面。兩年後，遠在遼陽的何夢瑤方從羅天尺來信中獲知勞孝輿離世的消息，寫下詩作《讀羅履先乙卯冬得勞孝輿凶問作感賦次原韻》：

　　勞二湖海豪，百尺樓上居。聯床爲弟兄，掉鞅爭前驅。

　　高岡竚鳴和，帝座通吸呼。壯志鬱未伸，盛年倏已徂。

　　況我齒更長，外強中乾枯。作佛誠乃後，破荒居然初。

　　何異失歲人，飲反先屠蘇。從此泝西江，危灘撩虎鬚。

　　艱難憶故交，書箚來潛夫。驚聞龍遊客，笑視清泉盂。

　　篷窗夜風雨，滂沛聲淚俱。傷逝復惜別，羇孤悔司驢。

　　念居抱殘缺，鋤經瓜芋區。何當理歸楫，共把蠹餘書。

　　嗣聞舉鴻博，推轂兼及予。送籠久剪羽，卑棲甘窮烏。

　　忉看垂天雲，浪激春江粗。詎意墮塵綱，折腰隨簪裾。

　　聚鐵已鑄錯，爲金難躍爐。當君死羅旬，值我遷留都。

　　感此遂乞身，歸田操欘斧。傷哉楚些吟，何處招左徒。

　　寒燈半明滅，淚眼雙模糊。讀罷破涕笑，誰某今在無。

　　吾衰宜飲酒，呼童且焚魚。〔註216〕

　　按，標題中「乙卯」應爲「丁卯」，即乾隆十二年。〔註217〕此時何夢瑤已羇留遼陽。而當勞孝輿彌留之際（乾隆十年），恰值何夢瑤北上之時，正所謂「當君死羅旬，值我遷留都」。憶當年，「勞二湖海豪，百尺樓上居。聯床爲弟兄，掉鞅爭前驅」。原詩有注稱「辛亥，灘江舟中得孝輿書，知陳聖取卒於官」，此處「辛亥」年乃雍正九年，時年陳聖取卒於任上，其時何夢瑤在廣西任上，而勞孝輿仍困於廣東科場。何夢瑤從勞孝輿書信中獲悉陳世和噩耗，悲鳴不已，所謂「艱難憶故交，書箚來潛夫。驚聞龍遊客，笑視清泉盂」。由此可知，兩人其時仍有書信往來。乾隆元年舉博學鴻詞，勞孝輿、何夢瑤兩人均被薦。何夢瑤因故未應試，故而錯失一次謀面的機會。詩句「嗣聞舉鴻博，推轂兼及予。送籠久剪羽，卑棲甘窮烏」，正是此意。

〔註216〕何夢瑤：《讀羅履先丁卯冬得勞孝輿凶問作感賦次原韻》，《菊芳園詩鈔》卷7，
　　　　《懸車集》，第4頁 a～4頁 b。

〔註217〕袁行雲先生指出此處應爲乙丑，即乾隆十年，是年勞孝輿去世（見氏著《清
　　　　人詩集敍錄》，第905頁）；但由羅天尺原詩《乾隆丁卯仲冬病中得勞孝輿二
　　　　弟鎮遠凶問感成二十五韻》可知，實爲乾隆丁卯年，即乾隆十二年。

乾隆十六年，何夢瑤回歸故里，勞孝輿業已離世六年。恰於此時，時任澳門同知的張汝霖刊刻勞孝輿《春秋詩話》，向何夢瑤索序。「孝輿故善言詩，此書尤卓然可見者。」「獨是孝輿、聖取著作相埒，兩人並卒於官，遺文散軼，存十一於千百，責在後死者。僕既不能如李建中手寫郭集以待上獻，復不能鏤之金石以永其傳，追念二十年前尊酒論文，徒深舊雨之感。」〔註218〕

五、立雪同絳幃

除了前面所談的惠門同學外，惠門中還有以下同學與何夢瑤交往密切：

（一）吳　秋

吳秋，字始亭，廣東番禺人。〔註219〕惠門八子之中，吳秋最小。何夢瑤詩稱：「同學數十人，惟君年最少。詩筆獨秀出，爛漫啓秘突。」〔註220〕其岳丈乃胡方，故吳秋頗受胡方學術之影響。何夢瑤詩亦稱：「婦翁胡明經，絕學程朱紹。遜世誰見知，韜光秖自照。薦雄我何功，遺文君自校。冰玉遙相映，堂階日深造。」〔註221〕而何夢瑤的早年老師麥易園同樣也是胡方女婿，麥、吳兩人有連襟之誼。惠士奇來粵後欲交結廣東名士，何夢瑤乃是胡方的推薦人，何夢瑤自稱「學使惠天牧先生訪廣東名宿，瑤以胡公對」。〔註222〕吳秋之兄吳旭亭成為後來促成惠胡相會的直接引見人。可以說，同為惠門八子的吳秋、何夢瑤，兩人之間有著多重關係。何夢瑤追憶以往與吳秋同拜惠士奇門下的生活片段，「尚憶紅豆齋，立雪同絳幃。竹君遶千竿，石丈拜九曜。風吟水面來，醇醉熒尾醨。朋簪寧久盍，萍迹詎預料。」〔註223〕何夢瑤出任廣西岑溪知縣之際，吳秋曾經到訪，是惠門八子中唯一到桂探訪何的昔日同窗。然而可惜的是，惠門八子之中以吳秋年齡最小，卻是較早離世的。何夢瑤曾有詩作《哭吳始亭》，予以紀念：

> 同學數十人，惟君年最少。詩筆獨秀出，爛漫啓秘突。
>
> 婦翁胡明經，絕學程朱紹。遜世誰見知，韜光秖自照。

〔註218〕何夢瑤：《春秋詩話序》，勞孝輿：《春秋詩話》，第 506 頁上。
〔註219〕羅元煥撰，陳仲鴻注：《粵臺徵雅錄》，第 10 頁。
〔註220〕何夢瑤：《哭吳始亭》，《菊芳園詩鈔》卷 4，《南儀集》，第 8 頁 a。
〔註221〕何夢瑤：《哭吳始亭》，《菊芳園詩鈔》卷 4，《南儀集》，第 8 頁 a。
〔註222〕何夢瑤：《哭吳始亭》，《菊芳園詩鈔》卷 4，《南儀集》，第 8 頁 b。
〔註223〕何夢瑤：《哭吳始亭》，《菊芳園詩鈔》卷 4，《南儀集》，第 8 頁 a。

薦雄我何功，遺文君自校。冰玉遙相映，堂階日深造。

尚憶紅豆齋，立雪同絳幬。竹君遠千竿，石丈拜九曜。

風吟水面來，醇醉婪尾釃。朋簪寧久盍，萍迹詎預料。

何意西瀧水。遠泛剡溪棹。亞叩別後得，不覺相視笑。

侯生時在座，探奇愜所好。文繡陳思虎，物博終童豹。

岣嶁訪殘碑，琅琊釋疑稻。共討洗馬博，似勝樂令奧。

鱣門遜高足，雁翅愧二妙。方劇文字飲，忽鼓將歸操。

何物回頭瘴，竟等終風暴。傷哉梁木萎，倐若隕籜掃。

崔經失腹笥，曹書徒石窖。誰復傳薪火，從此紛螢爝。

重爲斯文憂，益增良友悼。客窗吟夜雨，雙淚如懸瀑。

倚竹湘靈悲，吹燈山鬼嘯。四顧寂無人，淒惻不可道。〔註224〕

（二）陳世和

　　陳世和，字聖取，別字時一，順德人。爲陳恭尹之孫，世寓羊城育賢坊。康熙三十八年（1699）孝廉，雍正元年（1723）恩科拔貢，五年巡撫傅泰奉徵選貢生、生員，陳世和名列首薦，獲廷見。雍正六年即奉發試用浙江署鹽課大使，雍正九年改龍遊縣丞，到任未幾卒。詩文散佚，所存有《拾餘子草》。地志文獻稱頌陳世和「資絕慧，家所藏書遍誦不忘。歌詩綽有祖風，尤善談論，視財如糞土。戚友多主其家，扶危濟乏，動輒傾囊」。〔註225〕正如何夢瑤自稱「聖取居郡城，余與往來最密」。〔註226〕何夢瑤有詩《寄懷陳聖取》，記兩人康熙六十年以來兩年有餘的同窗生涯：「兩載松窗掩白雲，秋風猶憶共論文。雙門支屐君尋我，半夜籠燈我訪君。」〔註227〕陳世和嘗欲手錄《冊府元龜》且續《太平御覽》，何夢瑤以「著書自是名山好，誓墓何妨學右軍」贈詩相勉。

　　然而「雍正丁未，聖取以舉優廷見，官龍遊丞，未幾卒。余亦隨牒桂林，轉牧遼左。」〔註228〕雍正五年之後，兩人見面機會極少。何夢瑤對陳世和

〔註224〕何夢瑤：《哭吳始亭》，《菊芳園詩鈔》卷4，《南儀集》，第8頁a～9頁a。

〔註225〕咸豐《順德縣志》卷25，《列傳五》，第597頁上。

〔註226〕何夢瑤：《復齋詩鈔序》，陳莘封：《復齋詩鈔》，桑兵主編：《清代稿鈔本》第26冊，廣州：廣東人民出版社，2007年，第432頁。

〔註227〕何夢瑤：《寄懷陳聖取》，《菊芳園詩鈔》卷1，《煤尾集》，第12頁b。

〔註228〕何夢瑤：《復齋詩鈔序》，陳莘封：《復齋詩鈔》，桑兵主編：《清代稿鈔本》第26冊，第432頁。

詩才頗爲推崇，「履先謂聖取詩在同輩中可與抗衡者何報之、勞孝輿，餘不及。孝輿誠近之，余何足道。」〔註229〕何夢瑤除與陳世和有同窗之誼外，還與其從弟陳華封有所往來。何夢瑤亦特別推崇陳華封詩才，甚至認爲超越乃兄陳世和。何夢瑤與陳華封年齡稍有差距，「余輩交聖取時，祝三年舞勺方學爲舉子業，中年乃以詩名」。乾隆十五年何夢瑤歸里後，「始復與祝三相見，年已四十許，才名藉甚」。爲此，何夢瑤稱讚陳氏兄弟「所遇不同，而皆能以詩文見於世」。〔註230〕晚年何夢瑤、陳華封與杭世駿等常有遊歷的雅興，如陳華封《春日與杭董浦何西池集寶莊嚴寺詠杜鵑花》：

> 杜鵑啼處春深淺，東風香積冷然善。
> 空門既已絕鉛華，誰人戲把紅綃剪。
> 千朵萬朵貼枝頭，雨濕胭脂猩血流。
> 可是僧家無俗禁，寒食之火慣不收。
> 沙彌拾向波利樹，盞盞佛燈紅似鑄。
> 個中三味可曾消，我到問花花不語。
> 花兮花兮來何從，僧雲移向羅浮峰。
> 羅浮天台各異種，鶴林寺內將無同。
> 乃知此花難變質，若過花時開不得。
> 禪宗道教本來殊，九日莫逢殷七七。〔註231〕

（三）胡　定

胡定，字敬醇，號靜園，保昌人。「年十七受知督學惠士奇」〔註232〕。胡定雍正五年（1727）會試只是中了明通榜（雍正乾隆間，在會試落第舉人中選取文理明通者補授出缺的學官，於正榜之外另出一榜，謂之明通榜。乾隆五十五年後罷止。）雍正八年（1730 年）與何夢瑤一同成貢士，但是胡定

〔註229〕何夢瑤：《復齋詩鈔序》，陳華封：《復齋詩鈔》，桑兵主編：《清代稿鈔本》第26 冊，第 432 頁。

〔註230〕何夢瑤：《復齋詩鈔序》，陳華封：《復齋詩鈔》，桑兵主編：《清代稿鈔本》第26 冊，第 432 頁。

〔註231〕陳華封：《春日與杭董浦何西池集寶莊嚴寺詠杜鵑花》，《復齋詩鈔》，桑兵主編：《清代稿鈔本》第 26 冊，第 435 頁；另見溫汝能纂輯，呂永光等整理：《粵東詩海》卷 78，1472 頁。

〔註232〕民國《順德縣志》卷 22，《列傳七》，廣東省地方史志辦公室輯：《廣東歷代方志集成》，廣州：嶺南美術出版社，2007 年影印本，第 284 頁上。

沒有參加當年的殿試,是庚戌年未殿試者六個之一。〔註233〕後來胡在雍正十一年(1733)補殿試,授翰林院庶吉士。〔註234〕何夢瑤與胡定同是惠門弟子又是同年,何夢瑤在會試中榜之後,回粵途中,曾經在保昌訪問過胡定。他們又同是嫉惡如仇的耿直之士,並同任廣西科考試官,自然感情深厚。何夢瑤有詩《戊午秋闈和淩江胡太史》:

其一

> 亭畔秋梧墮葉頻,碧空懸處鏡磨新。
>
> 諸天總入光明藏,七聖誰迷具茨津。
>
> 人隔青峰弦共語,丹成絳雪火初勻。
>
> 湘南從此歸陶冶,會見春風轉化鈞。

其二

> 星河依舊煥天章,七載重看古戰場。
>
> 荒殿隊宮文藻色,小山叢桂墨花香。
>
> 鸞刀曾割牛心炙〔註235〕,石銚還分蟹眼湯。
>
> 簾幙參差紅燭爐,自疑身到月宮旁。〔註236〕

「惠門八子」中還有陳海六與吳世忠。陳海六,字海六,一字鰲山,以海六字行,順德喜湧人。潛心研究宋五子書,講太極圖說。雍正朝優貢,考教習,派八旗官學,未當館而歸。乾隆十一年(1746),任選饒平訓導。此後多次赴鄉闈,不第。吳世忠,字仲坡,號南圃,南海人。是吳文煒之從子,得以博覽吳文煒的豐富藏書。年少就有謝庭蘭玉之美譽,詩名亦早著。白燕堂詩社選拔列第十一名,白燕堂詩社的結集《嶠華集》收錄其五首詩。羅天尺序《菊芳園詩鈔》有言:「吳子仲坡中歲失明,壹鬱殂落。」〔註237〕可知吳世忠中歲失明,到乾隆十五年何羅相見之時,吳世忠已經去世。何夢瑤與陳海六、吳世忠同在惠門,應有同學交往,但未見更多相關史料。

在九曜官署內,何夢瑤等惠門弟子雖然是跟從惠士奇「通經學古」,但此時「西學東漸」日濃,何夢瑤等已接觸到西學,曾與同學辛昌五「縱談古今

〔註233〕江慶柏:《清朝進士提名錄》,北京:中華書局,2007年,第394頁。

〔註234〕民國《順德縣志》卷22,《列傳七》,第284頁上。

〔註235〕原注:庚戌北還,訪胡梅嶺留飲。

〔註236〕何夢瑤:《戊午秋闈和淩江胡太史》,《菊芳園詩鈔》卷2,第5頁a~5頁b。

〔註237〕羅天尺:《菊芳園詩鈔序》,何夢瑤:《菊芳園詩鈔》,第3頁a。

世事，燭屢跋不肯休。又嘗與予極論西曆、平弧、三角、八線等法，及塡詞度曲之理，片言印合，欣然起舞，初不知人世有窮愁事。」〔註238〕尤其明顯的是青年時代的何夢瑤一方面受惠士奇影響，另一方面接觸到了當時西學中的自然觀，將西學之自然觀與道家之相對論雜糅，可謂自然科學思想的萌芽。他在《雜詩十一首》中有多首描述自然現象的例子，現摘錄如下：

其一

日徑十地周，仰觀如銅盤。日中若有人，視地如彈丸。
此丸偶中處，豈得尊配天。坤母子離日，吾意不謂然。
兩大已強合，三才熟與聯。愚哉橫目民，誕妄乃自賢。
豈知人與物，細若塵遊暄。紛擾將奚爲，相吹一息間。
靈椿笑老彭，夭折何無年。少微語謝敷，卿死乃無端。

其二

地形若懸毬，天樞如轉軸。循環無端倪，團團相攢簇。
氣周物亦徧，附地億萬族。上下無定名，眾輻輳一轂。
各自上其首，各自下其足。此疑彼倒懸，彼謂此橫屬。
何處爲四夷，何處爲中國。偶爾有梁魏，妄自爭蠻觸。
伯翳著山經，地下人不讀。

其三

群山天所降，豈曰從地出。地心一拳土，豈能四外溢。
二氣未分時，清濁混爲一。風輪日外轉，渣滓乃中結。
所降非一時，所結非一物。難據今日形，尋彼當年脈。
陋哉堪輿家，青囊師郭璞。伯倫荷插行，何處非贏博。
裸葬楊王孫，布囊更不著。〔註239〕

何夢瑤進入惠門乃其一生中影響最爲巨大之事。惠士奇督學廣東六載，倡通經學古，栽培學子，發現人才，淳風化俗，於康雍之際廣東士風多有引領。惠門弟子切磋學業，密切交往，對何氏此後科舉、官宦、學術乃至爲人影響深遠。筆者將盡力搜集的 36 名惠門弟子彙表如下：

〔註238〕辛昌五：《辛序》，何夢瑤：《醫碥》，第 52 頁。
〔註239〕何夢瑤：《雜詩十一首》，《菊芳園詩鈔》卷 1，《煤尾集》，第 2 頁 b～5 頁 a。

表 2.3 惠門弟子匯總表

序 號	姓 名	字 號	籍貫	入 惠 門 時 間	依 據
1	何夢瑤	字贊調、報之，號西池、硯農	南海	康熙六十年（1721）	羅天尺：《菊芳園詩鈔序》
2	羅天尺	字履先，號石湖	順德	康熙六十年（1721）	羅天尺：《菊芳園詩鈔序》
3	蘇珥	字瑞一，號古儕	順德	康熙六十年（1721）	羅天尺：《菊芳園詩鈔序》
4	陳海六	字鰲山	順德	康熙六十年（1721）	羅天尺：《菊芳園詩鈔序》
5	陳世和	字聖取，號時一	順德	康熙六十年（1721）	羅天尺：《菊芳園詩鈔序》
6	姚階及	字升吉	增城	康熙六十年（1721）	嘉慶《增城縣志》卷一四
7	周炳	字蓬五，號陶甫	東莞	最遲康熙六十一年（1722）	光緒《廣州府志》卷一六二
8	謝仲坑	字孔六	陽春	雍正元年（1723）	道光《肇慶府志》卷一九
9	吳孟旦	字旭亭	番禺	雍正元年（1723）	道光《廣東通志》卷二八七
10	李朝楠	字豫材	南雄	雍正元年（1723）	道光《直隸南雄州志》卷二五
11	梁覯	字拜公	番禺	雍正元年（1723）	乾隆《番禺縣志》卷一五
12	崔魁文	字升良	南海	雍正元年（1723）	光緒《廣州府志》卷一三○
13	司徒倘	不詳	開平	雍正元年（1723）	民國《開平縣志》卷三三
14	鄧鳳	字鳴嶽	東莞	雍正元年（1723）	宣統《東莞縣志》卷六六
15	勞孝輿	號阮齋、巨峰	南海	雍正二年（1724）	蘇珥《春秋詩話序》
16	吳秋	字始亭，號竺泉	番禺	雍正四年（1726）之前	羅元煥撰，陳仲鴻注《粵臺徵雅錄》
17	吳世忠	字仲坡，號南圃	南海	雍正四年（1726）之前	羅元煥撰，陳仲鴻注《粵臺徵雅錄》
18	辛昌五	號北村	順德	雍正四年（1726）之前	《瘦量山房詩刪》惠士奇序

19	盧文起	字深潮	香山	雍正四年（1726）之前	光緒《香山縣志》卷一四《列傳》
20	李東紹	字見南、雪溪	信宜	雍正四年（1726）之前	袁枚《小倉山房集》卷二七
21	李東述	不詳	信宜	雍正四年（1726）之前	光緒《信宜縣志》卷六
22	李元侖	字圜仙	信宜	雍正四年（1726）之前	光緒《信宜縣志》卷六
23	林祖德	不詳	吳川	雍正四年（1726）之前	光緒《高州府志》卷三八
24	蘇李秀	本姓李，字俊升	茂名	雍正四年（1726）之前	光緒《高州府志》卷三八
25	陳廷桓	字開綱	新會	雍正四年（1726）之前	道光《新會縣志》卷九
26	胡定	字敬醇，號靜園	保昌	雍正四年（1726）之前	民國《順德縣志》卷二二
27	曹憤	字萬爲，號柱峰	保昌	雍正四年（1726）之前	道光《直隸南雄州志》卷七
28	衛尺木	字殿枚，號茶圳	番禺	雍正四年（1726）之前	乾隆《番禺縣志》卷一五
29	邱元遂	字體乾，號健庵	大埔	雍正四年（1726）之前	民國《大埔縣志》卷二〇
30	李瑜	字梅若	大埔	雍正四年（1726）之前	民國《大埔縣志》卷二三
31	楊纘烈	號前村	大埔	雍正四年（1726）之前	民國《大埔縣志》卷二〇
32	鍾映雪	字戴蒼，號梅村	東莞	雍正四年（1726）之前	宣統《東莞縣志》卷六八
33	王文晜	字飭端，號圿坡	東莞	雍正四年（1726）之前	宣統《東莞縣志》卷六八
34	何如瀅	不詳	廣州	雍正四年（1726）之前	道光《廣東通志》卷一八九
35	馮成修	字達天，號潛齋	南海	雍正四年（1726）之前	道光《廣東通志》卷一八九
36	車騰芳	字圖南	番禺	雍正四年（1726）之前	鄭虎文《吞松閣集》卷二七《車學博騰芳制義序》

第三章　官宦與交往

　　雍正七年（1729），是年三十七歲的何夢瑤參加科試，選拔策詢水利，何以醫喻，娓娓千言，獲得賞識，考獲拔貢，並當年中舉。[註1] 次年，何夢瑤北上會試，終考取三甲第117名，獲賜同進士出身。[註2]

　　對何夢瑤這批雍正八年的進士，雍正做了一次重要的吏治改革。雍正於同年六月初二日頒佈上諭：

> 今科外用進士，著就伊等本籍鄰近地方掣籤派往。交與各該督撫分派藩臬衙門，令其學習。伊等中式之後，原須候選數年，始能得官。今著學習三年，委署試用一年，約計四年之後，題補實授。與伊等候選之期相仿，而又得學習吏治，較之閒居在家，豈不大有裨益。此三年之內，若該地方需用人員，仍著奏請，另行揀選命往，不必於新科進士內遷就委用。倘進士中果有才具出眾，平日熟練吏治，不待學習者，該督撫格外委署題補，即於本內聲明具奏；若才具庸常，難以練習吏治，情願改補教職者，不拘三年之期，准其具題改補。其學習之員，每年公費若干，該督撫於公用銀兩內酌量給與，將朕所派等次開單行文各督撫知之。[註3]

　　也就是把「候選數年，始能得官」的進士，「著就伊等本籍鄰近地方掣籤派往」，所以廣東進士大多派往廣西，並安排到各省藩臬衙門學習，並要求「學習三年，委署試用一年」，通過三年學習和一年試用，把原來只知幾

〔註1〕　道光《南海縣志》卷39，《列傳八》，第722頁上。
〔註2〕　江慶柏：《清朝進士提名錄》，北京：中華書局，2007年，第388頁。
〔註3〕　《雍正上諭內閣》卷95，清文淵閣四庫全書本，第924頁。

本儒學經典的書生，培養成熟練的吏治人才。此項改革對於提高這批新科進
士的吏治水平，有重要意義。

雍正八年十一月十五日，廣西布政使元展成對此項改革，進一步提出建
議：

> 竊惟地方非人材無以辦理政事，非學習不能諳練。我皇上造就多方，
> 教育普遍，特下綸音以今科中式進士分派各省藩臬衙門，令其學習
> 三年，即於所派省分分試用補授。仰見我皇上鈞陶樂育之盛心，千
> 古罕覯，爲藩臬者自當盡心教導，爲進士者自當努力學習，何容臣
> 再置一詞，但臣叨蒙聖恩，由知州洊歷布政使，於外吏情形，身親
> 閱歷，不敢不爲我皇上備陳之。伏查藩臬司爲一省錢糧總會之所，
> 其收兌支放，與州縣官按戶催繳原不相同，至於通省政事出於藩司，
> 要皆總攬其綱領，斟酌其條目，因地制宜，因人施教，或詳請督撫
> 咨題，或檄行府州縣遵奉，與州縣官時親小民爲之家喻而戶曉者又
> 有分別，且藩司收放錢糧事有成規，可無庸學習，若夫用人行政，
> 悉係運籌於心之事，非分發諸進士於藩司升堂理事之片時所能學習
> 而知者。再查臬司爲一省刑名總匯之所，凡有命盜案件，由州縣研
> 審招解，知府審核轉詳，迨至臬司衙門，已屬成讞，即偶有供情未
> 協，擬議未妥之處，亦仍駁回該府與該州縣官，詳悉覆審，按律妥
> 擬，再行解司定案。其民間戶婚田土鬥毆口角諸細事又皆繫府州縣
> 官判斷曲直，非臬司所逐一親理者，況臬司衙門封鎖嚴密，凡應駁、
> 應結案件悉不使外人得知。今令分發諸進士於臬司升堂審事之時，
> 侍立靜聽，不過得其大略，恐於律例之精微未必通曉。若令入藩臬
> 署內學習，則又與內幕相親，將來委用亦恐滋弊。臣再四思維知府
> 一官，上承藩臬，下接州縣，藩臬之檄行州縣者，必由知府轉發；
> 州縣之申報藩臬者，必由知府轉詳。是知府爲上下樞紐，錢穀刑名
> 皆於此會合，且其所屬州縣又常有不必聞諸藩臬之細事，亦皆憑知
> 府批結。是分派各省進士於藩臬衙門學習，似不如於知府衙門學習
> 之爲親切也。臣請皇上敕下各省督撫，將分發進士派交各府知府相
> 隨學習。如府缺少，而進士多，每府派與二人；府缺多，而進士少，
> 每府派與一人。且府有煩簡衝僻，先盡煩而衝者，次第分派該進士。
> 既派交某府，知府應住該府署中，或檢閱文案，或驅馳辦公，悉惟

該知府指導，少有閒暇，即令該進士將歷年欽奉上諭及欽定律例、欽定訓飭、州縣規條，潛心體味，不得任其怠惰偷安。內除才具出眾，不待學習而熟練吏治，與夫才其庸常，即學習而吏治亦不練達者，知府隨時申報督撫，該督撫欽遵諭旨，格外委用，及改補教職外，其餘中人之資可以造就者，學習三年自然吏治熟悉，待三年已滿仍令該知府等各行出具考語，申報督撫。此府學習之進士易以彼府之縣缺，委署量材試用，務期人缺相宜。一年之內，果能稱職，再題實授。庶分派各省學習之進士皆能造就有成，而亦不患其與本地方人結聯作弊矣。至該進士每年薪水，派往某府學習即取給予某府知府，應否再於藩庫辦公銀兩內，每年量給四五十金以爲該進士公費，悉出聖恩。臣爲造就人材，必期實有裨益起見，不揣冒昧妄行管見，如果臣言可採，伏祈皇上睿鑒施行。」

（雍正朱批）：「與督撫商酌爲之。若意同，應請旨具題來。」〔註4〕

元展成認爲新科進士應派到知府學習，才比較能夠瞭解州縣的實際吏治和情況，避免以後與藩臬有關人員「結聯作弊」。並對相關細節問題提出了建議。雍正並沒有反對元展成的建議，只是要求「督撫商酌爲之」並要報告朝廷。

到了雍正九年四月，時任雲貴廣西總督的鄂爾泰知道元展成的建議，他顯然不同意元的建議。鄂爾泰給雍正的奏摺說：

……竊照廣西布政使元展成，前請以分發進士派交各府知府學習。一折荷蒙朱批：『與提撫商酌爲之；若意見相同，應請旨，可具題來。欽此。』欽遵錄示到臣，臣謹按欽奉上諭，以今科中式進士分派各省藩臬衙門，令其學習三年，即於所派省分試用。補授者正以藩司衙門爲一省錢糧之摠彙，臬司衙門爲一省刑名之摠彙，但能用心學習三年，必有一長，於該進士大有裨益，即於該省分大有裨益也。茲據元展成奏稱，通省政事雖出於藩司要皆摠攬其綱領，與州縣官親民者有別，且收放錢糧事有成規，可無容學習，再命盜案件例由州縣解府審詳，到臬司衙門已屬成讞，即有供情未協，亦仍駁回府。

〔註4〕中國第一歷史檔案館編：《雍正朝漢文朱批奏摺彙編》第19冊，《廣西布政使元展成奏陳分發各省藩臬衙門學習各進士宜派交知府衙門學習管見折》（雍正八年十一月十五日），第412頁下～414頁上。

其民間細事非臬司逐一親理，若令入藩臬署內學習，又與內幕相親，亦恐滋弊。是分派各省進士，不如於知府衙門學習之為親切等語。臣查一應事件，無非情理，守正持平端視大吏。故宣化為藩，不止司錢穀弼教，為臬不止司刑名，此外省樞紐之地，實觀政者之準的也。若不令學習於藩臬，轉令學習於知府，是猶使觀水者捨江河而就溝渚，其能識源流者幾何？臣愚以為分派學習除藩臬衙門外，督撫糧鹽道衙門亦應酌派，摠在省會，易於觀摩，似不必分派各府，轉不能時常接見，無以試驗其優劣也。惟是有教斯有學有傳，斯有習並非止於升堂片時，令其侍立靜聽而即可望其知能，或問鞫一案令其擬看，或故作一問令其裁答，或實指一事令其條陳，或虛設一疑令其剖斷，或差令查勘，或委令督催，或閒論夷情，或詳說地勢；就其言論，觀其才識，指示是非，改正錯謬，如此三年，庶學習進士，或可半有成材。至於學習署內，恐與內幕相親，將來滋弊，此事惟在本官。即如書吏未常不在署內與內幕隔別，原不得相通作弊，不作弊亦豈限於署內？署外各衙門、二堂以外，儀門以內，但擇閒房二三間即可為學習之所。其日用薪水，應酌量資給，俾無窘迫，庶益奮興。臣於分發雲南新進士九員內，將一等次等者派往撫藩衙門學習，留又二次等二員在臣衙門學習，仍不時傳集合，考其所學，分別勤惰，以示勸誡。在各省各有不同，摠期仰體聖意，造就人材，並可不必題請。通飭除知會撫臣金鉷，箚覆布政使元展成，廣西否可照行，聽其再酌外，緣系錄示商酌。事理合備陳愚見。繕折覆奏是否有當，伏乞聖主睿鑒批示施行。臣謹奏是。〔註5〕

既然總督有此意見，估計巡撫金鉷也不可能反對的。

何夢瑤初至廣西，就進入通志館協助纂修省志。〔註6〕但阮通志沒有標明時間，光緒《廣州府志》卷一二八《列傳十七》則說雍正庚戌一中進士，即分發廣西，「（何夢瑤）庚戌成進士，分發廣西，大府耳其名，至則令修省志」。〔註7〕據何夢瑤在雍正九年十二月（1731）撰寫的廣州《錦綸祖師碑記》

〔註5〕 鄂爾泰：《雍正九年五月二十六日雲貴廣西總督臣鄂爾泰謹奏為恭謝聖恩事》，《鄂爾泰奏稿》，上海：上海古籍出版社，1995 年影印本，第 67〜68 頁。

〔註6〕 道光《南海縣志》卷 39，《列傳八》，第 722 頁上。

〔註7〕 光緒《廣州府志》卷 128，《列傳十七》，第 1991 頁下。

之落款「賜進士出身奉旨命往廣西觀政、派委協充志館纂修、候補知縣何夢瑤撰文」〔註8〕可知，至少到雍正九年十二月何夢瑤是「奉旨」派往廣西觀政並「協充志館纂修」《廣西通志》，因何夢瑤雍正十一年十一月署理義寧知縣，故至少何夢瑤前後用了兩年時間修志。時有詩《秋日志館作〔註9〕》云：

　　寄迹西江又一年，駸駸新錄未成編。
　　尋僧落月鐵牛寺，送客秋風木馬船。
　　楮葉掃空書架側，菊花開到酒人邊。
　　茅柴一榼憑沽取，館局新增食料錢。〔註10〕

第一節　仕途經歷

何夢瑤與官場的接觸始於康熙五十八年（1719）。時年 27 歲的何夢瑤，經同鄉引介，前往巡撫官署當差。由於其性格耿直，鬱鬱不樂，只做了三個月，作《紫棉樓詞》數闋寄意，隨之掛靴而去。〔註11〕初次接觸官場遂致快快而去，雖然滿腹鬱悶，但此次經歷也爲何夢瑤以後正式入仕積纍了經驗。

一、署理義寧與陽朔

依照雍正帝上諭，雍正八年庚戌科進士前往各省學習三年後，再委署試用一年。雍正十三年五月十七日，時任廣西巡撫金鉷呈請「以學習進士何夢瑤補授岑溪縣知縣」，內稱：

巡撫廣西等處地方提督軍務兼都察院右副都御史駐箚桂林府革職留任臣金鉷謹題爲知照事。該臣看得，準部咨開岑溪縣知縣員缺照例扣留，知照該撫於學習進士內酌量題補等因行司遵照去後。茲據布政使張鉞會同按察黃士傑詳稱，分派來粵學習進士何夢瑤，先經詳奉批委署義寧縣知縣印務，於雍正十一年十一月初九日署理，於雍正十二年十一月二十八日卸事。又於雍正十二年十二月初三日署理陽朔縣印務，至今兩任共計署一年五個月零。該員心地明白，辦事

〔註8〕冼劍民、陳鴻鈞編：《廣州碑刻集》，廣州：廣東高等教育出版社，2006年，第989～990頁。
〔註9〕原注：時予與修《廣西省志》。
〔註10〕何夢瑤：《秋日志館作》，《菊芳園詩鈔》卷2，《鴻雪集》，第3頁a。
〔註11〕羅天尺：《菊芳園詩鈔序》，何夢瑤：《菊芳園詩鈔》，第3頁a。

勤慎，請以補授岑溪縣知縣員缺，繫屬人地相宜之員，相應詳請具題補授等情前來。臣查學習進士何夢瑤爲人明白，署理縣務一年有餘，勤慎小心，克稱厥職，請以補授岑溪縣知縣員缺，寔屬人地相宜相應，照例題請補授。臣謹會題請旨。雍正十三年五月十七日題六月十九日奉旨該部議奏。〔註12〕

圖 3.1　廣西巡撫金鉷以學習進士何夢瑤補授岑溪縣知縣題本

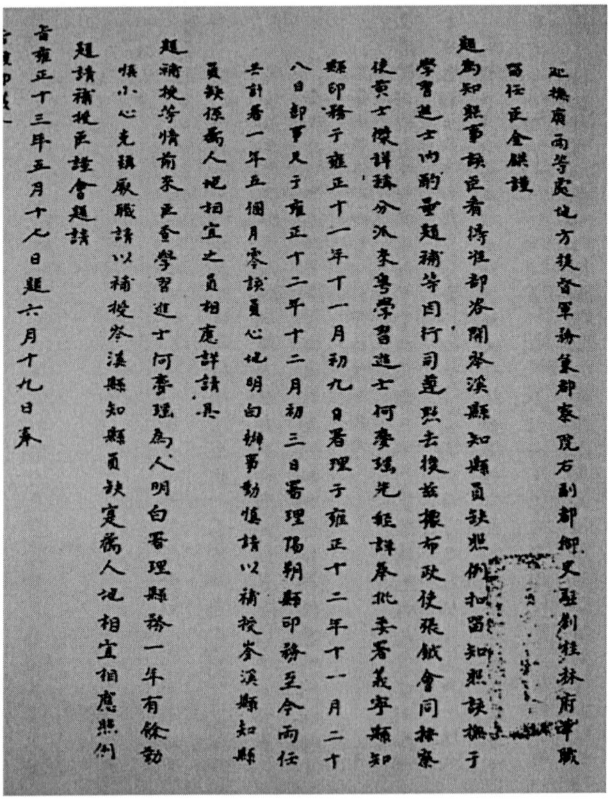

　　由此可知，何夢瑤雍正十一年十一月署理義寧知縣，至雍正十二年十一月卸任，前後在義寧任職一年。後於同年十二月署理陽朔知縣，至次年五月卸任，約半年時間。〔註13〕

〔註12〕《清代吏治史料》，《官員銓選史料》第 33 冊，北京：線裝書局，2004 年，第19709 頁。

〔註13〕但是民國《陽朔縣志》第二編，《社會》，民國二十五年石印本，第 98 頁載「何夢瑤，進士，乾隆三年任（知縣）」顯然有誤。

　　義寧、陽朔兩縣同屬廣西桂林府。據《清史稿》載其時桂林府屬「衝、繁、難」之地，領二州七縣，義寧爲其一，距府西北八十二里，亦屬難治之境。〔註14〕陽朔亦爲要衝之地，距「府南少東百五十四里」。〔註15〕何夢瑤在桂林府總計一年半時間，其《菊芳園詩鈔》有不少詩歌記敘當地風景和風俗並顯示其躊躇滿志的心情。如，雍正十一年冬，何夢瑤從桂林坐船，早出桂林，暮到蘇橋。其詩《發桂林》云：「淩晨出西郭，抵暮向蘇橋。日落千峰紫，秋高萬木凋。沙痕平點雁，風勢怒盤鵰。極目何蕭瑟，長天入沆寥。」〔註16〕作者以高空俯瞰的視角，如「千峰紫」、「萬木凋」、「極目」、「長天」等反映了何夢瑤的高昂的志向和欲有所作爲的心態。《蘇橋晚泊》則曰：「向晚泊江潭，秋光一鏡涵。重簾凝露白，小袖障雲藍。雪粒香分芰，霜苞膩擘柑。近來疏酒盞，今夜亦微酣。」〔註17〕以細微的秋季景色描寫，映襯出作者品酒覽勝的逍遙自得。又如，何夢瑤有詩《桑江道中雜詠》〔註18〕、《龍勝》〔註19〕記敘了少數民族的風俗和生活。如《桑江道中雜詠》其六：「過盡猺村又獞村，青裙花袂倚柴門。阿誰跳月山歌好，不是同年不與言。」其七有：「寒酸風味眞相稱，只是無鹽費解嘲。」其八有：「從來不解官文字，木刻猶能擬結繩」其九有：「火種刀耕也好在，從無官吏來催租。」其十：「到處欄房伴馬牛，矮簷眞個要低頭。笑儂不是神仙侶，也被勾牽上小樓。」《龍勝》其一有：「餐餐搏糯飯，夜夜宿欄房。」，其二有：「洪荒留姓氏，勢力作渠魁。耀首惟簪羽，調羹只漬灰。也知尊令長，長跪進新醅。」〔註20〕

二、實授岑溪知縣

　　據廣西巡撫金鉷題本可知，何夢瑤實授岑溪知縣時在雍正十三年五月〔註21〕，至乾隆四年改任思恩知縣，〔註22〕在岑溪任上共四年。岑溪縣在

〔註14〕《清史稿》卷73，《志第四八・地理二十・廣西》，第2294頁。

〔註15〕《清史稿》卷73，《志第四八・地理二十・廣西》，第2295頁。

〔註16〕何夢瑤：《發桂林》，《菊芳園詩鈔》卷5，《寒坡集》，第5頁a。

〔註17〕何夢瑤：《蘇橋道中》，《菊芳園詩鈔》卷5，《寒坡集》，第1頁a～1頁b。

〔註18〕雍正《廣西通志》卷20載「桑江口離義寧縣西部三十里。」四庫本，第8頁。

〔註19〕雍正《廣西通志》卷20載「龍勝在義寧縣西北，乾隆六年以桑江口廢司所屬置龍勝通判。」，四庫本，第8頁。

〔註20〕何夢瑤：《龍勝》，《菊芳園詩鈔》卷3，《學制集》，第1頁a～1頁b。

〔註21〕乾隆《岑溪縣志》亦載何夢瑤「雍正十三年任（知縣）」見乾隆《岑溪縣志》，《秩官志》，臺北：成文出版社，1967年影印本，第52頁。

清代屬於梧州府管轄，據《清史稿》卷七三載，梧州府乃衝、繁之地，領一州九縣，屬縣岑溪距府西南百八十里。〔註 23〕同治《廣州府志》稱岑溪地僻政簡，爲此何夢瑤大修縣志。〔註 24〕

　　值得一提的是，何夢瑤在任岑溪知縣之際，恰逢雍正十一年博學宏詞科取士，何夢瑤系列其中，亦得舉薦。清代筆記查福格《聽雨叢談》記曰：「雍正十一年，復舉鴻詞科，凡四年，至乾隆元年丙辰，試於體仁閣。」〔註 25〕從時間上來看，何夢瑤被薦是合符情理的。好友辛昌五在爲何夢瑤《醫碥》作序中，也曾提到「西池嘗舉鴻博。」〔註 26〕光緒《廣州府志》亦稱「大吏將以鴻博薦，辭不赴」。〔註 27〕值得玩味的是，是年博學鴻詞科，廣東舉薦曹懷、蘇珥、許遂、鍾獅、勞孝輿、車騰芳六人，大多爲何夢瑤惠門同窗。與此同時，何夢瑤摯友之中，還有陸綸、吳王坦、杭世駿等被薦是科博學鴻詞。〔註 28〕

三、調任思恩縣

　　據乾隆十一年何夢瑤履歷折自稱，「由廣西思恩縣知縣煙瘴伍年俸滿，乾隆拾年陸月分籤升奉天府遼陽州知州缺」。〔註 29〕由此可知，何夢瑤在思恩縣任上從乾隆四年至乾隆十年前後共計約六年。思恩縣屬廣西慶遠府，據《清史稿》卷七三載，慶遠府屬繁、難之地，領四州五縣，屬縣思恩亦難治之境，距府北百二十里。〔註 30〕

　　此外，從何夢瑤《壬午聯壽序》落款「賜進士出身誥授奉直大夫，原任奉天府遼陽州知州，前知廣西義寧縣、陽朔縣、岑溪縣、思恩縣、東蘭州事」

〔註 22〕民國《思恩縣志》第 6 編，《官職》，臺北：成文出版社，民國 64 年，第 199頁。

〔註 23〕《清史稿》卷 73，《志第四八·地理二十·廣西》，第 2308 頁。

〔註 24〕同治《廣州府志》卷 128，《列傳十七》，第 273 頁。

〔註 25〕福格：《聽雨叢談》，汪北平點校，北京：中華書局，2007 年，第 80～81 頁。

〔註 26〕辛昌五：《辛序》，何夢瑤：《醫碥》，第 52 頁。

〔註 27〕光緒《廣州府志》卷 128，《列傳十七》，第 1992 頁上。

〔註 28〕光緒《重修華亭縣志》卷 12，清光緒四年刊本，第 863 頁；光緒《平湖縣志》卷 16，《列傳二》，臺北：成文出版社，民國 64 年，第 1537 頁；許宗彥：《杭太史別傳》，《鑑止水齋集》卷 17，《傳》，清嘉慶二十四年德清許氏家刻本，第 174 頁。

〔註 29〕秦國經主編：《清代官員履歷檔案全編》卷 16，第 333 頁上。

〔註 30〕《清史稿》卷 73，《志第四八·地理二十·廣西》，第 2299 頁。

〔註 31〕來看，在思恩之時，或兼任東蘭州知事。道光《南海縣志》亦稱何夢瑤「以故六任州縣」，理應涵括義寧、陽朔、岑溪、思恩、東蘭州、遼陽州六處。《菊芳園詩鈔》第五卷寒坡集中即有詩《自思恩赴東蘭初宿蒙山堡》和《東蘭道中》記述此段經歷。〔註 32〕除此之外，由《壬午聯壽序》亦可知，出任思恩知縣之際，何夢瑤還於乾隆六年（1741）、乾隆九年（1744）兩任廣西科考同考試官。何夢瑤在思恩縣時，因貧而萌生辭官之意，後經好友陸煒勸解方罷（詳見後文），但是由於貧困何夢瑤不得不「妻子驅之歸，幕友亦言旋。僕從不勞散，蠅飛惟集羶。」〔註 33〕過著骨肉分離捉襟見肘的官宦生活。

四、遷遼陽知州

據乾隆十一年何夢瑤所呈遞履歷折稱，何夢瑤於 54 歲時，由廣西思恩縣知縣「煙瘴五年俸滿，乾隆十年六月分籤升奉天府遼陽州知州缺。」〔註 34〕可知何夢瑤於乾隆十年（1745）六月升任奉天府遼陽州知州。由於文書遞轉耗費，以及路途遙遠，估計於乾隆十年冬或者乾隆十一年春到任。據民國《遼陽縣志》卷一八《職官志》：「遼陽州知州一員。順治十年設遼陽府，十四年設奉天府，裁遼陽府置縣。康熙三年陞爲州。」〔註 35〕何夢瑤有詩《引病南歸承少京兆德泉陳公賦詩寵行次韻奉酬》，其中「南還遲路獨延緣」句有自注「時，同請告，獨瑤得歸。」〔註 36〕可見何夢瑤與陳治滋（字以樹，一字德泉）同時告病辭官。查《清高宗實錄》卷三三三乾隆十四年正月己巳條有言：「據奉天府府丞陳治滋奏稱，上年有胃痛之疾，……陳治滋著解任，即留奉天調理。」〔註 37〕考慮到奏摺呈遞流轉依照程序耗費時日，陳治滋是折應書於乾隆十三年冬季。故可以推知，何夢瑤與陳治滋同於乾隆十三年

〔註 31〕何夢瑤：《壬午聯壽序》，宣統《大沙深巷何氏族譜》卷 1，《藝文》，第 66 頁下～67 頁下。
〔註 32〕分別見，何夢瑤：《菊芳園詩鈔》卷 5，《寒坡集》，第 6 頁 a 和 29 頁 a～29 頁 b。
〔註 33〕何夢瑤：《乞休三十韻》，《菊芳園詩鈔》卷 5，《寒坡集》，第 1 頁 b～2 頁 a。
〔註 34〕秦國經主編：《清代官員履歷檔案全編（下冊）》，卷 16，第 333 頁上。
〔註 35〕民國《遼陽縣志》卷 18，《職官志》，臺北：成文出版社，民國 62 年，第 668 頁。
〔註 36〕何夢瑤：《引病南歸承少京兆德泉陳公賦詩寵行次韻奉酬》，《菊芳園詩鈔》卷 6，《鶴野集》，第 10 頁 a。
〔註 37〕《清實錄》第 13 冊，卷 333，「乾隆十四年正月己巳」條，第 569 頁下～570 頁上。

冬請告，乾隆十四年春夏，何夢瑤獲准解任回籍，而陳治滋雖被解任，但「留奉天調理」。何夢瑤《引病南歸承少京兆德泉陳公賦詩寵行次韻奉酬》還有詩句稱「三載相從薊北天」〔註38〕，則知其前後在遼陽約三年餘。

因此，何夢瑤在遼陽的可能時間是從乾隆十年（1745）冬（或者乾隆十一年春）到乾隆十四年（1749）春夏間離任南返。然光緒《廣州府志》卷一二八《列傳十七》：「（何夢瑤）牧遼陽兩載，不名一錢，歸而懸壺自給。」〔註39〕由於乃間接記載，不一定準確。更爲錯訛的是民國《遼陽縣志》卷一八，《職官志》：「（何夢瑤）雍正十年任。」〔註40〕民國《遼陽縣志》卷七《名宦志》：「（何夢瑤）雍正八年進士，分發到奉。尋任本州島知州。才具精敏，剖決如流。惜在任未久，旋調廣西。」〔註41〕任職時間顯然不對；由於任職時間前後倒置，進而認爲何夢瑤中進士之後，先分發到奉天，再調廣西的。

何夢瑤在遼陽，由於生活窘迫，兒子又有病，缺乏照顧，不得已將其送回老家。《送長兒南還》其一有：

> 汝今抱病行，使我肝腸碎。祝汝得生還，骨肉欣相對。
> 慎勿過悲鬱，長途自保愛。張燦今非昔，阿二殊憒憒。
> 服事或不周，隱忍置度外。我今雖滯留，未必罹禍害。
> 秋杪或得歸，爲我具菽菜。貧窮雖天定，勤儉或不匱。
> 謀生急共勉，庶幾救頹敗。傳語家中人，晏安古所戒。〔註42〕

以及詞《病榻寒消披袗起坐歸思益切疊前韻》：

> 藥鼎微吟，香奩靜嫩，殘燈半翳寒光。伶玄誰伴，愁鬢對啼妝。往事不堪回首，南柯郡，一夢荒唐。從今後，塔仙勤禮，合取掌雙雙。
> 竹根休道遠，橋名第五，路向南塘。算廿年孤負，贈細橙香。歸去桑間十畝，論晴雨，野老相商。應免得，北山騰笑，白首尚爲郎。
>
> 〔註43〕

〔註38〕何夢瑤：《引病南歸承少京兆德泉陳公賦詩寵行次韻奉酬》，《菊芳園詩鈔》卷6，《鶴野集》，第 10 頁 a。

〔註39〕光緒《廣州府志》卷128，《列傳十七》，第 1992 頁上。

〔註40〕民國《遼陽縣志》卷18，《職官志》，第 677 頁。

〔註41〕民國《遼陽縣志》卷7，《名宦志》，第 363～364 頁。

〔註42〕何夢瑤：《送長兒南還》，《菊芳園詩鈔》卷6，《鶴野集》，第 9 頁 a～9 頁 b。

〔註43〕何夢瑤：《病榻寒消披袗起坐歸思益切疊前韻》，《菊芳園詩鈔》卷8，《詩餘》，第 12 頁 a～12 頁 b。

　　何夢瑤在遼陽雖然時間只有三年多，但是何夢瑤的創作的詩歌卻不少，《菊芳園詩鈔》第六卷鶴野集基本是在遼陽所作。人在遼陽，由於貧困，加之遠離親朋，何夢瑤對於官場了無興趣，歸意不斷。恰遇此時，接到跟隨自己多年的胞弟宣調的噩耗，何夢瑤遂作詩《哭宣調弟》：「暮年生事轉艱難，終宵吟成淚暗彈。桑下誰憐靈輒餓，客中應念范睢寒。棄官已決拋雞肋，得死何辭食馬肝？夢裏叩門到篙里，知君平日酒杯寬。」〔註44〕此時何夢瑤「棄官已決拋雞肋」，並且「臂痛愁風掉，頭旋恐夜飛」病患纏身，然而「欲歸歸未得」，惆悵滿懷，寫下充滿悲愁的長詩《襄平雜詠用老杜秦州詩韻》十九首，其中有：

其一

　　林木何能擇，飄蓬萬里遊。兩年花濺淚，幾夜酒禁愁。
　　塞北人空老，籬東菊自秋。欲歸歸未得，應笑賈胡留。

其三

　　襄平老刺史，著述擬長沙。藥錄垂千卷，州圖領萬家。
　　治人人不治，駐景景偏斜。白首猶支拄，遼東豕自誇。

其六

　　河畔冰將泮，堂前燕未歸。酒懷多日減，花事一春微。
　　伏枕愁宵永，還家苦夢稀。覆圖聽夜雨，且解局中圍。

其十八

　　一生忘喜慍，此日識艱難。求乞肝腸硬，支撐骨髓乾。
　　自甘原憲病，誰念范睢寒。擬戴黃冠去，羅浮禮斗壇。

其十九

　　廿年攖世綱，艱苦有誰知。已反牛羊牧，何來鄉里兒，
　　蟻從喧病榻，蛙自聒清池。心逐投林鳥，雲岑有舊枝。〔註45〕

　　何夢瑤暮年遠赴遼陽，生事艱難，妻子離散，加上臂痛頭旋，疾病纏身，大約於乾隆十四年（1749）春夏間，何夢瑤從遼陽知州任上乞退獲准，結束了何夢瑤清苦的二十年官宦生涯。

〔註44〕何夢瑤：《哭宣調弟》，《菊芳園詩鈔》卷6，《鶴野集》，第3頁b～4頁b。
〔註45〕何夢瑤：《襄平雜詠用老杜秦州詩韻》，《菊芳園詩鈔》卷6，《鶴野集》，第4頁b～7頁b。

第二節　清廉為官恪守職責

一、清正廉潔，生活窘困

康熙晚年，奢靡之風日盛，官場更是瀰漫著一股貪腐的烏煙瘴氣。目睹如此頹敗之勢，激起雍正帝整飭吏治、共維新政的決心。登基伊始，雍正帝就下諭各省督撫嚴格稽查所屬錢糧，「凡有虧空，無論已經參出及未經參出者，三年之內務期如數補足。毋得苛派民間，毋得藉端遮飾。如限滿不完，定行從重治罪。三年補完之後，若再有虧空者，決不寬貸」。〔註46〕由此，開始在全國範圍內開展清查虧空錢糧的聯合行動。清查虧空錢糧行動實際上一直持續至乾隆初期，以致於何夢瑤乾隆十年離任思恩知縣之際，因歲歉賠倉穀三百石，只得舉債交付舟車費東歸。〔註47〕

雍正感到貪與廉是影響仕風的大問題，所以登極後首用「廉」字規範官員。指出：「操守清廉乃居官之大本，故凡居官者，必當端其操守以為根本」，要求官員們「以循良為楷模，以貪墨為鑒戒」〔註48〕。雍正要求官員之標準並無多少新意，無非廉潔、公忠、賢能、剛正等。但其長處在於說幹就幹，不說空話，不走過場，終於矯正了雍正一朝官場風氣，不啻為康乾盛世之基。正如章學誠所謂：雍正「澄清吏治，裁革陋規，整飭官方，懲治貪墨，實為千載一時。彼時居官，大清小廉，殆成風俗，貪冒之徒，莫不望風革而，時勢然也。」〔註49〕又說：「今觀傳志碑狀之文，敘雍正年府州縣官盛稱杜絕饋遺，搜除和弊，清苦自守，革除例外供支，其文詢不愧於循吏傳矣。不知彼時逼於功令，不得不然。」〔註50〕正由於朝廷對官員貪墨的強力監督和打擊，官員噤若寒蟬，不敢妄動，因此何夢瑤等惠門弟子以及其同年、同僚大多清正廉明，安貧樂道。

何夢瑤從雍正八年入仕為官到乾隆十四年遠離官場，前後二十年間，屢屢為生計憂，生活時常陷入捉襟見肘、清貧度日的窘狀，以至於窮到要向朋友討米吃的境地。何夢瑤有一詩《口占柬楊訒庵乞米》記述此窘境：

〔註46〕《清世宗實錄》卷2，北京：中華書局，1985年，第57頁。
〔註47〕光緒《廣州府志》卷128，《列傳十七》，第1992頁上。
〔註48〕史松主編：《清史編年（雍正朝第四卷）》，北京：中國人民大學出版社，1991年，第319頁。
〔註49〕章學誠：《文史通義》，臺北：世界書局，1935年，內篇第50頁。
〔註50〕章學誠：《文史通義》，臺北：世界書局，1935年，內篇第50頁。

連朝寒餒苦難勝，欲乞陶潛粟半罌。

卻念茅簷風雪裏，無衣無食作麼生。

為官尚有飢寒日，說與兒曹共笑來。

知己故應惟鮑叔，詩筒休向別人開。〔註51〕

面對著「為官尚有飢寒日」的無奈，只得「說與兒曹共笑來」，權且自嘲與安慰。更為苦澀的是，在遼陽任上，時逢除夕，幼子鵠兒索要壓歲錢，何夢瑤寫一「錢」字與之，權充壓歲錢。何夢瑤詩作《除夕鵠兒索金壓歲書一錢字與之》明顯地吐露出居官無奈的心聲：「孔方於我分無緣，實汝空囊別有錢。莫道充饑同畫餅，須知一字值金千。」〔註52〕其他何夢瑤多處賦詩表明生活的窘境，如擢升遼陽之際，自己「貧不能具舟車」，而在遼陽三年有餘，長兒久病被迫送還老家，何夢瑤只得以「貧窮雖天定，勤儉或不匱」〔註53〕勉勵長子。又如何夢瑤詩作《祈死示兒輩》更為明顯地指出「埋憂空有地，避債卻無臺」〔註54〕的憂愁。

及至乾隆十五年，何夢瑤引疾回鄉後不久，昔日同窗辛昌五所見到的何夢瑤家境，已是一片慘淡：「一行作吏，田園荒蕪，而食指且半乾，於是引疾里居，懸壺自給，曩時豪興索然矣。予嘗過其家，老屋數椽，僅蔽風雨，琴囊藥裹，外無長物。有數歲兒，破衣木履，得得晴階間，遽前揖人，婉孌可愛。問之，則其孫阿黃也。」〔註55〕何夢瑤時常反問自己，想起昔日師尊麥易園舌耕而富，反觀自己潦倒不堪，不免歎息「師舌耕而富，予腰折而貧，榮辱得失不堪並論」。〔註56〕可以說，何夢瑤整個官宦生涯，始終為稻粱謀，均是「況復困生事，奔走食與衣」〔註57〕，不能不說是一名清廉自律的地方官。

惠門八子中除何夢瑤外，勞孝輿、陳世和二人也任過地方官。同樣因為朝廷政治社會大環境的緣故，勞與陳也非常廉潔和清貧。勞孝輿雍正十三年

〔註51〕何夢瑤：《口占柬楊訒庵乞米》，《菊芳園詩鈔》卷2，《鴻雪集》，第10頁a。

〔註52〕何夢瑤：《除夕鵠兒索金壓歲書一錢字與之》，《菊芳園詩鈔》卷6，《鶴野集》，第1頁b。

〔註53〕何夢瑤：《送長兒南還》，《菊芳園詩鈔》卷6，《鶴野集》，第9頁a～9頁b。

〔註54〕何夢瑤：《祈死示兒輩》其二，《菊芳園詩鈔》卷6，《鶴野集》，第2頁a。

〔註55〕辛昌五：《辛序》，何夢瑤：《醫碥》，第52～53頁。

〔註56〕何夢瑤：《哭麥易園師》，《菊芳園詩鈔》卷6，《鶴野集》，第3頁a。

〔註57〕何夢瑤：《壬申小除寄懷杭董浦太史》，《菊芳園詩鈔》卷7，《懸車集》，第35頁b。

（1735）拔貢，分發貴州省，歷任錦屏、清鎮、龍泉、清溪、畢節諸縣官十年，卒於鎮遠知縣任上。勞孝輿在貴州任上政績斐然，據稱「歷任諸邑，不名一錢」。〔註58〕勞孝輿有詩《山夜》，反映當時窮困為官之寒苦狀：

> 山風吹肌尖如屑，布衾敗絮冷如鐵。
> 夜半松明不肯明，兩足淩競踏冰雪。
> 當年泣向牛衣傍，他日富貴無相忘。
> 豈知作吏苗疆去，一寒至此何曾嘗。
> 披衣夜起聽山鼓，玉繩漸低天未曙。
> 怪鳥呼風學兒啼，山鬼吹燈作人語。
> 人生行苦不知機，宦遊如此何如歸。〔註59〕

同窗陳世和，雖然貴為陳恭尹之孫，亦卒於任上，「囊無長物」〔註60〕除此之外，雍正八年間，與何夢瑤同時分發廣西的共有十人，其他分別是：劉瓚、徐夢鳳、趙楷、張月甫、李運正、盧伯蕃、李瑜、李學周和葉志寬。依照史料顯示，與何夢瑤一樣，大多耿直廉潔而清貧，為百姓所銘記。如潮陽人徐夢鳳，初授修仁令，地僻事簡，官民相安。甫九閱月，卒於任上。光緒《潮陽縣志》卷一七《人物列傳》稱其竟然只有「篋惟敝衣數領，書數十卷，士民為醵金以殯。」〔註61〕雲南蒙自人李學周，出任廣西隆安知縣。〔註62〕其任上丁憂之際，「歸里僅載書二箱，行李蕭然，茅廬數椽，閉戶讀書以終。」〔註63〕

由何夢瑤及其同窗、同年事迹，可知雍正朝雷厲風行地整肅吏治之效果。當然，由於太過嚴酷，以致於像何夢瑤等這樣的知縣官員，生活亦顯窘困。後來雖然雍正批准以「養廉銀」來彌補官員開銷，但仍然不敷官員正常支出。從經濟角度而言，使得基層官員對於官場的「雞肋」感越來越強，以致於逐漸無心政事。

〔註58〕道光《廣東通志》卷287，《列傳二十》，第4601頁下。
〔註59〕梁榮新注：《佛山歷代詩選》，香港：中國國際出版社，2006年，第166頁。
〔註60〕咸豐《順德縣志》卷25，《列傳五》，第597頁上。
〔註61〕光緒《潮陽縣志》卷17，《人物列傳》，廣東省地方史志辦公室輯：《廣東歷代方志集成》，廣州：嶺南美術出版社，2007年影印本，第302頁下。
〔註62〕乾隆《蒙自縣志》卷4，《選舉》，臺北：成文出版社，民國56年，第74頁下。
〔註63〕乾隆《蒙自縣志》卷4，《人物》，第97頁上。

二、實政除弊，治獄明愼

雍正做親王之際即痛恨官場的因循苟且，即位當月，出於共維新政的目的，下諭大學士、尙書、侍郎：「政事中有應行應革能裨益國計民生者，爾等果能深知利弊，亦著各行密奏。」〔註64〕旨在採納各官之言，革除時弊，以致「雍正改元，政治一新」，〔註65〕「移風易俗，躋斯世於熙皞之盛」。〔註66〕

雍正帝既親歷過康熙朝蒸蒸日上之盛世境況，也目睹過康熙晚年朝政積重難返的弊端。其深知積弊絕非一朝一代所致，實乃頗有淵源。故而雍正帝宣稱：「朕欲澄清吏治，又安民生，故於公私毀譽之間，分別極其明晰，曉諭不憚煩勞，務期振數百年之頹風，以端治化之本」〔註67〕雍正元年正月發佈上諭，督促地方各級文武官員，講明其職責與要求，「朕觀古之純臣，載在史冊者，興利除弊，以實心，行實政，實至而名亦歸之，故曰：名者實之華。」〔註68〕在雍正關於施行實政，革除宿弊的嚴格要求下，中央、直省各級官員紛紛行動，必然也要求何夢瑤等中下層官員有所行動。爲此，何夢瑤就任岑溪縣知縣期間，「治獄明愼，宿弊革除，有神君之稱。」〔註69〕與此同時，岑溪縣任上嚴格貫徹施行實政、革除宿弊的要求，對「月甲」、「土書」等宿弊施行革除，對毀壞名勝等行爲進行嚴厲懲辦。

月甲和土書乃是於當時清代社會正常基層管理之外，擅自增加的名頭和人手，由於積弊成常，直接增加百姓的負擔。月甲是指岑溪縣於甲長之外，又復輪設值月之人，所謂「月甲」，遇有公務，或者任意侵漁或者推諉，民受是役之困久矣，「月甲」之弊端及其對民間社會的負面影響顯然。何夢瑤鑑於此弊，專門發佈《革月甲示》，曉諭縣民：

> 爲革除月甲科斂賠累之弊，以蘇民困。事照得岑邑，鄉有總練，堡有保長，村有村長，盡足稽查地方承辦公務。至於十家爲甲，則有甲長，亦名牌頭。職司分察十家，以佐練保村長耳目之不逮。原有

〔註64〕《上諭內閣》，康熙六十一年十一月二十九日諭。
〔註65〕李紱：《漕行日記》，《穆堂別稿》卷18，《清代詩文集彙編》編纂委員會編：《清代詩文集彙編》，上海：上海古籍出版社，2010年，第158頁上。
〔註66〕中國第一歷史檔案館編：《雍正朝起居注》第1冊，二年七月十六日條，北京：中華書局，1993年，第280頁上。
〔註67〕中國第一歷史檔案館編：《雍正朝起居注》第2冊，五年一月十七日條，北京：中華書局，1993年，第935頁上。
〔註68〕《清實錄》卷3，「雍正元年正月辛巳」條，第78頁上。
〔註69〕道光《廣東通志》卷287，《列傳二十》，第4600頁下。

一定之人。凡十家中之牌頭皆是也。乃岑俗於此等一定甲長之外，又復輪設值月之人，名曰『月甲』。遇有公務，責令月甲沿門科斂。黠者指一派十，任意侵漁；愚者呼應不靈，自甘賠墊。此月有事，彼月無事，既勞佚之不均。上手將交，下手未接，史推諉之難免，民之困於是役也久矣。衹緣從前公務殷煩，不得不設月甲，以專責成。今則弊絕風清，並無絲粟科派。縱有些須民間應辦之務，責之練保村長牌頭，自可辦理裕如。何必另設月甲，多一番名色，即多一番擾累乎。此役合行出示革除。為此示諭縣屬鄉民人等知悉。嗣後月甲一役，遵示革除。不許仍舊設立，致滋科斂賠墊之累。其總練保長村長牌頭各役，仍照舊稽查。地方遇有公務協力承辦，毋得以月甲革除妄行推諉，如有陽奉陰違，定拿重究，慎之毋違。〔註70〕

土書是指在推收稅米之時，於戶房之外，又設土書，以圖增加一個環節，多一次盤剝百姓的機會。何夢瑤鑒於此弊端，又專門發佈《革土書示》，裁撤土書的職位設置：

為革除土書以除民累事。照得岑邑推收稅米，編造實徵，向設土書端司其事。縣屬七鄉，每鄉設一二名不等。每遇推收過戶造繳糧冊，該書需索業戶，理固難容，而枵腹辦公，情亦可憫；且向例一二年輪替，止憑上莒舉代，不由紳老公推，以致奸匪濫廁其內。既少奉公守法之人，愚魯勉強承當，又多雇倩書算之苦。以故應接替者多端推諉，不曰上首受賄捨富報貧，則曰案有睚眥，挾仇妄替。批查數四，瓜期已過，欲脫無由，則舊役之累也。藉舉替之權任行，恐嚇愚民。但得□舉如釋重負，何惜小錢。溪壑難盈，擇食未已，則業戶之累也。因思民間田賦，既設戶房書吏承辦，百姓執契投稅，無不經由戶房，則推收造冊各務是其分內應為。在繁劇州縣或須別設架閣冊房等役分理，若岑溪小邑，每歲推收寥寥，戶房承辦有餘，何必設此土書致滋弊累乎。乃或者謂村愚，欲查糧稅向土書查易，向戶房查難，又歸併戶房專管，將來飛灑無可查考。不知業戶推收稅米，官皆給有下帖印照，何用更查？帖照可憑豈能飛灑，又何必鰓鰓過慮也。所有前項輪當土書舍行革除。為此示諭縣風里甲糧戶人等知悉，嗣後推收稅米，編造糧冊，悉歸戶房辦理。該戶房不傳

藉名，需索分釐及飛灑詭寄等弊，前有故違許，被害指名稟究仍候。

勒石示禁毋違。〔註71〕

雍正十一年十一月至次年十一月署任義寧知縣期間，何夢瑤以耿直品格、實事求是的精神，在處理一樁案子問題上得罪了廣西巡撫金鉷。據道光《南海縣志》卷三九《列傳八》記載：「義寧民梃傷所識，奪其牛。夢瑤援新定例論戍，巡撫駁改大辟，不從。巡撫怒。臬府並諭夢瑤曲從，不然且黜。夢瑤執前議，益力三駁，弗變。」〔註72〕何尚在試用知縣之時，竟對巡撫敢於「三駁不從」，冒被罷黜之威脅，仍認為人命關天，堅持己見，充分顯示其不畏權勢、耿直秉法的品格。後來案件報到刑部請決，刑部支持了何夢瑤的意見。此事雖然道光《南海縣志》認為「上官自是服其能」〔註73〕，但顯然是一廂情願的說法。何夢瑤於雍正十一年十一月開始，署理義寧知縣一年，同年十二月開始署理陽朔知縣半年，至雍正十三年六月才實授岑溪縣知縣。何夢瑤兩署知縣，遲遲不得實授，與其在義寧任上忤逆巡撫金鉷不無關係。此後，何夢瑤又轉任思恩，在廣西總共呆了十五年餘，一直未得到陞遷機會，多與其性格與官場的不合拍有關。何夢瑤多年後在《讀羅履先乙卯冬得勞孝輿凶問作感賦次原韻》詩中，借懷念勞孝輿之際，感歎自己「從此泝西江，危灘撩虎鬚」〔註74〕，慨歎自己因忤逆上官而帶來的後果與遺恨。

花洲是廣西岑溪縣明代所建的著名的勝地景區，但由於乏人照料，時被人侵佔破壞。乾隆《岑溪縣志》載春泛花洲在城西河中，明李掌教、鍾振輝，舉人李茂、廖標選址買地，與縣尹錢夢蘭共同建造。此後置田招僧常住，環植花木，因以百花名洲聞名遐邇。及至雍正三年，知縣劉信嘉、舉人鍾朝朗、監生黃之發、李典再次捐資募助修庵。由此「香海名庵，其景晴雨俱宜，水月多致，滌缽濯纓，泛舟垂釣，無不可人。」〔註75〕何夢瑤亦有詩《春泛花洲》，描繪花洲春景：「浴蠶波暖漲溪紅，小雨如酥過社翁。書帶草隨精舍長，湔裙人並畫船空。雲搖雙徑僧移竹，日落千山鳥呼風。流水聲中公事少，蘭橈歸路月朦朧。」〔註76〕充分顯示其對花洲「雲搖雙徑」、「日落千山」勝景

〔註71〕何夢瑤：《革土書示》，乾隆《岑溪縣志‧藝文志》，第189～190頁。

〔註72〕道光《南海縣志》卷39，《列傳八》，第722頁上。

〔註73〕道光《南海縣志》卷39，《列傳八》，第722頁上。

〔註74〕何夢瑤：《讀羅履先丁卯冬得勞孝輿凶問作感賦次原韻》，《菊芳園詩鈔》卷7，《懸車集》，第4頁a。

〔註75〕乾隆《岑溪縣志》，《古迹》，第45頁。

〔註76〕何夢瑤：《春泛花洲》，《菊芳園詩鈔》卷4，《南儀集》，第5頁a。

的喜愛。至乾隆二年，鑒於花洲遭到破壞，何夢瑤組織清出侵蝕田塘，懲罰強砍竹木之徒，並頒佈《花洲示》：

> 為照百花洲者，南儀勝地，岑邑靈區。載在志書，冠乎諸景，秋濤夜月，何殊白鷺。洲邊古樹寒山，恰似姑蘇城外；渭濱環翠，同吟夏彩之詞。泗水嫣紅，共識春風之面；珠江花藥，差可方之，漢渚琵琶，瞠乎後矣。蓋緣明季儒學鍾公孝廉、廖李兩公，選勝搜奇，追尋家之芳，執尋幽剔異陌馬退之，新亭蓮社，斯開花宮，爰啟既構蘭若，以棲緇案；復捐寺田，以供伊蒲，維時六祖談禪，一心與旛風俱靜；生公說法，百卉皆花雨爭香。無何劫火洞燃，禪燈乍暗，魔高一丈，世甫幾更，乃有無恥之徒，敢冒三家之後，任情踩躪，肆意憑淩，遂使翠竹黃花，悉成灰燼，長松細草，日就凋零。本縣目擊，心傷廢興，顙舉南山定判黎邱之鬼，方潛茅屋題詩；妙高之臺如舊，慚無玉帶可鎮，空門慮有山魈，重侵淨土。合行示禁，為此示仰寺僧、居民人等知悉：嗣後仍有冒稱山主，吞占常住田產，及盜伐洲中竹木者，許該寺僧立即稟官究治；該僧更當恪守清規，隨時修茸寺宇，培植花木以壯勝觀，毋得招邀匪類，玷污佳境，瞧山清水秀，永懷前哲高風，松茂竹苞長樹，千秋嘉蔭各宜。稟遵毋違特示。〔註77〕

三、諭釋仇殺，消弭賊亂

廣西、雲南、貴州及相鄰之湖南、湖北、四川諸省，多有少數民族聚落。元明以來，這些地區實行土司制度，土司管轄各自民族，承繼制度實行世襲之法，後呈報中央政府批准。由於土司承繼實行世襲制度，「無追贓抵命之憂，土司無革職、削地之罰」〔註78〕，結果造成各地土司日益驕縱，愈發猖獗，土司制弊端叢顯。土司有恃無恐，土民因土司壓榨，常有脫土之請。此外，土司為其私利，如土地、報仇、襲位、印信等，相互攻殺、爭奪，土民深受殘害，嚴重影響邊疆安定。據清前期地方官藍鼎元稱：「楚蜀滇黔兩粵之間，土民雜處。曰苗曰猺曰獞曰犵狫，皆苗蠻之種類也。其深藏山谷，不籍有司者，為生苗。附近郡邑，輸納丁糧者，為熟苗。熟苗與良民無異。但

〔註77〕何夢瑤：《花洲示》，乾隆《岑溪縣志》，《藝文志》，第 187 頁。
〔註78〕魏源：《雍正西南夷改流記上》，《聖武記》卷 7，北京：中華書局，1984 年，第 285 頁。

性頑嗜殺。或與漢民有睚皆。輒乘夜率眾環其屋。焚而屠之。白晝出鄉井五
里。則惴惴憂其不還。是以亦畏漢民。而尤懼官長。此可以教化施恩。法令
馴服者也。」〔註79〕即使是熟苗都「性頑嗜殺」，性格好鬥可見一斑。又據
同時期楊錫紱（1700～1768）《粵省訓練鄉勇疏》：「廣西猺獞雜處。山深箐
密。又連接鄰省諸苗。易於滋事。是以各州縣舊有鄉勇之處。多因逼近苗疆。
其土著民人。能慣悉苗情。周知路逕。是以訓練鄉勇。以為協助兵壯之用。……
臣等查粵西僻處邊隅。苗猺土獞。雜錯而居。此輩生性蠻野。動輒仇殺相尋。
是以向來地方居民。多自設鄉勇。以為防衛。」〔註80〕分別都提及廣西苗疆
之地荒蠻而危險之處。基於此，為便於管理和統治，明朝中央政府已在部分
地區推行改土歸流。特別是入清以來，苗亂頻仍，地方社會愈發動蕩。《世
宗實錄》卷七五有記：「所有苗蠻猺獞種類甚多，殘忍性成，逞兇嗜殺。剽
掠行旅，賊害良民。又或劫去人口，重價勒贖，所以為內地平民之害者不可
枚舉。而眾苗之中，又復互相仇殺，爭奪不休。於其所轄土民，則任意傷殘，
草菅人命。〔註81〕除愚昧野蠻的習俗、落後的土司制度外，官府的不作為和
貪腐亦是導致苗亂頻仍的主要因素。李紱就認為土司暴斂與知府是否廉能密
切相關。〔註82〕時任廣西布政使的郭鉷，進一步分析了導致當地相互仇殺的
原因是官府的不作為。〔註83〕

雍正四年，鄂爾泰上《改土歸流疏》，分析西南邊疆動亂的緣由在於土司
制度，必須予以剪除，「苗猓逞兇，皆由土司。土司肆虐，並無官法。恃有土
官土目之名，行其相殺相劫之計。漢民被其摧殘，夷人受其荼毒。此邊疆大
害，必當窮除者也。」鄂爾泰進一步指出針對土司制度積弊的改土歸流之法，
計擒為上策，兵剿為下策。「令自投獻為上策，勒令投獻為下策。」〔註84〕其

〔註79〕藍鼎元：《論邊省苗蠻事宜書》，《鹿洲全集》，廈門：廈門大學出版社，1995
年，第38頁。
〔註80〕楊錫紱：《粵省訓練鄉勇疏》，賀長齡輯：《皇朝經世文編》卷88，《兵政》，第
3156頁。
〔註81〕《清實錄》第7冊，卷75，「雍正六年。戊申。十一月。」北京：中華書局，
1985年，第1122頁下～1123頁上。
〔註82〕李紱：《覆陳土司綏靖疏》，賀長齡輯：《皇朝經世文編》卷86，《兵政》，第
3103頁。
〔註83〕郭鉷：《陳粵西治邊疏》，賀長齡輯：《皇朝經世文編》卷86，《兵政》，第3104
～3105頁。
〔註84〕鄂爾泰：《改土歸流疏》，賀長齡輯：《皇朝經世文編》卷86，《兵政》，第3096
頁。

建議獲得雍正完全批准，廣西等地進行了大規模的改土歸流。由於改土歸流之際土司與朝廷以及土司之間矛盾盤根錯節，動輒可見爭鬥以至於仇殺。甚至到乾隆五年，義寧縣還出現苗亂，知縣倪國正等五人遇害。《高宗實錄》卷一二○記乾隆五年五月間：「廣西興安地方有楚苗糾眾入境，又有粵西懷遠、融縣、義寧、之狗猺聚集千人，欲搬往城步，知縣、縣丞、巡檢、把總等前往撫諭。凶猺竟不受撫，夥眾將知縣倪國正等五員捉回巢穴。有巡檢魯器，受傷深重，未卜存亡。夫興安義寧地方，相去廣西省城不過百里，而苗猺敢於猖獗如此，則平日之漫無約束可知。」〔註85〕廣西境內改制以及由此引發的動亂震動朝廷，以至於乾隆立即發佈上諭：「朕思楚粵苗猺，共為犄角，楚省攻捕甚急，則潛入於粵。若粵省攻捕甚急，又潛入於楚。必須兩省並力會剿，務盡根株，庶可削平苗逆，寧謐地方」〔註86〕，足見其時廣西境內境況之一斑。

恰於此時，何夢瑤首為知縣就在廣西義寧，此次事件對其印象深刻。其有詩《庚申紀事》，對此事件有所記錄：

其一

　　吾管羈縻地，三苗過絕群。舞干何日格，伏莽此時聞。
　　肯信蟲為鳥，空言豕是豵。惠人惟烈火，玉石但須分。

其二

　　奴峰仍聳峙，龍水尚朝宗。
　　共訏苞三蘖，誰輸酒一鍾。
　　哑人愁履虎，螫手恨茟蜂。
　　又見黃澄洞，山潭晚霧重。

其三

　　桂郡連三楚，桑江聚百圍。逢人皆佩犢，斫吏競探丸。
　　五子穿齦死，群苗灑淚看。誰令裴懷古，赴賊騁車單。

其四

　　六郡良家子，三千被練軍。王師那用戰，幕府但論勳。

〔註85〕《清實錄》第 10 冊，卷 120，「乾隆五年。庚申。閏六月。」條，第 760 頁下。

〔註86〕廣西壯族自治區通志館：《〈清實錄〉廣西資料輯錄（一）》，南寧：廣西人民出版社，1988 年，第 345 頁。

月黑弢弓影，峰高矗陣雲。秋宵多整暇，壺矢靜中聞。

其五

虎侯師左次，長子命重申。堂印頒紅籀，天章降紫宸。

風流推御毅，端愨盡曹彬。自上金城略，甘泉奏捷頻。

其六

愧我爲謀短，憂時太息長。暗思磨月兔，奮欲射天狼。

鄰震能無懼，民殘更用傷。不堪回首處，父老哭桐鄉。〔註87〕

從何夢瑤詩作中，可以看出其治下的「羈縻地」，時逢「三苗」動亂，以至於「桂郡連三楚，桑江聚百團」，頗令其驚異。尤其是知縣倪國正等「五子穿齦死」的慘況，更是令何夢瑤震驚萬分，故而「愧我爲謀短，憂時太息長」，慨歎仇恨之深，積弊之久，任務之艱。當然何夢瑤並未由此退縮，相反想起「老夫聊發少年狂」蘇軾的詞作，志在成就一番事業，愈發「暗思磨月兔，奮欲射天狼」。所謂「誰令裴懷古，赴賊騁車單」既是言知縣倪國正，又是一種夫子自道，志在消弭仇殺，平息動亂。道光《南海縣志》卷三九《列傳八》有記載稱：「大灘地距義寧治數百里，深箐疊嶂，攀磴援蘿，七月始達，官吏無敢至者。其獞民與懷遠縣鬥，江中峝獞仇殺，數十年未已。夢瑤蒞縣，親往開導，始解釋相度。金錢隘爲兩地通途，請上官設弁兵防守，獞民械鬥乃絕。」〔註88〕數十年的江中峝獞仇殺，經過何夢瑤冒險攀登數月山路，親往開導諭釋矛盾，並請上官在金錢隘設弁兵防守，使此問題得到較完滿的解決。後來，何夢瑤還曾撰《金錢隘紀聞》一書，記錄金錢隘相關事聞，惜已遺佚。

何夢瑤乾隆四年任思恩知縣，乾隆五年就在義寧發生了知縣倪國正等五人被苗亂所害的慘劇，在這樣的嚴峻形勢下，何夢瑤以他的果敢膽識和敏銳判斷，化解了一場「危機」。一日正午，城守朱某慌慌張張突然來到議事廳，支開左右隨員，偷偷以耳語告訴何夢瑤說，一個姓玉的獞民密報，在七里半聚集了強盜千餘人，今日傍晚就會來攻縣城。朱某請求何夢瑤馬上擬好公文，告訴郡守發兵來援。何夢瑤說：從思恩到慶遠府，往返要三日，根本來不及；而且情報未必準確，冒昧地去請兵，不行。朱說：要麼先把您與我的

〔註87〕何夢瑤：《庚申紀事》，《菊芳園詩鈔》卷5，《寒坡集》，第2頁a～3頁b。

〔註88〕道光《南海縣志》卷39，《列傳八》，第722頁上；另見光緒《廣州府志》卷128，《列傳十七》，第1992頁上。

家人轉移躲避，並且召集百姓入城保衛。何說：城牆很高，不容易越過，賊人沒有堅定的志向，必定會作鳥獸散，而此時城內的盜賊就會乘機搗亂。如果我們的官眷都出城了，是首先失信於民，不可。我們兩人要與城共存亡。如果情況真的出現，我們一同罵賊而死！當時，何夢瑤的家人在屏風後面聽到這裏，皆大哭，被何夢瑤叱罵止住。遂召喚玉某，問其反賊情況。玉某拿出一紙，列出為首的賊人姓名十餘人。何夢瑤看後馬上令管戶口的戶書進來，將此紙交給他說：這些欠繳稅戶，你可馬上去催繳。戶書驚愕地說：這些都是殷實之戶，一開徵就繳納完畢了。何夢瑤再問說：果真是殷實之戶嗎？平常行為如何？戶書說：最安分守己。夢瑤笑著說：我有別的事情問他們，你去叫他們過來。縣役接令而去。朱某問何夢瑤：為什麼您如此不著急呢？夢瑤言：這些人都是富人，玉某肯定是有求於他們而不得，故以此來誣陷他們。假如他們有所圖謀，必然不敢前來；如果不是，明日就會到縣衙。朱某又問：那今夜怎麼辦？夢瑤笑著說：他們如果是真的圖反，就已經在半途中了，縣役去必然在中途相遇，遇後縣役必然會快速回報，那時我將再與你合計。次日，七里半的民眾果然到了縣衙。夢瑤問他們此事的緣故。眾人都說：玉某長期以來有心病，間時會胡言亂語，乞望父母官您不要聽信他的。〔註89〕雖然這只是玉某誣陷他人而產生的「危機」，但是，於何夢瑤的一言一行中，體現了他忠君報國，與城池共存亡的果敢膽識和敏銳的判斷能力。

四、編志重教，捐修公益

乾隆四年秋，何夢瑤克服地僻荒遠、藏書缺少的困難，組織了岑溪鄉紳諸如教諭、訓導、舉人、貢生、監生、生員等 19 人進行《岑溪縣志》的編纂。〔註90〕何夢瑤在乾隆《岑溪縣志》序中說：「僕待罪岑溪將四載矣，行且調去，念無以遺我父老子弟用，與諸紳士修輯邑乘。自夏迄冬，書成凡四卷。文不加於舊志，而隸事既多且詳，獨地處荒僻，苦無藏書廣資考訂，掛漏舛誤，知所不免，以是遺我父老兄弟，幸共正之。」〔註91〕全志分天文、沿革、地理、行政區劃、風俗、名勝古迹、秩官、田賦、度支、物產、蠲恤、營繕、學校、兵防、大事記、名宦、人物、選舉、藝文等 18 個分志，約八

〔註89〕道光《南海縣志》卷 39，《列傳八》，第 722 頁下～723 頁上。
〔註90〕道光《南海縣志》卷 39，《列傳八》，第 723 頁上。
〔註91〕乾隆《岑溪縣志・序》，第 2 頁。

萬餘字，詳細記述了明代及清初岑溪的歷史與文化。編志自乾隆四年夏迄冬，不到一年時間，書成四卷。

除編志外，何夢瑤還非常重視地方教化。據道光《南海縣志》卷三九稱：「岑溪有書院、義學，師生修脯膏火田，自夢瑤始。」〔註92〕何夢瑤將散在的學田收歸併租出，明確每年分六月、十月兩次交付，若有餘羨，作爲生員的膏火之費。乾隆《岑溪縣志》卷二：「批佃每畝歲收租穀一百六十斤，分六月、十月兩次交收。所收租穀變價，除完糧二十五兩外，其學租四十九兩，聽學徑解藩庫。遇水旱照例減租，或有餘羨，留學以爲諸生膏火之費。」〔註93〕除此之外，何夢瑤還在岑溪縣獞民聚居區還設立大漁、水汶墟、南渡埠三處義學。〔註94〕

與此同時，何夢瑤時常旌表先進，以達教化風俗之目的。乾隆《岑溪縣志》卷二：

> 岑俗贅婿必冒妻姓，乃得承受妻父產業。於是一人有兩姓，而冠妻姓於本姓之上（如趙甲贅錢家，則曰錢趙甲也）。恬然不以爲怪。有諸生李姓智者，黃氏之贅婿也。食黃之田，而不更姓。後黃之族有欲奪其田者，智即歸之。先是，智食黃田，即不復分受父產。至是歸田於黃，遂無以糊口，而沒齒無怨。此鐵中錚錚者，特表而出之，以爲通邑風。〔註95〕

贅婿更姓之風俗，在何夢瑤等正統儒生看來，不合於傳統倫理，尤當糾正，所以當何夢瑤發現李智一例，遂載入縣志，以爲正化風俗之樣板。類似的情況在何夢瑤的上司兼好友陸綸爲政上亦出現。陸綸，字懷雅，浙江秀水籍，平湖人。由內閣中書轉典籍，雍正九年出任梧州府同知，也曾受巡撫金鉷延請，與何夢瑤等共修廣西通志，後擢永州府知府。因丁父艱歸，起補梧州知府。〔註96〕據光緒《平湖縣志》卷一六載：「梧俗以婿爲子，往往爭產致訟，嫠婦多贅夫於家，前夫子與後夫子恒構釁。（陸）綸曉以廉恥，及異姓亂

〔註92〕道光《南海縣志》卷39，《列傳八》，第 723 頁上。

〔註93〕乾隆《岑溪縣志》卷2，《田賦志》，第 66 頁。

〔註94〕乾隆《梧州府志》卷6，《學校》，臺北：成文出版社，民國 50 年，第 146 頁下。

〔註95〕乾隆《岑溪縣志》卷2，《雜記》，第 194 頁。

〔註96〕雍正《廣西通志》卷58，清文淵閣四庫全書本，第 5409 頁；光緒《平湖縣志》卷16，《人物列傳二》，臺北：成文出版社，1975 年，第 1536～1537 頁。

宗之律，俗乃革。」〔註97〕何夢瑤、陸綸屬朝廷委派的地方官員，其代表官方正統儒家思想，對於廣西當地民俗有違正統之處，即極力予以教化更改之，一方面是調解鄉里矛盾，另一方面更為重要的是傳播和推行中央正統之儒家文化。

除此之外，雍正朝對地方官審查錢糧出入的管制非常嚴格，官員普遍比較清廉，除了經過批准的必須的建造工程外，府、縣沒有太多的銀兩來做公益。大量的公益建設要靠官宦、士紳、僧道的捐助，以及百姓攤派。何夢瑤在岑溪、思恩任上捐建了縣署、監房、橋梁、渡口、崇聖祠、先農壇、城隍廟等公益設施。岑溪縣署在城西南五里舊縣城中，何夢瑤見其串堂後宅卑陋且壞，於雍正十三年「改建串堂一座三間，改後宅為樓一座三間，又創建東廳一座三間，西廳一座三間又改建串堂右耳房一間，後宅右耳房二間，創建西廳耳房一間。」〔註98〕岑溪知縣任上，何夢瑤曾捐俸改建位於縣署頭門內西偏的監獄兩座，〔註99〕捐修楊柳橋、排候橋、南門渡、羅許渡諸處，〔註100〕修建學宮殿廡照牆。〔註101〕思恩任上，何又重建縣署大堂、二堂、書辦房，重修監獄三間，另置女監一所，重修縣東門外的先農壇，前後幾番重修縣南門內的城隍廟。〔註102〕同時，還捐買地基，永為學署。〔註103〕可謂敬業愛民，殫精絕慮。

值得提出的是，何夢瑤在岑溪、思恩諸縣均有捐俸改建監房，並在思恩另置女監一所，說明當時因苗亂等問題，社會秩序較為動蕩，抓捕犯人增加，以致需要改建擴建監房。同此時期，何夢瑤的同年，原籍廣東大埔的李瑜，升任廣西寧明知州後，也遇到原土司內訌和苗亂，其所遇情形概與何夢瑤類同。據民國《大埔縣志》卷二三《人物志六》：「（寧明）改流未久地，接南交、安馬、那煉諸村洞，頑梗難治，且值韋夷內訌，七州騷動，村民滋事。（李）瑜相機處置，咸遵約束。首惡者願詰奸自効，悉赦之以安反側。復密查內外狐鼠繩以法。消窺伺，揷流徙，地方賴以寧謐。」〔註104〕何夢瑤詩

〔註97〕光緒《平湖縣志》卷16，《人物列傳二》，第1537頁。
〔註98〕乾隆《岑溪縣志》卷2，《廨署》，第87頁。
〔註99〕乾隆《岑溪縣志》卷2，《廨署》，第88頁。
〔註100〕乾隆《岑溪縣志》卷2，《津梁》，第21～23頁。
〔註101〕乾隆《岑溪縣志》卷2，《學宮》，第96頁。
〔註102〕民國《思恩縣志》第三編，《政治‧建置》，第134頁。
〔註103〕乾隆《慶遠府志》卷2，清乾隆十九刻本，第365～366頁。
〔註104〕民國《大埔縣志》卷23，《人物志六》，廣東省地方史志辦公室輯：《廣東歷

《李寧明諭〔註105〕》有云：「三年報政上神京，詔領雄州叱馭行。宦迹遠過銅柱界，詩篇爭購竹棚城。」〔註106〕由此可見，其時何夢瑤所處政治和社會生態之一斑。

第三節 官宦交往

雍正八年之前，何夢瑤的交往以惠門爲中心。雍正八年（1730）至乾隆十四年，何夢瑤宦遊廣西、遼陽兩地達19年之久。結交諸多官宦同年、同僚等，構成了何夢瑤官宦交往的豐富網絡。

一、同年交往

雍正八年（1730），與何夢瑤同時分發廣西的共十人，除何氏外，分別是：劉瓚、徐夢鳳、趙楷、張月甫、李運正、盧伯蕃、李瑜、李學周和葉志寬。不到十年間，死者三（劉瓚、徐夢鳳、張月甫），被罷黜者三（趙楷、盧伯蕃、李學周），以丁憂去者二（李運正、葉志寬）；在任的只有何夢瑤和李瑜。何夢瑤爲這九位同年作《九君詠》。〔註107〕

在何夢瑤的同年中，盧伯蕃是最爲特殊的一個。他的特殊在於，他是雍正文字獄的直接受益者，是以連州知州朱振基的血來染紅頂戴的。〔註108〕

代方志集成》，廣州：嶺南美術出版社，2007年影印本，第1807～1808頁。
〔註105〕 諭，應爲瑜，原文有誤。
〔註106〕 何夢瑤：《九君詠》，《匊芳園詩鈔》卷5，《寒坡集》，第9頁b。
〔註107〕 何夢瑤：《九君詠》序曰：「庚戌榜後，分發廣西候補者十人。未十載而死者三，黜者三，以憂去者二，獨予與李寧明在耳。聚散無常，日月流逝，撫今追昔，深用愴懷，作九君詠。」見《匊芳園詩鈔》卷5，《寒坡集》，第9頁b。
〔註108〕 雍正七年，廣東連州生員陳錫等告發知州朱振基私供呂留良牌位於祠堂奉祀。被舉報的朱振基，是浙江長興人。《（同治）連州志》卷三：「國朝朱振基，浙江長興人。雍正五年，由貢生任連州牧。」（同治《連州志》卷3，清同治九年刻本603頁。）據雍正八年十月十一日廣東布政使王士俊呈報雍正的密奏，可知舉報後的情況：「竊照參原任連州知州朱振基私設逆賊呂留良牌位一案。臣於雍正七年閏七月初三日訪查確實，密行廣州府知府吳騫，密委巡檢蔣大謀星馳前去，查取逆賊牌位，而朱振基已將牌位潛藏，隨據該州生員陳錫等呈首，臣與前任按察使臣樓儼，即行揭報轉請糾參，奉旨拿問，交督臣郝玉麟嚴察究擬。嗣據該府縣審供定擬斬決，招解經署按察使臣黃文煒會同臣訊，將朱振基照大逆不首律擬斬立決，招解督臣郝玉麟親審，具題在案。」（中國第一歷史檔案館編：《廣東布政使王士俊奏報督臣郝玉麟寬縱呂留良黨惡朱振基並查出屈翁山詩文集等事折》（雍正八年十月十一日），《雍正朝漢文

朱批奏摺彙編》第十九冊，第281頁上。）

經過兩司審理，要對朱振基以「大逆不首律擬斬立決」，兩廣總督郝玉麟以爲擬判太重，並且之前有浙江總督李衛審理張昌言之案例，張昌言只是被革去主簿職銜，照違例律滿杖而已。所以，郝玉麟在督臣諭單説：「據該司審解原任參革理猺同知朱振基，於連州任內私置呂留良牌位奉祀一案。官犯前來，經本部院覆審，據供情節無異，惟該司擬照大逆不首定罪，似覺未協。查逆賊呂留良從前欺世盜名惡迹未露之先，多被其迷惑，是以浙江總督李衛，題請凡有從前無知妄知推重逆賊呂留良，或設立牌位或刊僞文者盡行劃毀，但能悔心改誤，不許棍徒藉端挾制，以昭聖明仁育義正之感。治隨經刑部覆准，有設立逆賊呂留良牌位者，限三個月內投首。地方官處盡行燔毀等。因通行在案，今歷審朱振基堅供與呂留良並非同鄉，亦非師生情宜，從前並不認識。原因一時愚昧，誤認呂留良爲理學之流，故有此冒昧之舉。後聞惡迹敗露，即自行撤毀牌位，已能悔心改誤，情尚可原。再查部覆浙江審題吳永芳誣首一案內開張昌言，設立呂留良牌位送至書院，應革去主簿職銜，照違例律滿杖。又嘉興府知府閻堯熙於張昌言稟請設立呂留良牌位之時，並不查明禁止及至逆迹敗露，始行撤毀，又不據實詳明，應照溺職例革職等語。今朱振基從前私設牌位，及復撤毀不首之處，與張昌言、閻堯熙所犯情罪大概相符，可即援引此例，敘入詳內，將朱振基問擬滿杖廉得平允，仰司覆核明白具詳。此單仍繳。」（中國第一歷史檔案館編：《署按察使臣黃文煒轉抄督臣郝玉麟諭單》，《雍正朝漢文朱批奏摺彙編》第十九冊，第282頁上～283頁上。）平心而論，郝玉麟爲保全朱振基的性命，這樣題擬諭單是有理有據的，但是，由於雍正的殘忍無情，以及對精神文化的變態恐懼心理，不惜濫殺無辜。雍正在收到郝玉麟的題擬之後下旨：「朱振基治罪之處甚屬賣法輕縱，將本擲還，著另行定擬，將情由明白回奏。此案承審定擬各員，著交部嚴察議奏。欽此。」（中國第一歷史檔案館編：《廣東總督郝玉麟奏報錯擬輕縱朱振基製造供奉呂留良牌位一案自請敕部嚴議折》（雍正八年十二月二十日），《雍正朝漢文朱批奏摺彙編》第十九冊，第714頁上。）

廣東布政使王士俊在雍正八年十月十一日呈報雍正的密奏中，將郝玉麟出賣，並將按察使黃文煒轉抄的督臣郝玉麟諭單附在密奏內。雍正朱批到：「汝幸有此奏。此等事如何能逃脱覺察也。此奏未到之先本上已專嚴有矣。所奏知道了。雍正捌年拾月拾壹日」（中國第一歷史檔案館編：《廣東布政使王士俊奏報督臣郝玉麟寬縱呂留良黨惡朱振基並查出屈翁山詩文集等事折》（雍正八年十月十一日），《雍正朝漢文朱批奏摺彙編》第十九冊，第281頁下。）

在雍正的高壓之下，郝玉麟誠惶誠恐，感覺就要禍及自身。同年十二月二十日，連忙上奏：「前來臣一時愚昧，隨□□□題在案，惟是逆賊呂留良□逆姦邪，妄肆詆証□應寸磔之犯。今朱振基竟敢製造牌位□入祠內供奉，迨至逆迹敗露，私將牌位撤毀，又不首明實，與浙江張昌言之呈明□□者不同。乃臣不能詳審其情罪，以致問擬錯誤，委係實情。臣原不敢存一毫私見，如果有心賣法輕縱，自□□聖明洞鑒，實係臣律例未精，愚昧□□，至今追悔無及。臣有何□處，況朱振基於臣八月初二日具題之後，旬日之間，即伏冥誅，□見該犯之罪不容違令。」（中國第一歷史檔案館編：《廣東總督郝玉麟奏報錯擬輕縱朱振基製造供奉呂留良牌位一案自請敕部嚴議折》（雍正八年十二月

據道光《廣東通志》卷七七《選舉表十五》記載：「盧伯蕃，連州人。此特賜進士，一體殿試，廣西武宣知縣。」〔註109〕雍正《廣西通志》卷五八《秩官》

二十日），《雍正朝漢文硃批奏摺彙編》第十九冊，第 714 頁下～715 頁上。）
又據黃鴻壽《清史紀事本末》卷二十：「廣東連州知州朱振基、學正王奇勳不應設祠奉祀留良，與車鼎豐、車鼎賁、孫用克、周敬輿俱坐死，父母祖孫兄弟妻女坐發給爲奴者二十三家。」（黃鴻壽：《清史紀事本末》卷 20，民國三年石印本，101 頁。）朱振基等可謂家破人亡。
而告發朱振基的生員陳錫等人卻因此被雍正恩賞。《雍正上諭內閣》卷八十六：「又奉上諭，此所參朱振基、王奇勳俱著革職拏問。其私置呂留良牌位奉祀情由，該督嚴審定擬具奏。連州生員陳錫等深明大義，不爲邪說所惑，據實出首以彰名教，具見該州士習之淳良，甚爲可嘉。著將今年該州應試完場之舉子，交與該學政秉公遴選學問優通者四人，賞作舉人，送部一體會試，以示恩獎。如今科所取副榜內有連州生監，亦准作舉人。」（清胤禎：《雍正上諭內閣》卷 86，清文淵閣四庫全書本，第 825～826 頁。）據此上諭，連州共有盧伯蕃、陳錫、戴雯和吳奇徵等四人准作舉人，並予參加雍正八年的會試。道光《廣東通志》卷七十七：「特賜舉人四人。連州革職知州朱振基私供呂留良牌位，生員陳錫等首告。上念連州士習剛正，特旨錄取是科應試完卷四名生員：盧伯蕃、陳錫、戴雯、貢生吳奇徵，准作舉人，次年會試。」（道光《廣東通志》卷 77，清道光二年刻本，第 5226 頁。）由於筆者所見史料都說的是「陳錫等人」告發知州朱振基，沒有具體寫明哪幾個人，所以，除陳錫外，盧伯蕃、戴雯和吳奇徵是否參與告發，不得而知，但是他們三人與陳錫一樣，確實是朱振基案的受益者。
而因爲舉報而獲益的陳錫等人，被人不恥。陳錫獲任合浦教諭，戴雯獲任龍川教諭。但是合浦、龍川縣志卻沒有記載：吳奇徵，番禺人，附籍連州，本姓張，「賞做舉人」後，並沒有安排官職，以教書爲業，後來客死異鄉。乾隆《番禺縣志》卷十五還說：「奇徵少時，術者謂其不利子嗣科名，且客死，爲命三疵。然其舉子也，以耄年舉鄉也，以異籍雖道死，而故舊門生醵金，走數千里歸其喪，究異於旅瘞者。術家之言驗而不驗，時以爲厚德在人之報云。」（乾隆《番禺縣志》卷 15，清內府本 1313～1315 頁。）實際上縣志作者以術家之言曲折表示「報應」的意思。
雍正以後，雖然沒有官方爲朱振基平反昭雪，但是公道自在人心。同治《連州志》卷三對他褒獎有加：「（朱振基）性耿介，潔己奉公，愛民如子，稅米至即納倉，不待守候。平斗概，蠹骨奸吏圭勺不敢多取。息爭訟，繕學橋，復巽峰塔，改舊千戶所建南軒書院，捐穀置產，爲經久計。至今州人睹其規制，如召伯甘棠。」（同治《連州志》卷 3，清同治九年刻本 603～604 頁。）同治時，還將其入祠配享。同治《連州志》卷三：「朱振基，浙江長興人，貢生。雍正五年任。剛方廉介，勤政恤民，創建書院，捐俸置產爲永久計。復巽峰塔，以兆科名，平斗概以均輸納。州人至今尸祝之。有傳附名宦後，現欲公舉入祠。」（同治《連州志》卷 3，清同治九年刻本 544 頁。）文字獄的受益者們雖然可以獲得一時之利，但是歷史和民心終究是公道的。

〔註109〕道光《廣東通志》卷 77，《選舉表十五》，第 1279 頁下～1280 頁上。

記載：「盧伯蕃，廣東連州人，進士。雍正十二年任（武宣縣知縣）。」〔註110〕
道光《廣東通志》卷七七：「特賜舉人四人。連州革職知州朱振基私供呂留良牌
位，生員陳錫等首告。上念連州士習剛正，特旨錄取是科應試完卷四名生員：
盧伯蕃、陳錫、戴雯、貢生吳奇徵，准作舉人，次年會試。……俱以教諭用。
〔註111〕會試之時，盧伯蕃場後到京；而雍正帝因鼓勵告發的政治考量，賜其
進士，並且特賜殿試。〔註112〕後盧與何夢瑤等一同分發廣西。他在武宣知縣
任上官聲還是不錯的，嘉慶《武宣縣志》卷一一《宦績》言其：「潔己愛民，
有惠政，邑人謳思。」〔註113〕但是，後來不知因什麼事情被罷黜了，估計可
能和其出身有關。何夢瑤詩《盧武宣伯蕃》：「出群雲鶴獨昂藏，心有寒冰面
有霜。自笑託身同散木，爭看給箚賦長楊。秦箏慣度無愁曲，漢玉能鐫急就
章。聞說燈前頻判牘，罷官猶為老翁忙。」〔註114〕何暗諷其「出群雲鶴獨昂
藏，心有寒冰面有霜。」似乎言其屬無情而高傲之人。詩中特注「盧場後到
京，特賜殿試。」暗表其中不公之意。

張月甫乃廣東新會人，雍正八年進士，歷任荔浦、思恩知縣，卒於思恩
任上。張月甫卒後，何夢瑤接任思恩知縣。據道光《新會縣志》卷九《列傳
二》：「張月甫，河塘人。讀書一目十行，登雍正八年進士，補思恩知縣。思
恩僻地，向多陋規派累，月甫下車，痛行革除，與民休息。興學校，恤孤苦，
民沾實惠，載道欣頌水。三年，卒於官，民為罷市。」〔註115〕張月甫為官
與何夢瑤一樣，革除陋規派累，與民休息，但死於任上，百姓甚至為其致哀
而罷市。何夢瑤詩《張思恩月甫》有云：「家同珠海光長照，人到寒坡冷可
知。眼看漁陽遺愛遠，一春遊女哭桑枝。」〔註116〕

李瑜，字梅若，大埔人。弱冠遍通群籍，受知學使惠士奇。雍正七年舉
人，八年聯捷成進士。用知縣分發廣西署思恩府同知，旋署象州知州。訊結
十餘年讎殺大案，詳免捏報荒田千餘畝，民累以除。補北流縣知縣，廉勤自

〔註110〕雍正《廣西通志》卷58，《秩官》，清文淵閣四庫全書本，第5466頁。

〔註111〕同治《連州志》卷2，清同治九年刻本，第217頁。

〔註112〕盧伯蕃雖然場後到京，但是被賜進士，排在第三甲第100名。據江慶柏：《清
朝進士提名錄》，北京：中華書局，2007年，第387頁。

〔註113〕嘉慶《武宣縣志》卷11，《宦績》，故宮博物院編：《故宮珍本叢刊》第198
冊，海口：海南出版社，2001年，第136頁上。

〔註114〕何夢瑤：《九君詠》，《匊芳園詩鈔》卷5，《寒坡集》，第8頁a～10頁b。

〔註115〕道光《新會縣志》卷9，《列傳二》，第265頁下。

〔註116〕何夢瑤：《九君詠》，《匊芳園詩鈔》卷5，《寒坡集》，第8頁a～10頁b。

矢，杜絕私託，凡四載悍俗悉變。後擢寧明知州，值韋夷內訌，七州騷動，村民滋事。李瑜相機處置，地方賴以寧謐。再擢知泗城府，以病乞歸，卒於南寧旅次，年四十八。〔註117〕何夢瑤有詩《李寧明瑜》：「三年報政上神京，詔領雄州叱馭行。宦迹遠過銅柱界，詩篇爭購竹棚城。地無螃蟹難呼酒，水有飛鳶好論兵。見說荷廳人到少，醉眠頻聽落花聲。」〔註118〕何夢瑤對李瑜的政績和詩歌多有佩服。

徐夢鳳，字紹典，潮陽人，修仁知縣。方志言其「少清苦，刻屬讀書，貫通經史，爲文雄深雅健。康熙甲午登賢書，庚戌成進士。知修仁才九月，就卒於官。篋惟敝衣數領，書數十卷，士民爲醵金以殮，年四十八。」〔註119〕徐夢鳳死於任上，窮的竟然要士民爲之湊錢以入殮，何夢瑤爲其賦詩《徐修仁夢鳳》：「徐陵天上石麒麟，謫向塵埃四十春。父在豈堪爲客死，文多偏恨作官貧。百端遺累歸良友，萬里迎喪走老親。忍見西河含淚眼，夢中猶喚玉樓人。」〔註120〕說他「父在豈堪爲客死，文多偏恨作官貧。」實際上是兔死狐悲，對做官的窮困感同身受。

葉志寬，廣東澄海人，分發廣西之後，歷任廣西富川、昭平、恭城知縣，「政簡刑清，民咸便之」，此後，葉志寬秉承施行實政，革除宿弊的職責，到直隸寧河縣仍然「興水利，勸農桑，皆有成績」，在青縣創建義倉，因捕蝗第一而升爲河南裕州知州，在鄭州修書院，助膏火，造就人才；數十晝夜搶修河決，身先吏民，如此等等政績，「民戴其德，頌聲載道」。〔註121〕何夢瑤詩《葉恭城志寬》有云：「分明一葉在錢塘，綠樹陰濃覆午堂。調鶴小童清似水，司花侍女笑生香。月移翠篸猶看奕，日射黃綢懶起床。歸到鱷潭無住處，素

〔註117〕民國《大埔縣志》卷23，《人物志六》，第1807～1808頁。

〔註118〕何夢瑤：《九君詠》，《菊芳園詩鈔》卷5，《寒坡集》，第8頁a～10頁b。

〔註119〕分別見，光緒《潮陽縣志》卷17，《人物列傳》，第302頁下：道光《廣東通志》卷77，《選舉表十五》第1279頁下：乾隆《潮州府志》卷29，《人物中》，第613頁上。

〔註120〕何夢瑤：《九君詠》，《菊芳園詩鈔》卷5，《寒坡集》，第8頁a～10頁b。

〔註121〕參見：乾隆《富川縣志》卷4，《職官》，故宮博物院編：《故宮珍本叢刊》第202冊，2001年，第46頁上：嘉慶《澄海縣志》卷18，《人物上》，第484頁上：光緒《寧河縣志》卷6，清光緒六年刻本，第450頁：光緒《重修天津府志》卷14，《職官》，《續修四庫全書》第690冊，上海：上海古籍出版社，1995年，第260頁上：光緒《重修天津府志》卷40，《宦績》，第170頁上。

冠聞說掛山莊。」〔註122〕由詩可知，何夢瑤與葉志寬曾經在官署綠樹陰濃之下對弈、調鶴，二人兩者志趣相投。雍正十三年（1735），葉志寬因丁艱歸鄉，還專到何夢瑤老家探望。

李學周，蒙自縣人，庚戌成進士，以知縣即用。丁父憂後，乾隆元年授隆安知縣。隆安有金廠，陋規多歸於官。李學周全部革除，並曰：「吾受朝廷廉俸，可以養母買書，貽後人足矣。」被罷歸時，僅載書二箱，行李蕭然。在鄉里僅茅廬數椽，閉戶讀書以終。〔註123〕何夢瑤為其賦詩《李隆安學周》：「才人落職正芳年，想像風流在眼前。樂聖銜杯唐左相，看朱成碧李青蓮。誰看劍氣長干鬥，多恐詩狂直上天。百謫何妨便歸去，至今人說孟公賢。」〔註124〕對李學周為人及其學行多有肯定。

李運正，貴州黃平州人，雍正十一年任博白知縣，雍正十三年任北流知縣，後任宣化知縣。〔註125〕光緒《廣西通志輯要》卷一五言其：「捐賓興資費，設義學，給膏火。治事明而恕，民樂其政。以調繁去，士民思之。」〔註126〕何夢瑤有詩《李宣化運正》：「龍眠三李舊知聞，鳳有威儀豹有文。一第著稱前進士，千秋重見故將軍。賓留西閣觴飛月，虎射南山箭在雲。不是聖明隆孝治，奪情應見借神君。」〔註127〕詩中可見李運正文武雙全之雄姿。

此外，何夢瑤分發廣西的同年中尚有劉瓚、趙楷。僅知劉瓚曾任北流知縣，死於任上；趙楷曾為教諭，後任灌陽知縣，後被罷黜，而兩人其他史料不可考。何夢瑤有賦詩：

劉北流瓚

絕倫爭羨美髯公，洱海泱泱表大風。

目有神光能對日，胸蟠奇氣欲成虹。

分來玉箔誇袁郁，煉得丹砂勝葛洪。

可惜便拋琴客去，一枝花淚泫嬌紅。〔註128〕

〔註122〕何夢瑤：《九君詠》，《菊芳園詩鈔》卷5，《寒坡集》，第8頁 a～10 頁 b。

〔註123〕參見：乾隆《蒙自縣志》卷4，《人物》，第97頁上。

〔註124〕何夢瑤：《九君詠》，《菊芳園詩鈔》卷5，《寒坡集》，第8頁 a～10 頁 b。

〔註125〕乾隆《貴州通志》卷26，第 1978 頁；乾隆《重修北流縣志》卷3，第 175 頁。

〔註126〕光緒《廣西通志輯要》卷15，清光緒十七年刊本，第 1511 頁。

〔註127〕何夢瑤：《九君詠》，《菊芳園詩鈔》卷5，《寒坡集》，第8頁 a～10 頁 b。

〔註128〕何夢瑤：《九君詠》，《菊芳園詩鈔》卷5，《寒坡集》，第8頁 a～10 頁 b。

趙灌陽楷

孝子爲官只任天，春風長拂五條弦。

勸農不輟行桑陌，聽訟無多履芋田。

才剪梅雲題臥帳，便將琴鶴趁歸船。

囊空四海君休笑，舊物還餘坐客氈。〔註129〕

二、同僚交往

　　何夢瑤於雍正十一年（1733）開始參與編修《廣西通志》，並分別於雍正十年（1732）、乾隆三年（1738）、乾隆六年（1741），乾隆九年（1744）四任廣西科考同考試官。在這些活動中，何夢瑤結識交往了很多廣西官吏和社會名流。與他交遊的人物主要有陸綸、劉廷棟、陳仁、楊仲興和陸煒等人。何夢瑤於乾隆十年冬至乾隆十四年，任遼陽知州，主要與陳治滋交善。

（一）陸　綸

　　在何夢瑤的官宦交往中，陸綸的官宦經歷與爲官之政與何夢瑤最爲相似。陸綸，字懷雅，號漁鄉，浙江平湖人，是康熙丁酉舉人，授內閣中書轉典籍，出爲廣西梧州府同知。巡撫金鉷延其修廣西通志，並欲以博學鴻詞薦，陸固辭。〔註130〕何夢瑤《菊芳園詩鈔》第二卷鴻雪集《答鄧炳園》的原注有：「時與修粵乘，陸司馬懷雅主局事。」〔註131〕並在《辛酉秋闈次主司韻》的詩注中也提到「監試陸司馬懷雅和胡詩，有『樹影銜秋過運塘』之句。」陸綸與何夢瑤爲政多有類同。如，對於鄉俗中因贅婿而引起的糾紛，陸綸「曉以廉恥，及異姓亂宗之律，俗乃革。」而何夢瑤亦持相同觀點，在任岑溪知縣時候，旌表寧願歸田而不改姓的贅婿，認爲是「鐵中錚錚者，特表而出之，以爲通邑風。」〔註132〕此外，陸綸與何夢瑤爲官都較廉潔清貧。何夢瑤有詩《題徐子山梅塢舒嘯圖同陸司馬懷雅》及《題畫菊同陸太史》。〔註133〕

〔註129〕何夢瑤：《九君詠》，《菊芳園詩鈔》卷5，《寒坡集》，第8頁a～10頁b。

〔註130〕光緒《平湖縣志》卷16，《人物列傳二》，第1536～1537頁。；乾隆《梧州府志》卷12，《職官》，第246頁下。

〔註131〕何夢瑤：《答鄧炳園》，《菊芳園詩鈔》卷2，《鴻雪集》，第3頁b。

〔註132〕乾隆《岑溪縣志》卷2，《雜記》，第194頁。

〔註133〕分別見《菊芳園詩鈔》卷3，《學制集》，《題徐子山梅塢舒嘯圖同司馬懷雅》，第12頁b；卷4，《南儀集》，《題畫菊同陸太史》，第7頁a。

（二）劉廷棟

劉廷棟，字霞文，山陰人，乾隆四年接替何夢瑤任岑溪知縣。〔註134〕劉廷棟與何夢瑤一樣亦有寧忤逆上司，也要堅持公正執法。乾隆《紹興府志》卷五九載劉廷棟事迹：「邑有鼠竊者，土人多以盜控。前令讞成盜犯十二人，計贓不過十餘金耳。廷棟爲請命於臬使，臬使怒以縱盜揭報。藩司楊錫紱力解乃止，而臬使卒置二盜於法。及決囚，廷棟坐堂上爲淚下。囚泣曰：公非殺我者，某見公之心矣。……俗輕生，且產毒草。縣民管鳳儀者患瘋，與妻鍾反目，服毒自殺。廷棟勘實具詳。臬使者疑爲故謀，檄飭嚴訊。廷棟反覆究詰，無別情，屢申屢駁，委員覆訊如廷棟讞。臬使怒，別飭健令提訊之。嚴刑六晝夜，鍛煉成獄，論鍾凌遲。廷棟慨然曰：事無實據，而罪至極刑，吾爲縣令不能雪冤，司牧之謂何？遂乞休。臬使餘怒未平，以故出人罪，具揭免其官。治岑溪十年，去之日，居民老幼男婦以萬計，攀轅遮道，號泣之聲達數十里。」〔註135〕可見，與何夢瑤一樣，劉廷棟是個不畏權勢，耿直爲民，深受百姓愛戴的好官。由於劉廷棟的耿直，倍受上司打壓，在岑溪竟然做了十年的知縣。此外，何夢瑤修的乾隆《岑溪縣志》卷二還載有劉廷棟的《請編亡田歸入義學》〔註136〕。何夢瑤在乾隆四年編好《岑溪縣志》後，到乾隆九年劉廷棟又重修，估計應該是劉廷棟的主持下刊刻的，因此，其中編入了劉廷棟的詩歌和文章。何夢瑤提到劉廷棟的詩有三首：

辛酉秋闈與段桐峰別駕吳楸坪劉霞文兩明府話舊

三載相看類轉蓬，水雲無定是行蹤。

秋江船放相思埭，夜月人依獨秀峰。

倦眼不堪頻相馬，文心空憶共雕龍。

舊人剩喜何戡在，環向燈前敘別悰。〔註137〕

甲子試院與段桐峰別駕劉霞文明府話舊兼調吳文其明府

灘江隨牒十年餘，四作廉官古所無。

〔註134〕乾隆《梧州府志》卷12，《職官》，第267頁上。

〔註135〕乾隆《紹興府志》卷59，清乾隆五十七年刊本，第5642～5644頁。有關傳記另見嘉慶《山陰縣志》卷15，民國二十五年紹興縣修志委員會校刊鉛印本，第566頁，是此傳的簡化。

〔註136〕乾隆《岑溪縣志》卷2，《藝文》，第195～198頁。

〔註137〕何夢瑤：《辛酉秋闈與段桐峰別駕吳棕坪劉霞文兩明府話舊》，《菊芳園詩鈔》卷2，《鴻雪集》，第6頁b～7頁a。

畫馬有詩調短李，煎茶何處覓髯蘇。

疏星淡月明秋漢，故交零落如雲散。

風流猶有段文昌，清狂尚剩劉公幹。

與君初見棘闈中，我住西頭君住東。

參佐三間重促膝，玉盤頻剪蜜燈紅。

堂堂歲月去如撇，今來荀令香三接。

從教老眼罩紅紗，且放衰顏蒙醉纈。

嗟卑歎老枉酸辛，前度看花幾樹春。

講德只今餘四子，同心依舊是三人。

寄語西園吳季重，食指想因黿鼎動。

人生快意何時無，饞涎漫向屠門控。

萍蹤鴻爪總無常，後會前歡兩渺茫。

贏得樽前身現在，看他空巷鬥新妝。〔註138〕

劉方擬墨未暇見和戲疊前韻促之

君才如錦割有餘，但用作袴裁制無。

強弩肯因射鼠發，芳草自爲充幃蘇。

文成翻水瀉銀漢，洗滌塵襟五石散。

致師君反擬樂伯，說客我自笑蔣幹。

浮生石火電光中。君不見，獨秀山前鐵寺東。

銅瓶汲水銀床冷，鈴塔吟風玉殿紅。

過眼興亡剛一瞥，選場忽與離宮接。

請回大筆賦靈光，散取明霞作秋纈。

笑子薑桂搗餘辛，士自悲秋女自春。

偏將金屋繁華夢，說向燈邊擁髻人。

淚痕應濕紅輪重，詩思莫因懷古動。

假君駃騠騁虛空，不放於田誇磐控。

八義七步本尋常，莫遣風雲思渺茫。

卻教五色冬烘眼，只見徐妃半面妝。〔註139〕

〔註138〕何夢瑤：《甲子試院與段桐峰別駕、劉霞文明府話舊，兼調吳文其明府》，《菊
芳園詩鈔》卷2，《鴻雪集》，第7頁b～8頁a。

〔註139〕何夢瑤：《劉方擬墨未暇見和戲疊前韻促之》，《菊芳園詩鈔》卷2，《鴻雪集》，

描述了兩人幾度為廉官，促膝談心各悲官場困頓之態。而「君才如錦割有餘，但用作垮裁制無。強弩肯因射鼠發，芳草自為充幃蘇。」，「卻教五色多烘眼，只見徐妃半面妝。」何夢瑤對劉之才稱羨之餘，亦哀其不遇。

（三）陳 仁

陳仁，字符若，一字壽山，號體齋，又號壽山。雍正癸丑進士，授翰林院編修。選福建道御史，轉湖北糧道，調建昌道。行身不苟，嘗學古文於方苞，尤善吟，有《用拙齋詩草》。〔註140〕陳仁於雍正十年（1732）參加鄉試獲舉人後，雍正十一年（1733）考獲進士，而何夢瑤是雍正十年鄉試的同考官，所以陳仁也算是何夢瑤的門人。陳仁的詩文及為人被時人所稱道。嘉慶《武宣縣志》卷一五載黃永年《侍御陳仁奏稿序》：「陳君體齋，自翰林院編修擢入臺，暨今六年。其書凡國是及四方水旱，督撫大吏賢否，民生疾苦往往能為上昌言無隱。體齋凝然端直，嘗慕古司馬文正、陳瑩中、鄒志完之為人，其氣可尚也。」〔註141〕劉方藹《陳仁文集序》：「吾友陳君體齋，岳嶽有氣岸，胸懷豁如，泊榮嗜義，遇事侃侃敢直言，不計利害，豈直以文見者哉。……體齋而靜悟古人之沖氣，求之至精至純，遊心於冥，合氣於漠，得乎通天下之一氣，而以息相吹。將所以文其學山學海之心於日益者，吾不得而知其高且深也」〔註142〕。張湄《陳仁詩集序》：「吾友體齋侍御示余近體一編。余卒讀之，愛其風骨粹美，旨味盎溢。每以蛟騰鯨跋之勢，蓄縮於數十字中。故立言彌約，結響愈遒，蓋原本少陵，而時出入於大歷諸公。其登覽之作，既極渾涵萬象至於廟堂，臚揚與夫尋常，贈答亦莫不指事殷勤，寄意深篤，見藹然忠厚之風焉」〔註143〕。何夢瑤以有陳仁這樣的門人而自豪，有詩《閱卷不愜意四疊前韻懷門人陳元若侍御》：「青燈對卷三百餘，嬉笑怒罵無時無。……嗟予十載幾酸辛，只解栽花不解春。」〔註144〕何夢瑤在詩中抒發官場艱難的感慨。

第 8 頁 a～8 頁 b。

〔註140〕嘉慶《武宣縣志》卷 13，《人物》，第 143 頁下。

〔註141〕嘉慶《武宣縣志》卷 15，第 154 頁上。

〔註142〕嘉慶《武宣縣志》卷 15，第 154 頁下。

〔註143〕嘉慶《武宣縣志》卷 15，第 155 頁上。

〔註144〕何夢瑤：《閱卷不愜意四疊前韻懷門人陳元若侍御》，《菊芳園詩鈔》卷 2《鴻雪集》，第 9 頁 b～10 頁 a。

（四）楊仲興

楊仲興，字直廷，號訒庵，嘉應人，雍正八年進士，授福建清流令，以
罣議去。乾隆三年保題改廣西興安令。「奉檄疏築陡河功甚巨，建太平六峒
諸社，倉民德之奏最，擢思恩府同知，遷知江西瑞州府引見。上廉其賢，賜
貂皮、藥錠有加。尋轉福建延建邵兵備道。三十九年升湖北按察使。仲興精
力過人，案牘皆手定手披口答，五官並用。至是益自勵，風操嚴峻，無所瞻
顧。未幾大府請與湖南臬司互調，奉旨引見，奏對愷切。上鑒其誠，改補刑
部郎中。老成練達，爲諸曹冠英，相國極重之。明年以疾乞歸，卒年八十有
二。仲興通籍四十餘年，宦轍所至，凡山川扼塞，民食緩急，與夫學校書院
之興廢，必盡心力無少懈。所著有《性學錄》一卷、《讀史提要》四卷、《觀
察紀略》二卷、《四餘偶錄文集》二卷，文樸實廉，悍如其人云。」〔註 145〕
楊仲興著述頗多，僅《廣東文徵》就載其文章達 18 篇，分別是：《名任生三
子說》、《鎮安府志序》、《重刻文章正宗序》、《修李衛公東山祠引》、《唐宋八
家文鈔序》、《諸子文鈔序》、《贈瑞州都閫沈立方序》、《送夏位三赴舉序》、
《修育嬰堂引》、《唐宋八家文鈔跋》、《建瀾江書院記》、《創建興安太平堡社
倉記》、《建大愚寺呂公記祠》、《幸龍王廟記》、《興安陡河記》、《誥授奉政大
夫世襲土田州知州岑君山公墓誌銘》、《世襲上林土縣知縣黃君仁長墓誌銘》
和《宋大愚叟呂公題碣》。〔註 146〕楊仲興既是何夢瑤的同年又是廣東同鄉，
何在思恩任過知縣，楊在思恩府任過同知，交往多年，感情深厚，互爲知己。
何夢瑤《口占柬楊訒庵乞米》其二有：「知己故應惟鮑叔，詩筒休向別人開。」
〔註 147〕《訒庵疊韻見示再次》：「結交滿天下，知己不一遇。握手出膽肝，
轉盼委道路。」〔註 148〕均將楊仲興引爲知己。此外，何夢瑤尚有《同年楊
訒庵以所和紫川太夫子詩見示》、《三疊前韻遙贈同年楊直廷明府》、《同年楊
訒庵補官北上以詩留別次韻送行》等與楊仲興唱和詩。其中，《同年楊訒庵
補官北上以詩留別次韻送行》和《訒庵疊韻見示再次》兩詩皆被編入《菊芳

〔註 145〕道光《廣東通志》卷 305，《列傳三十八》，第 4878 頁下～4879 頁上；另，光
　　　　緒《嘉應州志》卷 23，《人物》，第 416 頁下，亦引此傳。
〔註 146〕廣東文徵編印委員會：《廣東文徵》，香港中文大學出版社，1978 年，第 105
　　　　～113 頁。
〔註 147〕何夢瑤：《口占柬楊訒庵乞米》其二，《菊芳園詩鈔》卷 2，《鴻雪集》，第 10
　　　　頁 a～10 頁 b。
〔註 148〕何夢瑤：《訒庵疊韻見示再次》，《菊芳園詩鈔》卷 7，《懸車集》，第 16 頁 a。

園詩鈔》第七卷懸車集，而此卷大都爲何夢瑤辭官後所作，故此可知，兩人友誼持續到何夢瑤晚年。

（五）陸 煒

陸煒，字視三，號硯山，桐鄉縣烏鎮人。光緒《桐鄉縣志》卷一五《人物下》載有其傳：「幼敏悟，讀書敦行，以邑諸生見賞於學使李公鳳翥。招之入幕，旋隨之調任安徽。會雍正六年詔舉孝廉方正，李公高公行誼，密疏保薦，得以知縣發廣西。充己酉鄉試外簾官。時嚴卷式犯規令。公以邊方士子多未諳體制，請於監臨，得從寬典，士心感服。先署懷遠縣。其地民苗雜處，接壤黔之古州，有都江互數百里。苗人專利販運，賈舶無敢問津者。公單騎往諭，苗情悅服，商販大通。再署雒容縣，所轄運江河水流湍激，民多病涉。公爲捐俸造舟，以濟往來。人因號爲陸公渡。題補灌陽縣，在任四年。修文廟，築先農壇。諸廢具舉，擇書院中可造之士二十四人。每月自課之，口講指畫，諄諄訓勉。壬子己卯兩科獲雋六人。餘悉以次登甲乙榜，士林傳爲佳話。粵西自逆藩之變，鱗冊散佚。各縣糧額俱缺。大吏以清查爲殿最。由是各州縣皆捏報升科。公時兼署全州兩地，並有缺額，幕僚亦以此慫恿。公曰：此事官民兩累，某不忍爲也。後捏報者被糾，並罣吏議，而公獨晏然。識者咸服其定力。尋調天河縣，創建文廟、倉房、節孝祠。水陸險隘處所，設渡筏，置郵亭，以利行人。丁父憂歸服闋。補隆安縣，擢南寧府同知。舊例管鹽政，時大吏委其戚屬田州。州同某管理。或勸公請於鹽院，當得復舊。公曰：奪人食以自飽，彼豈甘心？置不問。旋升思恩府知府。蒞任五月，以耳疾乞歸。宦橐蕭然，賴館穀以餬口。三舉鄉飲大賓，皆不就。七十九卒。」
〔註149〕由傳可知，陸煒以一介生員，被舉孝廉方正後，歷任懷遠、雒容、灌陽、天河、隆安五縣知縣，後升南寧府同知、思恩府知府。政績較爲突出。因陸煒雍正九年任灌陽縣知縣〔註150〕，又知其「題補灌陽縣，在任四年。」故陸煒當在雍正十三年或者乾隆元年任天河知縣，此時何夢瑤正在岑溪縣任上。何夢瑤有詩《送天河陸視三明府丁外艱歸里》其一有云「十載交情短，三春惜別深。」〔註151〕故此時何、陸已交往十年。因何夢瑤雍正八年分發

〔註149〕光緒《桐鄉縣志》卷15，《人物下》，臺北：成文出版社，民國59年，第511頁下～512頁上。

〔註150〕光緒《桐鄉縣志》卷15，《人物下》，第511頁下。

〔註151〕何夢瑤：《送天河陸視三明府丁外艱歸里》其一，《菊芳園詩鈔》卷5，《寒坡

廣西，雍正八年至乾隆五年剛好十年，因此，陸煒丁父憂的最早時間當在乾隆五年，而此時何夢瑤已任思恩知縣。何夢瑤感慨大半生之經歷，在思恩就已萌生退意，寫下《乞休三十韻》其中有：

> 清白諒百姓，迂拙憂上官。廢黜誠所甘，盛世文綱寬。
> 雖沐栽培恩，非材懼覆顛。引疾求釋重，何敢言掛冠。
> 天河陸明府，殷勤為予言。報稱雖不易，治術聊可觀。
> 少需四五載，循資亦當遷。胡乃棄前勞，功虧九仞山。
> 況乃瘠邊邑，兩郡蠢苗蠻。武官不惜死，文官不愛錢。
> 兩者時並重，循良尤所賢。菜蕪甑雖塵，可酌官中泉。
> 妻子驅之歸，幕友亦言旋。僕從不勞散，蠅飛惟集羶。
> 力能任奔走，輿馬亦可捐。奮勉事簿書，事關心則完。
> 力盡掛彈章，亦足警曠瘝。胡乃無故去，止圖一身便。
> 再拜謝陸君，高論誠不刊。亦欲少有伸，愧恧不能宣。〔註152〕

由詩可以知，何夢瑤萌生辭官之意主要因為「引疾求釋重」，此「重」估計一方面是因貧而致的家庭負擔，另一方面是官場重負。陸煒聽聞此意，遂多方勸說：雖然有負擔不容易，但是你醫術高明，亦有一定收入；加之你已經任官有六、七年了，少則再過四五年，循資也應有陞遷，現在退出豈不可惜。何況現在苗蠻蠢動，你不能忘記自己的責任，妻兒、幕友均可以遣送回家以減少支出。經過好友的勸慰，何夢瑤暫時打消了引疾辭官的念頭。此外，何夢瑤還從陸煒處得知天河縣楊節婦事迹，寫下《楊節婦挽詩》。〔註153〕《送天河陸視三明府丁外艱歸里》有注：「陸嘗攝東蘭。」〔註154〕而恰好何夢瑤也曾經為「東蘭知事」。

（六）陳治滋

陳治滋，字以樹，一字德泉，福建閩縣人。乾隆十年（1745），何夢瑤升任遼陽知州，十四年（1749）乞退南下回鄉，在遼前後三年有餘。遼陽隸屬奉天府，地處關外，遠在北疆，密邇朝鮮。奉天乃滿清龍興之地，所屬州縣清初只用旗員，後因齊民編戶漸多，遂參用漢員，及至嘉慶十七年再次議定

集》，第 11 頁 b。
〔註152〕何夢瑤：《乞休三十韻》，《菊芳園詩鈔》卷 5，《寒坡集》，第 1 頁 b～2 頁 a。
〔註153〕何夢瑤：《楊節婦挽詩》，《菊芳園詩鈔》卷 5，《寒坡集》，第 11 頁 a。
〔註154〕何夢瑤：《送天河陸視三明府丁外艱歸里》其一，《菊芳園詩鈔》卷 5，《寒坡集》，第 11 頁 b。

遼陽州知州改爲疲難要缺，何夢瑤以漢人身份北上履任是職可知其吏治才幹卓異之一斑。〔註155〕

　　何夢瑤雖然在遼時間不長，然依舊交往廣泛，同朝幕僚、文人雅士間相互酬唱不已，尤以陳治滋最爲著名。陳爲康熙五十二年癸巳科進士，由庶吉士授編修，充丁酉、戊戌鄉會試同考官，後擢江西道御史，尋掌京畿道。〔註156〕乾隆五年任奉天府丞，兼掌學政之職。錢維福《清秘述聞補》稱：「奉天無學政，學政之職，府丞兼之。乾隆四年始專用甲科人員，嘉慶六年始定三年更換例。」〔註157〕據查，陳治滋與雲南劍水人傅爲佇同爲乾隆五年奉天府丞兼學政，理應爲改定甲科人員充任此職的第一人。及至乾隆十四年初，陳治滋以病奏請解任回籍調理〔註158〕，改由乾隆丙辰科進士、福建安溪人李清芳充任。由此，陳治滋在遼履任府丞兼學官近十年。梁章巨《楹聯叢話》稱：「奉天府丞一職實兼提督學政，故歷任悉係儒臣，吾閩陳德泉先生治滋任此最久。」〔註159〕乾隆《福州府志》進一步稱陳治滋以「奉天府丞致仕」。〔註160〕作爲有清一代首任以甲科人員充任奉天府丞兼學政者，陳治滋專司學校事務，事必躬親，「親率師儒講學，示以行己立身之要」〔註161〕。自乾隆五年至十四年，陳治滋位居府尹凡十載，恰逢何夢瑤三年在遼之時。一爲奉天府丞，一爲遼陽知州，兩人由此訂交，《菊芳園詩鈔》有何夢瑤詩《引病南歸承少京兆德泉陳公賦詩寵行次韻奉酬》：

　　　　三載相從薊北天，南還遲路獨延緣。

　　　　東山虛擬陪安石，勾漏何當訪葛仙。

　　　　學道無成傷歲暮，歸耕有約及春先。

〔註155〕《大清會典事例》第 1 冊，卷 62，《吏部四六‧漢員遴選》，第 792 頁上。

〔註156〕蘇樹蕃編：《清朝御史題名錄》，沈雲龍主編：《近代中國史料叢刊》第 14 輯，臺北：文海出版社，1961 年，第 265 頁。

〔註157〕錢維福：《奉天府丞兼學政類》，法式善等撰：《清秘述聞三種》，北京：中華書局，1982 年，第 945 頁。

〔註158〕《清實錄》第 13 冊，卷 333，乾隆十四年正月己巳條，第 569 頁下～570 頁上。

〔註159〕梁章巨：《楹聯叢話》卷 5，《廟宇》，梁章巨：《楹聯叢話全編》，北京：北京出版社，1996 年，第 50 頁。

〔註160〕乾隆《福州府志》卷 42，《選舉七》，臺北：成文出版社，民國 56 年，第 864 頁上。

〔註161〕民國《閩侯縣志》卷 68，《列傳五上》，臺北：成文出版社，民國 55 年，第 234 頁上。

經鋤他日延津去，應許深宵立雪邊。〔註162〕

由詩可知，何夢瑤、陳治滋前後相識相交三載，恰於何夢瑤在遼時間相當，則兩人於何夢瑤北上履職之初開始訂交，故而所謂「三載相從薊北天」。值得注意的是，原詩「東山虛擬陪安石，勾漏何當訪葛仙」一句附自注「時，同請告，獨瑤得歸」。何夢瑤、陳治滋同有棄官歸隱之意，而最終獨獨何夢瑤獲允南下。《清高宗實錄》卷三三三乾隆十四年正月己巳條有言：「諭：據奉天府府丞陳治滋奏稱，上年有胃痛之疾，近來每月數發，諸事不能查辦，請解任回籍調理等語。奉天地處關外，官斯土者恒不樂久居。況道府以上，因病解任調理，其應否回籍，向例當具題請旨。今陳治滋即患病屬實，亦宜候旨遵行，豈有擅行自定回籍之理。陳治滋著解任，即留奉天調理。其府丞員缺，該部照例開列具題補授。」〔註163〕考慮到奏摺呈遞流轉依照程序耗費時日，陳治滋是折應書於乾隆十三年冬季。根據何夢瑤詩作自注「時同請告」，則此折可能即爲與何夢瑤同時請告之文書，只不過何夢瑤獲得批准返鄉，而陳治滋被解任，但需留奉天調理，即何夢瑤詩作所謂「南還遒路獨延緣」。正如前文所述，陳治滋乃首任以甲科人員充任奉天府丞，專司學校事務。陳治滋儒臣身份，更易拉近兩者距離，「東山虛擬陪安石，勾漏何當訪葛仙」一句已知兩者志趣相投。何夢瑤亦以後生謙恭語氣，所謂「三載相從」、「應許深宵立雪邊」，頗顯何夢瑤恭敬陳治滋，執師禮相待之誼。

值得注意的是，實錄所謂「奉天地處關外，官斯土者恒不樂久居」，當亦爲何夢瑤棄官歸里的原因之一。何夢瑤履任遼陽知州之際，家人相伴，從其詩作可知，有一子名鵠兒在側。何夢瑤另有一詩《送長兒南還》，不知爲長子，或此子名長兒。〔註164〕

何夢瑤在遼陽，由於貧困，加之遠離親朋，對於官場了無興趣，歸意不斷，加上「臂痛愁風掉，頭旋恐夜飛」病患纏身，然而「欲歸歸未得」，惆悵滿懷，寫下充滿悲愁的長詩《襄平雜詠用老杜秦州詩韻》十九首。何夢瑤告病還鄉被批准後，接任遼陽州知州的是吳秉禮。〔註165〕雖然何夢瑤在遼陽時

〔註162〕何夢瑤：《菊芳園詩鈔》卷6，《鶴野集》，第10頁a。

〔註163〕《清實錄》第13冊，卷333，乾隆十四年正月己巳條，第569頁下～570頁上。

〔註164〕何夢瑤：《送長兒南還》，《菊芳園詩鈔》卷6，《鶴野集》，第9頁a～9頁b。

〔註165〕據光緒《福安縣志》卷20：「吳秉禮，字敬夫，號復齋，貢生。寧遠州知州，調遼陽州知州。」見光緒《福安縣志》卷20，《選舉中》，臺北：成文出版社，

間不長，但是何夢瑤社會交往廣泛，文人雅士眾多。

何夢瑤宦遊交往對象以官宦為主，人數眾多。除了以上人物以外，何夢瑤交往的人物還有吳王坦、梁士綸、陳於中、李聖機、莫自馨、劉文昭、陳鶴亭、段桐峰、鄧彪、吳文其、范太史、鄒太史、吳別駕、張郡伯、黎式廣、鄺徵君、林屏侯、蘇廣文、侯明府、徐子山、劉明府、葉於人、隱峰禪師、張渭、顧玉山、王成李、畢總戎、宋偉齋、陳郡伯、朱彩臣、周書升、柯九臣、陳載思、段屯田、鄧思沛、陳載思、楊副憲、李穆、王素齋、徐楚玉、曹文煌、吳秉禮、張蘊德、徐少梅、陳德泉、邱應斗、蘇大中、金郡伯、徐爾宛、錢逾，以及族內親戚何彙朝、何開將、何禧等等。何夢瑤的官宦交往特點，從地域來說，體現了與其宦遊經歷相應的地域性；從交往人群來說，大多是與何夢瑤職業相關的中下層官員（大多為文官，少數為武官），以及志趣相投的友人；從交往深度來說，深交者少數，大多是一般性的交往。何夢瑤宦遊生涯近二十年，總體上較為平淡。由於性格耿直，秉公執法，得罪上司，以致蹉跎官場，形同雞肋。但其在廣西四縣任上清廉勤勉，亦有相當之政績，又四為簾官，交往廣泛，反映了雍乾時期官場的生活。

民國 56 年，第 218 頁下。

第四章　醫學承繼及影響

　　何夢瑤幼年多病，或因此故，其自小有志習醫，只是未曾深入鑽研。他曾自述少時經歷，「爰取少日所誦岐黃家言」〔註1〕。可惜的是，由於其眾多著作亡佚，目前尚不清楚其於何時開始習醫，何時開始行醫。不過據現存資料顯示，他三十八歲成進士前業已行醫多年。也就是說，他可能一邊教書一邊行醫，以彌補家計的不足。關於習醫的意義，何夢瑤認為：「仁為萬替之本，孝乃為人之基，惟醫述一端，行之可以濟人，言之可以壽世。讀者四診明，方藥備，從此深造，調陰陽，起夭折，遠而壽世，近而迎親，欲仁得仁，寧外是乎？」〔註2〕

第一節　醫學承繼

一、醫學著述的存佚情況

　　何夢瑤一生醫學著述甚豐，著作有：《醫碥》（六卷）、《傷寒論近言》、《樂只堂人子須知》（四卷）、《三科輯要》（二卷）、《追癆仙方》（上下卷）、《神效腳氣方》、《紺山醫案》和《針灸吹雲》等。其中以《醫碥》最為著名，篇幅也最長；而《紺山醫案》和《針灸吹雲集》早已遺佚。《醫碥》為何夢瑤在廣西、遼陽為官時所著，成書於乾隆十六年（1751）。據《清史稿藝文志拾遺》〔註3〕現存有乾隆十六年同文堂刻巾箱本（七卷）和1918年兩廣圖書局刊本（七冊）。《醫碥》是何夢瑤醫學代表作，今有1982年上海科技

〔註1〕何夢瑤：《自序》，《醫碥》，第47頁。
〔註2〕何之蛟：《樂只堂人子須知序》，何夢瑤：《樂只堂人子須知》，第13頁。
〔註3〕王紹曾主編：《清史稿藝文志拾遺》（下），北京：中華書局，第1146頁。

出版社的排印本和 1995 年人民衛生出版社的點校本出版。《樂只堂人子須知》四卷，爲何氏遺稿，佛山僧互禪校訂。現存光緒乙酉年（1885）佛山福祿大街華文局刊本，二冊。《三科輯要》現存有光緒二十一年刊兩卷；三科即嬰科、痘科、婦科。書首有番禺潘湛森序：「南海夢瑤何君，夙耽經史，兼擅岐黃。昔嘗著《醫碥》一書，……。而其於嬰科、痘科、婦科，尤爲研精殫思，批卻導窾因，辯證訂方，輯成兩卷。所載病情脈象，分條析縷，窮流塞源，實足補古人所未備。」〔註 4〕從此序言來看，《三科輯要》所著似在《醫碥》之後；而《三科輯要》中的《婦科輯要》有言：「經行吐瀉脾虛者參苓白術散，虛而寒者理中湯，熱而吐瀉及因停濕傷食等證，並詳《醫碥》。」〔註 5〕便明確說明了《三科輯要》成書於《醫碥》之後。

《傷寒論近言》七卷。現存乾隆己卯年（1759）樂只堂藏板。〔註 6〕卷一爲「（傷寒論）提綱」，卷二爲「太陽篇」，卷三爲「陽明篇」，卷四爲「少陽篇、陽經合病並病篇」，卷五爲「太陰篇、少陰篇、厥陰篇」，卷六爲「汗吐下可不可篇等」，卷七爲「仲景原方」。〔註 7〕1927 年廣東中醫專科學校出版的《中醫雜誌》第 3、4 期選登了《傷寒論近言》的部分內容。〔註 8〕廖景曾有按語：「報之先生爲吾粵名儒，學術行誼詳載志乘，惟《阮通志》敘先生醫學著述，未列《傷寒論近言》，可見當日已鮮流傳，嗣聞版毀於火，傳本更希。茲從盧朋著君藏本錄出，庶先哲微言不至湮沒云爾。」〔註 9〕《追癆仙方》上下兩卷，又名《內傷仙方》，現存 1918 年兩廣圖書局刊本，一冊。《神效腳氣方》四卷，現存 1918 年兩廣圖書局刊本，二冊。《彙刻何夢瑤先生醫方全書凡例》言：「腳氣爲南人時有最險之症，而又未見專書，何先生輯。此書成，即歸道山。致未刻行於世，今用附全書之內公諸天下。」〔註 10〕此書得以傳

〔註 4〕 潘湛森：《三科輯要序》，何夢瑤：《三科輯要》，廣東科技出版社，2011 年，第 3 頁。

〔註 5〕 何夢瑤：《三科輯要》，廣東科技出版社，2011 年，第 151 頁。

〔註 6〕 天津市醫學科學技術信息研究所藏有此書。

〔註 7〕 何夢瑤：《傷寒論近言》，廣東科技出版社，2012 年，第 9～10 頁。

〔註 8〕 僅載有原書的卷一「提綱」，卷二的（一）至（五二）；缺「凡例」，卷三至卷七，以及卷一的「內經熱病論」、「傷寒論序」、卷二的「（五三）至（百四九）」。有關選登內容可參考王崇存：《嶺南醫家何夢瑤〈傷寒論近言〉輯殘本整理及相關研究》，廣州中醫藥大學碩士研究生學位論文，2008 年。

〔註 9〕 廖景曾：《傷寒論近言按語》，廣東中醫專科學校，《中醫雜誌》第 3 期，民國十六年（1927）。

〔註 10〕 兩廣圖書局主人：《彙刻何夢瑤先生醫方全書凡例》，何夢瑤：《醫方全書》，

播，頗有傳奇色彩。黃培芳在《何氏神效腳氣秘方》的跋中說：「右《神效腳氣秘方》四卷，爲南海何報之先生考古證今，參以己見所輯成。戊辰秋，（余）養疴白雲，寺僧以醫聞，尤以腳氣爲神手。（余）時與之清談或就診，受其賜者不啻一日，僧以此書贈余曰：『山僧之得有微名者，此書之力也，傳之異人，世所罕有。先生乃吾粵名士，學識富於常人，幸先生爲之保存，可以無憾。』（余）思秘方之難得，憫斯世之瘡痍，乃敬而受之，不忍隱而藏之，爰付手民以公諸世，俾得極吾民之疾苦，實無窮之幸福矣。」〔註11〕《幼科良方》、《痘疹良方》、《婦科良方》，上三書均不分卷，內容與《三科輯要》之嬰科、痘科、婦科同，現存 1918 年兩廣圖書局刊本，共二冊。上述的《醫碥》、《幼科良方》、《婦科良方》、《追癆仙方》、《痘疹良方》、《神效腳氣方》等書，後被輯錄爲《醫方全書》十二冊，1918 年兩廣圖書局刊行。〔註12〕

　　「兩廣圖書局主人」在《彙刻何夢瑤先生醫方全書序》中說：「何公報之，爲粵東醫界古今第一國手。其所著醫書，悉根據南方之地勢，南人之體質調劑，與北方不同，立方與北帶亦異，故南帶之人民效用其方法，無不百發百中，服其劑無不奏效如神。獨是世遠年湮，其嘉言妙術傳世罕稀。敝局素以保存古今名著爲職務，費十年之心力，始搜得先生未刻之稿數種。彙爲一書，更延當代名醫悉心校印，用公諸世行見，南方醫界益放光明，南人軀體益壽而康，爲南人保身之護符，居家常用之秘寶也。」〔註13〕其中「粵東醫界古今第一國手」的稱號，雖有溢美之嫌，但也足見近代廣東醫界特別推崇何氏醫學，亦見何夢瑤在廣東的重要影響。

二、《醫碥》與《證治準繩》的淵源

　　何夢瑤的醫學思想主要體現在他的醫學著作《醫碥》中。關於《醫碥》，如前所述，今人研究頗多，重點分析了何夢瑤對醫學基本理論和概念的深化

兩廣圖書局，民國七年，第 1 頁。
〔註11〕黃培芳：《何氏神效腳氣秘方跋》，何夢瑤：《醫方全書》，兩廣圖書局，民國七年，第 52 頁。
〔註12〕劉小斌：《嶺南名醫何夢瑤研究》，《中華醫學會醫史學分會第 12 屆 1 次學術年會論文集》，2008 年。
〔註13〕兩廣圖書局主人：《彙刻何夢瑤先生醫方全書凡例》，何夢瑤：《醫方全書》，第 1 頁。

和理解。如，對六腑的功能解釋、脾胃在人體的「後天培養之功」、對火、濕證、瘟疫和虛損的認識以及治療方法等等。但是，《醫碥》中有關醫學思想的淵源，有關研究比較薄弱，大多以何夢瑤在《醫碥》自序的說法，說以王肯堂的《證治準繩》爲藍本，「芟其繁蕪，疏其湮鬱，參以己見，泐爲一書，用以階梯初學。」﹝註 14﹞，或者因襲辛昌五之說「王金壇先生《證治準繩》膾炙人口，予友何西池稱爲近代醫書之冠，慮其奧博難讀，因作《醫碥》以羽翼之。其書文約而義該，深入而顯出，當與《準繩》並傳無疑。」﹝註 15﹞ 至於《醫碥》在哪些具體方面引用、借用或者簡化《證治準繩》的說法，目前仍然未見有關專題研究。筆者針對何夢瑤醫學思想淵源的這一方面做一些探討。

（一）王肯堂及其《證治準繩》

王肯堂（1519～1613），字宇泰，一字損仲，又字損庵，號念西居土，又號鬱岡齋主。江蘇金壇縣人。明萬曆十七年（1589）進士，選庶吉士，官至福建參政。王肯堂廣泛收集歷代醫藥文獻，結合臨床經驗，以十年時間編著成《證治準繩》，亦稱《六科證治證繩》。其含雜病證治準繩、雜病證治類方、傷寒證治準繩、瘍醫證治準繩、幼科證治準繩和女科證治準繩，所述病證皆以證治爲主，涉及各科病種較爲廣泛，每一病證先以綜述歷代醫家治驗，然而闡明自己見解，採錄資料豐富，論述精審，治法詳備，選訂諸方切於實用，故有「博而不雜，詳而有要」的特點，集明代醫學之大成，爲後世醫家所崇尚。﹝註 16﹞

此外，王肯堂還著有《醫辨》、《醫鏡》、《靈蘭要覽》以及《鬱岡齋醫學筆塵》等，而《證治準繩》偏重於理論研究，其它幾部書籍則側重實踐總結。王肯堂治病非常有特色，審證求因，治病求本，而且不拘泥於成方成法，多自製方藥，靈活運用。

（二）《醫碥》與《證治準繩》的比較

《證治準繩》印行後，在明清時期已經評價很高。《四庫全書提要》就說：「其書採摭繁富，而參驗脈證，辨別異同，條理分明，具有原委，故博

﹝註 14﹞ 何夢瑤：《自序》，《醫碥》，第 47 頁。

﹝註 15﹞ 辛昌五：《辛序》，何夢瑤：《醫碥》，第 52 頁。

﹝註 16﹞ 王肯堂撰，陸拯主編：《王肯堂醫學全書》，北京：中國中醫藥出版社，1999年，第 2718 頁。

而不雜，詳而有要，於寒溫攻補，無所偏主。」〔註17〕何夢瑤也稱《證治準繩》爲「近代醫書之冠」，只是「慮其奧博難讀，因作《醫碥》以羽翼之。」〔註18〕何夢瑤的《醫碥》主要是以《六科證治證繩》中的三科：《雜病證治準繩》、《雜病證治類方》和《傷寒證治準繩》爲參照，通過引用、簡化、借用或者抄襲《證治準繩》以及其它醫家的說法，並加入自己的理解和心得來撰寫《醫碥》的。《醫碥》的篇章結構大部分是模仿《證治準繩》的結構，而且大條目較《證治準繩》寬泛。本研究僅討論《醫碥》對《證治準繩》的淵源關係。

1、《醫碥》通過標注「準繩」對《證治準繩》的直接引用

《醫碥》通過標注「準繩」對《證治準繩》的直接引用有 20 處，共 18 個條目，其中在《醫碥》卷二雜症「鬱」和卷二雜症「蟲」分別引用了二次；其它 16 個條目分別是：卷一雜症・血「鼻衄」、「舌衄」、「溲血」；卷二雜症「虛損癆瘵」、「痰」；卷三雜症「黃膽」、「痙」、「霍亂」、「淋」、「頭痛」、「脅肋痛」；卷四雜症「咽喉」、「抽搐」、「香港腳」；卷五四診・切脈「胎孕脈」；卷七諸方（下）「咽喉」。

2、《醫碥》對《證治準繩》的直接引用但未標注

《醫碥》對《證治準繩》的直接引用但未標注的部分所佔比重較大，有相當部分是整段引用。雖然何夢瑤說：「顧其文繁而義晦，讀者卒未易得其指歸，初學苦之。」〔註19〕及「論中所引古人成說，欲令讀者易曉，不無修飾之處，即非古人原文，故多不著其名氏，非掠美也，諒之。」〔註20〕似乎在爲自己的大量引用辯護，但是，事實上有大量內容直接抄自《證治準繩》，僅有少量字詞的簡化、修改，某些句子順序的更改，主要內容或者完全一致，或者簡化王肯堂的說法。本文限於篇幅，具體略舉二例較簡短者：

其一

《證治準繩》第三冊・諸血門「舌衄」。屬性：舌上忽出血如線，用槐花炒研末摻之，麥門冬煎湯調妙香散。〔註21〕

〔註17〕轉引自，丹波元胤編：《中國醫籍考》，北京：人民衛生出版社，1956 年，第1037 頁。

〔註18〕辛昌五：《辛序》，何夢瑤：《醫碥》，第 52 頁。

〔註19〕何夢瑤：《自序》，《醫碥》，第 47 頁。

〔註20〕何夢瑤：《凡例》，《醫碥》，第 54 頁。

〔註21〕王肯堂撰，陸拯主編：《王肯堂醫學全書》，第 116 頁。

《醫碥》卷一雜症「舌衄」。屬性：舌上無故忽出血線，此心、脾、腎諸經之火所致，（三經脈皆及舌。）槐花炒研末摻之。（或浦黃炒爲末。）〔註22〕

其二

《證治準繩》第四冊‧諸痛門「臂痛」。

> 臂痛有六道經絡，究其痛在何經絡之間，以行本經藥行其氣血，血氣通則愈矣。以兩手伸直，其臂貼身垂下，大指居前，小指居後而定之。則其臂臑之前廉痛者，屬陽明經，以升麻、白芷、乾葛行之；後廉痛者，屬太陽經，以槀本、羌活行之；外廉痛者，屬少陽經，以柴胡行之；內廉痛者，屬厥陰經，以柴胡、青皮行之；內前廉痛者，屬太陰經，以升麻、白芷、蔥白行之；內後廉痛者，屬少陰經，以細辛、獨活行之。並用針灸法，視其何經而取之。臂爲風寒濕所搏，或飲液流入，或因提挈重物，皆致臂痛。有腫者，有不腫者。除飲證外，其餘諸痛，並可五積散，及烏藥順氣散，或蠲痹湯。〔註23〕

《醫碥》卷三雜症「臂痛」。

> （腋腫）臂痛有六道經絡，究其痛在何經，以行本經藥行其氣血，氣血通則愈矣。以兩手伸直，臂貼身垂下，大指居前，小指居後而定之。其臂臑之前廉痛者，屬陽明經，以升麻、白芷、乾葛行之。後廉痛者，屬太陽經，以槀本、羌活行之。外廉痛者，屬少陽經，以柴胡行之。內廉痛者，屬厥陰經，以柴胡、青皮行之。內廉痛者，屬太陰經，以升麻、白芷、蔥白行之。內後廉痛者，屬少陰經，以細辛、獨活行之，並用針灸法。臂爲風寒濕所搏，或飲液流入，或因提挈重物致痛，或腫或不腫，除飲證外，其餘並可五積散（見中寒），及烏藥順氣散，（見中風）或蠲痹湯（見痹）。〔註24〕

同樣的情況還大量出現在以下篇目中，具體見表4.1（表中僅列出篇目，

〔註22〕何夢瑤：《醫碥》，第54頁。
〔註23〕王肯堂撰，陸拯主編：《王肯堂醫學全書》，第144頁。
〔註24〕何夢瑤：《醫碥》，第353～354頁。

內文省略，下同）。

表4.1 《醫碥》對《證治準繩》未標注的直接引用對照表

序號	《證 治 準 繩》	《醫 碥》
1	第三冊・諸血門「耳衄」	卷一・雜症・血「耳衄」
2	第三冊・諸血門「諸見血證」・九竅出血	卷一・雜症・血「九竅出血」
3	第三冊・諸血門「溲血」	卷一・雜症・血「溲血」
4	第一冊・寒熱門「潮熱」	卷一・雜症「潮熱」
5	第一冊・寒熱門「往來寒熱」	卷一・雜症「寒熱」
6	第一冊・諸中門「卒中暴厥」	卷一・雜症「諸中總論」
7	第一冊・諸中門「中寒」	卷一・雜症「中寒」
8	第一冊・諸中門「中暑」	卷一・雜症「中暑」
9	第一冊・諸中門「中濕」	卷一・雜症「中濕」
10	第一冊・諸中門「中食」	卷一・雜症「中食」
11	第一冊・諸中門「中惡」	卷一・雜症「中惡」
12	第三冊・諸血門「舌衄」	卷一・雜症「血舌衄」
13	第一冊・諸傷門「傷燥」	卷二・雜症「傷燥」
14	第二冊・諸氣門「喘」	卷二・雜症「喘哮」
15	第四冊・諸痛門「臂痛」	卷三・雜症「臂痛」
16	第四冊・諸痛門「身體痛」	卷三・雜症「身體痛」
17	第八冊・七竅門下「齒」	卷四・雜症「齒」
18	第六冊・大小腑門「谷道癢痛」	卷四・雜症「谷道癢痛」
19	第五冊・神志門「悲」	卷四・雜症「悲」

3、《醫碥》對《證治準繩》的相關內容的改寫及引申

　　《醫碥》還有部分內容是對《證治準繩》的相關內容的改寫，並根據何夢瑤自己的一些觀點和心得進行引申。此類內容，雖然與王肯堂的原文不盡相同，但是基本的醫學思想一致，具體略舉一例如下：

《證治準繩》第三冊・諸血門「咳嗽血」：

　　熱壅於肺能嗽血，久嗽損肺亦能嗽血。壅於肺者易治，不過涼之而已。損於肺者難治，漸以成勞也。熱嗽有血，宜金沸草散加阿膠一錢，痰盛加栝蔞仁、貝母。勞嗽有血，宜補肺湯加阿膠、白芨一錢。

嗽血而氣急者，補肺湯加阿膠、杏仁、桑白皮各一錢，吞養正丹，

或三炒丹，間進百花膏，亦可用七傷散、大阿膠丸。〔註25〕

《醫碥》卷一雜症‧血「咳嗽血」：

嗽則兼有痰，痰中帶有血線，亦肺絡之血也。其證有輕重，但熱壅

於肺者輕，清火自愈。久嗽肺損者重，保肺爲主，阿膠爲君，白芨、

苡仁、生地、甘草、枳梗、橘紅、貝母爲丸，噙化。又須看痰色如

瑪瑙成塊者，出胃口，易治。若一絲一點，從肺臟中來，肺少血，

爲火所逼，雖少亦出，漸至肺枯成癆，難治。咳出白血必死。（血色

淺紅，似肉似肺者是。）脈弦氣喘，聲嘶咽痛，不治。〔註26〕

類似的情況還出現在以下幾個篇目中，具體見表4.2。

表4.2　《醫碥》對《證治準繩》改寫和引申對照表

序號	《證 治 準 繩》	《醫 碥》
1	第三冊‧諸血門「齒衄」	卷一‧雜症‧血「齒衄」
2	第一冊‧諸中門「中氣」	卷一‧雜症「中氣」
3	第五冊‧諸風門「破傷風」	卷二‧雜症「破傷風」
4	第六冊‧大小腑門「交腸」	卷三‧雜症「交腸」
5	第六冊‧大小腑門「疝」	卷四‧雜症「疝」
6	第六冊‧大小腑門「脫肛」	卷四‧雜症「脫肛」

4、《醫碥》與《證治準繩》對相關病案的相同引用

如果說對某一病症的定義或者醫理認同經典的說法，或者強調經典的某

個方面，因此有必要要復述經典，《醫碥》在引用醫學經典方面與《證治準

繩》出現相同是無可厚非的。但是，對某個病症的案例方面也經常出現相同

的，並且被簡化了的同一案例的引用，不由使人懷疑何夢瑤在「著述追步金

壇」的過程中，愛之甚而不忍棄之感。如：《證治準繩》第四冊‧痿痹門「痿

厥」：

……東垣治中書黏合公，三十二歲病腳膝痿弱，臍下尻陰皆冷，陰

汗臊臭，精滑不固，服鹿茸丸十旬不減。診其脈沉數而有力，此醇

酒膏粱滋火於內，逼陰於外。醫見其證，不知陽強不能密緻皮膚，

〔註25〕王肯堂撰，陸拯主編：《王肯堂醫學全書》，第119頁。

〔註26〕何夢瑤：《醫碥》，第50～51頁。

以爲内實有寒，投以熱劑，反瀉其陰而補其陽，是實實虛虛也。不危幸矣，復何望效耶。即處以滋腎大苦寒之劑，制之以急，寒因熱用，飲入下焦，適其病所，瀉命門相火之盛，再服而愈。求方不與，亦不著其方於書，恐過用之，則故病未已，新病復起也。此必滋腎丸、神龜滋陰丸之類，中病則已，可常服乎。〔註27〕

而《醫碥》卷三雜症「痿」：

　　……東垣治黏合公，三十二歲病此，尻陰皆冷，陰汗臊臭，精滑不固。此醇酒濃味滋火於内，逼陰於外，醫誤作寒治，十旬不愈，脈沉數有力。以滋腎大苦寒之劑，制之以急，寒因熱用，再服而愈。（當是滋腎丸、神龜滋腎丸之類。）〔註28〕

實際上何夢瑤是簡化或者縮寫了王肯堂引用的案例。同樣的情況還出現在：《證治準繩》第八冊・七竅門下「蟲」與《醫碥》卷二雜症「蟲」，以及《證治準繩》第五冊・諸風門「顫振」與《醫碥》卷四雜症「顫振」之中。尤其明顯的是，《醫碥》卷二雜症「蟲」篇，將《證治準繩》第八冊・七竅門下「蟲」篇中約 1200 餘字的數個案例，縮寫爲 600 餘字。本文限於篇幅，不具體列出。〔註29〕

《證治準繩》對前人著作的引用，比較嚴謹，絕大部分都列明出處，但也有少量未標注來源的情況，《醫碥》予以拾遺補漏。如，《證治準繩》第四冊・諸痛門「腰痛」。其中有：

　　……膏粱之人，久服湯藥，醉以入房，損其眞氣，則腎氣熱，腎氣熱則腰脊痛而不能舉，久則髓減骨枯，發爲骨痿。宜六味地黃丸、滋腎丸、封髓丹之類，以補陰之不足也。〔註30〕

而《醫碥》在卷三雜症「腰痛」中，增加了出處：

　　……東垣所謂醉以入房，損其眞陰，則腎氣熱，熱則腰脊痛不能舉，久則髓減骨枯，發爲骨痿，六味丸（見虛損）、滋腎丸（見小便不通）、

〔註27〕王肯堂撰，陸拯主編：《王肯堂醫學全書》，第 153 頁。

〔註28〕何夢瑤：《醫碥》，第 259～260 頁。

〔註29〕具體參見，王肯堂撰，陸拯主編：《王肯堂醫學全書》中《證治準繩》第 8 冊，《七竅門下・蟲》、《證治準繩》第 5 冊，《諸風門・顫振》，以及《醫碥》卷 2《雜症・蟲》、《醫碥》卷 4《雜症・顫振》之中、《醫碥》卷 2《雜症・蟲》篇。

〔註30〕王肯堂撰，陸拯主編：《王肯堂醫學全書》，第 141 頁。

封髓丹（見遺精）之類。〔註31〕

再如，《證治準繩》第八冊·七竅門下「蟲」篇。其中有：

> 又有九蟲：一曰伏蟲，長四分；二曰蛔蟲，長一尺；三曰……伏蟲
> 則群蟲之主也。〔註32〕

而《醫碥》卷二雜症「蟲」篇中亦增加了出處：

> 《千金要方》云：蟲有九，皆能食人臟腑。一曰伏蟲，長四分，群
> 蟲之主也。一曰蛔蟲，長一尺或五六寸，……〔註33〕

（三）《醫碥》與《證治準繩》比較的意義

研究古代醫學著作，必須首先弄清楚經典著作及各家各派的學術精髓，理清楚哪些是傳承，哪些是發展和創新，這樣才能分析出學術的演化脈絡，才能提高對病症的理解和治療水平，也才能恰當地對每個醫家的學術進行評價並明確其地位。康乾時期，漢學的興盛，爲學術（包括醫學）溯本求源，營造了濃厚的氛圍和背景。歷代醫學著作汗牛充棟，十分龐雜，其中人云亦云比比皆是。後人如果不細加分析，很容易以訛傳訛，將所引用之學術思想當成引用者之學術思想，而眞正的創見反而易於湮沒。因此，進行學術著作的比較非常有必要。

王肯堂在《證治準繩》中，參考了豐富的前人學術成果，可謂集明代醫學之大成，但是他在學術規範方面做的非常嚴謹，絕大多數引用都注明出處，因此王肯堂自己的醫學思想及其價值得以較好的體現。通過分析和比較《醫碥》與《證治準繩》，可以甄別出何夢瑤醫學思想的淵源，並呈現其創見。如，關於對「痰」的認識，《證治準繩》說：「人身無痰，痰者津液所聚也……聚則爲痰，散則還爲津液血氣，初非經絡臟腑之中，別有邪氣穢物，號稱曰痰。」〔註34〕然痰的臨床表現形形色色，多種多樣。何夢瑤對於痰細緻探究，總結了痰的症狀 28 種。除重點討論了風痰、血痰、氣痰、濕痰、寒痰的症狀及治療外，還詳細描述了痰在全身各部位的症狀 17 種，「怪涎百般，不可殫述」，體現了「怪病難病責之於痰」的思想。而對於痰性屬熱屬寒，何夢瑤主張應參照脈證以別之，並總結了三條經驗：「大抵稀白而吐疏

〔註31〕何夢瑤：《醫碥》，第 348 頁。
〔註32〕王肯堂撰，陸拯主編：《王肯堂醫學全書》，第 326 頁。
〔註33〕何夢瑤：《醫碥》，第 223 頁。
〔註34〕王肯堂撰，陸拯主編：《王肯堂醫學全書》，第 2443 頁。

者，必屬寒。吐數而因傷風鬱熱者，及內傷龍雷火動者，必屬熱。因於脾氣虛寒不能攝涎，頻吐遍地者，必屬寒。」〔註35〕這種辨痰方法於臨床非常實用，也豐富和深化了痰證的理論。

此外，何夢瑤在《醫碥》靈活運用經典醫理，根據廣東地理氣候特點辯證施治。如「廣東地卑土薄，土薄則陽氣易泄，人居其地，腠理汗出，氣多上壅。地卑則潮濕特盛，晨夕昏霧，春夏淫雨，人多中濕，肢體重倦，病多上脘鬱悶，胸中虛煩，腰膝疼痛，腿足寒厥。」〔註36〕論述了因廣東之地理氣候，濕證、火證尤為常見，故對疾病的影響亦迥乎他域，治療亦大不同。

當然，不能以今天的學術標準來衡量古人。《醫碥》對《證治準繩》的大量引用和參照，一方面反映了《證治準繩》在清代廣東地區的傳播及重要影響，另一方面也是清代醫學進一步傳播和學習的重要手段。清代康乾時期書籍出版，較之前代，相對繁榮，但是像《證治準繩》這樣的大部頭書籍，普通平民難以購買。《醫碥》的印行，利於醫學經典的傳播和學習，也促進了廣東醫學水平的提升。

第二節　教醫療疾

何夢瑤在思恩為官五年，除了擬定藥方治疫，撰寫《四診》教育邑醫外，還親自為民診療疾病，積纍歷年醫案。因思恩縣北有紺山，遂將所撰醫案命名為《紺山醫案》，惜遺佚，故其絕大部分醫案都不可考，僅在地方志、《醫碥》和羅天尺的詩中找到幾例。

何夢瑤在思恩時，遇到疫病流行，遂制定藥方下發全縣，存活甚眾。由於治療效果較好，兩廣總督策楞下令將何夢瑤的藥方發到各縣。趙林臨在《醫碥・趙序》中說：「然其在思恩也，癘疫流行，西池廣施方藥，飲者輒起。制府策公下其方於諸邑，存活甚眾。」〔註37〕此說為後來的地方志採納，如光緒《廣州府志》卷一二八《列傳十七》：「時（思恩）疫氣流行，立方救療，多所全活。制府策楞下其方於各邑。」〔註38〕何夢瑤還自編《四診》為教材，以教縣裏的醫生。後來此《四診》編入《醫碥》第五卷。何夢瑤《醫碥・凡

〔註35〕何夢瑤：《醫碥》，第 202 頁。
〔註36〕何夢瑤：《醫碥》，580～581 頁。
〔註37〕趙林臨：《趙序》，何夢瑤：《醫碥》，第 49 頁。
〔註38〕光緒《廣州府志》卷 128，《列傳十七》，第 1992 頁上。

例》載：「五卷《四診》，宰思恩時輯以教邑醫者，本自爲一書，今附《醫碥》之末，頗多改竄，與舊本歧出，當以今刻爲定。」〔註39〕

乾隆十五年（1750，庚午）夏，何夢瑤回到廣州不久，順德進士趙林臨因其妻重病而求治於何。趙林臨，順德人，乾隆六年進士〔註40〕，乾隆十八年任贛榆知縣。〔註41〕後於乾隆二十五年因降調改授潮州府教授。〔註42〕故趙見何之時還仍然是候選進士。趙在《醫碥・趙序》說：

> 庚午夏，予內子病，兩月不少間，諸醫皆束手，已治木矣。適西池請告歸里，亟延診。先後處大承氣、白虎、小柴胡數十劑，效若桴鼓。予謂西池：諸醫皆言陽虛宜扶陽，非參、附勿用，子獨反之，何也？曰：此非粗工所知，且此輩妄引《易》義，動言扶陽抑陰。夫《易》陽，君子；陰，小人，故當扶抑。醫言陰陽，俱氣耳。氣非正則邪，正虛無論陰陽均當扶，邪勝無論寒熱均當抑，何得牽西補東耶？人以溫補爲起死回生，而不識熱伏於內而妄投桂、附，竟不明其誤服殺人。而承氣湯大黃、朴、硝即回陽之上品，故能扶。補瀉初無定名，蓋視病之寒熱以爲去留。今不問何證，概從溫補，何異懲溺，而水趨火滅，不亦惑乎？又曰：醫有偏點，庸醫不知溫補之能殺人也，以爲平穩而用之；點醫知溫補之能殺人，而人不怨，以爲可以藏拙而用之。於是，景嶽書徒遍天下，而河間、丹溪之學絕矣。距邪閒正，吾能已乎？西池之言若此，然則西池之醫、之著，於天下也所繫固不少矣。〔註43〕

趙林臨不但對於何夢瑤「效若桴鼓」的醫技心存感激，而且與其討論了何夢瑤與眾不同治療的醫理。何夢瑤對「動言扶陽抑陰」的時醫觀點，深以爲害，而較爲全面而辯證地認爲：陰陽俱氣，氣非正則邪，正虛無論陰陽均當扶，邪勝無論寒熱均當抑；時醫不識熱伏於內而妄投桂，哪知附，溫補之能殺人；而承氣湯中之大黃、朴、硝雖然爲峻抑之藥，但是對於邪熱之抑，正是扶正而回陽之上品。

〔註39〕何夢瑤：《醫碥》，第 56 頁。
〔註40〕光緒《廣州府志》卷 43，《選舉表十二》，第 704 頁下。
〔註41〕光緒《贛榆縣志》卷 9，《官師上》，臺北：成文出版社，民國 59 年，第 282 頁。
〔註42〕乾隆《潮州府志》卷 31，《職官表上》，第 708 頁上。
〔註43〕趙林臨：《趙序》，何夢瑤：《醫碥》，第 49～50 頁。

　　趙林臨還在《醫碥·趙序》中提到何夢瑤在遼陽成功醫治一「風病」病案，其治療過程極具戲劇性：

> 遼陽民王洪，病風年餘，狂易多力，投入秔火中，焦爛無完膚，數以藥，數日愈。於是西池坐廳事，呼伍伯縛王洪庭柱間，且詈且歌，州人聚觀如堵。西池先威以刑令怖，旋予湯液，兩人持耳灌之，有頃，暴吐下，其病遽失，人咸驚爲神。〔註44〕

　　趙林臨並未到過遼陽，「風病」病例極有可能是從何夢瑤口中得知。

　　行醫之外，何夢瑤還勤於醫學著述，《三科輯要》就是在遼陽完成的。《彙刻何夢瑤先生醫方全書凡例》云：「婦幼痘疹各書均服官遼左所著。於南北天時地利，寒溫燥濕體質之區別，受病之原因皆研究至理。故此書爲南方人民必要之書。」〔註45〕

　　由於在廣西、遼陽官宦生涯的貧困，致乞退回鄉後，可謂家貧如洗。同學辛昌五勸其行醫：「予謂西池，同年中惟君與孔兼容能醫，又皆工詩，而其窮亦相若。兼容自宜春解組歸，爲小兒醫，日獲百錢，即彈琴歌商，浩浩自得，豈醫與詩皆能窮人耶？抑廉吏固不可爲耶？」〔註46〕在辛昌五的勸說下，何夢瑤也「欲以醫終老」。但何夢瑤回鄉的當年（乾隆十五年秋冬之季）因暫代粵秀書院山長的曹憘被選授四會教諭，很可能曹推薦了惠門同學何夢瑤暫代粵秀書院山長。貧困得以緩解，故何夢瑤也不需以知州之尊而以醫終老了。從乾隆十五年至乾隆二十九年何去世，約十四年左右的時間，何夢瑤歷任三大書院山長，故其懸壺行醫只是業餘爲之。

　　乾隆二十年（1755），何夢瑤在端溪書院任山長之時，羅天尺的大兒子緒兒因足疾，而赴端溪書院就醫於何夢瑤。羅天尺《緒兒喪經年矣，提筆作悼句輒不能成，一日獨坐恍然有悟，信口得四首，命孫向靈誦之》之其三有注：「兒乙亥足疾就醫何十於端溪」〔註47〕此次療效不錯，治療之後緒兒還遊玩了鼎湖。羅天尺的《秋杪歸雞庋軒即事有作》其二：

〔註44〕何夢瑤：《醫碥》，第49頁。

〔註45〕兩廣圖書局主人：《彙刻何夢瑤先生醫方全書凡例》，何夢瑤：《醫方全書》，廣州：兩廣圖書局，1918年，第1頁。

〔註46〕辛昌五：《辛序》，何夢瑤：《醫碥》，第53頁。

〔註47〕羅天尺：《緒兒喪經年矣，提筆作悼句輒不能成，一日獨坐恍然有悟，信口得四首，命孫向靈誦之》，《癭暈山房詩刪》卷7，第551頁下。

所喜兒歸自鼎湖，身強不用倩人扶〔註48〕。

看山聽瀑到孤寺，拾石囊雲餉老夫。

資我臥遊終夜醒，招朋斗酒遠村沽。

香山居士添幽興，又送黃花滿座隅。〔註49〕

何夢瑤同邑晚輩郭治，字符峰，南海附貢生，精於醫術。著有《脈如傷寒論》、《藥性別》、《醫約》各一卷，惟《脈如傷寒論》見存。〔註50〕何夢瑤為郭治《脈如》作序：「予友郭子元峰，本邑名諸生，能醫，尊劉（元素）朱（丹溪）與余議合……覽其所為《脈論》，又尊信劉朱，與近日宗張景嶽者明昧有別。吾欲取以為法，因以辭弁。其首曰：『熱藥之烈昆岡焚，神交鬼爛無逃門，誰辨紫朱判玉瑉，眾盲相引昭皆昏。』」〔註51〕因郭治為何夢瑤同鄉，亦是尊元素與丹溪，故與何夢瑤觀點相同，他們於脈學上互相取法。

何夢瑤詩集《菊芳園詩鈔》書後列了崔鋃士、陳簡在、李家樹、羅鼎臣、龔天牧、李德敬等47位受業門人，其中是否有跟從何夢瑤學醫的，亦不可考。又據道光《新會縣志》卷一一《列傳四‧方伎》：「陳國棟，字一隅。精於醫。……幼師南海何夢瑤。瑤深於醫，國棟衍其傳，由是活人甚眾。」〔註52〕陳國棟撰有《盤園集》六卷〔註53〕。陳並不在《菊芳園詩鈔》所列47位受業門人的名單內，有可能是《菊芳園詩鈔》成書之後，即乾隆十七年（1752）之後，曾隨何夢瑤習醫的。

第三節　醫學思想及影響

何夢瑤醫學推崇河間、丹溪以及金壇之說，但他主張對於寒溫攻補無所偏倚。〔註54〕如前文所分析的，何夢瑤還大量吸收、採用他們的學術觀點，並對醫學理論、外感熱病與傳染病、內科雜病、婦科兒科、以及方劑藥物等均有研究。

〔註48〕原注：緒兒足病就醫何十端溪，適愈歸舟遊鼎湖。

〔註49〕羅天尺：《秋杪歸雞度軒即事有作》，《癭暈山房詩刪》卷9，第569頁下。

〔註50〕道光《廣東通志》卷326，《列傳五十九》，第5180頁上。

〔註51〕何夢瑤：《何序》，郭治：《脈如》，道光丁亥年洗沂刊本，第1頁。

〔註52〕道光《新會縣志》卷11，《列傳四‧方伎》，第316頁上；其傳另載光緒《廣州府志》卷139，《列傳二十八》，第2170頁上。

〔註53〕道光《新會縣志》卷11，《藝文》，第335頁上。

〔註54〕劉小斌：《嶺南醫學史》（上），廣州：廣東科技出版社，2010年，第348頁。

一、主要醫學思想

何夢瑤的醫學思想最主要集中在《醫碥》之中，可以歸納爲以下諸方面：論熱、論脈、論痰、論濕、論氣血、論虛、論厥逆、論瘟疫、山嵐瘴氣以及中醫基礎理論等方面。現代醫史研究者對《醫碥》多有研究，總而述之，概有以下觀點：論火宗河間、丹溪，陳誤用桂附之害。針對當時景嶽之說盛行，醫者動用桂附，故將虛火分爲可用溫熱和宜用甘寒。〔註 55〕論脈宗《內經》。將脈之形體以長短，大小，虛實，緩緊爲綱，以察賦，時令，主病爲目，從而使脈理清晰明瞭，易於理解把握。〔註 56〕論痰飲法嘉言，鑒別寒熱虛實；治療上宗朱丹溪，戴原禮之說遵循：治痰先治氣，分清標本緩急。〔註 57〕論濕之病因、病機、症狀、治療等，並將濕分爲外濕和內濕兩大類。認爲腳氣病乃外感風濕邪毒和飲食失調，或酒濕傷脾所致，病機爲濕邪壅阻，氣血不行，治療以宣壅逐濕爲主，並按濕腳氣，乾腳氣及腳氣冲心等辯證施治。〔註 58〕論氣血生成，認爲除了脾、胃和腎之外，氣血的化生也離不開心火的重要作用。〔註 59〕論虛損，認爲粵人多習慣夜睡早起，勞心傷神，天長日久，乃至陰液虧損，損及臟腑，與其他地方有所不同。〔註 60〕論瘟疫，認爲瘟疫非傷寒也，乃感天地之厲氣；於瘟疫與傷寒的鑒別，及瘟疫的辯證、治法、立方、用藥都作了詳細地論述。〔註 61〕論厥逆異同，明仲景與《內經》之別。〔註 62〕針貶時醫，補偏救弊。如批駁溫補派的觀點，修正《內經》謂少陰所在，其脈不應之僞說。〔註 63〕

〔註 55〕 李安民：《清代名醫何夢瑤的醫學成就》，《中醫雜誌》1998 年第 11 期；徐復霖：《從〈醫碥〉看何夢瑤的學術經驗》，《新中醫》1980 年第 2 期；張志斌：《何夢瑤〈醫碥〉的廣東特色》，《廣西中醫藥》1989 年第 5 期。

〔註 56〕 馬小蘭：《淺論何夢瑤〈醫碥〉之脈學成就》，《中華醫史雜誌》2001 年第 4 期。

〔註 57〕 李安民：《清代名醫何夢瑤的醫學成就》，《中醫雜誌》1998 年第 11 期；王淑玲、洪素蘭：《何夢瑤辨痰治痰要旨》，《中國醫藥學報》1998 年第 5 期。

〔註 58〕 劉志英、許永周：《何夢瑤的濕病論》，《新中醫》1989 年第 11 期；張志斌：《何夢瑤〈醫碥〉的廣東特色》，《廣西中醫藥》1989 年第 5 期。

〔註 59〕 呂平波：《何夢瑤對氣血生成來源的學術見解》，《中醫研究》2001 年第 4 期。

〔註 60〕 徐復霖：《從〈醫碥〉看何夢瑤的學術經驗》，《新中醫》1980 年第 2 期。

〔註 61〕 徐復霖：《從〈醫碥〉看何夢瑤的學術經驗》，《新中醫》1980 年第 2 期；楊英豪等：《羽翼〈準繩〉針貶時醫──簡評何夢瑤之〈醫碥〉》，《河南中醫》1999 年第 5 期。

〔註 62〕 李安民：《清代名醫何夢瑤的醫學成就》，《中醫雜誌》1998 年第 11 期。

〔註 63〕 楊英豪等：《羽翼〈準繩〉針貶時醫──簡評何夢瑤之〈醫碥〉》，《河南中醫》

　　何夢瑤的《傷寒論近言》主要觀點：認爲體質不同，則傷寒之證型亦不同，分直中寒證，傳經熱證。六經皆有經病和腑病。「經受病，夫外爲經絡，內爲臟腑，表裏界分。」即六經不僅指經絡言，亦指臟腑言。「然邪在陽經，陽初被鬱，方勃勃欲潰圍而出，尚無向裏之勢，多有只在於經，而不入腑者，……邪在陰經，已薄於裏，邪氣內攻，勢必連臟，少有只在於經者。」傷寒的治療如同「驅賊」，「在經者，賊在外，開前門以逐之；在腑者，賊入裏，開後門以逐之。賴有前後門可開，故宜爲力也。」不拘泥成說，務求實際。何夢瑤對前人之說，不輕信，亦不拘泥字面意思，而是根據實際相參，如不贊同喻昌的「三綱鼎力」說。反對「伏氣溫病說」，「（溫熱）二氣自能爲病，安知非感溫氣者自病溫，感熱氣者自病熱，而何必種根伏蒂於冬寒也？且春夏之病，必推原於冬；則冬之傷寒，亦當推原於夏秋矣。遙遙華胄，何處辱宗問祖乎？」懷疑經典，「竊意《內經》未必出於岐黃，大抵後人穿鑿附會者多。盡信書則不如無書，吾欲奉孟子以爲斷也。」認爲《內經》未必出於岐黃，可能爲後人託名所爲。〔註64〕

　　何夢瑤撰《婦科輯要》，又名《婦科良方》，分爲經期、胎前、臨產、產後、乳證、前陰諸證、種子論、諸方八門，亦淵源於王肯堂《女科證治準繩》。據嚴峻峻的研究，《婦科良方》是以《醫宗金鑒・婦科心法要訣》爲藍本的，目錄基本按《金鑒》的順序編排。〔註65〕此外，另撰《嬰科輯要》（又名《幼科良方》）包括拭口、斷臍、藏胎衣等數十種兒科病症診治；《痘科輯要》（又名《痘科良方》）包括原痘、出痘、種痘法等數十種診治方法。

二、以歌訣傳播醫學知識

　　何夢瑤對醫學的研究，除了在理論和方法上繼承和發展了前人的醫學經驗，最重要的是以通俗易懂的形式向民眾傳播這些醫學知識。在《樂只堂人子須知》中，多以押韻歌訣的形式，總結藥性理論等。《樂只堂人子須知》四卷，卷一爲《樂只堂人子須知韻語》，卷二爲《樂只堂湯頭歌訣》，卷三爲《診脈譜》，卷四爲《藥性》。其中卷一、二、四，均署「南海何西池先生纂輯」，

1999 年第 5 期。

〔註64〕何夢瑤：《傷寒論近言》，廣東科技出版社，2012 年，第 16、30～31 頁。

〔註65〕嚴峻峻：《嶺南醫家婦科學術源流及臨證經驗整理研究》，廣州中醫藥大學碩士學位論文，1998 年，第 18 頁。

實際上卷二、卷四爲何之蛟所作。據何之蛟序曰：「（先君）曾著傷寒近言、醫碥、嬰婦痘科用階後學矣。復別爲望聞問切四診韻語，以資愚魯之不逮，語簡而該，義淺而顯，如遊數仞之宮，重門洞闢，無奧不觸。誠初學之金針，涉川之寶筏。不敢自私，妄附藥性湯頭歌訣於後，以公同好。」〔註66〕由此可知，僅卷一爲何夢瑤所作，卷二、四爲何夢瑤次子何之蛟模仿其父方法所作。而卷三爲附《診脈譜》，署名「佛山仁壽僧互禪增選」。又據「百爽軒主人」所作序稱：「我師互公爲之考訂，增入大綱要訣數篇，補所未備，使學者熟讀默記，融會貫通，然後細閱群書則易，易曉也。」〔註67〕故亦可知互禪將其著《診脈譜》附在書內。僅從卷一《樂只堂人子須知韻語》來看，何夢瑤在《人子須知》中，以押韻歌訣的形式，總結藥學理論，便於習醫之人記憶，也方便醫學知識在百姓中的口口相傳。如「十二經脈歌」條有：

> 肺脈中焦起絡腸，還循胃口屬辛鄉。
>
> 卻從肺系臨中府，上歷雲門臑內行。……〔註68〕

又如「四診心法撮要」條：

> 色脈相合，青弦赤洪。黃緩白浮，黑沉乃平。
>
> 已見其色，不得其脈。得尅則死，得生則生。〔註69〕

而何之蛟學習其父以歌訣形式來論述有關藥性等。如卷四《藥性》的「藥性總義」條有：「藥有青赤黃白黑五色，酸甘苦辛鹹五味，膠焦香腥腐五氣，溫熱平涼寒五性。」〔註70〕在「十二經補瀉溫涼藥性歌」有：「補心之藥北五味，次用棗仁和遠志，柏子丹參並麥多，圓眼獲神歸芍是。瀉心犀角朱黃連，曹蒲木通次車前，梔子翹心並通草，三心更有竹燈蓮。……」〔註71〕

三、對後世醫學的影響

　　何夢瑤的醫學思想在乾嘉至晚清時期，得到了趙學敏、王學權、陳修圓、丹波元胤、丹波元堅、陸以湉、王士雄、周岩、周學海、張振鋆等眾多海內外醫家的研究和引用，其中以王士雄研究最深，引用最多。

〔註66〕何夢瑤：《樂只堂人子須知》，廣東科技出版社，2011年，第13～14頁。
〔註67〕何夢瑤：《樂只堂人子須知》，廣東科技出版社，2011年，第10～11頁。
〔註68〕何夢瑤：《樂只堂人子須知》，廣東科技出版社，2011年，第17頁。
〔註69〕何夢瑤：《樂只堂人子須知》，廣東科技出版社，2011年，第36頁。
〔註70〕何夢瑤：《樂只堂人子須知》，廣東科技出版社，2011年，第245頁。
〔註71〕何夢瑤：《樂只堂人子須知》，廣東科技出版社，2011年，第273頁。

　　王士雄（1808～1868），字孟英，又字籛龍，是清代著名的醫學家。其曾祖父王學權（1728～1810 年），字秉衡，亦爲醫家，其思想對其曾孫王士雄後來於溫病學之創見頗有影響。王學權曾研讀何夢瑤《醫碥》，其《重慶堂隨筆》還引用何夢瑤論火的觀點。〔註 72〕王士雄受曾祖父的影響，對何夢瑤的著作情有獨鍾，在其重要醫學著作《溫熱經緯》中多次引用何夢瑤的學術觀點。

　　王士雄《溫熱經緯》自序言，此書「以軒岐仲景之文爲經，葉薛諸家之辨爲緯，纂爲《溫熱經緯》五卷，其中注釋，擇昔賢之善者而從之，間附管窺……」〔註 73〕故其所引夢瑤觀點，乃王氏完全贊同，並認爲近於經典，其中也有少部分是王士雄在何夢瑤認識基礎上的深化。何夢瑤予王士雄最重要的啓發，是在對疾病的鑒別診斷方面，其次是在疾病機理方面，具體見表4.3。

表 4.3　《溫熱經緯》引用《醫碥》對照表

序號	《溫　熱　經　緯》	《醫　碥》
1	卷三《葉香岩外感溫熱篇》：「再論其熱傳營，舌色必絳。……延之數日，或平素心虛有痰，外熱一陷，裏絡就閉，非菖蒲、郁金等所能開，須用牛黃丸、至寶丹之類以開其閉，恐其昏厥爲痙也。何報之曰：溫熱病一發便壯熱煩渴，舌正赤而有白苔者，雖滑即當清裏，切忌表藥。」〔註 74〕	卷五《四診・察舌》：「溫熱病，一發便壯熱煩渴，舌正赤而有白胎者，雖滑，即當用白虎，治其內熱而表自解，切不可用表藥。」〔註 75〕
2	卷三《葉香岩外感溫熱篇》：「其人素有瘀傷宿血在胸膈中，挾熱而搏。其舌色必紫而暗，……若紫而腫大者，乃酒毒沖心。若紫而乾晦者，腎肝色泛也，難治。何報之曰：酒毒內蘊，舌必深紫而赤，或乾涸。若淡紫而帶青滑，則爲寒證矣。須辨。」〔註 76〕	卷五《四診・察舌》：「紫色舌者，兼酒毒所致，其色必深紫而赤，且乾涸。若淡紫而帶青滑，則又爲直中寒證矣，須辨。」〔註 77〕

〔註 72〕王學權：《重慶堂隨筆》，南京：江蘇科學技術出版社，1986 年，第 10～11頁。

〔註 73〕王士雄：《自序》，《王孟英醫學全書》，北京：中國中醫藥出版社，1999 年，第 6 頁。

〔註 74〕王士雄：《王孟英醫學全書》，第 46 頁。

〔註 75〕何夢瑤：《醫碥》，第 451 頁。

〔註 76〕王士雄：《王孟英醫學全書》，第 47 頁。

3	卷三《葉香岩外感溫熱篇》：「舌苔不燥，自覺悶極者，屬脾濕盛也……何報之曰：凡中宮有痰飲水血者，舌多不燥，不可誤認爲寒也。」〔註78〕	卷五《四診・察舌》：「又中宮有痰飲水血者，舌多不燥，不可因其不燥，而延緩至誤也。」〔註79〕
4	卷三《葉香岩外感溫熱篇》：「若（舌）燥而中心厚瘖者，土燥水竭，急以鹹苦下之。何報之曰：暑熱證夾血，多有中心黑潤者，勿誤作陰證治之。」〔註80〕	卷五《四診・察舌》：「中暑證夾血，多有中心黑潤者，勿誤作陰證治之。」〔註81〕
5	卷三《葉香岩外感溫熱篇》：「舌淡紅無色者，或乾而色不榮者，當是胃津傷而氣無化液也，當用炙甘草湯。不可用寒涼藥。何報之曰：紅嫩如新生，望之似潤而燥渴殆甚者，爲妄行汗下，……故不可用苦寒藥。炙甘草湯養氣血以通經脈，其邪自可漸去矣。」〔註82〕	卷五《四診・察舌》：「舌心雖黑或灰黑，而無積胎，舌形枯瘦，而不甚赤，其證煩渴，……宜大料六味丸合生脈散、炙甘草湯，誤與承氣必死。」〔註83〕
6	卷四《薛生白濕熱病篇》：「風溫證，身熱畏風，頭痛咳嗽，口渴，脈浮數，舌苔白者，邪在表也。……何西池云：辨痰之法，古人以黃稠者爲熱，稀白者爲寒，此特言其大概，而不可泥也。……總須臨證細審，更參以脈，自可見也。」〔註84〕	卷二《雜症・痰》：「辨別之法，古以黃稠者爲熱，稀白者爲寒，此特言其大概而不可泥也。……大抵稀白而吐者，必屬寒。」〔註85〕
7	卷四《薛生白濕熱病篇》：「濕熱證，初起壯熱口渴，脘悶懊憹，眼欲閉，時譫語，濁邪蒙閉上焦，宜湧泄。……何報之云：子和治病，不論何證，皆以汗吐下三法取效，此有至理存焉。……後人不明其理而不敢用，但以溫補爲穩，殺人如麻，可歎也！」〔註86〕	卷一《雜症・補瀉論》：「按子和治病，不論何證，皆以吐、汗、下三法取效，此有至理存焉。……丹溪倒倉法，實於此得悟。後人不明其理，而不敢用，但以溫補爲穩，殺人如麻，可歎也。」〔註87〕

〔註77〕何夢瑤：《醫碥》，第 454 頁。
〔註78〕王士雄：《王孟英醫學全書》，第 49 頁。
〔註79〕何夢瑤：《醫碥》，第 452 頁。
〔註80〕王士雄：《王孟英醫學全書》，第 50 頁。
〔註81〕何夢瑤：《醫碥》，第 452 頁。
〔註82〕王士雄：《王孟英醫學全書》，第 50 頁。
〔註83〕何夢瑤：《醫碥》，第 453 頁。
〔註84〕王士雄：《王孟英醫學全書》，第 62 頁。
〔註85〕何夢瑤：《醫碥》，第 201～202 頁。
〔註86〕王士雄：《王孟英醫學全書》，第 77～78 頁。
〔註87〕何夢瑤：《醫碥》，第 26 頁。

8	卷二《仲景外感熱病篇》：「何報之曰：汗大泄不止亡陽，且令腎水竭絕，津液內枯，是謂亡陰。……前人有謂夏月宜補者，乃補天元之眞氣，非補熱火也。令人夏食寒是也。」〔註88〕	卷二《雜症‧傷暑》：「又大汗不止亡陽，且令腎水竭絕，津液內枯，是爲亡陰，……故前人立法，謂夏月宜補，乃補天元之眞氣，非補熱火也，令人夏食寒是也，生脈散（見中暑）主之。」〔註89〕

此外，乾嘉以降，還有不少醫家研讀《醫碥》，吸取其中有益精華。如，趙學敏（約 1719～1805）在其《本草綱目拾遺》中「治痢」方中摘錄了何夢瑤在《醫碥》中的自製方「鴉膽丸」。〔註90〕日本的丹波元堅（1795～1857），在其《藥治通義》亦引用《醫碥》的內容：「何西池曰：中風，痰涎壅盛，不通則死，急用三生飲、稀涎、通關等，散去其痰。又，吐衄，餘血停瘀，不得不去瘀導滯，亦急則治標之義也。」〔註91〕元堅之兄元胤撰《中國醫籍考》，亦將《醫碥》收入，並錄何夢瑤自序和趙林臨序。清末名醫周岩（1832～約1905），在其《本草思辨錄校釋》云：「近人何西池，嘗靜坐數息，每刻約得二百四十息，以《靈樞》日夜計一萬三千五百息爲不經。〔註92〕周學海（1856～1906）亦在其《脈義簡摩》指出何夢瑤所謂「小腸與心爲表裏，診於左寸。大腸與肺爲表裏，診於右寸。」源於扁鵲（秦越人）之說。〔註93〕此外，清末張振鋆在其《釐正按摩要術》卷一中亦提到何夢瑤的舌診鑒別：「舌黑而潤者，外無險惡情狀，胸有伏痰，暑熱證夾血亦多有之，切勿誤作陰證（何報之）。」〔註94〕

前述王士雄《溫熱經緯》所引何夢瑤的觀點，均載於《醫碥》中，而何夢瑤其他的醫學思想並無引用，可見何夢瑤在其去世後的乾隆中期以降的長時間裏，僅有《醫碥》受到醫家的重視和傳播。又據陸以湉（1802～1865）《冷

〔註88〕 王士雄：《王孟英醫學全書》，第 25 頁。

〔註89〕 何夢瑤：《醫碥》，第 116～117 頁。

〔註90〕 趙學敏：《本草綱目拾遺》，北京：人民衛生出版社，1963 年，第 99 頁。

〔註91〕 丹波無堅編著，徐長卿點校：《藥治通義》，北京：學苑出版社，2008 年，第 28 頁。

〔註92〕 周岩撰，張金鑫校釋：《本草思辨錄校釋》，北京：學苑出版社，2008 年，第 5 頁。

〔註93〕 周學海撰，鄭洪新主編：《脈義簡摩》，《周學海醫學全書》，北京：中國中醫藥出版社，1999 年，第 415 頁。

〔註94〕 張振鋆：《釐正按摩要術》，顧廷龍主編：《續修四庫全書》，上海：上海古籍出版社，1995 年。

盧醫話》:「南海何西池夢瑤《醫碥》,余遍求之蘇、杭書坊不可得。丁巳(咸豐七年,1857)冬日,從嚴兼三借錄一部。西池少負才名,學士惠公,稱為南海明珠。生平篤嗜醫學,成進士,為宰官不得志,乃歸田行醫。所著《醫碥》七卷,刊於乾隆十六年。」〔註95〕可見《醫碥》到清末已經較為有名,但由於印數較少,難以購買到。同是晚清的番禺學者潘湛深,在為何夢瑤的《三科輯要》作序時說:「南海夢瑤何君,夙耽經史,兼擅岐黃。昔嘗著《醫碥》一書,其根究病源,常有深透數重之見。其辯論雜症,更有不遺毫末之思。詢足見觸類旁通,無法不備矣。而其於嬰科、痘科、婦科,尤為研精殫思,批卻導窾因,辯證訂方,輯成兩卷。所載病情脈象,分條析縷,窮流塞源,實足補古人所未備。此誠活世之金丹,濟人之寶筏也。」〔註96〕對何氏醫學給予了極高的評價。然與此同時,西學(尤其西醫)傳播日濃,中醫漸顯下坡之勢。

　　總之,何氏醫學有繼承、有創見、有特點、有影響。當然由於何氏興趣較廣,並非只攻醫學,亦並非以醫為業,故其醫學長於理論,於臨床略顯不足(此與其醫案遺佚有關)。而於醫學理論方面承繼前人較多,創見相對不足(此亦是古人著述之通病)。當然,就康乾之際嶺南而言,何氏醫學雖不能與當時國醫巨子相提並論(如與其同齡的徐大椿),但已屬難得,於嶺南醫學史上有重要地位。

〔註95〕陸以湉:《冷盧醫話考注》,上海:上海中醫藥大學出版社,第117頁。

〔註96〕潘湛森:《三科輯要序》,何夢瑤:《三科輯要》,廣東科技出版社,2011年,第3～4頁。

第五章　書院交往與學術

第一節　書院山長的交往

　　書院乃古代官府或私人設立，旨在供人講學、讀書、藏書的機構與處所。書院之名初見於唐代，盛於北宋以降。嶺南地區眞正意義的書院是從南宋嘉定年間的禺山書院開始，此後興於明朝，清代達到高峰。

　　何夢瑤辭官回鄉，連任廣東三大書院山長，參與了乾隆年間的廣東書院教育。有學者指出，清代廣東 515 名山長當中，百分之九十是本省人士；這表明「十九世紀書院『自給自足』的傾向，不僅是省級的特點，而且是府級，還可能是縣級的特點。」〔註1〕這種情況反映了地方勢力在官辦書院中的博弈結果。何夢瑤辭官任教之後，「教人以行爲先，不尚文藻。」〔註2〕爲其教育之基本態度。

　　自乾隆十五年回粵至二十九年離世，前後長達十五年，是何夢瑤生涯的最後一程，可稱爲書院教育時期。這一時期，何夢瑤輾轉於粵秀、端溪、越華等廣東最好的地方書院，逐漸形成以其爲中心的交往圈。這個交往圈的地域範圍以廣州和端州爲中心，大致由惠門同學、當地名流和遊歷文人組成。其中，惠門同學中以與羅天尺、蘇珥的交往最深，社會名流中以張汝霖、耿國藩、吳繩年交往最密，遊歷文人則以杭世駿爲代表。這一時期的交往圈人

〔註1〕 蒂萊曼‧格里姆：《廣東的書院與城市體系》，施堅雅主編：《中華帝國晚期的城市》，葉光庭等譯，北京：中華書局，2004 年，第 587 頁。

〔註2〕 何之蛟：《樂只堂人子須知序》，何夢瑤：《樂只堂人子須知》，第 13 頁。

物眾多，涉及面廣，交往形式也多樣紛呈。何夢瑤於乾隆十五年至乾隆十七年暫代粵秀書院山長，乾隆十八年春至乾隆二十七年執教端溪書院（天章書院），乾隆二十七年至乾隆二十九年執教越華書院。由於粵秀、越華書院位於廣州，端溪書院在肇慶，為便於敘述，遂將粵秀、越華書院歸為一處。

一、廣州兩大書院

康乾之際，廣東省城廣州逐漸形成包括禺山、穗城、濂溪、粵秀、蓮峰、越華等書院在內毗鄰比肩的書院群，尤以粵秀書院為首。粵秀書院，地處廣州南門內鹽司街原鹽分司舊署，於康熙四十九年由總督趙宏燦、巡撫范時崇、滿丕牽頭捐建。據道光《廣東通志》卷一三七《建置略十三》載：雍正八年廣州知府吳騫重修粵秀書院。「乾隆九年改由糧道稽察，添設監院一員，於各學教官內遴委。二十六年、三十三年、嘉慶十四年相繼酌定規條。」〔註3〕粵秀書院的經費主要來源於皇帝賞銀和全省各地的官田租銀借貸而生的利息。據道光《廣東通志》卷一七二《經政略十五》載：「粵秀書院，雍正十一年，世宗憲皇帝賞銀一千兩，交鹽法道發商生息，並撥徐聞縣入官田價銀二千兩，掣回洋商生息本息銀及清遠縣義學積存，共銀二千六百兩。復交商生息，計每年得息銀一千一百八十八兩，遇閏加增銀九十九兩。外各縣租銀二千三百四十一兩九錢八分六釐，共得息租銀三千五百二十九兩九錢八分六釐。」〔註4〕這些租銀來自於南海、番禺、東莞、新會、香山、花縣、從化、清遠、開平、徐聞、南雄州、信宜等縣。

何夢瑤大概於乾隆十四年（1749）春夏間離任南返。由於路途遙遙，加之因貧乏金，到乾隆十五年（1750）春，方回到廣州。據何夢瑤《復齋詩鈔序》：「乾隆庚午引疾歸，始復與祝三相見」〔註5〕以及羅天尺《菊芳園詩鈔》序：「乾隆庚午，（何夢瑤）乍遼陽棄官歸，相晤羊旅邸話舊。」〔註6〕皆言乾隆十五年，何回到廣州。又據《菊芳園詩鈔》所收錄詩作《庚午過小山四兄安舟重讀搗藥岩集次壁間王書門少參韻贈之》自注稱，「時予忝粵秀書院

〔註3〕 道光《廣東通志》卷137，《建置略十三》，第2329頁下。
〔註4〕 道光《廣東通志》卷172，《經政略十五》，第2815頁下〜2816頁上。
〔註5〕 何夢瑤：《復齋詩鈔序》，陳華封《復齋詩鈔》，桑兵主編：《清代稿鈔本》第26冊，第432頁。
〔註6〕 羅天尺：《菊芳園詩鈔序》，何夢瑤：《菊芳園詩鈔》，第3頁a。

山長」〔註7〕。故何夢瑤回鄉當年就被聘為粵秀書院山長。順德後學梁廷枏《粵秀書院志》亦云：何夢瑤「乾隆庚午主講習，既又迭主端溪、越華院。」〔註8〕

梁廷枏編的《粵秀書院志》記載：「乾隆十五年十一月，有藩使以接辦之四會教諭曹憻回任，掌教乏人，請延南海何報之刺史暫代之案。其云接辦當是暫令權代講席，而未詳所代者為誰。（郭植）先生以十二年九月入院，……其十三四年仍蟬聯其席，至十五年辭去，乃使曹學博代之也。」〔註9〕即郭植於乾隆十五年辭去山長，臨時由曹憻暫代數月。

郭植，字於岸，號月坡。據乾隆《古田縣志》之《文苑》言郭植「（乾隆）壬戌聯捷進士。善詩賦文詞，博極群書，詮經批史，以著述自任。登第後，益自砥礪，嘗作鼇峰山長。兩粵制閫聞其名，聘往粵東掌教四年，成就多士，才華富贍，儀表魁偉。未及通籍而卒，藝林惜之。」〔註10〕又據梁廷枏編《粵秀書院志》卷一四《傳一》：「（郭植）先生以十二年九月入院，……至十五年辭去，乃使曹學博代之也。」〔註11〕郭植於乾隆十二年九月掌教粵秀書院後，同年秋冬之際，香山小欖麥氏子開詩會賦昌華苑，得卷數千，郭植參與竟然奪冠，順德潘勳憲得第二。麥氏獎以《東坡集》和銀鼎。羅天尺大兒昌緒亦得名次，獲銀卮。〔註12〕由於此次詩會，郭植得識羅天尺、張汝霖，並與之交善。郭植有《張太傅墓為柏園司馬新修因賦長歌奉寄》，羅天尺有《春日過粵秀書院訪何報之因傷勞孝輿郭月坡》〔註13〕羅天尺詩《六公詠》自注有：「張司馬芸墅丞澳門，乘舟冒雨百里過訪。後與閩進士郭月坡論詩禺山。」〔註14〕此後，何夢瑤《辛未春杪羅履先過訪粵秀書院贈詩次韻奉答》自注有「履先與郭月坡、張柏園交好，嘗繪三子論詩圖。履先詩有『三子張一軍』語。」〔註15〕

〔註7〕　何夢瑤：《庚午過小山四兄安舟重讀搗藥岩集次壁間王書門少參韻贈之》，《菊芳園詩鈔》卷7，《懸車集》，第9頁b。
〔註8〕　梁廷枏編：《粵秀書院志》卷14，《傳一》，第200頁上。
〔註9〕　梁廷枏編：《粵秀書院志》卷14，《傳一》，第199頁上～199頁下。
〔註10〕乾隆《古田縣志》，《文苑》，臺北：成文出版社，1967年，第178頁上。
〔註11〕梁廷枏編《粵秀書院志》卷14，《傳一》，第199頁下
〔註12〕羅天尺：《昌華苑詩》，《五山志林》卷2，第93頁。此事亦載咸豐《順德縣志》卷32。
〔註13〕羅天尺：《六公詠》，《癭暈山房詩刪》續編，第604頁下。
〔註14〕羅天尺：《六公詠》，《癭暈山房詩刪》續編，第604頁下。
〔註15〕何夢瑤：《辛未春杪羅履先過訪粵秀書院贈詩次韻奉答》，《菊芳園詩鈔》卷7，《懸車集》，14頁a。

對于郭、羅、張三子論詩之事，同是惠門的胡定爲之作《禺山三子論詩圖記》，並被羅天尺編入其族《豫章羅氏族譜》之中。〔註16〕均見郭、羅、張交往頗密。郭植辭去粵秀書院山長，舉薦曹懍暫代，然曹懍須赴任四會教諭，遂舉薦何夢瑤。羅、曹、何均爲惠門同學，由此可見同門之誼所起作用。

乾隆十五年十一月，曹懍因要履任四會教諭，所以延請何夢瑤暫代山長。由於是「暫代督課」，所以何夢瑤的修脯之資與正式聘請的山長有較大區別。據梁廷枏編的《粵秀書院志》：「以本省縉紳之在籍者暫代院長，則修脯之資臨時別議。乾隆十五年十一月，南海何報之先生方以刺史家居，就近延之，暫理課事。月送束脩銀二十兩，上米二石（米有上中，折銀因有多寡），薪銀六兩，非常行例也。」〔註17〕就束脩銀來說，每月20兩，一年即240兩。又據梁廷枏編的《粵秀書院志》所說：「乾隆四十五年馮潛齋院長，以家會城，會稟毋庸議及程儀；而十九年聘夏醴谷先生於揚州，先送修脯百兩、聘儀二十四兩。原議盤費七十六兩，行時又增以六十四兩，交撫標把總邵用華往聘。二十二年聘杭州陸太史，亦委員往，聘儀四十兩，程儀六十兩，亦預送束脩百兩。二十七年差弁聘陸院長，同四十八年差弁聘熊院長程儀四十兩。蓋隨時酌定，豐嗇亦問視其人，與今之刊定實數者異。至束脩一項，據馮魚山先生主席時陳箚，謂六七年前歲修千金，范九池主講歲八百金，馮潛齋則復回千金。後此掌教有自請歲省三百金者，當道遂奏請爲令云云。然今五百之數曾經奏定矣。」〔註18〕即正式聘請的山長（乾隆三十年後稱院長）一般的歲修爲800～1000兩，這還不包括聘儀、程儀等等。因此，何夢瑤「暫代督課」的修脯之資大約爲正式聘請者的 1/4 到 1/3。所以，何夢瑤自己在詩中抱怨說做山長的館資僅與做州府的佐官相當。其詩《鬚言》有說：「忽聞大吏聘山長，爲我鹿洞開講堂。……龍頭巍巍孰與比，館資僅與州佐當。」〔註19〕又據何夢瑤的《辛未春杪羅履先過訪粵秀書院贈詩次韻奉答》之原注有：「時予忝粵秀山長。」〔註20〕因此，到乾隆十六年（1751），何夢瑤還在任粵秀書院山長。

粵秀書院的教育內容體現了官學化的傾向。書院把八股文作爲教學的重

〔註16〕 胡定：《禺山三子論詩圖記》，《豫章羅氏族譜》卷22，《贈言》，（刊刻時間不詳），第28頁a～28頁b。。
〔註17〕 梁廷枏編：《粵秀書院志》卷9，《師席表》，第131頁上～131頁下。
〔註18〕 梁廷枏編：《粵秀書院志》卷9，《師席表》，第131頁下～132頁上。
〔註19〕 何夢瑤：《鬚言》，《匊芳園詩鈔》卷7，《懸車集》，第5頁a。
〔註20〕 何夢瑤：《辛未春杪羅履先過訪粵秀書院贈詩次韻奉答》，《匊芳園詩鈔》卷7，《懸車集》，第13頁b。

點，將書院納入科舉軌道，書院每逢二、八上堂講解「四書」、「五經」、諸史，聽院長發問，要求學生領會，並要各抒己見。對書院肄業士子，「令院長擇其資稟優異者，將經學、史學、治術諸書，留心講貫，以其餘功兼及對偶聲律之學。其資質難強者，且令先工八股，窮究專經，然後徐及餘經，以及史學、治術、對偶、聲律。至每月課試，仍以八股爲主，或論或策或表或判，聽酌量兼試，能兼長者酌賞，以示鼓勵。」〔註21〕此外，粵秀書院還規定：「課期諸生黎明登堂，向院長揖坐，門發題。如官課、委員監場。監院、教官於課日清晨清題封發。試卷即日收齊，次早該委員呈送，不得假於院役滋弊。至館課，即令監院監場」，「兩院課期，派廳官一員；司道課期，各派首領，佐貳官一員，協同監院，教官查察，委員監場。」〔註22〕

　　乾隆十五年何夢瑤雖然是受聘暫代山長兩年，但是由於其學術淵博，爲學嚴謹，對於多個領域皆有研究，深受生員愛戴，「至今每交口稱之。」〔註23〕何夢瑤還作有《雨中過粵秀書院》：

　　　　隨意嬉春去，鵝湖旅舍邊。空濛留客雨，芳潤養花天。

　　　　皐座譚經懶，油窗對局便。舊栽桐樹子，楚楚立人前。〔註24〕

　　越華書院是廣州地區在規模和影響僅次於粵秀書院的第二大書院，位於市政司後街，於乾隆二十年由鹽運司范時紀牽頭捐建。創建越華書院旨在適應商籍子弟讀書應試的需要，基本捐助由廣東地方政府鹽運使提供，鹽商則負責提供 30 名學生的膏火。由於廣州作爲長期口岸的優勢，廣州商人資金雄厚。不少商人在取得經濟地位後，必然在文化上，進而在政治上謀取一定的地位，因此希望子弟染被儒風，獲得科第功名，積極捐資贊助書院或支持官府專爲商籍子弟開辦書院。據道光《廣東通志》卷一三七《建置略十三》：「越華書院在市政司後街。乾隆二十年，鹽運司范時紀及諸商捐建。……粵東向有粵秀書院，人文稱盛，而商人子弟寄籍於此者，未有藏修之地。眾商深以爲歉，積志已久，因合詞籲請余轉申制撫，俱蒙嘉予，且捐資首創，即命子酌藏其事。於是眾咸踴躍，樂輸己資，遂買舊宅一區，而更新之。……工既

〔註21〕《清會典事例》第 5 冊，卷 395，《禮部·學校·各省書院》，第 412 頁下～413 頁上。

〔註22〕梁廷枏編：《粵秀書院志》卷 2，《書院規則》，第 20 頁下～21 頁上。

〔註23〕梁廷枏編：《粵秀書院志》卷 14，《傳一》，第 200 頁上。

〔註24〕何夢瑤：《雨中過粵秀書院》，《菊芳園詩鈔》卷 7，《懸車集》，第 39 頁 a。

竣，制憲顏其額曰『越華書院』，躬蒞課藝，面加獎勵，眾商感激復捐項生息，以充膏火，用垂永久。於是敦請名宿為山長，俾得有所折衷，庶業不荒而名有由成矣。……初設膏火三十名，以為商籍子弟藏修息遊之所。」〔註25〕越華書院經費的籌措，據道光《廣東通志》卷一七二《經政略十五》：「越華書院，乾隆二十年鹽運司范時紀同各商捐建，並捐備書院經費本銀七千四百兩，每月一分五釐，交商生息。嘉慶十九年鹽運司方應綸因經費不敷，復率各商籌捐銀四千兩，仍交商生息。前後共捐經費銀一萬一千四百兩，遞年共收息銀二千五十二兩，遇閏加增銀一百七十一兩。」〔註26〕

據何夢瑤在《皇極經世易知》的自序：「點勘兩載，始有條理，隨手剳記，積成八卷，另為圖一卷，冠諸其首，名曰《經世易知》……曩忝越華書院講席，時運使階平梁公主院事，嘗語及此，瑤感其言，爰有斯役。」〔註27〕由於此序的落款是「乾隆癸未孟春雨水日」，即乾隆二十八年（1763），而何夢瑤說《皇極經世易知》是在任越華書院山長時候，「點勘兩載」而成的，由此可知乾隆二十七年（1762），何夢瑤離開端溪書院的當年就被聘為越華書院山長。由於何夢瑤卒於乾隆二十九年（1764），故其任越華書院山長大概也只有二年左右的時間。何夢瑤的《賡和錄》亦完稿於其任越華書院山長之時，福增格為《賡和錄》作序的落款是「乾隆壬午清明」即是乾隆二十七年（1762）清明，此時何夢瑤年已七十。

何夢瑤乾隆十五年至乾隆十七年，乾隆二十七年至乾隆二十九年，前後僅僅四年餘的時間在廣州兩大書院執教，而其在端溪書院執教時間為乾隆十八年至乾隆二十七年，長達九年左右的時間。當然，由於何夢瑤家在南海，根據清代山長慣例做法，常常不可能長期呆在遠離家鄉的書院，更有極端的例子是生徒一年難得見山長一、二次（這也是地方書院在選擇山長之時偏愛聘任本地名流的原因之一）。因此，即使何夢瑤任端溪書院山長達九年之久，其相當部分的時間應在廣州活動。

二、何夢瑤與杭世駿

乾隆十七年（1752）秋，杭世駿來到廣州。杭世駿（1695～1773），字

〔註25〕道光《廣東通志》卷137，《建置略十三》，第2329頁下～2330頁上。
〔註26〕道光《廣東通志》卷172，《經政略十五》，第2816頁上。
〔註27〕何夢瑤：《皇極經世易知》，第3頁上。

大宗，號董浦，又號秦亭老民，浙江仁和人。雍正二年中舉，乾隆元年詔試博學鴻詞，列一等第五，授翰林院編修，校勘武英殿《十三經》、《二十四史》。後乾隆設科詔徵敢於直言又通達治體之士，杭世駿撰書上陳，提出朝廷用人要消除滿漢之別的觀點，引起乾隆不滿，被罷官返鄉。後南下廣州主講粵秀書院，「與何夢瑤、羅元煥、鍾獅、陳華封諸君子為文字交，邑中名勝題詠殆遍。」〔註28〕

據何夢瑤《又和晚秋病起述懷寄示粵中諸同好》其三有注：「芸墅瀕行，釀金周予。未幾杭山長至粵，予遂謝講席。」〔註29〕即杭世駿乾隆十七年（1752）秋來到廣州後，何夢瑤就辭去粵秀書院山長之職務，讓位於杭世駿。光緒《廣州府志》卷一六二《雜錄三》載：「仁和杭董浦太史世駿，乾隆壬申為粵秀院長。」〔註30〕此外，杭世駿在《菊芳園詩鈔‧杭世駿序》中說：「今來南海……歲在元黓涒灘陽月朔。」〔註31〕「元黓」即「玄黓」，天干中「壬」的別稱。《爾雅‧釋天》：「（太歲）在壬曰玄黓。」、「（太歲）在申曰涒灘。」〔註32〕因此「元黓涒灘」指壬申年，亦可佐證之。又據張維屏的《國朝詩人徵略》卷二四：「乾隆壬申，董浦先生來粵，主講粵秀書院，甲戌乃北歸。」〔註33〕

何、杭兩人交往頗有淵源。好友羅天尺早於乾隆四年北上京師之際，曾投遞詩作於杭世駿門下，杭當時因「適校士禮闈」，未及見。〔註34〕此可算得上兩人之間接產生的關係。而真正直接交往則遲至十三年後的乾隆十七年。何夢瑤自乾隆十五年至十七年暫代粵秀書院山長，杭世駿則於十七年正式接替何夢瑤。據《清稗類鈔》記載杭世駿「乾隆時主講粵秀書院，自壬申至甲戌乃北歸。〔註35〕即杭世駿自乾隆十七年（壬申）至十九年（甲戌）任粵秀書院山長，前後約三載。來粵所作之詩大多列入《嶺南集》，張維屏《國朝詩

〔註28〕 光緒《廣州府志》卷111，《寓賢》，第1714頁下。
〔註29〕 何夢瑤：《又和晚秋病起述懷寄示粵中諸同好》，《菊芳園詩鈔》卷7《懸車集》，第41頁b。
〔註30〕 光緒《廣州府志》卷162，《雜錄三》，第2556頁上。
〔註31〕 杭世駿：《杭世駿序》，何夢瑤：《菊芳園詩鈔》，第1頁。
〔註32〕 黃侃：《黃侃手批爾雅義疏》（下冊），北京：中華書局，2006年，第771頁。
〔註33〕 張維屏：《國朝詩人徵略初編》卷24，第10頁b。
〔註34〕 杭世駿：《潘華蒼詩序》，《道古堂全集》，《文集》卷12，清乾隆四十一年刻光緒十四年汪曾唯修本，第90頁。
〔註35〕 徐珂編撰：《清稗類鈔》第8冊，北京：中華書局，1986年，第3611頁。

人徵略》言杭世駿《嶺南集》爲其平生極盛之作。〔註36〕許宗彥《鑒止水齋集》卷一七《杭太史別傳》亦言：杭世駿「歸田後主講粵東粵秀書院。刻《嶺南集》，詩風骨遒上，最爲當時所稱。」〔註37〕《嶺南集》中與何夢瑤有關的詩有9首，分別是：《訒何監州夢瑤小除日見懷》、《春日魏公子大振大文招諸吟侶集六榕寺》、《珠江竹枝詞六首和何監州》、《六榕寺送李曲沃還香山何遼陽赴端州》、《定公房看菊圓德上人爲鼓石上流泉之曲》、《大沙村古迹三首》、《諸生飲餞講堂即席奉酬四首》、《舟至紫洞羅鼎臣李煥世林組李嘉樹李德桓已先在焉復出雞豚相餉》、《諸生方舟並濟追送河南》。其中《大沙村古迹三首》（包括《何相公廟》、《金環田》、《雙榕社》三首）乃何夢瑤邀請杭世駿到其家鄉大沙村遊覽所作；《嶺南集》另有《詩話一則》提到何夢瑤。

　　杭世駿初至廣州，何夢瑤倍感欣喜，但又因家貧慢待貴客而感到慚愧。乾隆十七年臘月二十九日，何夢瑤有詩《壬申小除寄懷杭董浦太史》寄贈杭世駿：

> 先生金閨彥，文采鸑鷟姿。孤騫煙霄翮，豈識枌榆飛。
> 偶爲南溟遊，講學珠江湄。眾竅激清風，喝於唱聲詩。
> 粵臺五七子，玉敦紛相隨。慚予菰蘆中，蒙若雞處酏。
> 但可左角長，敢樹南越麾。江神見秦帝，寢陋方愁嗤。
> 先生顧獎借，肅肅霜飆吹。三都貴一序，藩涸生光輝。
> 詎悅無脤妍，反覺全人虧。無乃逃空谷，見似情亦怡。
> 醫門固多疾，針箚寧靳施。竊喜晨夕共，頗哀老子衰。
> 燭炳景苦短，照屢鏡或疲。況復困生事，奔走食與衣。
> 久掃羊石迹，遂塞山徑溪。旅館辱數訪，訝我胡不歸。
> 寄此當面談，且侑祭竈巵。應笑東野寒，空螯難再持。
> 行當詣鹿洞，覆決殘秋棋。〔註38〕

何杭兩人經常促膝長談，互相傾吐人生境遇。收到此詩後，杭世駿感慨非常，結合何夢瑤的人生經歷，以一首《訒何監州夢瑤小除日見懷》排律長

〔註36〕張維屏：《國朝詩人徵略初編》卷24，第10頁b。
〔註37〕許宗彥：《鑒止水齋集》卷17《傳》，清嘉慶二十四年德清許氏家刻本，第174頁。
〔註38〕何夢瑤：《壬申小除寄懷杭董浦太史》，《菊芳園詩鈔》卷7，《懸車集》，第35頁a～35頁b。

詩酬和，其中有：「何侯南邦獻，靈秀天所資。」、「廿載五改官，剖竹守舊畿。湛湛新雨露，爲民洗瘡痍。」「投牒許乞身，裝無片石隨。」「暇著活人書，用以謀鹽酏。處方起廢疾，往往應手治。」「棋槊破趨悶，談燕清饑疲。麗制足獻酬，妙義供思維。譴恃齒伶俐，笑掀髯於腮。」「緘書綴新篇，以報知己知。」「君也九折肱，方書歷可稽。國手師俞跗，內經亥黃岐。醫俗等醫疾，術異理則齊。三百二十味，涼熱各有宜。用瀉不用補，夙昔君所期。」〔註39〕對於何夢瑤爲官爲醫的經歷均有較高評價。

何夢瑤接到杭世駿的長詩，非常感動，以《杭太史見和長篇次韻再寄》再和，其中有：「談元有好友，風雨同喔咿。」「君才丕十倍，相去萬里違。」「南園幸復辟，社客歡相依。」「君今昌黎子，高言掃重卮。」「仍挾活人書，遠作小兒醫。」「殷勤償契闊，面耳重命提。同拉耿與陳，鵝潭泛玻瓈。卻愁鳥爪人，監江投枯棋。」〔註40〕

何夢瑤於乾隆十八年被聘爲端溪書院山長，杭世駿以詩《六榕寺送李曲沃還香山何遼陽赴端州》相送：

　　斜陽古寺送歸人，縛帚先驅坐具塵。

　　濠鏡望空前夜月，星崖根觸客年春。

　　聞鐘施食青精飯，對佛題詩白氎巾。

　　鴻爪雲泥君莫問，本來同住一由旬。〔註41〕

全祖望任天章書院山長時染恙，杭世駿就曾經到肇慶探望，並有《全山長贈余端石四片歸斲爲硯一以贈吳元治一以贈陸世貴留其二以自娛詩以代銘並寄山長端州》寄達。〔註42〕何夢瑤在端州之際，杭世駿又親自前往肇慶拜訪。杭世駿寫下了《夜入羚羊寺》、《七星岩》、《羚羊峽歌》、《扶嘯臺》等詩歌。當時高要張知縣將嘉魚分別送杭世駿和何夢瑤品嘗。杭世駿作詩《張高要遣送嘉魚》，何夢瑤作詩《嘉魚》，以記之。〔註43〕杭、何兩人還同爲

〔註39〕杭世駿：《詶何瑤州夢瑤小除日見懷》，《嶺南集》卷2，第11頁b～14頁a。
〔註40〕何夢瑤：《杭太史見和長篇次韻再寄》，《菊芳園詩鈔》卷7，《懸車集》，第35頁b～38頁b。
〔註41〕杭世駿：《六榕寺送李曲沃還香山何遼陽赴端州》，《嶺南集》卷7，第10頁b。
〔註42〕杭世駿：《詩以代銘並寄山長端州》，《嶺南集》卷4，第10頁b。
〔註43〕分別見乾隆《肇慶府志》卷26，《藝文志下》，廣東省地方史志辦公室輯：《廣東歷代方志集成》，廣州：嶺南美術出版社，2007年影印本，第737頁上、743頁下。

肇慶知府吳繩年的《端溪硯志》作序和跋。〔註 44〕杭世駿離開廣東回鄉，舟至位於北江下游的佛山紫洞，正值「江天坐對諸公郎，涕淚重揮一番新」之際，聽聞何夢瑤與學生龔天牧兩日兼程追送至三水。〔註 45〕杭世駿離粵後，何夢瑤有詩表露對杭的思念之情。如《登天章閣有懷杭山長》稱：「心同穀鳥長求友，身似池蛙半屬官」，「鼎湖山色當窗墮，那得邀君拄頰看。」〔註 46〕。那麼何夢瑤、杭世駿交往的內容或基礎是什麼呢？筆者以爲應是彼此欣賞品行和詩才。杭世駿還有詩句稱：「詩翁何李快相招，積歲羈愁散此宵。彩筆崢嶸干氣象，賢人聚會應星杓。」此處「詩翁何李」，即何夢瑤和香山名士李卓揆。

於杭世駿、何夢瑤兩人交誼，杭世駿曾自豪認爲「知報之之才者莫如余」。〔註47〕杭世駿對何夢瑤詩才尤爲推崇，其於何夢瑤《菊芳園詩鈔》序中稱：「余嘗執此論以友天下士大夫，抵得交於余者，非才莫與也。今來南海，南海詩人之藪也，而何監州報之爲之魁。」〔註48〕杭世駿評語雖有溢美之嫌，但何夢瑤的才學給杭留下深刻印象（關於杭世駿對何夢瑤詩歌的評價詳見本章第二節）。

而何夢瑤在爲杭世駿《嶺南集》所作序言中，以繁華的詞賦表達了對杭世駿的敬仰和稱頌：「先生則琹箏五典，肴饌百家，瓠史芸編借出春明坊里。玉弢金版，探來宛委山中，宜乎雲湧濤驅氣歷萬夫而上。海涵地負，音追正始之前，譬之集千腋以成裘，曾無襞積釀百花而作蜜，難辨馨香。此馮夷所爲，面旋小巫於焉，氣索者學其一也。」〔註49〕

杭世駿還對何夢瑤的詩詞舊作進行唱和。如對何夢瑤早期的《珠江竹枝詞六首》頗爲欣賞，予以唱和，寫下《珠江竹枝詞六首和何監州》：

其一

　　樹裏歌聲水面腔，阿奴生小住珠江。

〔註44〕分別見，杭世駿：《端溪硯志原序》，朱玉振《端溪硯坑志》卷1，清嘉慶求己軒刻本，第2～3頁；何夢瑤：《原跋》，朱玉振《端溪硯坑志》卷1，清嘉慶求己軒刻本，第5頁.

〔註45〕杭世駿：《舟至紫洞羅鼎臣李煥世林組李嘉樹李德桓巳先在焉復出雞豚相餉》，《嶺南集》卷8，第7頁a。

〔註46〕宣統《高要縣志》，《附志上》，民國二十七年重刊本，第1572頁。

〔註47〕杭世駿：《杭序》，何夢瑤：《菊芳園詩鈔》，第3頁b。

〔註48〕杭世駿：《杭序》，何夢瑤：《菊芳園詩鈔》，第2頁b。

〔註49〕何夢瑤：《何序》，杭世駿：《嶺南集》，第2頁下～3頁上。

凌波只恐塵生步，不著鴉頭襪一雙。

其二

綠榕陰處月微黃，艇子緣流接翅長。

水際刺篙沙際宿，天然畫出野鴛鴦。

其三

蟬鬢垂雅宿粉殘，早潮回夢怯衣單。

爲憐江上遙峰少，方便長眉借客看。

其四

論斛量珠買得無，魚珠爭及蚌珠粗。

若將江作珠胎比，儂是江心一顆珠。

其五

不見蓴絲翠帶長，絕無露葦更風楊。

生來只識相思樹，著意江邊種一行。

其六

海珠寺外月如銀，肯照三更倚柁人。

妾是水萍郎墮絮，天生一樣可憐春。〔註50〕

杭世駿於乾隆十七年來到廣州任粵秀書院山長後，亦經常與何夢瑤、羅
天尺、辛昌五、潘憲勳等惠門人物多有往來，參加詩會。〔註51〕如杭世駿詩
作《題潘憲勳詩後兼寄南海羅孝廉天尺梁進士善長》有「飛觴集名賢，結社
闢吟闡。海邦風雅區，遺韻未銷歇。羅蘇梁何陳，各各露天骨」，其中「羅蘇
梁何陳」分別指羅天尺、蘇珥、梁善長、何夢瑤和陳華封。〔註52〕杭世駿還
在其《嶺南集》中記有一次十五人詩酒集會之盛況：

漳浦邱氏居仙城者數世矣。園亭甲於郡。會是日，詞人會者凡十五
人，筆墨橫飛，觥籌交錯，東南賓主稱盛一時。詩成各極清警，何
夢瑤句「琴聲遙送紅蘭榭，詩夢重尋孔雀巢。」趙其昌句「芳樹陰
濃青欲滴，好花香重氣如蒸」；耿國藩句「荷珠乍瀉魚爭唼，榴火新
然鳥怪鳴」；陳華封句「風定熟梅時墜地，雨深殘擇半成泥」；魏大

〔註50〕杭世駿：《珠江竹枝詞六首和何監州》，《嶺南集》卷5，第14頁b～15頁a。

〔註51〕杭世駿：《羅孝廉兄弟自石湖拏舟過訪》，《嶺南集》卷7，第1頁a。

〔註52〕杭世駿：《題潘憲勳詩後兼寄南海羅孝廉天尺梁進士善長》，《道古堂全集・詩
集》卷10，《翰苑集》，乾隆四十一年刻光緒十四年汪曾唯修本，第463頁。

振句「亂紅如雨飛不落，寒碧得風吹欲波」；魏大文句「魚唼斷萍驚釣沒，鳥銜危葉出牆飛」；吳元治句「貪涼小坐千尋樹，判酒平分百斛泉」；仁和鍾作肅句「藤絡蘚紋升灌木，萍飄鷗夢出回塘」；南海馮公亮句「藥院日高花弄影，沙床風定確梳毛」；馮公侯句「風謝四圍吟綠葉，水簾三面濕紅蕖」；番禺高峻句「萍槎矯立梳翎崔，莎徑喧迎蠟屐人」；吳鋡「北苑淡描樓外畫，東山酣戰雨中棋」；吳函句「瘦竹翻翻蟲篆葉，層欄浩浩鳥呼風」；王臬句「屐痕破後苔仍滑，雨氣消來暑未深，主人端靜無塵俗」；語有句云「真率偶為花下會，招邀剛及麥初秋」，亦可諷也。其子晄亦佳士，句云「池平驟益漂花水，地僻先營戰茗齋」，年方終賈已能驚其長老矣。〔註53〕

而杭、羅兩人的交往淵源可追述到乾隆四年。據杭世駿《潘華蒼詩序》載：「歲在己未，羅子履先以計偕至京師，投余詩為幽贊。余適校士禮闈，未及見也。〔註54〕杭世駿初到廣東，羅天尺即親自造訪，杭世駿留下詩作《羅孝廉兄弟自石湖拏舟過訪》：「獻歲操舟易，風帆屈折行。石湖春信早，相送到仙城。入坐山衣瘦，論詩遠夢清。殷勤攜令弟，不是逐時名。」〔註55〕所以也有人指出，杭世駿與何夢瑤兩人之間，實乃師生之誼。晚清南海鴻儒朱次琦就有詩作提到杭世駿「門下羅陳盡才俊，說詩更有何西池」，「一時推挽此焉盛」。其中羅、陳即羅元煥、陳華封，河西池即何夢瑤。當然，綜合觀之，杭世駿與何夢瑤、耿國藩、陳華封三人關係最為融洽。杭世駿《道古堂全集》有詩《雨中何監州耿陳兩上舍見過二首》稱：「三子東南秀，天涯豈易多。殷勤理情話，辛苦學陰何。小筆春添秀，衰顏晚更酡。東風肯相借，期爾日來過。」〔註56〕其中所謂「東南秀」的「三子」正是何夢瑤、耿國藩、陳華封三人。

杭世駿還與何夢瑤的學生崔鎮士、陳簡在有交往。在何夢瑤《菊花園詩鈔》所列受業門人中崔鎮士排在首位，陳簡在排在第二。崔鎮士，字守銳，為番禺縣員岡人，曾參修乾隆《番禺縣志》。〔註57〕杭世駿《嶺南集》有詩

〔註53〕杭世駿：《嶺南集》卷4，「附詩話一則」，光緒七年冬學海堂重刊，第15頁下。
〔註54〕杭世駿：《潘華蒼詩序》，《道古堂全集·文集》卷12，乾隆四十一年刻光緒十四年汪曾唯修本，第90頁。
〔註55〕杭世駿：《羅孝廉兄弟自石湖拏舟過訪》，《嶺南集》卷7，第1頁a。
〔註56〕杭世駿：《雨中何監州耿陳兩上舍見過二首》，《嶺南集》卷3，第14頁a。
〔註57〕光緒《廣州府志》卷130，《列傳十九》，臺北：成文出版社，民國55年，第

《元夕訪李上舍管朗一簣山房》，一同前往的就有崔錕士、蕭坦、吳元治、方殿揚等人。陳簡在，字符賓，順德縣喜湧人，乾隆三十八年授州府訓導。〔註58〕杭世駿《續禮記集說》卷二一載有陳簡在就《禮記》中《王制》與《曲禮》說法不同而提出的疑問和杭世駿的解答。〔註59〕何夢瑤在其《讀歷朝詩》曾有注：「詩至白沙高出千古，胡金竹繼之，此非予阿好之言，後世自有定論耳。」因《菊芳園詩鈔》同卷之詩，基本按時間順序排列，而《讀歷朝詩》排在《壬申小除寄懷杭董浦太史》之前很多，故《讀歷朝詩》當是杭世駿來粵之前所作。〔註60〕顯然有夜郎窒礙之嫌，概因其見識不廣，未識高人之故。

以杭世駿為代表的江浙名流遊歷廣東，為廣東士人帶來強勁的文化影響。杭世駿交遊廣泛，僅《嶺南集》所及人物達 120 餘人，其中包括遊歷廣東士人以及廣東本地士人兩部分，並以廣東本地士人居多。以杭世駿為中心的廣東交往圈，涵蓋並大大超越了何夢瑤原有的交往圈子，為何夢瑤提供了一個廣泛而多彩的交往平臺。一方面大大拓寬了何夢瑤晚年的交往範圍，另一方面，提升了何夢瑤交往的學術思想層次和水平。當然文化交流的雙向性，也使杭世駿等江南士人開闊了眼界，領略了廣東風物、經濟和文化。

三、士商交往

余英時在《士商互動與儒學轉向：明清社會史與思想史之一面相》一文中指出明末已出現士商合流的現象，「一方面是儒生大批地參加了商人的行列，另一方面則是商人通過財富也可以跑進儒生的陣營。」〔註61〕如果說當時的士大夫與商人交往，還多少在心理上有點遮遮掩掩的話，那麼到了康乾時期經濟繁榮的廣州，一般的士大夫對於豪爽而富裕的商人就多少有點仰慕了，尤其是廣東商人始終流傳著「賈而好儒」的傳統。何夢瑤乞退回廣州後，與之交往關係最密切的商人是耿國藩。

耿國藩，字介夫，號湘門，湖南長沙人，著有《素舫齋詩集》，現已無

311 頁下。
〔註58〕咸豐《順德縣志》卷 11，《選舉表二》，第 263 頁上。
〔註59〕杭世駿：《續禮記集說》，顧廷龍主編：《續修四庫全書》，上海：上海古籍出版社，2002，第 326 頁。
〔註60〕何夢瑤：《讀歷朝詩》，《菊芳園詩鈔》卷 7《懸車集》，第 23 頁 b。
〔註61〕陳弱水、王汎森主編：《思想與學術》，北京：中國大百科全書出版社，2005年，第 169 頁。

可考。關於其生平資料較少，僅有與耿交往密切的同鄉張九鉞（1721～1830）的《紫峴山人全集》和耿的外孫張維屏的《國朝詩人徵略》兩書略有記載。據張九鉞稱：「往余兄甄齋與諸名士賦詩黃鶴樓，長沙耿君湘門在座，年十歲。眾方繞柱吟，君搖筆立就，踔厲風發，舉座大驚。」〔註62〕

讓舉座大驚的詩，張九鉞並沒有寫清楚。據張維屏《國朝詩人徵略》卷三三稱：「外大父耿湘門先生十一歲賦詩黃鶴樓有『高低紅樹迷江渚，斷續青山繞鄂州』之句，座客驚異。」〔註63〕可見耿國藩年少時頗有詩才，但稍長因家貧放棄科考，「橐筆之燕、齊、吳、越，為諸侯客。繼乃入粵業鹽筴，遂家焉。」移居廣東，「入粵業鹽筴」，耿國藩為清代康乾時期獲利豐厚的廣東鹽商的一員。明清時期，鹽商是廣東境內與行商齊名的重要社會力量，在地方社會結構和日常生活中發揮著舉足輕重的作用。鹽商為維繫官商、商民關係，積極參與地方公共事務和社會救濟事業。特別是在文化教育方面，鹽商往往通過直接捐輸報效、發鹵本生息等方式予以支持。據統計，僅雍乾時期，就分六次捐助粵秀、越華、端溪等書院〔註64〕，鹽商成為清前期廣東書院教育的重要支撐，由此鹽商與書院乃至地方文人結成非同一般的社會關係。來粵後，耿國藩於濠畔築素舫齋，一時間粵中及遊粵諸詞人咸樂與交，終致「以詩雄於嶺南」，「新安汪先生筠川、武林杭先生董浦皆與君交深。君又交廣東何先生西池、陳君祝三、馮君箕村，詩箋碑板照耀海嶠，零紈斷墨得者藏弆為榮。」〔註65〕文士諸如何夢瑤、杭世駿、羅天尺、陳華封、馮公侯、馮成修等頻繁出入耿家素舫齋，他們以此為中心雅集唱和，切磋詩藝，研究學術，彼此激發，相互扶持。乾隆十六年（1751）春，梅蒼枝邀請好友集育青堂觀看孔雀開屏。當時何夢瑤、羅天尺、馮石門、馮公侯、黃秋畹、黃璞、耿國藩、陳華封、高於天、辛昌五、梁倚玉、羅雨三等十多位廣東地方名流雅士應邀參加。何夢瑤作《辛未春杪梅蒼枝邀集育青堂觀孔雀開屏因成長歌》：

> 五先生遠三家死，詩老風流誰得似。
>
> 南園新闢素馨田，結社重邀五七子。

〔註62〕 張九鉞：《紫峴山人全集》，《文集》卷 4，顧廷龍主編：《續修四庫全書》卷 1443，上海：上海古籍出版社，1995 年，第 510 頁上。

〔註63〕 張維屏：《國朝詩人徵略初編》卷33，第 9 頁 b。

〔註64〕 周琍：《清代廣東鹽業與地方社會》，北京：中國社會科學出版社，2008 年，第 141～142 頁。

〔註65〕 張九鉞：《紫峴山人全集》，《文集》卷4，第 510 頁上。

孝廉船艤海幢東，凌晨踏浪追吟蹤。

催詩欲釀黃梅雨，弄袖微生舠趑風。

留春黃鳥啼幽谷，波光野色圍書屋。

重來玉洞訪煙霞，不擬平泉記花木。

主人肅客育青堂，大小馮君雙井黃。

耿弇陳遵高季輔，稼軒後至偕梁商。〔註66〕

羅天尺亦作《春杪梅蒼枝招同太史辛北村刺史何報之司馬馮石門國博耿湘門馮同文陳祝三高於天黃仝石秋畹文學雨三弟集育青堂賦觀孔雀開屏歌》：

都官華堂設高會，招集詞人數十輩。

逸興寧為鐵板歌，荒唐不數華陽賓。

東風駘宕柳條顛，疊山曲檻清沙前。

人間富貴寧堪比，座客文章不值錢。

孔禽豪華獨出眾，舞衣振羽何珍重。

金花閃耀結重輪，翠羽褵褷賽丹鳳。

作屏仙卉盡無色，包山錦繡終何用。

玉籠鸚鵡不敢言，官衙鶴馭失高軒。〔註67〕

　　值得注意的是，外孫張維屏稱雖然耿齋佳辰令節坐客常滿，「然先生意中不輕許可」，「所師事者杭董浦、何西池兩先生，友事者陳祝三華封、馮箕村公侯、張紫峴九鉞數人而已」。〔註68〕耿國藩以杭世駿、何夢瑤為師，故交往也最密。《菊芳園詩鈔》中與耿國藩有關的詩竟有13首（全部都編在第七卷《懸車集》，此集共有詩歌77首，近占17%），其中直接與耿國藩唱和的有9首，可見何夢瑤與耿國藩交遊頻繁，關係非常密切。

　　「江湖蕭散擬元真，珠海何年降酒神。」〔註69〕「浮名權付酒千鍾，懸肘何須斗大紅。勺水漫愁杯膠淺，纖雲爭礙月流空。南村我亦休官侶，東

〔註66〕 何夢瑤：《辛未春杪梅蒼枝邀集育青堂觀孔雀開屏因成長歌》，《菊芳園詩鈔》卷7，《懸車集》，第11頁a～12頁a。

〔註67〕 羅天尺：《春杪梅蒼枝招同太史辛北村刺史何報之司馬馮石門國博耿湘門馮同文陳祝三高於天黃仝石秋畹文學雨三弟集育青堂賦觀孔雀開屏歌》，《癭暈山房詩刪》卷5，第48頁上～48頁下。

〔註68〕 張維屏：《國朝詩人徵略初編》卷33，第9頁b～10頁a。

〔註69〕 何夢瑤：《題耿湘門素舫齋次其移居原韻》，《菊芳園詩鈔》卷7，《懸車集》，第2頁b。

海君應賣藥同。笑道良醫即良相,阿衡功業鼎烹中。」〔註70〕「何時毛羽
舉黃鵠,雲海茫茫不可招。詩罷灑蘭社客去,回頭傳語孔都護。身將隱矣焉
用文,斂翮且隨仙尉住。」〔註71〕「我自泠然善,炎涼任變更。」〔註72〕
「顧影臨池思不勝,煙霄無路悵飛騰。忘情高蹈慚鴻陸,羽可為儀詎自矜。」
〔註73〕描摹出何耿兩人亦酒亦詩,寧靜淡泊浮名富貴的心態。

　　「羨君工麗句,絳雲映花島」〔註74〕「雲箋靄靄墮春空,剛值昌黎預
送窮。愁緒好教茶滌盡,衰顏還藉酒搓紅。」〔註75〕「扁舟何日載西施,
素舫濠梁共唱隨。莫把浮雲笑夫婿,柔之端合嫁微之。」〔註76〕凸顯出何
夢瑤、耿國藩彼此之間的互相欣賞,勾勒兩者之間的深情厚意。

　　「同拉耿與陳,鵝潭泛玻瓈。卻愁烏爪人,監江投枯棋。」〔註77〕;「雨
衣苦未具,不若服瓦服。廣廈殊可庇,主人況畫卜。爛燒佛印豬,大嚼謝朓
鷿。沉酣忘昏暝,泥濘愁僮僕。東牖尚湛樽,西窗已剪燭。方肅金吾禁,肯
遭醉尉辱。夜長共擘箋,冥搜各仰屋。」「更拉渴睡漢,倦眠對劫局。」「燈
影詩人三,頭觸屏風六。推盦理殘句,歸鞍帶夢續。」「何曾聽雨眠,請洗
上床足。倘復卜其夜,幸餉蕉煌鹿。」〔註78〕描繪出率真融洽,開襟同志
以至主客兩忘的境界。

　　乾隆十八年春,受魏大振、魏大文兄弟之邀,何夢瑤與耿國藩、趙其昌、
鍾獅、陳華封等人遊廣州六榕寺。隨機分派每個人的詩韻。何夢瑤分得「十

〔註70〕何夢瑤:《次耿湘門韻贈沈卓齋》,《菊芳園詩鈔》卷7,《懸車集》,第8頁a
　　　　～8頁b。
〔註71〕何夢瑤:《辛未春杪梅蒼枝邀集育青堂觀孔雀開屏因成長歌》,《菊芳園詩鈔》
　　　　卷7,《懸車集》,第11頁b～12頁a。
〔註72〕何夢瑤:《風扇同耿湘門》,《菊芳園詩鈔》卷7,《懸車集》,第3頁a。
〔註73〕何夢瑤:《次和耿湘門孔雀三絕句》其三,《菊芳園詩鈔》卷7,《懸車集》,第
　　　　40頁b。
〔註74〕何夢瑤:《辛未春集飲邱氏園林堂前木棉盛開主人》,《菊芳園詩鈔》卷7,《懸
　　　　車集》,第12頁b。
〔註75〕何夢瑤:《又和晚秋病起述懷寄示粵中諸同好十首》其七,《菊芳園詩鈔》卷7,
　　　　《懸車集》,第42頁a。
〔註76〕何夢瑤:《花燭詞為耿湘門》其三,《菊芳園詩鈔》卷7,《懸車集》,第17頁
　　　　a。
〔註77〕何夢瑤:《杭太史見和長篇次韻再寄》,《菊芳園詩鈔》卷7,《懸車集》,第38
　　　　頁a～38頁b。
〔註78〕何夢瑤:《春日耿湘門馮彤文陳祝三招同杭董浦諸公遊長壽寺值雨不果留宿素
　　　　舫齋分得屋韻》其二,《菊芳園詩鈔》卷7,《懸車集》,第39頁b～40頁a。

蒸」韻，遂寫下《春日魏伯起昆玉招集六榕寺分得十蒸》：

　　應笑淵明合作僧，招邀入社有高朋。

　　文章綜博劉中壘，醽醁風流魏信陵。

　　秋露已凋波利樹，春煙猶蔓忍冬藤。

　　蛛塵重省留題處，自剔蕭梁綠焰燈。〔註79〕

　　如此情誼貫穿於何夢瑤的晚年生活。檀萃《楚庭稗珠錄》亦載：「素舫齋在城南濠畔，楚客耿上舍國藩建。上舍字湘門，能詩，自題齋壁云：『背郭臨河靜不嘩，一軒深築抵山家，茶煙出戶常縈樹，池水過籬欲漂花。小睡手中書末墮，半酣窗下字微斜。叢蘭不合留香久，勾引喧蜂入幕紗。』而何西池夢瑤題云：『託迹欲將舟當屋，留賓應許柱為薪。』杭董浦云：『瘦影儼翹鷺，靜退如枯僧。』則上舍之性情風采如見矣。」〔註80〕

　　與此同時，杭世駿遊歷廣州，主講粵秀書院，也與耿國藩交往甚密，於素舫齋情有獨鍾。《清稗類鈔》記載杭世駿：「乾隆時主講粵秀書院，自壬申至甲戌乃北歸。其在廣州時，與何西池、耿湘門最莫逆。」〔註81〕耿國藩之婿劉彬華還在《讀外舅耿湘門先生素舫齋題壁詩次韻》細緻地描繪了素舫齋的風景和所見何夢瑤、杭世駿、耿國藩等聚會的情景：

　　戶外停車半老蒼，論文煮酒日方長。

　　窗宜話雨添疏竹，屋為看雲築短牆。

　　波浪不驚鷗夢熟，琴書無礙燕泥香。

　　燕齊吳越清遊遍，回首歡場興欲狂。〔註82〕

　　杭世駿與耿國藩之間唱和亦不少，現存杭世駿《嶺南集》中，關於耿國藩及素舫齋的詩歌達 12 首，並錄有耿國藩詩作 6 首。〔註83〕另一好友陳華封亦與耿國藩相交三十年，彼此非常知己，曾在耿國藩畫的松石圖上題詩《題耿湘門松石圖》：「丈夫自許才無敵，稱此昂藏軀七尺。吁嗟蹤迹老魚鹽，獨

〔註79〕 何夢瑤：《春日魏伯起昆玉招集六榕寺分得十蒸》，《菊芳園詩鈔》卷 7，《懸車集》，第 38 頁 b；另，杭世駿：《嶺南集》卷 3，第 11 頁上～11 頁下亦載此詩，只標「同作」，無「謂杭山長」之注，「入社」作「白社」，應該是此詩編入《菊芳園詩鈔》後稍有修改。

〔註80〕 檀萃：《楚庭稗珠錄》，第 52 頁。

〔註81〕 徐珂編撰：《清稗類鈔》第 8 冊，第 3611 頁。

〔註82〕 劉彬華：《嶺南群雅》，清嘉慶十八年玉壺山房刻本，第 195 頁。

〔註83〕 杭世駿：《耿三上舍以石粟見餉走筆賦謝》，《嶺南集》卷 2，第 7 頁上～7 頁下。

撫孤松對磐石。憶與君交三十年。懸河之口驚四筵。酒酣硬語續石鼎，雄怪
力驕欺前賢。」〔註84〕

　　總之，何夢瑤、杭世駿、陳華封等士人與耿國藩唱和品談，論詩懷古，
常聚名勝、花園、寺廟，他們的交往，實際上代表和反映了乾隆時期廣州地
區的士商的密切關係，反映了士商交往的常態。

四、何夢瑤與張汝霖、汪後來

　　何夢瑤辭官回鄉之後，與羅天尺、蘇珥、辛昌五等惠門同學重聚，並通
過他們結識了更多的廣東士人，開闊了交往的範圍，交遊活動明顯趨多。而
其中與張汝霖、汪後來的交往頗爲密切。

　　張汝霖（1709～1769），字芸墅，號柏園，又號西阪，江南宣城縣人。乾
隆初年歷任徐聞、河源、英德、陽春、香山廣東諸處知縣，十三年擢升澳門
同知〔註85〕，史稱其「廉介公愼，有經世才」〔註86〕，著有《宛雅》、《澳門
紀略》、《西阪草堂詩集》等。

　　張汝霖與惠門中的羅天尺、蘇珥早有交往。王鳴盛《西阪草堂詩鈔序》
有：「過嶺後，偕羅天尺、蘇珥輩攬環結佩，好事者繪論詩圖，以傳於時，所
謂不薄今而愛古者，蓋芸墅之性情在焉。」〔註87〕而且，前文所述的粵秀書
院的山長郭植（乾隆十二年至乾隆十五年任），因病辭去山長後，由曹憼暫代，
然曹憼後赴任四會教諭，遂舉薦何夢瑤。郭植於乾隆十二年秋冬之際，參加香
山小欖麥氏賦昌華苑詩會。數千人中，郭植奪冠，順德潘勳憲得第二。麥氏
獎以《東坡集》和銀鼎。羅天尺大兒昌緒亦得名次，獲銀厄。〔註88〕由於此
次詩會，郭植得識羅天尺、張汝霖，並與之交善。郭植有《張太傅墓爲柏園
司馬新修因賦長歌奉寄》，羅天尺有《春日過粵秀書院訪何報之因傷勞孝輿郭

〔註84〕溫汝能纂輯，呂永光等整理：《粵東詩海》卷78，第1472頁。
〔註85〕分別見：道光《廣東通志》卷54，《職官表四十五》，第892頁上；同治《河源
　　　　縣志》卷4，《官師志》，廣州：嶺南美術出版社，2009年，第96頁上；道光《英
　　　　德縣志》卷8，《職官表》，廣州：嶺南美術出版社，2009年，第236頁上；道
　　　　光《肇慶府志》卷13，《職官三》，第473頁下；道光《廣東通志》卷45，《職
　　　　官表三十六》，第736頁下；光緒《廣州府志》卷23，《職官表七》，第400頁上。
〔註86〕光緒《香山縣志》卷12，《宦績》，第256頁下～257頁上。
〔註87〕王鳴盛：《西阪草堂詩鈔序》，張汝霖：《西阪草堂詩鈔》，遂初齋藏版本，道
　　　　光六年，第4頁上。
〔註88〕羅天尺：《昌華苑詩》，《五山志林》卷2，第93頁。此事亦載咸豐《順德縣志》
　　　　卷32。

月坡》〔註89〕羅天尺詩《六公詠》自注有：「張司馬芸墅丞澳門，乘舟冒雨百里過訪。後與閩進士郭月坡論詩禺山。」〔註90〕張汝霖有《春日羅履先過訪五羊寓齋二首》、《寄懷詩十首》之其三都是贈給羅天尺的詩。〔註91〕此後，何夢瑤《辛未春杪羅履先過訪粵秀書院贈詩次韻奉答》自注有「履先與郭月坡、張柏園交好，嘗繪三子論詩圖。履先詩有『三子張一軍』語。」〔註92〕均見郭、羅、張交往頗密。由於何夢瑤與羅天尺、蘇珥、郭植的多種密切關係，遂致何夢瑤與張汝霖的關係從一開始就較為親近。

在何夢瑤與張汝霖交往初期，基本上是與同好遊園雅集唱和等活動為多，何夢瑤稱其以官職「司馬」，顯得較為客氣。如，何夢瑤的《張司馬招飲西湖客邸同大尹李鏡江孝廉羅履先中翰劉象山上舍羅雨三司馬鄭槐望疊前韻》：

> 張公盛風藻，蘭苣紛被服。幸從文字飲，勝似十年讀。
>
> 愧非西園客，謬許東野逐。論心酒數行，卜夜羊屢熟。
>
> 不材樲社樹，失學南山竹。德醉洽周醇，髮握感姬沐。
>
> 三歡起謝公，吾儕幸饜足。〔註93〕

又如，何夢瑤、張汝霖等同遊廣州六榕寺，同觀「貫休貝葉寫經圖」。何夢瑤作《和張司馬遊六榕兼懷汪白岸作疊前韻》：

其一

> 方士餌丹砂，何如天氣服。至人通神明，黃庭底用讀。
>
> 尻輪行御風，八荒恣馳逐。區區此世路，何足論生熟。
>
> 東坡嶺嶠遊，自謂跨龍行。倏忽崆峒西，仇池可歸沐。
>
> 請看六榕雪，詎復留鴻足。

其二

> 我笑鹿岡翁，老子講戎服。幸免絳帕蒙，正可道書讀。
>
> 雖失升斗資，聊謝弓刀逐。乞食賢者事，南村路應熟。

〔註89〕羅天尺：《六公詠》，《癭暈山房詩刪》續編，第604頁下。

〔註90〕羅天尺：《六公詠》，《癭暈山房詩刪》續編，第604頁下。

〔註91〕分別見，張汝霖：《西阪草堂詩鈔》，《壕鏡集》，遂初齋藏版本，道光六年，第27頁上～27頁下；《慎斿小稿》，遂初齋藏版本，第3頁下。

〔註92〕何夢瑤：《辛未春杪羅履先過訪粵秀書院贈詩次韻奉答》，《菊芳園詩鈔》卷7，《懸車集》，14頁a。

〔註93〕何夢瑤：《張司馬招飲西湖客邸同大尹李鏡江孝廉羅履先中翰劉象山上舍羅雨三司馬鄭槐望疊前韻》，《菊芳園詩鈔》卷7，《懸車集》，第19頁a。

不然此何人，畫裏曳筇竹。胡不歸白社，祝髮盛潘沐。

莫打飯後鐘，一生苦不足。〔註94〕

張汝霖作《貫休貝葉寫經圖》：

高僧手寫經，忘經並忘手。天動輒隨之，已覺非我有。

問是何尊者？髮禿貌龜醜。雲從夢中?，神妙佛所授。

披圖識應真，光彩生肩肘。清烓澹如無，梵葉編已厚。

書之不計年，哀猿那知壽？衣拖水荇紋，參禪日稽首。

呼之定欲出，了然放下帚。〔註95〕

再如，何夢瑤、張汝霖等同好遊長壽寺藏經閣。何夢瑤作《馮石門見示春日張芸墅司馬邀同諸子登長壽寺藏經閣望浮邱下憩半帆亭住什次韻奉和》：

君詩如春雲，淩風恣縹緲。誰能同高騫，俯視塵寰小。

芳齋墮霞箋，午枕香夢繞。如歷浮邱上，螺髻髮一繚，

半帆信可憩，孤亭蔭寒筱。何人立高閣，迥出萬象表。

馮張兩司馬，冥搜刮青杳。鶴氅天際翔，玉樹風前皎。

快茲臥遊暢，頗似夢食飽。昔誦昌黎句，疑義今始了。

信非李與杜，誰足當二鳥。千秋此嗣響，高唱入雲杪。

笑彼寒號蟲，妄謂翔鳳少。豈知撼大樹，蚍蜉徒擾擾。

從君乞霞佩，和鳴共騰矯。〔註96〕

張汝霖作《登長壽庵龍藏閣望浮邱山下憩半帆亭》：

寒城日已融，梵宇春初淨。興愜偶呼朋，心空乍聞磬。

遠目一何憑！高閣淩清夐。海豁元氣浮，林開煙容映。

禽聲下界交，峰影城頭正。寥寥慕古心，憑欄發孤詠。

昔說蓬壺浮，今見煙火盛。惟餘仙袖垂。草色被長磴，

俯仰幾千年，感極識真性。群情自熙攘，萬象本閒靜。

長嘯下層樓，空亭艤孤榜。迺然一尊酒，愧爾洪與靚。〔註97〕

〔註94〕何夢瑤：《和張司馬遊六榕兼懷汪白岸作疊前韻》，《菊芳園詩鈔》卷7，《懸車集》，第23頁a。

〔註95〕張汝霖：《貫休貝葉寫經圖》，《西阪草堂詩鈔》卷1，《壕鏡集》，遂初齋藏版本，道光六年，第15頁下～16頁上。

〔註96〕何夢瑤：《馮石門見示春日張芸墅司馬邀同諸子登長壽寺藏經閣望浮邱下憩半帆亭住什次韻奉和》，《菊芳園詩鈔》卷7，《懸車集》，第13頁a～13頁b。

〔註97〕張汝霖：《登長壽庵龍藏閣望浮邱山下憩半帆亭》，《西阪草堂詩鈔》卷1，《壕

後來，兩人交往頻密，感情甚篤，何夢瑤在詩中多稱其字號「芸墅」或「柏園」。如何夢瑤曾經和張汝霖作《西園十六景詩》其序稱：「此和張柏園作，聊以寫意，初不問西園何在也？柏園云，石橋晴雪謂木棉，紅亭滴翠則環以竹耳。不覺失笑。予自喻，馬之非馬，君尚求之驪黃牝牡中耶？然天下事失之揣度者，於此可覩。存之以資嗢噱。」〔註98〕何夢瑤又曾作《汪鹿岡棄官筆耕窮老無聊張柏園司馬釀金周之凡二十五人予與焉》：

其一

虔州承事自清貧，乞米誰憐古帖新。

升斗莫嫌真薄少，東坡過後更無人。

其二

楮冠藜杖病相同，我亦柴桑乞食翁。

自笑一生無長物，丈人應未悉王恭。〔註99〕

以及《讀張柏園途有客行戲作長句》：

君不見，當年踏地出賦租。魚蠻駕浪逃空虛，慎勿更聞桑大夫。

大夫笑語魚蠻子，舟車之算何時無。況乃雷州地濱海，烏古孫澤曾開渠。

史起豈恤鄴民怨，臣今且上水利圖。已聞桑田即滄海，安得磽确非膏腴。

曾役愚公從英榜，並驅精衛填西湖。從此廣瀉富梁稻，寧但沮洳滋葦蒲。利民肖可邀美譽，足國未必非嘉謨。

嗚呼，大夫其為國謀也，則忠矣；其自為謀也，得無疏即。

今春旱苗欲枯，屯其膏者誰之辜。魯人未必焚尪巫，漢廷鼎鑊胡為乎！

嗚呼，漢廷鼎鑊胡為乎！〔註100〕

據姚鼐《贈中憲大夫翰林院侍讀廣州府澳門海防同知張公（汝霖）墓誌

鏡集》，遂初齋藏版本，道光六年，第16頁上～16頁下。

〔註98〕何夢瑤：《西園十六景詩》，《菊芳園詩鈔》卷7，《懸車集》，第20頁a。

〔註99〕何夢瑤：《汪鹿岡棄官筆耕窮老無聊張柏園司馬釀金周之凡二十五人予與焉》，《菊芳園詩鈔》卷7，《懸車集》，第12頁a。

〔註100〕何夢瑤：《讀張柏園途有客行戲作長句》，《菊芳園詩鈔》卷7，《懸車集》，第24頁a～24頁b。

銘》：「值事，吏議降一級，上官惜君去，奏請留粵，而部議不許。君遂返宣城，不復出矣。」〔註101〕此事約在乾隆十七年，據學界研究，張汝霖因受賄事被降一級而返宣城。〔註102〕何夢瑤等好友有多首詩歌爲其送行。如《珠池曲送芸墅張司馬》：

> 南方有珠池，池珠胎應月。
>
> 月色揚素輝，可玩不可掇。（一解）
>
> 珠崖亦有珠，珠江亦有珠。
>
> 借問採珠人，明珠何處無。（二解）
>
> 採珠珠吐光，不採膚何傷。
>
> 但願採珠人。人人如孟嘗。（三解）
>
> 憶從孟嘗來，池珠散復聚。
>
> 珠聚能幾時，誰遣孟嘗去。（四解）
>
> 孟嘗不可留，池珠環池愁。
>
> 孟嘗留不可，珠池愁殺我。（五解）
>
> 莫唱珠池曲，願作珠池珠。
>
> 相隨不相離，繫君紅羅襦。（六解）〔註103〕

又如《送張柏園》：

> 其一
>
> 留君不住手重攜，有恨無情是柳堤。
>
> 幾樹夕陽風笛外，鷓鴣飛去杜鵑啼。
>
> 其二
>
> 驪歌一曲酒千鍾，賣藥韓康意倍濃。
>
> 莫誤當歸輒相餉，梅關吾欲一丸封。〔註104〕

張汝霖有感於好友們繪圖賦詩爲別，奉答二首：

〔註101〕姚鼐《贈中憲大夫翰林院侍讀廣州府澳門海防同知張公（汝霖）墓誌銘》，張汝霖：《西阪草堂詩鈔》卷末，遂初齋藏版本，道光六年，第1頁下。

〔註102〕鄧駿捷、駱偉：《新見張汝霖〈西阪草堂詩鈔〉中的澳門詩》，《澳門研究》2012年第3期。

〔註103〕何夢瑤：《珠池曲送芸墅張司馬》，《匊芳園詩鈔》卷7，《懸車集》，第28頁b～29頁a。

〔註104〕何夢瑤：《送張柏園》，《匊芳園詩鈔》卷7，《懸車集》，第32頁a。

其一

乙夜篷窗對雨寒，酒杯雖盡別離難。

明朝若度梅鋗嶺，獨聽猿聲下贛灘。

其二

廿年羅拓服廌官，別後風流雪瓜寒。

黃木灣潮香浦雨，人間傳作圖畫看。〔註105〕

何夢瑤觀此詩後，感懷不已，再作《次答張芸墅寄懷二絕句》：

其一

柳岸猶疑繫客艭，離愁落月共汾江。

桐君空錄忘憂草，不及吳城鯉一雙。〔註106〕

其二

欲和陽春苦未工，狂歌空擬付玲瓏。

驪駒曾記臨岐唱，絕倒雲間陸士龍。〔註107〕

在何夢瑤的朋友中，張汝霖是個眼界開闊，豪爽而樂善好施的人，他資助刊刻了勞孝輿的《春秋詩話》，發起對汪後來的捐助，並接濟過何夢瑤。何夢瑤在《春秋詩話序》中說張汝霖宦粵十數載，所至以慈惠稱，「尤折節下士，士之單寒者振之，嘗夜雨乘扁舟訪履先於村塾，又嘗醵金恤詩人汪白岸之貧。」〔註108〕在張汝霖罷官回鄉之後，思念粵中好友胡定、梁采山、羅天尺、陳石樵、何夢瑤、蘇珥、何青門、耿國藩等人作《寄懷詩十首》：

其一

想望朝陽一鳳鳴，三秋不見倍含情。

遙知今夜梅花夢，又向關南第一程。〔註109〕

其二

老輩風流在習池，卅年應記舊牽絲。

〔註105〕張汝霖：《粵中同學諸子既繪圖賦詩爲別矣復相送倚棹留詩繾綣不已奉答二首》，《西阪草堂詩鈔》卷1，《壕鏡集》，遂初齋藏版本，道光六年，第30頁上～30頁下。

〔註106〕原注：佛山別後，聞芸墅病劇，甚憂之，後得其次吳城寄箚，始釋。

〔註107〕何夢瑤：《送張柏園》，《菊芳園詩鈔》卷7，《懸車集》，第32頁a。

〔註108〕何夢瑤：《春秋詩話序》，勞孝輿：《春秋詩話》，第506頁上。

〔註109〕原注：掌科胡靜園先生。

大堤士女唱歌罷，故事爭談倒接䍦。〔註110〕

其三

石湖詩老近何如？都講傳餐子异輿。

誰識陳留茅季偉？辭官不是賦閒居。〔註111〕

其四

木綿花發草如煙，夜雨離人共叩舷。

回首白鵝潭上路，無人更放孝廉船。〔註112〕

其五

平生饒有東坡客，八十鬖眉子野賢。

今日秋思滿江上，垂虹亭下水如天。〔註113〕

其六

紅蕉花底墨奩開，驅使風煙萬里來。

張向溪山最佳處，青峰四百是蓬萊。〔註114〕

其七

紗帽親填南曲工，無錢後閣買玲瓏。〔註115〕

倘逢好事屠青蒲，世上喧傳梁伯龍。

其八

徑草微黃夜有霜，仰看飛雁向瀟湘。

無端徙倚闌干曲，盡日沉吟憶古狂。〔註116〕

其九

湘江蒼蒼斑竹林，愛而不見勞餘心。

〔註110〕原注：梁翁采山令海鹽，築堤捍海，民至今德之。
〔註111〕原注：羅孝廉履先母年八十餘，屏居石湖，築雞庤軒以養母。陳大尹聞其賢，延爲山長。子昌緒，亦能詩。
〔註112〕原注：履先性畏舟楫，再上公交車，及江而返。平時雖會城，亦不輒至，獨爲余數四來。昨張槎握別，時耿湘門顧余而言曰：即今穗城，定少此君足音矣。
〔註113〕原注：陳文學石樵。
〔註114〕原注：用宋眞宗語：石樵繪粵中名勝，如羅湖、石門者凡二十四幀，以寵餘行。昔人謂羅浮是蓬萊左股。
〔註115〕原注：西池粵西作今日填紫棉樓傳奇。
〔註116〕原注：蘇孝廉瑞一有簡元聲，李太學崇樸得顚名，然吾愛其不失爲狂也。

君攜三尺槁梧去，彈出雲山韶濩音。〔註117〕

其十

苑結澧蘭沅芷愁，楚王城晚不宜秋。

涉江欲採芙蓉贈，渺渺碧雲天盡頭〔註118〕。〔註119〕

何夢瑤接到此詩，專作《又和晚秋病起述懷寄示粵中諸同好十首》寄達對張汝霖的思念之誼，可見他們交往之深：

其一

風雨蕭蕭歡索居，一冬抱影臥寒廬。

阮狂嵇懶誰相問，慚愧山王再辱書。

其二

歸舟傳說二禺中，魚笏緋袍立晚風。

憐爾梅關更回首，玉山雲白海霞紅。〔註120〕

其三

措大奇窮枉見憐，兩般難足食兼眠。

自從鮑叔分金後，荒卻羊肝一角田。〔註121〕

其四

千里懷人思弗勝，山陰有興苦難乘。

不逢賭墅杭山長，寂寞真同退院僧。〔註122〕

其五

廿載名山悔久逋，塵客應笑白頭烏。

鄭虔曹霸同時歿〔註123〕，岩壑憑誰置老夫〔註124〕。

其六

〔註117〕原注：何孝廉青門韶石詩，余極愛之。

〔註118〕原注：耿太學湘門。

〔註119〕張汝霖：《寄懷詩十首》，《西阪草堂詩鈔》卷1，《慎旃小稿》，遂初齋藏版本，道光六年，第3頁下～4頁下。

〔註120〕原注：前筠有「舟次英韶，遙揖石丈，抵梅嶺觀雁回人遠碑，南望悵然」之語。

〔註121〕原注：芸塈瀕行，釀金周予。未幾杭山長至粵，予遂謝講席。

〔註122〕原注：杭有棋癖，暇輒招予對局。

〔註123〕原注：陳石樵、汪鹿岡並夏間捐館。

〔註124〕原注：石樵爲予作羅浮搗藥圖，未就而卒。

不才生長漫婆娑，陶令當如儇等何。

肖甚乃翁生事拙，鵁鵡應任笑東坡〔註125〕。

其七

雲箋靄靄墮春空，剛值昌黎預送窮。

愁緒好教茶滌盡〔註126〕，衰顏還藉酒搓紅〔註127〕。

其八

眼明苔箋百番新〔註128〕，酒腸芒角膽輪囷。

乞食詩成倚醉寫，大笑不稱無懷民。

其九

二子才名伯仲間，松陵新集荔枝灣。

勞君筆底驅風雨，聯合羅浮作一山〔註129〕。

其十

欲殺才人理亦該，盧傳聲伯泣瓊瑰。

嶺南肯教東坡死，待算冰丸百萬杖〔註130〕。〔註131〕

由詩注中可知，何夢瑤與張汝霖經常書箚往來，並在詩中傾注了關切和懷念。

汪後來，字白岸，號鹿岡，番禺人。生於康熙十三年（1674），卒於乾隆十七年（1752），享年七十有九。康熙四十一年中武舉，官至佛山千總。晚年僑居佛山，倡設汾江詩社，推梁佩蘭爲盟主，遠近吟士多聚集於此。「晚年退休閉門讀書，或放浪山水間。羅浮西樵均登絕頂，與梁佩蘭、胡方及釋迹刪唱和尤多，聲名日盛，造門請益者屨常滿。四方遊宦去粵，以不得其詩畫爲愧。日南諸國王亦蹗海致幣索書畫不輟。」〔註132〕羅元煥《粵臺

〔註125〕原注：來詩有「慚愧阿犧文似父，被人呼作小東坡。」語犧其長子也。

〔註126〕原注：芸墅以敬亭綠雪茶寄餉。

〔註127〕原注：時耿湘門見惠京酒。

〔註128〕原注：亦芸墅所寄。

〔註129〕原注：予與李鏡江合刻詩集，承芸墅作序。

〔註130〕原注：芸墅歸途抱病，有傳其死者，來詩末章眷增城荔子，故調之。

〔註131〕何夢瑤：《又和晚秋病起述懷寄示粵中諸同好十首》其十，《菊芳園詩鈔》卷7，《懸車集》，第41頁a～42頁b。

〔註132〕民國《番禺縣志》卷19，《人物二》，第295頁下；袁行雲：《清人詩集敘錄》，第651頁。

徽雅錄》記載汪後來「性高介，食貧自甘，不輕以尺幅贈人，澳門司馬宣城張芸墅與訂文字交，嘗邀同廣郡中名輩共二十五人，醵金三百兩資之，南海何西池菊芳園集有詩紀其事。」〔註133〕

由於汪後來的著作散失，他寫給何夢瑤的詩也不可考。何夢瑤的《菊芳園詩鈔》錄有三首與汪後來有關的詩，從詩中可以看出，何夢瑤、汪後來、張汝霖交往密切，《汪鹿岡棄官筆耕窮老無聊張柏園司馬醵金周之凡二十五人予與焉》：

其一

　　虔州承事自清貧，乞米誰憐古帖新。

　　升斗莫嫌真薄少，東坡過後更無人。

其二

　　楮冠藜杖病相同，我亦柴桑乞食翁。

　　自笑一生無長物，丈人應未悉王恭。〔註134〕

《和張司馬遊六榕兼懷汪白岸作疊前韻》其二有：「我笑鹿岡翁，老子講戎服。幸免絳帕蒙，正可道書讀。雖失升斗資，聊謝弓刀逐。乞食賢者事，南村路應熟。不然此何人，畫裏曳筇竹。胡不歸白社，祝髮盛潘沐。莫打飯後鐘，一生苦不足。」〔註135〕《次答汪白岸》其一：「我愛鹿岡翁，筆耕謝微祿。畫師曹將軍，詩友徐昌谷。」其二：「笑我杜曲歸，水田衣一幅。何當看射虎，疋馬日相逐。」〔註136〕

五、何夢瑤與福增格

何夢瑤在粵秀書院，不僅講授科考時文，也兼授六藝，如音律之學，並撰《賡和錄》初稿。據《賡和錄》自序：「先是夢瑤嘗慨音樂之不明於世，取蔡元定《律呂新書》本原九章，訓釋以教門人。顧明其理，而不得其器，則無所考證。又取御製《律呂正義》，研究八音協律、和聲之用，述其大要為一

〔註133〕羅元煥撰，陳仲鴻注：《粵臺徵雅錄》，第5頁。

〔註134〕何夢瑤：《汪鹿岡棄官筆耕窮老無聊張柏園司馬醵金周之凡二十五人予與焉》，《菊芳園詩鈔》卷7，《懸車集》，第12頁a。

〔註135〕何夢瑤：《和張司馬遊六榕兼懷汪白岸作疊前韻》，《菊芳園詩鈔》卷7，《懸車集》，第23頁a。

〔註136〕何夢瑤：《次答汪白岸》，《菊芳園詩鈔》卷7，《懸車集》，第25頁a～25頁b。

卷。」〔註137〕乾隆十六年秋，他得見廣州將軍福增格，並從其獲曹廷棟著《琴學》書，「茲得曹書參核，眞快事也。」此後，直到乾隆二十七年，何夢瑤任越華書院山長之時，《賡和錄》才完稿。〔註138〕

　　福增格，出生貴冑。據法式善《八旗詩話》：「福增格，字贊侯，一字益庵，滿洲人，官侍郎。有《酌雅齋詩集》。益庵祖相國伊桑阿，父制府伊都立，俱以勳業顯。益庵又爲怡邸，儀賓館散秩大臣，可謂貴冑矣。顧欿然自下，喜交納詞客，文藻斐然。雖天性淡泊，亦攻錯之力居多。詩清矯軼群，不愧作者。」〔註139〕福增格詩詞也很不錯，法式善《梧門詩話》卷四：「福增格益庵，相國伊桑阿之孫，制府伊都立之子。由副都統，爲盛京侍郎。生平屢典戎，行而吟誦不輟，塡詞尤工。詩多天趣：春雨雲珠箔，燈初冷紅樓。燕亦迷可憐，盤馬地只有。是有春泥山，行寓自目雲。岩蕚濕幽嵐，青林墜白羽，松巓一片雲，忽作山根雨。」〔註140〕又據張維屛《國朝詩人徵略》卷四一：「福增格，字贊侯，號松岩，滿洲人。官廣東將軍。有《酌雅齋集》顧國泰序云『光明磊落，雅健沉雄，洵足鼓吹休明，馳騁千古，熙朝雅頌。』摘句：『行人渡河水，曉月照潼關，人臥兼旬雨，書來千里心。往事嗟陳迹，傷心過少年。』『五陵裘馬無知己，四海交遊得幾人。」〔註141〕另外，法式善在《存素堂詩初集錄存》卷一四有詩《酌雅齋詩集贊侯侍郎福增格》描述福增格的形象：「松岩世家子，一味喜寒酸。倚劍空天地，謀篇損肺肝。平生惟好客，到老不知官。放棹羅浮後，新詩日改觀。〔註142〕

　　何夢瑤還爲福增格的《酌雅齋詩集》作序，頗欣賞福增格詩。據法式善《梧門詩話》卷一：「南海何夢瑤序松岩將軍福增格《酌雅齋詩集》謂：將軍遊志藝林，棲心毫素，下至金莖蘭畹，畫史書評，無不窮工極妙。余最愛其《重遊醫無閭山》起四句『鶴骨插罡飆，橫杖巨鼇背，杯水瀉滄溟，白晝青山外。』可謂盤空硬語。又如『別路滿煙水，歸心對夕陽』抑何綿渺也。」

〔註137〕何夢瑤：《賡和錄》自序，《叢書集成初編》，北京：中華書局，1985 年，第 3 頁。

〔註138〕福增格：《賡和錄序》，何夢瑤：《賡和錄》，《叢書集成初編》，北京：中華書局，1985 年，第 2 頁。

〔註139〕法式善：《八旗詩話》稿本，第 26 頁。

〔註140〕法式善：《梧門詩話》稿本卷 4，第 51 頁。

〔註141〕張維屛：《國朝詩人徵略初編》卷 41，第 4 頁 a。

〔註142〕法式善：《酌雅齋詩集贊侯侍郎福增格》，《存素堂詩初集錄存》，紀寶成主編：《清代詩文集彙編》，上海：上海古籍出版社，2010，第 154 頁。

〔註143〕

　　福增格在《賡和錄》序中說：「僕少喜琴，嘗慨古調失傳，元音莫續，煩手淫聲，慆堙心耳。思得成連子春，其人偕遊海上，一豁塵垢，而未之遇也。茲官廣州，得交越華山長何君報之，博雅好古之士也，留心樂律，……僕竊嘉歎，何君之勤於學也。嘗論音律之奧，斷非臆解所能，必究其理，習其器乃克精麤畢貫。而儒者不與伶工親，則懸空談理，茫無考據。伶工不從儒者遊，則徒抱遺器，罔識源流，朱子謂季通不能琴，只是思量得不知彈出，便不可行。龜茲琵琶不得中華引申，豈知十二律呂皆可旋轉，今樂猶古，四上即是宮商，五旦原同七調。下學上達，一以貫之耳。何君少日工琴，老而好學，非空疎者可比。」〔註144〕

　　福增格與何夢瑤互相作序，交情顯然不錯。兩人皆喜彈琴，福將所藏曹廷棟的《琴學》一書供何夢瑤參考，還提供資金為何夢瑤刊刻《賡和錄》，並請其門客何淙，對書進行校對和作跋。何夢瑤的《賡和錄》中，對曹廷棟的觀點多有吸收。曹廷棟（1699～1785）字楷人，號六圃，浙江嘉善人。據光緒《重修嘉善縣志》卷二四：「曹庭棟，字楷人，號六圃，晚號慈山居士，廩貢生。乾隆元年舉孝廉方正，辭不就。居東園，杜門著述四十餘年，成書十餘種。」〔註145〕彭蘊璨《歷代畫史彙傳》卷二一：「（曹廷棟）曾進御覽畫菊，不拘古法，墨採鮮麗，豐神圓朗，一時罕匹。六十以後，絕意進取，杜門著述。繪事之外，或彈琴賦詩，摹寫篆隸，以抒閒寂。」〔註146〕袁枚《隨園詩話》卷二：「嘉善曹六圃廷棟，少宰蓼懷之孫。隱居不仕，自號慈山居士。自為壽藏，不下樓者二十年，著作甚富。」〔註147〕

　　福增格除與何夢瑤交往外，與羅天尺雖未謀面，但兩人互相敬重，傳為佳話。曾任廣東學政的鄭虎文（1714～1784，字炳也，號誠齋）在其《順德羅孝廉天尺詩文稿序》中敘之經過：

　　　　羅孝廉以詩文雄踞壇坫者三四十年。廣東人推名宿，率以孝廉為稱
　　　　首。松岩福將軍者，今之杜武庫也。以國家肺腑，親出為大帥，與

〔註143〕法式善：《梧門詩話》稿本卷1，第20頁。

〔註144〕何夢瑤：《賡和錄》，北京：中華書局，1985年，第1～2頁。

〔註145〕光緒《嘉善縣志》卷24，《文苑》，臺北：成文出版社，民國59年，第472頁上。

〔註146〕彭蘊璨：《歷代畫史彙傳》卷21，清道光刻本，第174頁。

〔註147〕袁枚：《隨園詩話》卷2，北京：人民文學出版社，1982年，第54頁。

余後先蒞粵，折節下士，獨心重孝廉。欲延致孝廉，孝廉卒不至，其移鎮七閩也。孝廉乃自爲照及詩，以遺將軍，曰：將軍欲見某某，山野之鄙人也，不足辱；將軍雖然厚意不可沒，今行矣，敢以照往，如某親見將軍。送將軍行時，松岩過別，攜照示余，相與咨嗟久之。嗟乎！貴極富溢，塵視儒素，趨趄囁嚅，奔走權要，史冊所載，耳目所及皆是也。如將軍孝廉者不可謂相得益彰歟。……〔註148〕

另有咸豐《順德縣志》卷二五亦言及：「鎮粵將軍福增格則素未謀面，亦傾倒而推挽之（羅天尺）。」〔註149〕羅天尺還爲福增格寫過一首詩：「少陵疏散鄭公憐，示我松岩鐵板篇，天與園扉閒歲月，著書當不讓前賢。」〔註150〕

六、執教端溪書院

明萬曆元年（1573），江西豐城人李材時在肇慶創建了端溪書院。明清鼎革，毀於戰火。清康熙四十七年（1708），兩廣總督趙宏燦復建書院，取名「天章」，選招兩廣之士肄業其中。乾隆三年（1738），兩廣總督馬爾泰改天章書院爲端溪書院。〔註151〕

杭世駿是乾隆十七年（1752）來到廣州任粵秀書院山長；而同一年，全祖望也被聘爲端溪書院山長，據《全祖望年譜》，乾隆十七年三月，四十八歲的全祖望應端溪書院山長之聘，五月至端州。乾隆十八年，全祖望因病日甚，決意辭歸，而大吏及諸生尙苦留數月，遊歷肇慶、江門名勝，至七月乃歸家養疴。〔註152〕雖然，全祖望遲至七月才歸家養病，但是數月皆在遊覽名勝。

據傅維森的《端溪書院志》卷五的表格：「院長：乾隆十七年，全祖望，……乾隆十八年：何夢瑤……乾隆二十七年：陸嘉穎」〔註153〕也就是說，

〔註148〕鄭虎文：《順德羅孝廉天尺詩文稿序》，《吞松閣集》卷26，第240頁上。

〔註149〕咸豐《順德縣志》卷25，《列傳五》，第596頁上

〔註150〕羅天尺：《六公詠》，《癭暈山房詩刪》續編，第604頁下。

〔註151〕王獻軍：《端溪書院史話》，《廣東史志》2002年第2期。關於天章書院何時改爲端溪書院似另有說法：據道光《肇慶府志》卷6《建置二》：「端溪書院，……按，書院何時復端溪之名，諸志闕載。高要新志以爲意即雍正十年所改。但考是年制府郝玉麟碑記，仍題天章書院。乾隆十七年全祖望帖經小課題辭署銜亦云天章山長，至乾隆二十二年山長何夢瑤記始稱端溪書院。」

〔註152〕《全祖望年譜》，清嘉慶九年史夢蛟刻本，第9頁。

〔註153〕傅維森：《端溪書院志》卷5，趙所生、薛正興主編：《中國歷代書院志》第3冊，南京：江蘇教育出版社，1995年，第387頁下。

從乾隆十八年至乾隆二十七年（1762），何夢瑤任端溪書院山長長達九年的時間。又據宣統《高要縣志》卷二〇：「（何夢瑤）乾隆十八年主講端溪書院，寓高要最久。」〔註154〕而《端溪硯坑志・何夢瑤跋》有：「今年春忝主天章書院講席。」〔註155〕即，何夢瑤於乾隆十八年（1753，癸酉）春，受聘爲天章書院山長。而此時全祖望正在肇慶、江門一帶遊覽，所以何夢瑤可能未曾與全祖望見過面。

據《清史列傳》卷七一《文苑傳二》：彭端淑在乾隆二十年爲廣東肇羅道，「又延名宿何夢瑤主講端溪書院，暇復選開敏有才者，親自飭厲，成就甚衆。」〔註156〕這裏有兩點皆爲不確：一是彭端淑出爲廣東肇羅道的時間；二是彭端淑「延名宿何夢瑤主講端溪書院」。關於彭端淑出爲廣東肇羅道的時間，據《清代官員履歷檔案全編》第17卷：「彭端淑，四川眉州丹稜縣進士，年五十一歲。現任吏部稽勳司郎中。乾隆十五年吏部保舉帶領引見，奉旨記名以道府用。今於十八年十二月分籤陞得廣東肇羅道缺。敬繕履歷恭呈御覽，謹奏。乾隆十九年正月二十七日。」〔註157〕又據道光《肇慶府志》卷一三：「彭端淑，四川丹稜人，進士。（乾隆）十九年六月任（肇羅道）。」〔註158〕即，彭端淑於乾隆十八年十二月分籤陞得廣東肇羅道缺，乾隆十九年正月二十七日繕寫履歷呈御覽，乾隆十九年六月上任肇羅道。

前面所引傅維森《端溪書院志》和宣統《高要縣志》皆言乾隆十八年何夢瑤主講端溪書院，而《端溪硯坑志・何夢瑤跋》講明是「今年春忝主天章書院講席」，故基本可以確認何於乾隆十八年春任天章書院山長。彭端淑十九年六月才上任肇羅道，所以，不可能是由彭來延請何夢瑤的。〔註159〕據道光《肇慶府志》卷一三：「倉德，滿洲鑲紅旗人，官學生。（乾隆）十七年三月任（肇羅道）。」〔註160〕又據道光《廣東通志》卷五一《職官表四十二》：

〔註154〕宣統《高要縣志》卷20，《人物篇二・寓賢》，臺北：成文出版社，民國63年，第1147頁。
〔註155〕何夢瑤：《跋》，朱玉振《增訂端溪硯坑志》，顧廷龍主編：《續修四庫全書》，上海：上海古籍出版社，1995年，第　頁。
〔註156〕王鍾翰點校：《清史列傳》第18冊，第5849頁。
〔註157〕秦國經主編：《清代官員履歷檔案全編（下冊）》卷17，第372頁下。
〔註158〕道光《肇慶府志》卷13，廣東地方史志辦公室輯：《廣東歷代方志集成》，廣州：嶺南美術出版社，2009年，第442頁下。
〔註159〕當然還有一種可能是彭端淑到任之後，天章書院改名爲端溪書院，所以何夢瑤在彭端淑到任之前是天章書院山長，彭端淑到任之後爲端溪書院山長。
〔註160〕道光《肇慶府志》卷13，第442頁下

「吳繩年，浙江錢塘人，監生。（乾隆）十七年任（肇慶府知府）。」〔註161〕所以，很有可能是由倉德或吳繩年延請何夢瑤的。何夢瑤與杭世駿、吳繩年、彭端淑等交密，但因其《菊芳園詩鈔》刻於乾隆十七年（1752 年），故其中有與杭世駿唱和之詩，而未有與吳繩年、彭端淑唱和之詩。

何夢瑤在端溪書院授課之餘還撰《莊子故》〔註162〕、《算迪》等書。院中諸生爲其刻《莊子故》，並刻《同學錄》一冊，何夢瑤在序中寄語諸生云：「諸生之志則大矣，然不可託之空言也。夫業精於勤，而荒於嬉，毋燕僻以廢學，毋燕朋以逆師。莊子不云乎：『君子之交淡如水，小人之交甘如飴。』無故以合者，則亦無故以離。尚其敬業樂群，視此金蘭之譜，論學取友念茲麗澤之資。」〔註163〕

七、何夢瑤與吳繩年

吳繩年，號淞岩，浙江錢塘人，監生。據何夢瑤《重修端溪書院新建後樓碑記》：「公名繩年，號淞岩，浙江錢塘人。」〔註164〕而宣統《高要縣志》附志下卻載：「吳繩年，字崧岩，錢塘人。」〔註165〕將號誤爲字。吳繩年乾隆十五年任廉州府同知〔註166〕，乾隆十七年任肇慶府知府。〔註167〕何夢瑤於乾隆十八年（1753）春受聘爲天章書院山長，所以很有可能在這一年就與肇慶知府吳繩年相識。

乾隆十九年（1754）夏，端州數十日大雨，躍龍寶閘將裂，幾乎潰堤。吳繩年帶領民夫，「絚腰墜淵，塞其隙，勢少定。」之後，吳公繩年和高要知縣張甄陶商量重修。因工費浩大，不按「民堤民修」慣例，全部由官員捐助。工程始於乾隆十九年十月，落成於乾隆二十年春。早在雍正五年，巡撫楊文

〔註161〕道光《廣東通志》卷 51，《職官表四十二》，第 828 頁下。
〔註162〕據嚴靈峰《周秦漢魏諸子知見書目》：「《莊子故》三卷。……三十三篇，《內七篇》題下，均有總注，以概全篇要旨，外、雜篇下，間有總注，發揮己見，亦引諸家說。」（嚴靈峰編著：《周秦漢魏諸子知見書目》（第二冊），北京：中華書局，1993 年，第 194 頁。）
〔註163〕何夢瑤：《端溪書院同學錄序》，乾隆《肇慶府志》卷 26，《藝文志下》，第 730 頁上。
〔註164〕何夢瑤：《重修端溪書院新建後樓碑記》，道光《肇慶府志》卷 6，《建置二》，第 206 頁上。
〔註165〕宣統《高要縣志》，《附志下》，民國二十七年重刊本，第 1682 頁。
〔註166〕道光《廣東通志》卷 53，《職官表四十四》，第 876 頁上。
〔註167〕道光《廣東通志》卷 51，《職官表四十二》，第 828 頁下。

乾曾經疏請高要等五縣堤改築石工椿埽，但是被兩廣總督阿克敦奏罷之。阿克敦說：

> 臣準撫臣楊文乾移送會稿，請將高要等五縣圍基頂衝改築石工次用椿埽，暫借庫銀修築作何，補項另疏具題等。因臣查廣東之西江，自廣西梧州府彙左右兩江之水，流入肇慶府界，至廣州府三水縣，北合南雄韶州連山諸水。一由厓門入海，一由虎門入海。其沿江之高要、高明、四會、三水、南海五縣，向有基圍，俱係土工開築。建閘以時蓄洩。每年於十一月後，地方官督率鄉民按畝分工，加卑培薄，民不爲苦，官無所費，相安已久。今若改築石工椿埽，則費國帑不止數十萬，且從來工程斷無一勞永逸之理，工完之後，勢必逐年修補，耗費無窮。以臣愚見，不如仍循舊法，著令地方官每歲於農隙之時，督率鄉民分工修補，倘遇江水驟漲，不時遣員巡查，以防沖決。如果寔心任事，圍基即能保固無虞，似可無庸更議。〔註168〕

其主要目的一方面是想爲朝廷節省費用，另一方面雍正對地方錢糧特別關注，幾近苛刻，如此耗費巨大的工程，阿克敦實在不想惹是生非，多一事不如少一事，並且完全將責任推給府、縣，說「如果寔心任事，圍基即能保固無虞。」

因此，遇到躍龍竇裂，總督楊應琚爲首，各級官員紛紛捐銀。道光《肇慶府志》卷四：「十八年躍龍竇裂，知府吳繩年，知縣張甄陶、方顯修之。總督楊應琚以下各捐金有差。」〔註169〕何夢瑤記載了整個重修過程：

> 甲戌夏，麥雨連旬，西潦大至肇郡，城南門築三版附，郭景福圍躍龍竇閘且裂。守令率民夫馳救，立泥淖中兩日夜。募善沒者十數輩，絚腰墜淵，塞其隙，復捷竹箈茭綬，其勢少定。值雨霽水消乃獲保全。夢瑤目擊其事。端州受廣西三江之水，近者千里，遠者萬里，建瓴而下爲羚羊峽所束，怒不得洩，旁沖橫決，附郭一十三都田廬人畜悉漂沒。此圍堤所築也。堤舊有竇在，後嚙道遠，易淤。明萬曆中副憲王公泮始鑿斯竇，宣洩便捷，民德之。閘鐵梨木，厚數寸不待朽，輒易乃爲激湍所裂。堤幾潰，泮洞之微若此。於是郡守吳公繩年，高要張公甄陶，謀俟水涸修築。向例民

〔註168〕道光《肇慶府志》卷4，《輿地四‧水利》，第147頁上。
〔註169〕道光《肇慶府志》卷4，《輿地四‧水利》，第147頁上。

堤民修，念比次工程浩大，早禾已損，民力不勝，且委任實總圩長，經理不慎不無置薪誤。議官任之，會制憲楊公應琚臨肇首，捐百金爲倡，觀察彭公端淑，暨闔郡僚屬次第割俸興修，縣官董其役。張公遷去，方公顯代鳩工庀材。自實址至堤面，砌石七層，高二丈八尺，長六丈九尺，厚八丈三尺，內外如一併月堤小實。一切木石材悉易舊以新，崇堅如昔。計用工五千一百餘名，費銀六百餘兩經。始於是歲之十月落成。於次年之春季聞諸故老西潦前。甲戌最劇十圍九潰，嗣是患害頻仍，蓋堤防日漸單薄，修築力絀所至。自總督孔溫傳公給官銀購石砌築，撫軍楊公文乾復疏請郵賑。被水州縣增高基圍堤址，無決壞憂。今不費閭閻絲粟，役興而民不知厥功偉矣。〔註170〕

乾隆二十一年（1756）秋，端溪書院由於「歲增數十人」，生員眾多，知府吳繩年考慮到原有齋舍不足容納，與山長何夢瑤商量「購院後民房地，建樓九間以益之；又以近光亭蓮池位少偏東，並宜撤正堂舍之朽壞者宜修。請於制軍楊公應琚，副憲彭公端淑皆報可。」〔註171〕經過五個月的建造，至乾隆二十二年（1757）春建成，何夢瑤專門爲此寫下《重修端溪書院新建後樓碑記》。

乾隆二十四年（1759）春，何夢瑤受肇羅道道臺彭端淑和肇慶知府吳繩年之請，開始總纂《肇慶府志》，到乾隆二十五年（1760）秋完成。據吳繩年所作序言：「又得端溪山長何君報之，博古知今，日夕商搉，至是有事編纂、發凡、起例、補缺、計訛，悉以付之。何君年不敏，操筆以從其後。始於乾隆己卯之春，脫稿於是年之秋。爲綱者一十八，爲目者五十有九，書成共計二十八卷。不敢謂纖悉靡遺，而訛舛之病庶幾或少免乎。」〔註172〕對於何夢瑤來說是第二次編志，雖然駕輕就熟，但是府志畢竟比縣志分量要大的多，自然所遇問題亦多，所以何吳二人經常「日夕商搉」，僅一年多時間就完成了《肇慶府志》。道光《肇慶府志》卷二一還載有彭端淑爲《肇慶府志》所做之序說：「去年秋出使西粵，踰年始歸。而郡守吳君已纂訂成編，請商於予。予

〔註170〕道光《肇慶府志》卷 4，《輿地四‧水利》，第 147 頁下；另外，道光《廣東通志》卷 117，《山川略十八》，第 2013 頁下～2014 頁上，亦載何夢瑤《重修躍龍竇記略》，但稍簡略，應是據肇志簡寫。
〔註171〕道光《肇慶府志》卷 6，《建置二》，第 206 頁上。
〔註172〕道光《肇慶府志》卷 21，《藝文》，第 774 頁上。

讀之而喜曰，是固余之志也。夫是志考覈甚詳，增刪頗當，其有益於肇豈淺哉。於時相與有成者，友人南海夢瑤何君也。」〔註173〕據道光《肇慶府志》卷首「凡例」：「一、舊志刊於乾隆二十四年，吳太守繩年主修，南海何進士夢瑤總纂。閱六十餘年，板片無存，他志更不得見。茲即據吳志為底本，補闕訂訛，並增所未備，凡所採輯悉注出處。」〔註174〕這裏所言乾隆二十四年何夢瑤所編府志「板片無存」，實際上並非如此，只是當時道光《肇慶府志》的編者未能找到而已。現存有故宮博物院藏本（非全本），嶺南美術出版社印製。即，道光《肇慶府志》大部分以何夢瑤所纂府志為藍本。如，道光《肇慶府志》卷二二《事紀》載的一則吳繩年機智獲匪的故事，就是轉錄何夢瑤所纂府志的：「（乾隆十八年）十一月獲匪犯楊德、陳瑞翎杖殺之。德，四會縣門役，以犯法革退，與高要縣匪徒陳瑞翎，舟行誘賭，旋假案緝逆匪名為書投縣署，及富室官民惶惑不敢發。知府吳繩年廉得之，佯以他事呈縣，逮革役令書悔過狀。驗德字迹與投書同，末幅乃出瑞翎手。捕至並引伏，密請兩院杖殺之。」〔註175〕乾隆十八年（1753），吳繩年還撰寫《端溪硯志》一書，杭世駿（序作於乾隆十九年）、全祖望、彭端淑、沈廷芳（序作於乾隆二十二年）為之序；何夢瑤、呂伊為之跋。

第二節　潛心著述弘揚學術

何夢瑤一生著述豐富，涉獵廣泛，除了前述醫學著述外，還有：《菊芳園詩鈔》、《菊芳園詩續鈔》、《菊芳園文鈔》、《皇極經世易知》、《算迪》、《三角輯要》、《比例尺解》、《紫棉樓樂府》、《移橙閒話》、《莊子故》、《賡和錄》、《制義焚餘》、《胡金竹梅花四體詩箋》、《羅浮夢》、《大沙古迹詩》、《暖金盒》，並主修《岑溪縣志》，總纂《肇慶府志》，等等。其中《菊芳園文鈔》、《紫棉樓樂府》、《移橙閒話》、《制義焚餘》、《羅浮夢》、《大沙古迹詩》、《菊芳園詩續鈔》、《暖金盒》等著作遺佚。

何夢瑤自入惠門以來，於詩詞水平日進，亦獲羅天尺、蘇珥、勞孝輿、杭世駿等人較高評價，而其執教書院凡十五年，身為山長，老而好學，於己

〔註173〕道光《肇慶府志》卷21，《藝文》，第774頁上。
〔註174〕道光《肇慶府志》卷首，《凡例》，第11頁上。
〔註175〕道光《肇慶府志》卷22，《事紀》，第851頁下。

要求頗嚴，授課之外，對於易學、算學、音律皆窮究鑽研，以致《清史列傳》言其：「國朝二百年來，粵人論撰之富，博極群書，精通藝術，未有踰夢瑤者。」〔註176〕

一、何夢瑤之詩論

何夢瑤的詩詞主要集中在《菊芳園詩鈔》中，現存乾隆十七年刻本，分為八卷：煤尾集、鴻雪集、學制集、南儀集、寒坡集、鶴野集、懸車集和詩餘。杭世駿、羅天尺為之序，目錄後附有受業門人崔鋸士等 47 名，全書約63000 餘字。乾隆十七年之後的詩零星見於方志。

（一）承繼白蘇

「惠門八子」中以羅天尺的詩歌水平最高，何夢瑤就說過：「吾黨工詩者素推羅履先，僕與勞孝輿、陳聖取、蘇瑞一皆不及。」〔註177〕羅天尺在《菊芳園詩鈔》序中說：「乾隆庚午，乍遼陽棄官歸，相晤羊旅邸話舊，出《菊芳園集》相示。覘其品格，類祖渭南。渭南詩意盡於句，拙生於巧，髮無可白方言老，酒不能賒始是貧，句法多同。報之煉不傷氣，清不入佻，中藏變化，不一其體。」〔註178〕羅天尺指出何夢瑤的詩「類祖渭南」，即宗法白居易。何夢瑤曾經在詩《五十》中也說：「廿年文酒無多日，盍早休官擬白蘇。」〔註179〕明確了自己的詩歌取向。比何夢瑤小33 歲的檀萃也有類似看法，他在《楚庭稗珠錄》中說：「粵中詩人自三家競爽，同好共興，以名其家者頗眾。嗣是而降，操觚之士，多不聞於時。何西池夢瑤《菊芳園集》，出入白、蘇間，略為生色，然較之五子、三家，風斯下矣。」〔註 180〕可見當時士人已經對何的詩有所比較和評論。檀萃認為，相對來說何夢瑤的詩還不錯，出入於白居易和蘇軾之間，但是較之南園前五子以及廣東三大家來說則遜色。

一般認為，白居易的詩歌種類可分為諷諭詩、感傷詩、閒適詩、和雜律詩。白居易詩歌的特點：一是主題、題材集中；二是善於抓住人物的特徵，用白描方法勾勒出鮮明生動的人物形象；三是敘事與議論相結合；四是白詩

〔註176〕王鍾翰點校：《清史列傳》第十八冊，第 5847 頁。
〔註177〕何夢瑤：《春秋詩話序》，勞孝輿：《春秋詩話》，第 506 頁上。
〔註178〕羅天尺：《菊芳園詩鈔序》，何夢瑤：《菊芳園詩鈔》，第 3 頁 a。
〔註179〕何夢瑤：《五十》，《菊芳園詩鈔》卷 5，《寒坡集》，第 14 頁 a。
〔註180〕檀萃：《楚庭稗珠錄》，第 140 頁。

語言平易淺切、明暢通俗，很少用典故和古奧的詞句，還特別喜歡提煉民間口語、俗語入詩，但白詩的詩意並不淺顯。從何夢瑤的《菊芳園詩鈔》中，也可以很容易找到這些特點，當然，不同的是在有些詩中，何夢瑤用典偏多。而蘇軾的詩歌，大體可以歸納為以下特點：即，說理中顯趣味，以理趣取勝；現實主義與浪漫主義相結合；豪放風格與婉約風格相結合。在這些方面，何夢瑤的詩歌大多有所體現，但是顯然何夢瑤的詩豪放不足，而婉約有餘，很多詩歌有堆砌典故之嫌。

雖然何夢瑤效法白蘇，但是對白蘇的評價褒貶不同，說「香山直率無餘味」、「海涵地負東坡老」〔註181〕也許何夢瑤在豪放方面所思和所「言」並不一致，即他很想表達出「豪放」，但是其詩歌中並沒有體現。這一思想表現在他「抑杜揚李」的觀點上。何夢瑤在其《讀歷朝詩》中說「獨有青蓮擅千古，未應子美得齊名。」〔註182〕

洪亮吉《論詩絕句》二十五首之五「尚有昔賢雄直氣，嶺南猶似勝江南」的名句，詠的是清初「嶺南三家」（屈大均、陳恭尹、梁佩蘭），反映了廣東詩風的在全國的影響。嚴迪昌在《清詩史》中說：「清代是廣東詩歌的高峰期。但在屈大均、陳恭尹、梁佩蘭世稱『嶺南三大家』為標誌的清初那個詩群活動之後，是沉寂了的。到了康熙五十九年（1720）冬惠士奇任廣東學正，三年間頗為扶持風雅，於是有『惠門八子』出。……惠士奇是經學家，然其『紅豆家風』，不廢吟詠。只是『八子』中真有點影響的也只能算何夢瑤一人而已。」〔註183〕這段話，前一句是符合史實的，即從「嶺南三家」到康熙末期，廣東詩壇寥寥。但是說「惠門八子」中「真有點影響的也只能算何夢瑤一人而已」卻未免武斷了，羅天尺不論在詩歌的數量還是水平上都是超過何夢瑤的。當然，不論是何夢瑤還是羅天尺，還是不可能企及清初「嶺南三家」的高度。而南園前後五子，「嶺南三家」以及陳白沙、胡方等人的詩風對何夢瑤也有非常大的影響。康熙朝以來，廣東與江浙、內地的交通轉為頻繁，文風詩風的交彙也愈加多。對廣東詩風影響力稱大者是翁方綱。其弟子不僅多，且經其譽揚，名聲亦漸廣，廣東詩歌出現第二個高潮，其代表為「嶺南三子」（馮魚山、張錦芳、胡亦常）和「嶺南四家」（張錦芳、黎簡、

〔註181〕何夢瑤：《讀歷朝詩》，《菊芳園詩鈔》卷7，《懸車集》，第23頁b。
〔註182〕何夢瑤：《讀歷朝詩》，《菊芳園詩鈔》卷7，《懸車集》，第23頁b。
〔註183〕嚴迪昌：《清詩史》（下），臺北：五南圖書出版有限公司，1998年，第890頁。

呂堅、黃丹書）。〔註 184〕王昶在其《湖海詩傳・蒲褐山房詩話》中也說：「嶺南自三家後，風雅寥寥。比來余所知者：張庶常錦芳、馮戶部敏昌、溫編修汝適、潘舍人有為、趙大令希璜，而簡民為之冠。」其中簡民是指黎簡（1747～1799，字簡民，順德人）。也就是說，在何夢瑤輩之後的幾十年，廣東詩壇才又出現一次高潮。「惠門八子」可以說是屬於進入下一次高潮的過渡階段的人物。

（二）詩推陳胡

何夢瑤的詩論觀念最集中的體現在何夢瑤為胡方的《鴻桷堂詩集》寫的序中。此序不長，抄錄如下：

> 僕論詩，首推陳白沙、胡金竹二先生。或問之，曰：詩言志，無其志，而有言，妄也；有其志，而不能言，拙也。有其志，而能言，工矣，而未必盡善，蓋言之美惡，以誌之邪正為斷。是故，志道德者，上志功業者，次志詞章者，下志富貴者，鄙志情欲者。邪知此，而詩之品定，詩品定，而二先生之詩之高見矣。問，風詩不廢鄭衛，則又何說？曰，陳詩與作詩不同，貞淫並採，備勸欲也；君子非法不言。又問，世謂藻麗為雅道，學語為庸腐非與？曰，雅，常也，非藻麗之謂。藻麗，時俗所尚，然則世所謂雅，正君子所謂俗。《記》曰，庸言之謹。世所謂俗，正君子所謂雅。雅俗之辨，久昧矣。然則金竹視白沙何如？曰，白沙較超，金竹較密。因次其語，為鴻桷堂詩序。〔註 185〕

何夢瑤非常推崇陳白沙、胡方的詩，上文首句即說「僕論詩，首推陳白沙、胡金竹二先生。」甚至自信地認為「詩至白沙高出千古，胡金竹繼之。此非予阿好之言，後世自有定論耳。」〔註 186〕此論頗為偏隅，故袁行雲在《清人詩集敘錄》言「（何夢瑤）以陳獻章、胡方為圭臬，窒礙亦可知矣。」〔註 187〕

〔註 184〕 朱培高：《中國文學流派史》，黃山書社，1998 年，第 391 頁；嚴迪昌：《清詩史》（下），第 891 頁。

〔註 185〕 何夢瑤：《鴻桷堂詩集・何序》，同治《番禺縣志》卷 27，《藝文略三》，第 337 頁上。

〔註 186〕 何夢瑤：《讀歷朝詩》自注，《匊芳園詩鈔》卷 7《懸車集》，第 23 頁 b～24 頁 a。

〔註 187〕 袁行雲：《清人詩集敘錄》，第 793 頁。

陳白沙論詩，總體來說有以下幾個重要觀點：

首先，「詩緣情」的本質論

陳白沙認為詩歌不外是人的內在的情志通過言語而向外流露和表達。他在《夕惕齋詩集後序》中提出：「受樸於天，弗鑿以人；享和於生，弗淫以習。故七情之發，發而為詩，雖匹夫匹婦，胸中自有全經，此風稚之淵源也。而詩家流矜奇眩能，迷失本真，乃至旬鍛月煉，以求知於世，尚可謂之詩乎？」〔註188〕陳白沙認為，人人都有七情六欲，詩歌是人的「七情」所發，性情便是詩歌的「本真」、「本體」，也即詩歌的本質。陳白沙曾非常尖銳地批評片面追求形式的創作傾向，他指出：「晉魏以降，古詩變為近體，作者莫盛於唐。然已恨其拘聲律、工對偶，窮年卒歲，為江山草木雲煙魚鳥，粉飾文貌，蓋亦無補於世焉。若李杜者，雄峙其間，號稱大家，然語其至則未也。」〔註189〕

他還認為「詩緣情」中的「情」應該是自己的真性情，而「真」是性情的前提，抓住「真」才能抓住「情」之根本。其在《與汪提舉》中提出：「大抵論詩當論性情，論性情先論風韻，無風韻則無詩矣。今之言詩者異於是，篇章成即謂之詩，風韻不知，甚可笑也。情性好，風韻自好；性情不真，亦難強說，幸相與勉之。」〔註190〕

又如《澹齋先生挽詩序》中也寫到：「夫感而哀之，所謂情也。情之發而為辭，辭之所不能已者，凡以哀為之也。……哀而後為之詩。詩之發，率情為之，是亦不可苟也已，不可偽也已。」〔註191〕

其次，強調「雅健」的審美觀

陳在《次王半山韻詩跋》說：「作詩當雅健第一忌俗與弱。予嘗愛看子美、後山等詩，蓋喜其雅健也。若論道理，隨人深淺，但須筆下發得精神，可一唱三歎，聞者便自鼓舞，方是到也。」〔註192〕在陳白沙眼裏「雅健」既是作詩，也是其審美的第一原則，陳白沙尤喜杜甫、陳師道之詩，原因就是「雅健」。「雅健」就是「雅健清新」，即文稚而不庸俗，剛健而不懦弱，

〔註188〕陳獻章：《陳獻章集》，孫通海點校，北京：中華書局，1993年，第11頁。
〔註189〕陳獻章：《陳獻章集》，孫通海點校，北京：中華書局，1993年，第11頁。
〔註190〕陳獻章：《陳獻章集》，孫通海點校，北京：中華書局，1993年，第203頁。
〔註191〕陳獻章：《陳獻章集》，孫通海點校，北京：中華書局，1993年，第9頁。
〔註192〕陳獻章：《陳獻章集》，孫通海點校，北京：中華書局，1993年，第72頁。

體現出一種健康的、清新向上的、能激勵人、鼓舞人的精神。

第三，主張「平易」、「自然」和「含蓄」

陳白沙學宗自然，以「自得」爲眞受用處，不喜著述，獨情於詩歌。他的弟子湛若水在《詩教解原序》說：「白沙先生無著作也，著作之意寓於詩也。是故道德之精，必於詩焉發之。」〔註193〕他的族人陳炎宗也說：「白沙先生以道鳴天下，不著書，獨好爲詩。詩即先生之心法也，即先生之所以爲教也。」〔註194〕

陳白沙在強調以「雅健」爲第一原則的同時，又在《批答張廷實詩箋》中說：「大抵詩貴平易，洞達自然，含蓄不露，不以用意裝綴，藏形伏影，如世間一種商度隱語，使人不可摸索爲工。」〔註195〕又云：「詩家流者，矜奇炫能，迷失本眞，乃至句鍛月煉，以求知於世，尙可謂之詩乎？晉唐以降，古詩變爲近體，作者莫盛於唐。然已恨其拘聲律、工對偶，窮年卒歲，爲江山草木雲煙魚鳥粉飾文貌，蓋亦無補於世焉。」〔註196〕並直接道出其崇尙自然之美：「古文字好者，都不見安排之迹，一似信口說來，自然妙也。其間體制非一，然本補自然不安排者便覺好。」〔註197〕

陳白沙論詩崇尙平淡、自然之美，追求一種無障礙、無安排之迹。自然樸實的審美境界。他形象地說：「作詩尙平淡，當與風雅期。如飲玄酒者，當用瓦爲卮。」〔註198〕他把平易自然，含蓄不露，看作是平淡詩風的重要條件，反對那些語言生硬、隱晦，使人難以揣度的詩作。他甚至認爲「我疑詩巧是詩魔」〔註199〕，「道德乃膏腴，文字固批糠」〔註200〕詩歌以明道爲宗旨，認爲有德必有言，對詩之技巧不看重。進而，白沙由「自然」而推出「詩之工，詩之衰也」。陳認爲：「詩之工，詩之衰也。言，心之聲也。……聲之不一，情之變也，率吾情盎然出之，無適不可，有意乎人之贊毀，則子虛、長楊飾巧誇富，媚人耳目，若排優然，非詩之教。」〔註201〕

〔註193〕陳獻章：《陳獻章集》，孫通海點校，北京：中華書局，1993年，第699頁。
〔註194〕陳獻章：《陳獻章集》，孫通海點校，北京：中華書局，1993年，第700頁。
〔註195〕陳獻章：《陳獻章集》，孫通海點校，北京：中華書局，1993年，第74頁。
〔註196〕陳獻章：《陳獻章集》，孫通海點校，北京：中華書局，1993年，第11頁。
〔註197〕陳獻章：《陳獻章集》，孫通海點校，北京：中華書局，1993年，第163頁。
〔註198〕陳獻章：《陳獻章集》，孫通海點校，北京：中華書局，1993年，第537頁。
〔註199〕陳獻章：《陳獻章集》，孫通海點校，北京：中華書局，1993年，第417頁。
〔註200〕陳獻章：《陳獻章集》，孫通海點校，北京：中華書局，1993年，第279頁。
〔註201〕陳獻章：《陳獻章集》，孫通海點校，北京：中華書局，1993年，第5頁。

第四，特別重視詩歌教化之功用

白沙寓教於詩，《白沙子全集》詩篇過半，謂之詩教，除了用詩歌闡述哲學思想外，他十分重視詩歌教化天下的社會功用。他在《認真子詩集序》中指出：「吾嘗聞夫子之論詩矣，上明三綱，下達五常，於是徵存亡，辨得失，小人歌之以貢其俗，君子賦之以見其志，聖人採之以觀其變……夫詩，小用之則小，大用則大。可以動天地，可以感鬼神；可以和上下，可以格鳥獸；四時行焉，百物生焉；皇王帝霸之褒貶，雪月風花之品題，一而已矣」〔註202〕

胡方繼承白沙思想，其詩論在《古文端序》、《四書講義自序》、《鴻桷堂詩自序》和《與任肇林書》有所體現。他在《郎亦傅遊戒詩集序》中極推崇白沙詩歌無雕琢：「唐人初承六朝綺靡之習，至曲江而後廓清，白沙則理學醇儒……其詩盡天籟無組織追琢之勤。」〔註203〕

他在《古文端序》中說：「若言之美惡則雅俗而已。素常曰雅，薰染曰俗。草木之生，各含英華。其自發者，無論精粗皆有生趣，或剪採而綴之，則索然無味矣。文之美惡亦猶是。……今之讀古文者徒欲以為剽竊之資，正恐薰染之不深，是已畔乎。為文之宗而去之，而欲攀附古人，豈不遠哉。」〔註204〕此是白沙「平易」、「自然」、「含蓄」的衍生之意。《四書講義自序》：「聖人之道，不外人心物理。此心此理，雖失其精，亦有其粗，……學者誠肯去其欲速之心，先體察於日用之間，以求所謂聖人之道，遲而又久，睹其大意，然後返而讀書。」〔註205〕胡方還強調「詩者言情之物也，情以誠而成，以正大而善，非境情無由生，而情亦自有其狀。為詩者，於境則能抉其可喜可怒可哀可樂之處。使不言喜怒哀樂，而不啻言之，或並言其喜怒哀樂，則又歷歷舉似喜怒哀樂之形容，現於紙上。如此則可謂之詩矣。」，「夫文以載道也，詩亦文之一也。情成而善即道也，未能載道，而特不敢畔道。」〔註206〕

胡方在《鴻桷堂詩自序》中對己詩並不太滿意「此在他人則嫌其少，而余則恨已多。其中玩物者有之矣。戲言出於思，其中戲言者有之矣。所以並

〔註202〕陳獻章：《陳獻章集》，孫通海點校，北京：中華書局，1993年，第5頁。
〔註203〕胡方：《鴻桷堂詩文集》，同治甲子（1864年）幼學齋藏書版之二，羊城西湖街效文堂重印。
〔註204〕民國《佛山忠義鄉志》卷15，《藝文二》，第5頁a。
〔註205〕胡方：《四書講義自序》，廣東文徵編印委員會：《廣東文徵》，香港中文大學出版社，1978，第121頁。
〔註206〕胡方：《與任肇林書》，廣東文徵編印委員會：《廣東文徵》，香港中文大學出版社，1978年，第118頁。

存之者，猶孔子之存淫風，取爲檮杌，以垂懲戒云爾。」﹝註207﹞可以看出，胡方在繼承陳白沙的「雅健」、「自然」和「教化」詩論觀念的基礎上，將之細化，解釋「孔子之存淫風」是「取爲檮杌，以垂懲戒」；還將白沙的「雅健」觀點，引申爲「素常曰雅，薰染曰俗」，進一步強調「自然」觀點，並認爲爲文應當「洗滌薰染」學「眞形神」。

通過以上簡述陳白沙和胡方的文學觀念，可以知道，何夢瑤在《鴻栖堂詩集序》中說「陳詩與作詩不同，貞淫並採，備勸欲也；君子非法不言。」以及「世謂藻麗爲雅道，學語爲庸腐非與？曰，雅，常也，非藻麗之謂。藻麗，時俗所尚，然則世所謂雅，正君子所謂俗。《記》曰，庸言之謹。世所謂俗，正君子所謂雅。雅俗之辨，久昧矣。」﹝註208﹞是直接採用胡方的觀點。何夢瑤還說「詩不求工語自眞」﹝註209﹞，「文爲載道之言，詩乃緣情而作」﹝註210﹞，也是繼承陳白沙、胡方的「自然」、「雅健」和「教化」的觀點。何夢瑤《羅履先瘦暈山房詩序》云：「石湖天稟粹美，其學一出於正，口不道非禮之言，所爲詩有精粗，無純雜也。」﹝註211﹞就直接是來源於胡方《四書講義自序》中的觀點。

而何夢瑤在對「詩言志」的闡述上，一方面繼承並強調了陳白沙和胡方關於詩的「教化」功能，另一方面，進一步細化了「詩言志」的層次。他說：

> 詩言志，無其志，而有言，妄也；有其志，而不能言，拙也。有
> 其志，而能言，工矣，而未必盡善，蓋言之美惡，以志之邪正爲
> 斷。是故，志道德者，上志功業者，次志詞章者，下志富貴者，
> 鄙志情欲者。邪知此，而詩之品定，詩品定，而二先生之詩之高
> 見矣。﹝註212﹞

何夢瑤將詩與志的關係分爲三種情形：一是「無其志，而有言，妄也」；二是「有其志，而不能言，拙也」；三是「有其志，而能言，工矣。」進而，

﹝註207﹞ 胡方：《鴻栖堂詩自序》，同治《番禺縣志》卷27，《藝文略三》，第337頁上。
﹝註208﹞ 何夢瑤：《鴻栖堂詩集何夢瑤序》，同治《番禺縣志》卷27，《藝文略三》，第337頁上。
﹝註209﹞ 何夢瑤：《和友人病起之作》，《菊芳園詩鈔》第三卷，《學制集》，第12頁a
﹝註210﹞ 何夢瑤：《嶺南集序》，杭世駿：《嶺南集》，光緒七年冬學海堂重刊，第3頁上。
﹝註211﹞ 何夢瑤：《何序》，羅天尺：《瘦暈山房詩刪》，第484頁上。
﹝註212﹞ 何夢瑤：《鴻栖堂詩集何夢瑤序》，同治《番禺縣志》卷27，《藝文略三》，第337頁上。

將第三中情形中之「志」再分爲四個層次「志道德者，上志功業者，次志詞章者，下志富貴者，鄙志情欲者。」並且認爲由此「而詩之品定」。

由陳白沙、胡方和何夢瑤的詩論觀點，可以看出，傳統儒家思想「文以載道」的教化思想在嶺南文人身上得到強調，而道家的「法自然」的理論，也被他們用於抵制開始於江南地區繼而彌漫全國的「藻麗」詩風。這也是嶺南詩派獨樹一幟的魅力。何夢瑤繼承並發展了嶺南詩派的理論。

何夢瑤的詩歌在其當時，以及之後，有不少地方文獻和一些著作對何夢瑤的詩歌進行了評論。何夢瑤在《春秋詩話》序中曾經提到自己的詩，說：「僕亦少有詩筆，老去不復料理，牙生輟弦於鍾子，匠石廢斤於郢人，冥契既逝，發言莫賞，覆瓿災木，聽之後人。」〔註213〕當然，這是何夢瑤自己過謙的說法。何夢瑤的好友中，以杭世駿對何詩的評價最高，杭世駿說：「南海詩人之藪也，而何監州報之爲之魁。報之之詩，節安以雅，辭麗以則，雜曼倩之詼嘲，兼靈均之哀怨。其無本甚遠，而畦徑則甚夷。驟而讀之，庸夫孺子皆可以得其用意之所存；實而按之，雖使讀書破萬，演漾蜿蠕，專精覃思，而有不能道其匡略者，則報之之得於天者厚也。而報之不知其才也。……知報之之才者莫如余，知報之之詩者又莫如履先。」〔註214〕其中當然不乏溢美之詞，但是也總結了何詩「節安以雅，辭麗以則，雜曼倩之詼嘲，兼靈均之哀怨」的藝術特色。「惠門八子」中，羅天尺和蘇珥對何夢瑤的詩都有評論。羅天尺說：「覘其品格，類祖渭南。……報之煉不傷氣，清不入佻，中藏變化，不一其體。……報之之詩，名貴卓煉，大異於詞，可謂善變者矣。」〔註215〕蘇珥則說：「……報之下筆蘊藉，欲言者無罪，聞者足戒，以合於風人之旨。」〔註216〕蘇珥認爲羅天尺的詩「天才獨絕」，而何夢瑤的特點是「下筆蘊藉」、「合於風人之旨」。彭端淑亦在其《雪夜詩談》中說：「何報之，夢瑤，粵東名宿。余至肇始得訂交。讀其竹枝詞，清新雅雋，不減前人。他詩五言如『水窮青靄合，天盡白雲生』、『江空天墮水，雲散月隨舟』、『野綠延無際，山青拖不來』。又七律『尋僧落月鐵牛寺，送客秋風木馬船。楮葉掃空書架側，菊花開到酒人邊。』皆佳句也。」〔註217〕張維屏在《國朝詩人

〔註213〕何夢瑤：《春秋詩話序》，勞孝輿：《春秋詩話》，第506頁上。
〔註214〕杭世駿：《匊芳園詩鈔序》，何夢瑤《匊芳園詩鈔》，《杭序》，第3頁b。
〔註215〕羅天尺：《匊芳園詩鈔序》，何夢瑤《匊芳園詩鈔》，第3頁a。
〔註216〕蘇珥：《春秋詩話序》，勞孝輿：《春秋詩話》，第504頁上。
〔註217〕彭端淑：《雪夜詩談》卷下，《續修四庫全書》編纂委員會：《續修四庫全書》

徵略》卷二六說:「西池先生以博雅著,凡天文、術數、樂律、算法、醫學
無不究心。爲督學元和惠公所愛重。晚年與杭董浦、耿湘門兩先生交契,朋
樽談燕,酬唱極歡。……摘句『馬頭迎吠犬,牛背立昏鴉。』叢祠森鬼氣,
老樹聳人形』、『古詞三婦豔,新月兩頭纖』、『夢去只如雲出岫,魂來恰似月
烘牆』、『九京容我尋高士,三疾如公是古民』、『泥封春雪無人迹,風掃殘花
有鶴痕(苔)』、『卻被紫陽書作盜,不知曹豫定何名』」〔註218〕邱煒菱《五
百石洞天揮麈》卷一二:「南海何西池……云『古詞三婦豔,新月兩頭纖』」
以及「叢祠森鬼氣,老樹聳人形」〔註219〕民國《遼陽縣志》卷七《名宦志》:
「(何夢瑤)其生平論詩謂『青蓮獨擅千古,子美未應齊名。』可謂風雅吏
矣。」〔註220〕楊鍾羲《雪橋詩話三集》卷六載何夢瑤句「琴聲遙送紅蘭榭,
詩夢重尋孔雀巢。」〔註221〕錢林《文獻徵存錄》卷四載何夢瑤「與編修杭
世駿相酬和,有《珠江竹枝詞》云:『看月人誰得月多,灣船齊唱浪花歌。
花田一片光如雪,照見賣花人過河。』世駿甚愛賞之。」〔註222〕杭世駿還
以《珠江竹枝詞六首和何監州》相和。此外,王昶《國朝詞綜》卷二三載有
何夢瑤的《滯人嬌清明有感》〔註223〕,乾隆《番禺縣志》卷一九和黃培芳
的《香石詩話》卷四載均載有何夢瑤的《珠江竹枝詞》〔註224〕;溫汝能纂
輯的《粵東詩海》共收入何夢瑤的詩達 42 首,長篇的排律全部收入。〔註225〕
道光《廣東通志》卷一〇〇《山川略一》載有何夢瑤的《寶鴨池》。〔註226〕
民國《思恩縣志》第七編載何夢瑤《偶成》〔註227〕,乾隆《慶遠府志》卷

卷 1700,上海:上海古籍出版社,2002 年,第 90 頁上。

〔註218〕張維屏:《國朝詩人徵略初編》卷 26,第 10 頁 b～11 頁 a。

〔註219〕邱煒菱:《五百石洞天揮麈》卷 12,《續修四庫全書》編纂委員會:《續修四
庫全書》卷 1708,上海:上海古籍出版社,2002 年,第 260 頁下。

〔註220〕民國《遼陽縣志》卷 7,《名宦志》,第 364 頁。

〔註221〕楊鍾羲:《雪橋詩話全編》第 3 冊,《雪橋詩話三集》卷 6,北京:人民文學
出版社,2011 年,第 1727 頁。

〔註222〕錢林:《文獻徵存錄》卷 4,第 167 頁下。

〔註223〕王昶:《國朝詞綜》卷 23,《續修四庫全書》編纂委員會:《續修四庫全書》
卷 1731,上海:上海古籍出版社,2002 年,第 181 頁下。

〔註224〕分別見,乾隆《番禺縣志》卷 19,廣州:嶺南美術出版社,2008 年,第 550
頁下;黃培芳:《香石詩話》卷 4,第 182 頁下。

〔註225〕參見,溫汝能纂輯:《粵東詩海》卷 76,呂永光等整理,廣州:中山大學出
版社,1999 年。

〔註226〕道光《廣東通志》卷 100,《山川略一》,第 1679 頁上。

〔註227〕民國《思恩縣志》第 7 編《文藝》,第 258 頁。

九載《思恩》和《宿蒙山堡》。〔註228〕譚瑩有詩論何夢瑤：「耆舊凋零得報之，菊芳園集有填詞。移橙閒話人收取，說紫棉樓樂府誰。」〔註229〕從中以可知，何夢瑤之詩詞，在晚清仍有一定影響。

但是，在評論何夢瑤的詩歌文獻中，也並不都是讚譽的意見。張維屏就說他「其生平論詩謂『青蓮獨擅千古，子美未應齊名』則近於翻新好奇矣。」〔註230〕南海的顏君猷就更一針見血的指出，雖然何夢瑤「最負時名」，但是只是他人的「應聲蟲」。據楊鍾義《雪橋詩話三集》卷九：「南海顏君猷孝廉論廣東國朝人詩絕句云：『……蘇（珥）羅（天尺）高足惠門中，理學胡方語稍工。最負時名何刺史（西池），憐他都是應聲蟲。』」〔註231〕筆者理解顏君猷所謂的「應聲蟲」，是指何夢瑤的詩歌有很多模仿他人的地方。比如，何夢瑤《良夜》中的「新月兩頭纖」〔註232〕是源於朱彝尊（1629～1709）的《憶王孫·夜泛鑒湖》「天邊新月兩頭纖」〔註233〕。在何夢瑤的大量詩歌中，可以看出許多模仿前人的痕迹。

從以上所列舉的文獻來說，何夢瑤的詩歌傳播的範圍不是很廣，主要在廣東地區流傳。所以，其影響也主要在廣東地區。總體上說，何夢瑤是雍乾時期廣東詩人的代表之一。就詩歌水平來說，「惠門八子」以羅天尺和何夢瑤較爲著名。雖然何夢瑤的部分詩歌存在用典過多，有堆砌典故之嫌；不少詩歌存在一定的模仿痕迹，有些觀點似乎獵奇，失於偏頗，但是，何夢瑤的詩歌宗法白居易、蘇軾、南園前後五子、「嶺南三家」以及陳白沙、胡方，推崇陳白沙的「雅健」、「自然」和「教化」的原則，具有取材廣泛卻不生僻，具有清新雅雋、詼諧探趣、教化社會和凝重悲愁的特點，反映了當時的社會和生活，並具有一定的史料價值。作爲一個多才多藝的士人，能夠筆耕不輟，詩歌達到當時廣東較高的水平，實屬難能可貴。從廣東詩歌的演變歷程來看，何夢瑤、羅天尺等人是清代廣東詩壇從「嶺南三家」，向下一次高潮（黎簡等）的過渡和準備階段的重要人物。

〔註228〕乾隆《慶遠府志》卷9，清乾隆十九刻本，第1235頁。
〔註229〕譚瑩：《樂志堂詩集》卷6，紀寶成主編：《清代詩文集彙編》，上海：上海古籍出版社，2010年，第89頁。
〔註230〕張維屏：《國朝詩人徵略初編》卷26，第10頁b。
〔註231〕楊鍾義：《雪橋詩話全編》第3冊，《雪橋詩話三集》卷9，第1919頁。
〔註232〕何夢瑤：《良夜》，《菊芳園詩鈔》卷2，《鴻雪集》，第13頁a。
〔註233〕雍正《浙江通志》，南京：鳳凰出版社，2010年，第2339頁。

二、刪繁舉要，大易易知

要談何夢瑤的《皇極經世易知》，必須先談邵雍的《皇極經世》。邵雍（1011～1077），字堯夫，謚康節。《皇極經世》是邵雍最重要的著作，內含《觀物內篇》與《觀物外篇》。《皇極經世》一書，見於《正統道藏》之中，凡十二卷，卷一至卷十各分上中下篇，卷十一至卷十二則分上下篇，共有32篇，合於陰陽八卦四方相會之數。其中，內篇關於「觀物」的討論凡十二節；外篇則為語錄，其長短不一，每段或數十字或數百字。另有《四庫全書》本，名曰《皇極經世書》，分為十四卷。該書問世以來，多有注疏者，較有影響的是邵雍之子邵伯溫的《皇極繫述》、《觀物內外篇解》，張行成的《皇極經世索隱》、《皇極經世觀物外篇衍義》，王植的《皇極經世書解》等。張行成說：「康節先生觀物有內外篇。內篇先生所著也，外篇門人所記先生之言也。內篇理深而數略，外篇數詳而理顯。」〔註234〕由於內篇文意難以弄通，治《皇極經世》之學者便主張要明瞭邵雍的學問必須從外篇入手。張行成作《外篇衍義》，其目的就是為世人讀懂《皇極經世》提供方便。邵伯溫在邵雍去世後，除將張岷的筆記整理為《觀物外篇》加入《皇極經世》外，還將其祖父邵古的律呂聲音之學也加進來，同時還在自己理解的基礎上，給邵雍的元會運世說進行配卦。邵伯溫以及張行成、王植等人對《皇極經世》的注疏工作儘管不一定都符合原意，但對於研究邵雍的易學思想都是有一定價值的。關於《皇極經世》的性質，朱熹將《皇極經世》歸結為「推步之書」。朱熹《文公易說》卷一九指出：《皇極經世》「以十二辟卦管十二會，繃定時節，卻就中推吉凶消長」。當然，邵雍的《皇極經世》並非只是純粹的天文曆法推步，張行成謂《皇極經世》係「康節之《易》，先天之嗣也」〔註235〕王植在《皇極經世書解・臆說》中也說：「邵子之學，先天之學也。先天者，中天之先，所稱三皇者也。」〔註236〕因此，《皇極經世》既是一部邵雍的創造易學著作，又是一部貫穿著「先天」象數旨趣的「先天易學」的著作。邵雍不僅潛心於《易》數的研討，而且推而廣之，力圖揭示宇宙萬物生化之數，制定宇宙周期年表。他把京房的八宮卦法拿來加以改造，配入他所發明的

〔註234〕張行成：《皇極經世觀物外篇衍義》，臺北：武陵出版有限公司，1991 年影印本，第 3 頁。

〔註235〕張行成：《皇極經世索隱》，《文津閣四庫全書》卷 266，北京：商務印書館，2005 年，第 267 頁。

〔註236〕王植：《臆說》，《皇極經世書解》卷首上，《文淵閣四庫全書》卷 266，北京：商務印書館，2005 年，第 586 頁。

「元、會、運、世」計時法，對宇宙的發生、演變過程進行《周易》數理法式的「描摹」，充分表現了他在《易》數方面的獨特認識和創造力。在邵雍看來，人居天地間，不僅要觀物，而且要「窮理盡性，以至於命」，瞭解物之本原與變化。《皇極經世》不僅要窮盡天道、地道、人道，而且要從天地之道那裏引出「治道」。這就是「經世」的用意所在。〔註237〕

何夢瑤在序中交代了《皇極經世易知》的淵源和撰寫的目的：「粵洲先生得諸道藏手自抄錄爲之傳注。……至於注釋，穿鑿附會所失非一，外篇尤多異論。黃氏於祝泌、廖應淮、張行成、牛無邪之說，悉行辨正，其功不淺，然辭義簡奧，如攻堅木，其初甚難，漸乃說解，其管窺十二篇則又汪洋浩渺，茫無涯涘，令讀者如河伯向若，旋其面目，初學病之。嘉靖中，四明余氏本嘗著《外篇釋義》四卷，頗能切實發明，而魚魯亥豕十之二三。兩書尋究均不易，點勘兩載，始有條理，隨手剖記，積成八卷，另爲圖一卷，冠諸其首，名曰《經世易知》，率用直筆淺解，擬諸黃傳奧博不能，亦不欲也。」〔註238〕黃培芳在《校刊〈皇極經世易知〉序》中也說：「至我朝南海何西池先生，推本先祖是書，復爲《皇極經世易知》。先生負鴻博之才，著述甚富，以邵子之學未易窺測，故於各說爲之參互考訂，刪繁舉要，勒成此書，取大易易知之義名編。」〔註239〕

所以，《皇極經世易知》是以明代廣東黃粵洲《皇極經世書》爲藍本，其中絕大部分是引用黃氏對《皇極經世》有關條文的解注，同時也引用王植、余本、邵伯溫、司馬光、朱熹、蔡元定、喻昌等人的解注。當然，其中也有少量何夢瑤自己的觀點和對史實的正誤。何夢瑤在引用他人解注過程中，有些因爲他書傳抄錯漏，有些根據自己的理解，徑直刪改，但是作爲校對的唐良臣並不認可何夢瑤的刪改。唐良臣在《校刊凡例》中說：「是編雖多本前人，然亦有間附己意，少爲刪改之處，茲刻凡先生所刪改者概不敢添入，至其中有段去其句，句去其字，與文氣不貫，語意欠明者，想係傳寫錯誤，謹據各本添注於某句之下，仍用按字小注，使閱者一目瞭然。」〔註240〕

何夢瑤引黃粵洲的注解非常多，這裏僅舉一例：「黃氏曰：右月子者，第

〔註237〕詹石窗、馮靜武：《邵雍的「皇極經世」學及其歷史影響》，《文史哲》2008年第5期。

〔註238〕何夢瑤：《皇極經世易知》，「序」，第2頁下～3頁上。

〔註239〕黃培芳：《校刊〈皇極經世易知〉序》，何夢瑤：《皇極經世易知》，第3頁下。

〔註240〕唐良臣：《校刊凡例》，何夢瑤：《皇極經世易知》，第6頁下。

一會也。天開之始,當子會之初,運在甲一,世在子一,閏卦離初九變旅,主冬至。」〔註241〕引用司馬光的有:「易與太元,道同法異。易畫有二,曰陰,曰陽;元畫有三,曰一,曰二,曰三;易有六位(即六爻)⋯⋯」〔註242〕引用蔡元定的有:「龍馬負圖,伏羲因之以畫八卦,重之爲六十四卦。初未有文字,但陽奇陰偶卦畫次序而已。今世所傳伏羲八卦圖,以圓函方者是也。」〔註243〕引用朱熹的有:「論十二卦,則陽始於子,而終於巳;陰始於午,而終於亥。論四時之氣,則陽始於寅,而終於未;陰始於申,而終於丑。此二說者雖若小差,而所爭不過二位。蓋子位一,陽雖生,而未出乎地。至寅位,泰卦則三陽之生,方出地上,而溫厚之氣從此始焉。⋯⋯雖得天統而孔子之論爲邦,乃以夏時爲正,蓋取其陰陽始終之著明也,按圖以推其說可見。」〔註244〕

　　對於《皇極經世》所說「觀春則知易之所存乎,觀夏則知書之所存乎,觀秋則知詩之所存乎,觀冬則知春秋之所存乎。」〔註245〕何引邵伯溫解注:「邵氏伯溫曰:易者,三皇之事業也。三皇之時,如春書者,五帝之事業也。五帝之時,如夏詩者,三王之事業也。三王之時,如秋春秋者,五伯之事業也,五伯之時如冬。」〔註246〕對《皇極經世》所說「用也者,心也,體也,者迹也。心迹之間有權存焉者,聖人之事也。」〔註247〕引王植解注:「王氏曰:愚按自首節以下,由四經看出生長收藏之義,由生長收藏看出意言象數,仁義禮智性情形體聖賢,才術各義乃以意言象數分屬之。皇帝王伯以仁義禮智分屬之,虞夏商周以性情形體分屬之,文武召以聖賢才術分屬之,秦晉齊楚然後總收上文,仍歸到四經與首節相應,而以權字結之。權者以心度理,審輕重之宜,而不泥於迹,正所以善經之用也。」〔註248〕

　　在引述他人解注觀點,何夢瑤發現各有矛盾的時候,偶爾也會提出自己的觀點。如:「按王氏謂,吳草廬云:自亥會之始,至亥會之中,地之凝結者

〔註241〕何夢瑤:《以元經會》,《皇極經世易知》卷1,第34頁下。

〔註242〕何夢瑤:《卦氣》,《皇極經世易知》卷首,第26頁下。

〔註243〕何夢瑤:《先天方圓》,《皇極經世易知》卷首,第14頁下。

〔註244〕何夢瑤:《一元消長圖》,《皇極經世易知》卷首,第20頁下。

〔註245〕邵雍:《皇極經世》,《觀物內篇四》,《邵雍集》,北京:中華書局,2010年,第11頁。

〔註246〕何夢瑤:《內四》,《皇極經世易知》卷5,第135頁下。

〔註247〕邵雍:《皇極經世》,《觀物內篇四》,《邵雍集》,第13頁。

〔註248〕何夢瑤:《內四》,《皇極經世易知》卷5,第137頁上。

悉皆融散，與輕清之天渾合爲一，故曰渾沌。至亥會終，而昏昧轉極，是天地之一終也。貞下起元又肇一初，仍是渾沌，即子會之始，是謂泰始。」黃粵洲則說：「陽氣悉沒，陰氣太凝，於亥會則曰微陽外消，陰氣內積。似陽氣已消，凝陰獨結，不若吳氏融散之義爲確。如果陰氣尚凝，何得謂之渾沌乎？」而何夢瑤對於這個問題，認同吳草廬的說法，而認爲黃粵洲的解釋「不若吳氏融散之義爲確」，並引入佛教思想，提出自己的解釋和看法：「愚謂佛氏言劫火洞燃大千俱壞，又云惟有虛空不壞虛空者，無物也，氣也。大千世界者，色界也，形也。凡有形體之物，無有造而不化之理。吳氏所謂融散也，以地之體言也。地體先盡，天體繼盡，皆指其有形質者言之，非有氣亦盡也。氣本乎理，理不盡則氣亦不盡，故能再肇一初。然氣雖不盡，而不能無盛衰。戌亥兩會，陰極盛而陽極衰，氣衰則形壞，黃氏所云『言氣衰也』，獨未及形壞耳，王氏不知言形、言氣不同，而妄爲軒輊，過矣。」〔註249〕又如，對於《周易本義》的小圓圖，朱熹解釋說，以自震四至乾一爲順，取震爲一陽生於下，離兌爲二陽生，至乾爲三陽生，表示陽氣上升的過程。此陽息過程，仿天左行，故爲順行，如從今日追數往日，即程數往者順。故以此四卦爲已生之卦。由巽五至坤八，爲陰息過程，此爲右行，即逆天而行，猶從今日逆計來日，故說「知來者逆」，以此四卦爲未生之卦。朱熹此說，頗有影響。而何夢瑤認爲，以自乾一至震四爲順·因爲此四卦的順序爲一二三四，不應倒數，朱伯昆《易學哲學史》中認爲何氏所言爲是。〔註250〕

何夢瑤曾在《醫碥》中經常提到明末清初著名醫學家喻昌（字嘉言）的觀點，對其著作較爲熟悉，在《皇極經世易知》裏也有引用：「喻嘉言曰：戌亥混茫之會，非天下混於地也，乃地上混於天耳。蓋地水火風四輪同時轟轉，震蕩於五天之中。以上混乎天然，止混於色界。天不能混於無色界。天迨至子，而混沌復開，陰氣下，而高覆之體分奠。日月星辰麗於天，華嶽河海麗於地，以清以寧，曰大，曰廣，庶類以漸萌生焉。其所云色界者，即有形之體也。所云無色界者，即無形之氣也。亦足與愚說相發明矣。」〔註251〕

何夢瑤還對黃粵洲注中有關史實提出正誤之類的按語，「瑤按，綱目周貞定王元年乃癸酉，非壬申。哀王元年乃庚子，非己亥。考王元年乃辛丑，非

〔註249〕何夢瑤：《以元經會》，《皇極經世易知》卷1，第51頁下～52頁上。
〔註250〕朱伯昆：《易學哲學史（中冊）》，第139頁。
〔註251〕何夢瑤：《以元經會》，《皇極經世易知》卷1，第52頁上。

庚子。黃氏誤，俱改正。」〔註252〕「瑤按，辰世乙丑書『齊伐蔡入楚』疑誤，當依《春秋》『侵蔡伐楚』爲是。」〔註253〕

　　嚴格來說，《皇極經世易知》只是何夢瑤在越華書院的講義而已。《皇極經世易知》書稿完成後，並沒有付印。黃培芳說《皇極經世易知》「向未剞劂，是以四庫未及採錄，手定稿本幾於湮沒。吾門孔生繼驤，嗜古好學，亟購求得之，屬唐生良臣校讎，授之梓人，然後克傳於世。」〔註254〕據黃培芳的《校刊皇極經世易知序》：「前明先七世祖粵洲先生撰《皇極經世書》傳八世祖文裕公續成之。故粵洲先生能自知化期，文裕公撰樂典亦有得於此。」〔註255〕可知黃粵洲是黃培芳的七世祖，黃文裕是八世祖，而由黃粵洲撰，黃文裕續成的《皇極經世書》又不可考，所以黃培芳鼓動其門下孔繼驤從他人手中購得《皇極經世易知》書稿，然後囑門人唐良臣校對。

　　總之，何夢瑤的《皇極經世易知》是在乾隆二十七年（1762）到越華書院講學的時候作爲講義而編寫的，到乾隆二十八年（1763）完成，而此時何夢瑤已經 71 歲高齡了，可能是編寫此書的精力不濟，基本上是以黃粵洲的《皇極經世書》爲藍本，刪繁舉要，參與其他各家的解注以及部分自己的觀點和正誤而成的，可謂是「述而不作」的。當然，並不能說何夢瑤的《皇極經世易知》完全沒有意義。從大的背景來說，《皇極經世易知》是在清代中期漢學考據風潮的影響下的產物，他基本保存了黃粵洲《皇極經世書》的主要內容，這也是作爲黃粵洲後人的黃培芳極力推動刊刻《皇極經世易知》的原因；經過何夢瑤的梳理和簡化以及部分考據，使得後代學人可以對深奧難懂的《皇極經世》有個基本的理解，也有利於易學的進一步傳播和研究。

三、以《算迪》，闡《精蘊》

　　早在明代萬曆年間，利瑪竇就開啓了西方算學傳入中國的工作。但是，至少到康熙二十三年（1684），清代的數學著作還充滿了錯謬。據梅文鼎在其《弧三角舉要》自序中說：「三角之用，其妙於弧度；求弧度之法，亦莫良於三角。故《測量全義》第七、第八、第九卷專明此理，而舉例不全，且

〔註252〕何夢瑤：《以元經會》，《皇極經世易知》卷2，第67頁上。
〔註253〕何夢瑤：《以運經世》，《皇極經世易知》卷3，第88頁下。
〔註254〕黃培芳：《校刊〈皇極經世易知〉序》，何夢瑤：《皇極經世易知》，第3頁下。
〔註255〕黃培芳：《校刊〈皇極經世易知〉序》，何夢瑤：《皇極經世易知》，第3頁下。

多錯謬；其散見諸歷指者，僅存用數，無從得其端倪。《天學會通》圈線三角法，作圖草率，往往不與法相應，缺誤處竟若殘碑斷碣，弧三角遂成秘密藏矣。」〔註256〕經過法國傳教士的積極傳授，加之康熙對西學的濃厚興趣，康熙六十一年（1722）六月《數理精蘊》、《曆象考成》成書。〔註257〕雍正元年冬《律曆淵源》一百卷刻成，分三部；《曆象考成》、《律呂正義》和《數理精蘊》。〔註258〕同年，魏荔彤刻《兼濟堂纂刻梅勿庵先生曆算全書》。清初以風氣所趨，國內學者，亦有精治西算者。其最著者為黃宗羲（1610～1595）、王錫闡（1628～1682）、梅文鼎（1633～1721）諸人。阮元（1764～1849）《疇人傳》卷五曰：「自（梅）徵君以來，通數學者，後先輩出，而師師相傳，要皆本於梅氏。錢少詹（大昕）目為國朝算學第一，夫何愧焉。」〔註259〕足見其推崇之至。

　　何夢瑤的《算迪》一書，現存《嶺南遺書》本，凡八卷，道光丙午（1846）刊行。據道光《廣東通志》卷一九四《藝文略六》：「《算法迪》十二卷。國朝何夢瑤撰存。」書名卷數與現存本不同。又引《匊芳園集・自序》云：「新安程賓渠《算法統宗》，服官者人挾一冊。其書但舉算例，絕無詮釋，讀者如歷皆衢，且繁蕪謬誤，殊不足觀。瑤牧遼陽時，曾取而刪訂之，與舊輯宣城梅定九及吾鄉朱吟石三角、方程、籌算諸法，共四卷，徧示僚友。今引疾歸里，掌教端溪，因復重事編屍，而精力衰耗，不能盡錄，但視舊稿所無者抄撮梗，概又得八卷，合為一書以授學徒。講習不惟遊藝，學文當前受益，亦欲使他日服官有所資云。」〔註260〕比阮元晚三年（即嘉慶二十五年）入粵的江藩，為作《算迪敘》，其書名已與阮通志之《算法迪》不同，其《敘》指出：「何君之書由梅氏之書而通之，典學、筆算、籌算、表算、方程、句股開方、帶縱幾何、借根方諸法，皆述梅氏之學。至於割圓之八線、六宗、三要、二簡及難題諸術，本之梅氏而又闡《精蘊》、《考成》之旨矣。」〔註261〕

　　江藩在《算迪敘》中還說，《算迪》一書，「道光元年六月，曾文學勉士

〔註256〕梅文鼎：《勿庵曆算書目》，北京：中華書局，1985 年，第 34 頁。

〔註257〕《東華續錄》，「乾隆一四」。

〔註258〕《雍正朝東華錄》卷 1，「雍正元年」，臺北：文海出版社，2006 年，第 39 頁 a。

〔註259〕阮元：《梅文鼎中》，《疇人傳》卷 5，周駿富輯：《清代疇人傳》，《清代傳記叢刊・學林類 51》，臺北：明文書局，1986 年影印版，第 79 頁。

〔註260〕道光《廣東通志》卷 194，《藝文略六》，第 3234 頁上～3234 頁下。

〔註261〕江藩：《算迪敘》，何夢瑤：《算迪》，北京：中華書局，第 1 頁。

於友人處得之，吳孝廉石華將付剞劂。」〔註262〕但是，據道光二十六年（1821）《嶺南遺書》伍崇曜《算迪跋》，此書只有鈔本，吳石華當年並未雕板，《跋》曰：「是書爲曾勉士廣文影鈔藏本，廿年前，與吳石華廣文欲醵金付梓，囑江鄭堂上舍序焉，而終不果。」〔註263〕可見江藩序已寫好，而書因故沒有印出來。《嶺南遺書》所刊印的正是當年江藩作序的曾藏鈔本。所以，《嶺南遺書》本首載江藩《序》，次載何氏《自序》，內容卻與《阮通志》所載《自序》詳略稍異。書名則與江藩序本同，名《算迪》，而非《阮通志》著錄之《算法迪》。《阮通志》注明十二卷，江藩序本不明卷數，而《嶺南遺書》刊出實際只有八卷。據伍崇曜《算迪跋》：「先生曾刪訂《算法統宗》，及輯梅定九、朱吟石兩家之書，共爲四卷。繼復鈔撮《數理精蘊》，得八卷，合爲一書，共得十二卷。今是書只八卷，是此八卷爲續纂之本無疑。而《序》稱合爲十二卷，是復有舊纂四卷，方足原書卷數，殆未完之帙也。」〔註264〕由是可知，現存八卷是遼陽返里續纂之書。

關於《算迪》的成書時間，嚴敦傑估計在1730年，即作者成進士的當年。對於嚴敦傑的說法，蕭運鴻提出商榷。蕭的理由是：《數理精蘊》於雍正元年（1723）出版後，直至雍正十年（1732）才奏准各省翻刻，但數量仍然不多。乾隆元年（1736）梅遷成又請許民間翻刻，因此，1732年之前何氏未必能見到《數理精蘊》，而1736年之後則容易獲得。據《算迪》「自序」言此書難購，該書很可能撰於1732年至1736年之間，甚至再稍晚一些。據前面的分析，嚴敦傑和蕭運鴻的說法似各自有一定道理，但均不全面。因爲何夢瑤在《算迪》自序中說的很清楚：「算學至國朝御製《數理精蘊》一書至矣，極矣。……顧卷帙浩繁，難於購與讀。謹撮錄要領，並舊纂《算迪》一冊，合爲十二卷，以授學者，使便講習。擬名「精蘊輯略」，以參雜成書，非盡《精蘊》原文，不敢沿襲其名，以蹈不敬之愆，故仍名『算迪』，又恐見罪冒竊，爰敘簡首，以明鄙意焉。」〔註265〕也就是說，何夢瑤有先後兩本《算迪》。現在所見的《算迪》，是何夢瑤將《數理精蘊》的摘要內容，「並舊纂《算迪》一冊，合爲十二卷」，本想擬名「精蘊輯略」，但是怕不敬，故仍名「算迪」（可以稱之爲「新纂算迪」）。

〔註262〕江藩：《算迪敘》，何夢瑤：《算迪》，第1頁。

〔註263〕伍崇曜：《算迪跋》，何夢瑤：《算迪》，第1頁。

〔註264〕伍崇曜：《算迪跋》，何夢瑤：《算迪》，第1頁。

〔註265〕何夢瑤：《算迪》，《自序》，北京：中華書局，1985年，第1頁。

　　那麼嚴敦傑估計的「舊纂」《算迪》的撰寫時間是否可能在 1730 年呢？據李儼的《梅文鼎年譜》：「康熙十七年戊午（1678）四十六歲。是年九月梅文鼎自序所著《籌算》二卷。……康熙十九年庚申（1680）四十八歲。是年蔡璣爲梅文鼎所著《中西算學通》作序。……康熙二十年辛酉（1681）四十九歲。梅文鼎著《方程論》，曾和杜知耕、孔興泰、袁士龍共相質正，因重加繕錄，以爲定本。……康熙二十三年甲子（1684）五十二歲。是年冬在南京。《送袁士旦（啓旭）歸蕪湖序》稱：『余癖嗜曆學，刻有《中西算學通》，詩文家迂而畏之，不以寓目，顧袁子獨好焉。』」〔註266〕所以，梅文鼎的《中西算學通》至少在康熙二十三年（1684）就已經刊刻成書了。據錢林《文獻徵存錄》卷三：「（梅文鼎）其孫瑴成復編爲《梅氏叢書輯要》總二十五部六十五卷。又有《中西算學通》其凡有九：曰籌算，曰筆算，曰度算，曰比例，曰幾何摘要，曰三角，曰方程論，曰句股測量，曰九數存古。其書別行，囑人子弟甚重之。」〔註267〕《中西算學通》的這些內容都包含在何夢瑤的《算迪》內。前章已述，康熙六十年（1721）何夢瑤入惠士奇門下。此後六年跟從惠士奇學習，曾經在九曜官署與同學辛昌五「極論西曆、平弧、三角、八線等法。」〔註268〕因此在 1721 年前後，何夢瑤就已經接觸到梅文鼎的《中西算學通》，所以，在 1721 年之後的幾年時間裏，以梅書爲藍本撰寫「舊纂」《算迪》是完全可能的。只是能否具體到 1730 年，由於沒有其他史料佐證，筆者不敢完全肯定。

　　蕭運鴻提出《數理精蘊》在 1736 年之後則容易獲得，所以估計《算迪》「很可能撰於 1732 年至 1736 年之間，甚至再稍晚一些。」由於他沒有掌握更多史料，這只是一個大概的估計。據《菊芳園集自序》云：「今引疾歸里，掌教端溪，因復重事編屑而精力衰耗，不能盡錄，但視舊稿所無者抄撮梗概，又得八卷，合爲一書以授學徒。」〔註269〕可知何夢瑤後來「新纂」的《算迪》是在掌教端溪之後，即至少是在乾隆十八年（1753）春之後的事情。

　　據江藩《算迪敘》：「數學與推步之術，我朝咸推宣城梅氏，然所著之書叢脞凌雜，始末不能明備。聖祖仁皇帝欽定《數理精蘊》及欽定《曆象考成》，

〔註266〕李儼：《梅文鼎年譜》，《李儼錢寶琮科學史全集》卷7，瀋陽：遼寧教育出版社，1998 年，第 524～527 頁。

〔註267〕錢林：《文獻徵存錄》卷3，第 133 頁上。

〔註268〕辛昌五：《辛序》，何夢瑤：《醫碥》，第 52 頁。

〔註269〕道光《廣東通志》卷 194，《藝文略六》，第 3234 頁下。

窮方圓之微眇，薈中西之異同，伊古以來未有此鴻寶巨典也。……何君之書由梅氏之書而通之，典學、筆算、籌算、表算、方程、句股開方、帶縱幾何、借根方諸法，皆述梅氏之學。至於割圓之八線、六宗、三要、二簡及難題諸術，本之梅氏而又闡《精蘊》、《考成》之旨矣。」〔註270〕即《算迪》以梅文鼎之書為主要內容，然後又參考摘錄了《數理精蘊》等書的部分內容。

《算迪》共分八卷。卷一包括「加法、減法、因乘、歸除、命分、約分、通分、乘除並用、四率比例、按分遞折比例、按數加減比例、和數比例、較數比例、盈朒。」卷二包括「借衰互徵、疊借互徵、方程、平方、帶縱平方、勾股、三角形。」卷三包括「割圓、三角形作八線表法、三角形邊線角度相求、測量、直線面、曲線面、圓內容各等邊形、圓外切各等邊形、各等邊形、更面形、方方、帶縱較數立方、帶縱和數立方、開三乘方。」卷四包括「直線體、曲線體、各等面體、球內容各等面體、球外切各等面體、各等面體互容、更體形、各體權度比例、堆垛。」卷五包括「難題、幾何原本摘要。」卷六、卷七是「借根方法」；卷八是「比例尺解」。從《算迪》內容上也可以看出江藩的說法「本之梅氏而又闡《精蘊》、《考成》之旨」是成立的。

《算迪》中還是不乏有價值的閃光點，如傅大為認為受《精蘊》影響的中算書中，何夢瑤的《算迪》是討論堆垛問題最優秀的；比《精蘊》更進一步，《算迪》直接引用《九章》商功的各種術語來注解《精蘊》舊法；更有甚者，它用仔細的商功體積思路來解釋《精蘊》中言及三四角堆垛不清楚之處；而屈曾發的《九數通考》中關於堆垛問題的探討，亦不及《算迪》甚多。〔註271〕又如，《算迪》提出了利用浮標測量流速的方法，並提出了計算流量的公式。其測流速之「法以木板一塊，置於水面，用驗時儀墜子候之，看六十秒內，木板流遠幾丈。」〔註272〕此外，《算迪》中還有反映當時社會經濟的內容，如有關雇工工錢計算和將利潤轉為資本計算的舉例。〔註273〕

雖然何夢瑤的《算迪》是抄錄或摘要《中西算學通》和《數理精蘊》，但

〔註270〕江藩：《算迪敘》，何夢瑤：《算迪》，第1頁。
〔註271〕傅大為：《異時空裏的知識追逐：科學史與科學哲學論文集》，臺北：東大圖書公司，1992年，第104頁。
〔註272〕中國科學院自然科學史研究所地學史組主編：《中國古代地理學史》，北京：科學出版社，1984年，第152頁。
〔註273〕李文治等：《明清時代的農業資本主義萌芽問題》，北京：中國社會科學出版社，1983年，第330頁。

是江藩仍然認為是「近日為此學者，知法之已然，不知立法之所以然。若何君可謂知立法之所以然者，豈人云亦云哉。」〔註274〕江藩認為夢瑤能「知立法之所以然」。當有友人對江藩說「何君衍梅氏之義，似不及梅書之詳贍也。答之曰：是為孤學，一知半解尚難，其人況中西之法無所不通耶，且寒士有志於九章八線之術者，力不能購欽定諸書，熟讀《算迪》亦可以思過半矣。孝廉以為然。」〔註275〕所以，《算迪》的意義在於，一方面夢瑤「知立法之所以然」，另一方面大部頭的欽定諸書不是一般百姓能夠購買的起，《算迪》有利於宣傳推廣算學。

四、以《賡和》，闡音律

（一）《賡和錄》寫作時間與組成

何夢瑤的《賡和錄》作於其任越華書院山長之時，福增格為《賡和錄》作序的落款是「乾隆壬午清明」即是乾隆二十七年（1762），這時何夢瑤已經71 歲了。據何夢瑤《賡和錄》自序中說：「辛未初秋，將軍福公見示近人曹君廷棟所著《琴學》一編。夢瑤嘗慨音樂之不明於世，取蔡元定《律呂新書》本原九章，訓釋以教門人。顧明其理，而不得其器，則無所考證。又取御製《律呂正義》，研究八音協律、和聲之用，述其大要為一卷。……爰是又取曹書刪注，合前所訓述二書為一編，以呈福公。蒙印可謂理與器並著也。命名『賡和錄』，捐俸授梓，序之以行，使就正有道焉。」〔註276〕可見，《賡和錄》是由三部分組成：一是蔡元定《律呂新書》的訓釋，二是對對康熙御製《律呂正義》述要，三是摘錄曹廷棟《琴學》纂要。其中對《律呂新書》的訓釋，是在越華書院教授門人的講義。

（二）《敦和錄》與《賡和錄》

據何夢瑤《賡和錄》自序：「先是夢瑤嘗慨音樂之不明於世，取蔡元定《律呂新書》本原九章，訓釋以教門人。顧明其理，而不得其器，則無所考證。又取御製《律呂正義》，研究八音協律、和聲之用，述其大要為一卷。……又取曹書刪注，合前所訓述二書為一編，以呈福公。」〔註277〕以及福增格

〔註274〕江藩：《算迪敘》，何夢瑤：《算迪》，第 1 頁。
〔註275〕江藩：《算迪敘》，何夢瑤：《算迪》，第 1 頁。
〔註276〕何夢瑤：《賡和錄》，北京：中華書局，1985 年，第 3～4 頁。
〔註277〕何夢瑤：《賡和錄》自序，《叢書集成初編》，北京：中華書局，1985 年，第 3

序《膚和錄》：「（何夢瑤）嘗注釋蔡元定《律呂新書》而病其於隔八相生，絲管取分不同之故，終未了徹，乃敬繹我聖祖仁皇帝御製《律呂正義》為玉尺，以裁量其得失，各成一編以教及門。僕舊藏嘉善曹君廷棟所著《琴學》一書，服共淹貫，顧仍沿舊說，主一弦為黃鍾，仲呂在十徵右，終屬可疑，因以責之。何君賞析並行，抉擇精當，別錄一帙，統名《膚和錄》。」〔註278〕

又廣東省立圖書館藏《敦和錄》（共三冊），其目錄和基本內容與伍崇曜的「嶺南遺書」版《膚和錄》幾乎一樣，但是，《膚和錄》較《敦和錄》內容上略有增補，可以判斷《膚和錄》出版時間較《敦和錄》要稍晚，據伍崇曜《膚和錄跋》言：「初名《敦和錄》，後改今名。疑晚年重訂之本也。」〔註279〕故《膚和錄》為《敦和錄》的重訂或者增補之本。下面將兩書主要不同列於下：

一、《膚和錄》書首有福增格《序》和何夢瑤《自序》，書末有何淙《跋》和伍崇曜《跋》，而《敦和錄》未見。

二、《敦和錄》中的《律呂正義述要》、《律呂新書訓釋》、《琴學纂要》卷首均有「福松岩先生鑒定」、「南海何夢瑤報之編」和「連平何淙聲厓校」字樣。但《膚和錄》的相關卷首有「嶺南遺書」、「南海何夢瑤報之撰」。《膚和錄》每卷首有每卷末有「譚瑩玉生覆校」字樣。而《敦和錄》均未見。

三、《敦和錄》中的《律呂正義述要上目次》有「黃鍾律分篇」、「黃鍾之長損益相生篇」（內文稱「律呂之長損益相生篇」）、「黃鍾之積損益相生篇」（內文稱「律呂之積損益相生篇」）、「定律呂五聲二變篇」（內文稱「定律呂五聲二變」）、「律呂字譜篇」（內文稱「十二律呂高低字譜」）、「黃鍾加減比例同形所生律呂篇」（內文稱「黃鍾加分減分比例同形所應律呂」）、「管絃全半應聲不同篇」（內文稱「明管絃全半應聲不同」）、「管絃七音取分不同篇」（內文稱「明管絃七聲取分不同」）、「弦音不可以律呂之度取分篇」（內文稱「明弦音不可以律呂之度取分」）、「弦音清濁二均度分篇」（內文稱「弦音清濁二均度分」）、「旋宮起調篇」（內文稱「旋宮起調」）、「弦音旋宮轉調篇」（內文稱「弦音旋宮轉調」）等十二篇，而《膚和錄》中的《律呂正義述要上目次》除了有這十二篇外還有「附疑問」。

頁。

〔註278〕福增格：《膚和錄序》，何夢瑤：《膚和錄》，《叢書集成初編》，北京：中華書局，1985年，第2頁。

〔註279〕伍崇曜：《跋》，何夢瑤：《膚和錄》，《叢書集成初編》，北京：中華書局，1985年，第315頁。

四、《敦和錄》在《律呂正義述要》「明管絃七聲取分不同」篇末句「與每分所應之聲，所合之度，詳載其數，以列表。」後有注「表首音至八音，自右而左，似當易爲自左而右，以合橫琴之位更明。」而《賡和錄》無此注。

五、《賡和錄》在《律呂正義述要》「明管絃七聲取分不同」篇末，另行附有：「觀上所舉，均一三弦耳，以姑洗律定，則合。以黃鍾律定，則移爲羽弦，以倍無射定（合字即倍無射）。則移爲徵弦，故下篇謂不可以弦音誤合律呂立論也。弦陰呂應管陽律，弦陽律雜管陰呂。故可用者，每均只有四調。詳弦音旋宮轉調篇。」〔註280〕並有《附合字定宮弦圖》。而《敦和錄》皆無。

六、《敦和錄》在《律呂正義述要》「弦音清濁二均度分」篇末附有《濁宮圖》，而《賡和錄》在相同位置爲《清濁二宮合圖》，二圖基本意義相同，但是有差別，《清濁二宮合圖》更爲清晰明瞭。《濁宮圖》下有注：「次弦以下度分查前表。《清宮圖》各弦五聲二變同此，而度分異，亦查前表。（度分雖異而皆爲三，捐益所生故五聲二變之位不異也。）」〔註281〕而《賡和錄》無此注。

七、《賡和錄》在《律呂正義述要》「弦音旋宮轉調」篇末加有按語：「按角調之征，……所爲與正宮調之變宮並舉也。爲圖如左。」〔註282〕並附圖。而《敦和錄》無此按語及圖。

八、《賡和錄》在《律呂正義述要》「弦音旋宮轉調」篇後的《補圖》之後，再加按語：「作表法先定宮調以立準。……以皆爲二變至二正度分也。」〔註283〕而《敦和錄》無此按語。

九、《賡和錄》的《律呂正義述要》的最後有《附疑問》，以一問一答的形式，闡述樂理，共有四問四答。在《附疑問》之後，另附有「三十五頁補注」。〔註284〕以上《敦和錄》皆無。

〔註280〕何夢瑤：《賡和錄》，《叢書集成初編》，北京：中華書局，1985 年，第 37～38 頁。

〔註281〕何夢瑤：《敦和錄》卷上，廣東省立圖書館藏，第 36 頁上、下。

〔註282〕何夢瑤：《賡和錄》，《叢書集成初編》，北京：中華書局，1985 年，第 113～114 頁。

〔註283〕何夢瑤：《賡和錄》，《叢書集成初編》，北京：中華書局，1985 年，第 131～132 頁。

〔註284〕何夢瑤：《賡和錄》，《叢書集成初編》，北京：中華書局，1985 年，第 132～134 頁。

（三）《賡和錄》的淵源及評價

前文已述，《賡和錄》由《律呂新書訓釋》、《律呂正義述要》和《琴學纂要》組成。《律呂新書》的作者蔡元定（1135～1198），字季通，世稱西山先生，福建建陽人，幼從其父蔡發學，及長以朱熹爲師，被朱視爲講友，極重之；慶元二年（1196），沈繼祖等上疏攻擊朱熹，並及元定，被貶流道州，卒諡「文節」，一生博及群書，窮究義理，教人以「性」與「天道」爲先，朱熹撰《四書章句集注》、《易傳》、《詩傳》、《通鑑綱目》，皆與之往復參訂，自著《皇極經世》、《洪範解》、《西山公集》等書。元定除精研群書外，對儒學中的禮樂研究造詣極深，朱熹稱讚元定曰：其律書法度甚精，近世諸儒皆莫能及；季通理會樂律，大段有心力，看得許多書云云。及其爲此書作序，又曰：黃鍾圍徑之數，則漢斛之積分可考；寸以九分爲法，則淮南太史小司馬之說可推；「五聲」、「二變」之數，變律半聲之例，則杜佑之《通典》具焉；變宮、變徵之不得爲調，則孔氏之《禮》疏固亦可見；至於先求聲氣之元，而因律以生尺，出尤所謂卓然者，而亦班班雜見於兩漢之制、蔡邕之說，與夫國朝《會要》以及程子、張子之言。由此之言，可知此書實際上出於朱、蔡師徒兩人之手。二卷中，一爲律呂本原，共十三篇：黃鍾第一，黃鍾之實第二，黃鍾生十一律第三，十二律之實第四，變律第五，律生五聲圖第六，變聲第七，八十四聲圖第八，六十四調圖第九，候氣第十。審度第十一，嘉量第十二，謹權衡第十三。一爲律呂徵辨，凡十篇：造律第一，律長短圍徑之數第二，黃鍾之實第三，三分損益上下相生第四，和聲第五，五聲大小之次第六，變宮，變徵第七，六十調第八，候氣第九，度量權衡第十。元定之說，多截竹以擬就黃鍾之管，皆即以其長權爲九寸，而度其圍徑如黃鍾之法。更迭以吹，則中聲可得；淺深以列，則中氣可驗，所以截管之法則必須本於候氣。《四庫全書總目》對元定諸說多有駁難，如謂候氣之說最爲荒渺；以圓田術起算黃鍾積實，失之太大；黃鍾六變，律不與本均之聲相應，而不知當用清聲；二變不可以爲調，而不知二變之調具足五音。縱觀全書，元定對五聲、黃鍾之宮、黃鍾之長、黃鍾之積、十二律，三分損益、二變聲等古樂學原理作了系統分析與闡述，間或有所失當，亦在所難免，並不可求全責備。此書爲奠定中國古代樂學理論貢獻頗多，如元定傾力探討了音律中的旋宮問題，首次提出了十八律的理論，用以解決古代十二律旋宮後的音程關係與黃鍾宮調不盡相同的問題。這一理論，又被稱作蔡氏律，對南宋以後樂學的發

展，有很大的影響。

　　關於曹廷棟的《琴學》，原書不可見，據清代周中孚《鄭堂讀書記》卷四九記載：「《琴學》內篇一卷、外篇一卷。乾隆庚午刊本。國朝曹廷棟撰。廷棟，字六吉，嘉善人。四庫全書存目。六吉以記傳所載說琴者，固多求其能得聲律，自然之應與夫徽弦製作之原者，竟不一覯。因憑器審聲，撰成是書，分內外二篇。內篇分：明律、明聲、變律、半律、還宮、取應、定聲、審度、制弦、定徽、辨徽、原徽、定弦、律位、聲位、辨變、泛律、原泛、立調、分調、調弦、譜辭二十二目；外篇分：論弦、論徽、論律、論調四目。其內篇以律合琴，即以琴證律，而知正律之外必有變律，還宮五聲，必取半律，實出於琴聲清濁之自然。而與蔡氏《律呂新書》互相發明，其以十分定半律，以九寸爲虛數，則與蔡氏之說微有不符。至於取應，必兼三節定徽俱出均分制弦，則鉅細同歸，律位則分寸各具。似此之類，則又六吉之所獨得也。外篇皆薈萃古今琴說，而以己意按其是非，以明其理，之必然與其用之變化，蓋亦自成其爲一家之學，而已前有例說一篇，即可以當自序。」〔註285〕

　　康熙的《律呂正義》，最主要的是「康熙十四律」理論。有學者對此研究後認爲：「只要懂得笛律，懂得中國簫笛製作演變的歷史過程，研究過民間舊式均孔簫笛的轉調方法和轉調過程中音律變化情況的，就不難發現，康熙十四律乃是對朱載堉異徑管律的挑戰和剿竊。繼康熙帝的管律理論之後，又有徐壽所謂的『律管實驗』、何夢瑤爲闡述《律呂正義》而撰寫的《賡和錄》。這些『理論』乃出自康熙十四律，因此必然是僞科學。」但是，由於是御製，何夢瑤等研究音律的學者必然去維護，不敢質疑其權威。

　　福增格則以《律呂正義》爲正宗，認爲：「嘉善曹君廷棟所著《琴學》一書，服共淹貫，顧仍沿舊說，主一弦爲黃鍾，仲呂在十徽右，終屬可疑，因以責之。」〔註286〕爲《賡和錄》校對並作跋的何淙也發現《律呂正義》的問題，他在跋中說：「……淙竊有所疑焉，《正義》謂五音雖以三分損益取數，然依此以爲簫笛孔，則不協，當變通之合陽律陰呂所得，度分折中取孔。西池又謂，當更變通。如今俗樂簫笛各孔，相去盡一，其說可疑。以質福公，公曰，嘗思之矣，律與曆同源，日月有平行，有實行。平行如今簫笛孔之相

〔註285〕周中孚：《鄭堂讀書記》卷49，北京：北京圖書館出版社，2007年，第969頁。

〔註286〕福增格：《賡和錄序》，何夢瑤：《賡和錄》，北京：中華書局，1985年，第1頁。

去畫一，實行如三分損益，各孔之相去不齊要之，實行由人目所見，有盈縮而，日月本平行無盈縮耳。因取所著《古音新解》一書，以示淙，蓋配人工尺等字，以寫琴聲，其意固無西池合也。時俗簫笛，按字求音，無有弗協。」〔註287〕

　　《賡和錄》被收入《四庫全書總目》。《四庫全書總目》和《清文獻通考》均對《賡和錄》作了類似評價，認爲何夢瑤「尙未能推闡御罅之精微，以糾正流傳之舛誤」。《四庫全書總目》卷三九《經部三十九》：「《賡和錄》二卷，……是書恭錄聖祖仁皇帝《律呂正義》爲述要上下二卷，又以所纂蔡氏《律呂新書》訓釋，曹庭棟《琴學纂要》附入下卷。謹案：正義所論琴律，據《管子》、《白虎通》諸書，以大弦爲倍徵，三弦爲宮，與諸家云一弦爲宮者迥異。蔡、曹二書尙仍舊說，夢瑤依文訓釋，尙未能推闡御罅之精微，以糾正流傳之舛誤也。」〔註288〕《清文獻通考》卷二一七《經籍考》：「《賡和錄》二卷，……是書恭錄聖祖仁皇帝《律呂正義》爲述要上下卷，末附所纂蔡氏《律呂新書》訓釋，曹庭棟《琴學纂要》二篇。諸家論琴律，皆云一弦爲宮。蔡、曹二書亦仍舊說。恭讀御定《律呂正義》本《管子》、《白虎通》諸書，以大弦爲倍徵，三弦爲宮，與諸說迥異。夢瑤未能據正義，以糾流傳之誤，則亦烏能推闡聖製之精微乎。」〔註289〕

　　清代比較科學地闡述管口校正理論的，就是曹廷棟。這反映在他所著的《琴學》一書中。可惜曹的管口校正理論由於同《律呂正義》相悖而未能廣爲流傳。《四庫提要‧子目‧藝術類存目》對曹廷棟《琴學》評論道：「內篇論琴律正變倍半之理，外篇則薈萃古今琴說，而以己意斷其是非。」〔註290〕評價並不高。何夢瑤發現曹廷棟的《琴學》與《律呂正義》並不一致：「茲得曹書參核，眞快事也。其書規橅蔡書，分內外二篇，折衷前賢琴論，其說甚辨，而於《正義》似有未合者。《正義》本管子、淮南子之說，以琴三弦爲宮，而曹以一弦爲宮；管律生聲之理，《正義》謂氣旋折出至管口即得聲，而曹謂出管口尙須加分乃得聲，此其不合者也。然既旋相爲宮，則一弦、三弦無非宮矣，弦音全半，相應管則下一律乃相應。固無異說，則亦不害其爲同矣。」

〔註287〕何淙：《跋》，何夢瑤：《賡和錄》，第314頁。

〔註288〕《四庫全書總目》卷39，《經部三十九》，北京：中華書局，1965年，第659頁。

〔註289〕《清文獻通考》卷217，《經籍七》，杭州：浙江古籍出版社，1988年，第6800～6801頁。

〔註290〕《文津閣四庫全書提要彙編》，《藝術類存目》，北京：商務印書館，2006年。

〔註291〕其中曹廷棟所謂「出管口尙須加分乃得聲」值得注意，曹廷棟對於「管律生聲之理」，同瑞利（Lord Rayleigh，1842～1919）對管口校正理論的解說竟出一轍，何夢瑤獲得《琴學》的時間是乾隆十六年（1751），早於瑞利出生90年。當然因爲《廎和錄》只是收入曹廷棟《琴學》的內篇，《琴學》外篇的（論弦、論徽、論律、論調四目）現在無從查考，所以還不能說曹廷棟把「出管口尙須加分乃得聲」上升到管口校正理論的高度。〔註292〕

自古律呂之學，由數開始。故《漢書・律曆志》謂「一曰備，二曰和聲」〔註293〕，然後是度、量、衡，以配天地之運行，歲月之終始。而《後漢書・律曆志》亦言：「夫一、十、百、千、萬，所用同也；律、度、量、衡、曆，其用別也。」〔註294〕可見律呂乃數之用，以分聲之清濁。又云：「夫音生於陰陽，分爲十二律，轉生六十，皆所以紀鬥氣，效物類也。天效以景，地效以響，即律也。」〔註295〕律呂之學雖然漢元帝時有京房言六十律三分損益法，但到東漢後期已無人定弦緩急，辨聲清濁。宋蔡元定《律呂新書》，據《四庫全書簡目》稱，雖然「大旨皆拘於古法」，「而不通算術候氣之說，尤萬不可行」，只限於理論上的探討。所以，《明史・樂志》說：「蓋學士大夫之著述止能論其理，而施諸五音六律輒多未協，樂宮能紀其鏗鏘而不曉其義，是以卒世莫能明也。」〔註296〕

惠士奇對於音律亦有所研究，曾撰《琴笛理數考》四卷，其略云：「十二律黃鍾至小呂爲陽，蕤賓至應鍾爲陰。陽用正，而陰用倍。蕤賓長，小呂短。黃鍾中自古相傳之舊法也。晉永嘉之亂，有司失傳，梁武帝始改舊法。黃鍾長，應鍾短，小呂中。由是陽正、陰倍之法絕。漢魏律笛，小呂一均之下，徵調黃鍾爲宮，有小呂無蕤賓，故假用小呂爲變徵。黃鍾笛之黃鍾，宮爲正宮。小呂笛之黃鍾，宮爲下宮。徵最小，而以爲宮，故爲下宮。隋鄭譯遂以黃鍾正宮當之，擅去小呂，用蕤賓以附會先儒宮濁羽清之說。夫宮濁羽清者，

〔註291〕何夢瑤：《廎和錄》，北京：中華書局，1985年，第3～4頁。
〔註292〕陳正生：《我國歷代管口校正研究述評》，《交響：西安音樂學院學報》1997年第3期。
〔註293〕班固：《漢書》卷21上，《志第一上・律曆上》，北京：中華書局，1962年，第955頁。
〔註294〕范曄：《後漢書》卷91，《志第一・律曆上》，北京：中華書局，1965年，第2999頁。
〔註295〕范曄：《後漢書》卷91，《志第一・律曆上》，第3016頁。
〔註296〕《明史》卷61，《志三十七・樂一》，北京：中華書局，1974年點校本，第1499～1500頁。

指下徵調而言，譯改為正宮，是以歷代之樂皆患聲高。隋唐以來，惟奏黃鍾一均，而旋宮之法廢矣。古法盡亡，獨存於琴笛，笛孔疏密，取則琴暉。琴之十二律起於中暉，笛之七音生於宮孔。黃鍾笛從宮孔，黃鍾始一上一下，終於蕤賓。琴自中暉，黃鍾始一左一右，終於十暉。」〔註297〕何夢瑤亦應受惠師的影響而研究音律。

至康熙五十二年（1713 年）《律呂正義》問世，《四庫全書簡目》備加稱讚，謂「皆積算析乎毫芒，叶奏通乎造化，所謂金聲玉振，集萬古之大成。」〔註298〕似乎律呂之學最為完備。何夢瑤是在《律呂正義》問世 38 年之後（1751），學習了惠士奇的《琴笛理數考》而作《賡和錄》的，為「述其大要」，只能以《律呂正義》為準繩，即使參以己意，也是依據《正義》指摘曹廷棟《琴學》「似有未合者」，並說《宋史‧燕樂書》之「種種謬誤，不可從」，以及批駁劉辰翁祖鄭樵之說，「謂笙詩無辭」；或者注解五聲二變施於管律與施於弦度者何以不同；如此等等。我們不應責備何夢瑤在《賡和錄》中創見不多，而應充分肯定何氏通音律、樂學，並將之教授書院弟子，這是一般山長做不到的。此外，何夢瑤「恭錄」御定之書，將宮、商、角、徵、羽五音，與工、凡、六、乙、上等工尺譜之聲調相配，使古樂與今樂相對應、理論與管絃相一致，使「下學上達」得以貫通。所以，福增格在《賡和錄》序中說：「僕竊嘉歎，何君之勤於學也。嘗論音律之奧，斷非臆解所能，必究其理，習其器乃克精麤畢貫。而儒者不與伶工親，則懸空談理，茫無考據。伶工不從儒者遊，則徒抱遺器，罔識源流，朱子謂季通不能琴，只是思量得不知彈出，便不可行。龜茲琵琶不得中華引申，豈知十二律呂皆可旋轉，今樂猶古，四上即是宮商，五旦原同七調。下學上達，一以貫之耳。何君少日工琴，老而好學，非空疏者可比。書簡而明，足為後學指南。」〔註299〕有此評價，亦非虛譽。

〔註297〕錢大昕：《惠先生士奇傳》，《潛研堂文集》卷 38，長沙龍氏家塾重刊本，第 26 頁 a～26 頁 b。

〔註298〕《四庫全書簡明目錄》北京：商務印書館，2005 年。

〔註299〕福增格：《賡和錄序》，何夢瑤：《賡和錄》，第 1～2 頁。

結　語

　　何夢瑤（1693～1764）是康乾時期典型的廣東士人。生於南海水鄉，自幼接受宗族啟蒙和私塾教育，成人後經歷教書、習醫與當差。二十九歲入惠士奇門下，三十八歲成進士後，宦海沉浮十九年，遊歷南北，幾任正堂，擢居府臣。其遠遊、交往者，多限於五嶺。辭官回鄉，執掌粵秀、端溪、越華書院，位至山長，飲譽學林，乾嘉五嶺深被其學風。總攬何夢瑤諸種著述，涵括醫學、經學、算學、音律、詩學等等。既熟知經史，也接觸新近西學，可謂駁雜紛呈，異於一般正統士人。觀其一生，彰顯出傳統士人耕讀、榮辱、進退的空間與張力。本研究基於何夢瑤家世、科考、仕宦、交遊、著述的考證、梳理和辨析，旨在以何夢瑤為中心，通過對康乾時期廣東士人個體以及其所處社會背景的分析，以窺探同時期廣東士人群體與社會的特徵，揭示康乾之際廣東地方社會與文化的特殊面相，以達致知人論世的研究目的。

　　以何夢瑤為個案的研究，從微觀角度看，有其個體特點；但是從中觀角度看，仍然屬於惠門弟子群體一員，反映了群體的特徵；而從宏觀角度看，何夢瑤是康乾時期廣東士人耕讀進退的典型，其經歷與交往反映出清代康乾時期廣東社會士大夫的一般性特點。下面分別從微觀、中觀、宏觀三個層面分述之。

　　一、微觀層面

　　何夢瑤作為獨特的個體，呈現與其他士人不同的生活、社會、學術和思想歷程。一是身份獨特。何夢瑤亦醫亦官亦師，尤其堪稱儒醫，在醫學上很有建樹。二是經歷獨特。何夢瑤跟隨惠士奇學習六年，成為廣東著名的「惠門八子」之一，這一經歷對其日後交往與學術思想影響甚巨；何夢瑤宦遊十

九載，廉潔正直，依法判案，革除舊弊，正風化俗，雖受排擠，但頗有政績；辭官之後任書院山長十餘年，與杭世駿、張汝霖、羅天尺、蘇珥、耿國藩、汪後來、吳繩年、彭端淑、福增格等當時社會名流廣爲交往，形成了以何夢瑤等爲中心的社會交往網絡。三是思想獨特。何夢瑤在青年時代，一如清代大多數讀書人一樣，深受傳統儒家思想薰陶，有著修齊治平的理想，以及「不爲良相，即爲良醫」的經世致用的態度；受教惠士奇後，對於漢學功夫有所用心，於科舉更是傾力爲之。雍正八年中進士後，懷抱經世濟民的理想，但因爲受到官場排擠和生活貧困的雙重壓力，而對官場心灰意冷，轉而逐漸專注於醫學、詩詞、算學等方面的研習。到了晚年辭官之後，課士授徒，思想上自我反省（當然囿於朝廷在思想上的禁錮），把追求學術至更深更廣的領域（如對莊子、易學、音律等方面的研究）作爲自我完善的動力。

二、中觀層面

何夢瑤屬於惠門弟子群體一員，反映了群體的特徵。何夢瑤等人詩文之中多次提及「吾黨」。如何夢瑤序勞孝輿《春秋詩話》有言：「俾孝輿半生心血不致泯滅無傳，且使讀是書者知孝輿之善言詩，因以知孝輿之工於詩。不特孝輿之幸，亦吾黨之光也。」，「吾黨工詩者素推羅履先，僕與勞孝輿、陳聖取、蘇瑞一皆不及。」〔註1〕勞孝輿序《瘦彲山房詩鈔》亦言：「鱣門夫子視學吾粵，以古學爲斯文倡。吾黨二三子若羅子履先、陳子海六、何子贊調、陳子聖取、蘇子瑞一輩皆從之遊。」〔註2〕值得注意的是，何夢瑤、勞孝輿所謂「吾黨」一方面不是諸如東林、復社等晚明時期頗具政治性的結社〔註3〕，另一方面也不是清末新型知識分子彙聚而成的「公共領域」。通過何夢瑤及其交往的個案分析，我們可以發現，康乾之際惠門弟子的交往無論是內容、形式，還是場域、效應，都是典型意義上傳統士人的往來。〔註4〕惠門交往構築在師生關係、同門情誼之上，隨著個體身份與活動空間的轉換，交往範圍不斷隨之變化、擴展，顯示出一定的積聚性與擴散性。何夢瑤在外宦遊與回鄉執教期間，其交往建構在同年、同僚乃至同好等情感因素的基礎之上，交往內容多表現爲雅聚、唱和、冶遊、互訪等等，總體而言依然停留於傳統士人

〔註1〕 何夢瑤：《春秋詩話序》，勞孝輿：《春秋詩話》，第506頁上。
〔註2〕 勞孝輿：《瘦彲山房詩鈔序》，道光《廣東通志》卷198，《藝文略十》，第3287頁上。
〔註3〕 參見，何宗美：《明末清初文人結社研究》，天津：南開大學出版社，2003年。
〔註4〕 參見，方平：《晚清上海的公共領域（1895～1911）》，上海人民出版社，2007年。

交往的範疇之內。同時，與晚清時期出現諸如報紙、學會、現代公園等新型媒介形態催生出所謂「公共空間」不同，何夢瑤所生活的康乾時期雖然西學已經大規模輸入，當基本停留在繪畫、醫藥、天文等器物層面，政治思想、制度規範乃至哲學觀念的系統輸入則相對稀缺與滯後。何夢瑤及其廣東士人雖然接觸到西學，當其接觸面、接受深度極為有限。由此可知，所謂惠門弟子群體的「吾黨」，本質是構建在血緣、地緣、業緣等要素之上鬆散的傳統社會群體。何夢瑤的交遊也主要集中於惠門弟子群，而惠門又以「惠門八子」為主幹，由惠門諸子及再傳弟子組成。從其成員地域分佈來看，是以南海、番禺、順德為中心的廣府文化區為主。廣府文化區自明代以來，都是廣東政治、經濟和文化的中心，在康乾時期出現這些社會精英也是經濟興盛和文化傳承的必然。

　　廣東惠門由康熙末年起形成，至乾隆中期，歷時四十多年。經過形成、發展、延續、重聚等階段。總體來說，惠門組成的群體有以下特點：一是繼承了傳統士大夫群體交往的習行，以文酒詩會，討論科舉為主。二是組織結構相對鬆散；惠門不是一個完整固定的社會群體，一方面與康乾時期朝廷對士人結社的嚴厲控制有關，他們自覺或不自覺地去政治化也是時勢之必然，另一方面與康乾時期嶺南社會士人的風氣有關，由明代廣東前後「南園五子」延續的詩社，基本上是吟風弄月的文人聚會，何夢瑤、羅天尺詩歌中經常緬懷南園五子，惠門實際上從心態到表現都是希望達到南園五子的高度和影響。三是交往地域的區域性，基本局限在廣東範圍之內。雖然陳世和、何夢瑤、勞孝輿分別出粵宦遊，但是惠門活動的中心仍然在廣東，只是在這段時期，惠門活動分散化了。四是群體的包容性強；由於群體鬆散，凡是進入群體個體交往範圍的「新人」較易於被群體所接納。如杭世駿、彭端淑、張汝霖等等。五是群體交往的多元化；由於惠門成員職業、經歷、學術興趣不同，形成對群體外部多元化的交往對象和交往方式。惠士奇在粵構築的社會網絡為惠門對外交往打下基礎，惠門以惠士奇為「旗幟」，在嶺南樹立了醒目的標識，這是當時社會名流願意與惠門來往的首要理由。六是從交往圈層來看，惠門交往涵蓋師門交往、官宦交往、書院交往，並因廣東經濟的興盛，開放度較高，故士商交往以及對西學的吸納尤其顯著。

　　三、宏觀層面

　　何夢瑤是康乾時期廣東士人耕讀進退的典型，其經歷與交往反映出清代

康乾時期廣東社會士大夫的一般性特點。廣東僻處五嶺之南，遠離政治中心。一方面與正統之間存在著疏離感，另一方面正是基於這種疏離，地方與中央之關係極為曖昧，地方文化正統化實為中央之努力，亦為地方奮鬥之方向。〔註5〕惠士奇督學廣東，播經傳之正統，得數十「南海明珠」，何夢瑤居其前列，名揚五嶺。惠氏之功在於彌合傳統嶺南文化與中央文化的差距，使之納入正統官學軌道，開創了康乾時期廣東文化的新氣象。何夢瑤其人以及惠門的知識構成，可以成為我們剖析清代廣東地方文化與社會的一則標本。我們可以從中窺見其時廣東地方社會與文化的一些基本面相。何夢瑤時在清代中期，處於陳白沙興講學風之後，阮元督粵創設學海堂之前，雖然就全國範圍而言，其影響力實際有限，但是就廣東地方社會而言，有重要影響，易形成地方性知識框架的重要部分。雖然惠士奇致力於推廣經學，但從清代樸學的發展標準來看，屈大均之後廣東學術衰落，直至阮元推動廣東樸學發展，由此開闢了廣東學術發展階段。科大衛指出：這一時期廣東學術的發展，只能說樸學這個學術潮流並沒有席卷廣東，主要是由於以書院為中心的知識領域，自覺地沿承了宋學的學術傳統。因此，在這種傳統的影響下，個別的學者在醫學、算學等專門領域中大展拳腳。大約惠士奇來粵之際，伴隨著政治形勢的丕變，18世紀30年代廣東的文化學術出現裂變，「之後一代的廣東文人，均自視為廣東學政惠士奇的門生，而非明遺民的門生」。當然這種學風變化並非暴風驟雨式，而是潛流湧動。之所以如此，是因為「惠士奇後來被譽為常州學派樸學的中堅，常州學派在江南的確如日中天，但惠士奇的廣東門生似乎沒有在樸學方面做出多少成績」，「惠士奇的廣東門生，雖然奉行漢學，卻也繼續擁抱漢學的敵人宋學，服膺宋儒朱熹的教導。」〔註6〕

　　廣東與中央文化上的疏離，導致經學在粵始終不得昌盛，直至「扮演了總結18世紀漢學思潮的角色」〔註7〕的阮元督粵，創設學海堂，經學方得起色。朱次琦、陳澧、康有為、梁啟超、陳垣等輩繼出，南學遂興。故而，一代史學大師陳寅恪亦慨歎：「中國將來恐只有南學，江淮已無足言，更不論黃

〔註5〕　筆者嘗研讀《嶺南古史》（胡守為著，廣東人民出版社，1999年）、《在國家與社會之間》（劉志偉著，中國人民大學出版社，2010年）、《地域文化與國家認同：晚清以來「廣東文化」觀的形成》（程美寶著，三聯書店，2006年），三者皆分析了廣東地方文化正統化問題。

〔註6〕　科大衛：《皇帝和祖宗：華南的國家與宗族》，第288～289頁。

〔註7〕　侯外廬等：《中國思想通史》，北京：人民出版社，2011年，第577頁。

河流域矣。」〔註8〕朱維錚先生關於明清廣東學術也曾給出概觀性的評述：「以粵海地區為重心的廣東學術，在明代曾走向繁榮。出過王學的先驅陳獻章，出過同王守仁抗衡的湛若水。從利瑪竇於 1580 年進入廣東，這裏又成為同近世西方文化接觸最早的地區。但十七世紀後期清帝國經過反覆征服終於控制整個廣東以後，這裏的學術文化，非但沒有隨著戰爭的過去而恢復元氣，相反似乎每下愈況。康熙末年，經學家惠士奇任廣東學政，甚至尋訪不到可充鄉士楷模的『能文』之士。直到號稱學術繁榮的乾隆時代末期，情形並未改變。」「廣東學術重有起色，轉換點應說是阮元督粵。」「廣東學術稍成氣候，已在鴉片戰爭以後。有『會通』特色的代表人物，一是朱次琦，一是陳澧。」〔註9〕陳寅恪、朱維錚所言皆表明，廣東地方文化至晚清及近代終於得到全國性地認可。

　　近來有學者提出，知識分子的社會文化史，是 21 世紀以來一個全新的研究路徑，特別值得重視。這一研究路徑所重點考察的是知識分子在特定的社會語境和關係網絡中，如何產生知識分子共同體，如何相互交往，影響和建構社會公共空間和關係網絡。〔註10〕從這個意義上說，本研究從康乾時期的廣東珠江三角洲地區的社會環境出發，重點考察了何夢瑤及惠門與社會的相互交往，逐漸產生的群體（亦可視為「知識分子共同體」），討論了這一群體對於社會的影響和建構。當然正如前面所說，惠門本質上仍然是傳統意義上的士大夫群體，屬於從鄉村知識分子到都市知識分子過渡的最初形態。

〔註8〕　陳智超編注：《陳垣來往書信集》，上海：上海古籍出版社，1990 年，第 377 頁。

〔註9〕　朱維錚：《求索真文明——晚清學術史論》，上海：上海古籍出版社，1996 年，第 44～46 頁。

〔註10〕　許紀霖等：《近代中國知識分子的公共交往：1895～1949》，上海：上海人民出版社，2008 年，第 2～8 頁。

附錄一　何夢瑤年譜

何夢瑤，字贊調，一字報之，號西池，晚自號硯農，清廣東南海縣雲津堡大沙村人（今廣東省佛山市南海區西樵鎮崇北村下坊自然村）。〔註1〕

下筆蘊藉，欲言者無罪，聞者足戒，以合於風人之旨。〔註2〕

詩節安以雅，辭麗以則，雜曼倩之詼嘲，兼靈均之哀怨。其無本甚遠，而畦徑則甚夷。〔註3〕

詩煉不傷氣，清不入佻，中藏變化，不一其體。名貴卓煉，大異於詞。文行並優。〔註4〕

爲人明白，勤愼小心，克稱厥職。〔註5〕

〔註1〕　《清史稿》卷485《列傳二七二》載：「何夢瑤，字報之，南海人。」《清史列傳》：「國朝二百年來，粵人論撰之富，博極群書，精通藝術，未有踰夢瑤者。」《粵臺徵雅錄》注解稱：「何西池，名夢瑤，字贊調，一字報之。」光緒《廣州府志》卷128：「何夢瑤，字報之，（南海縣）雲津堡人。」何之蛟《樂只堂人子須知序》：「先君解組投林，舌耕糊口，取號硯農。」

〔註2〕　蘇珥《春秋詩話序》：「報之下筆蘊藉，欲言者無罪，聞者足戒，以合於風人之旨。」

〔註3〕　杭世駿《菊芳圍詩鈔序》：「今來南海，南海詩人之藪也，而何監州報之爲之魁。報之之詩，節安以雅，辭麗以則，雜曼倩之詼嘲，兼靈均之哀怨。其無本甚遠，而畦徑則甚夷。」

〔註4〕　羅天尺《菊芳圍詩鈔序》：「報之煉不傷氣，清不入佻，中藏變化，不一其體。……報之之詩，名貴卓煉，大異於詞，可謂善變者矣。」

〔註5〕　據《清代吏治史料》金鉷《請以學習進士何夢瑤補授岑溪縣知縣》：「臣查學習進士何夢瑤爲人明白，署理縣務一年有餘，勤愼小心，克稱厥職。」

博通諸藝。能醫，尤其篤嗜而專精者也。〔註6〕

博古知今。〔註7〕

其竹枝詞清新雅雋，不減前人。〔註8〕

博雅好古，勤於學。少日工琴，老而好學。〔註9〕

有絕學程朱紹之詠，其論雖未知確否，而要非章句之儒所能逮也。〔註10〕

出入白、蘇間，略爲生色，然較之五子、三家，風斯下矣。〔註11〕

論詩謂：青蓮獨擅千古，子美未應齊名。則近於翻新好奇。〔註12〕

著述等身，旁通百家，雖醫宗、算法亦有成書。〔註13〕

學甚博，而才能斂。〔註14〕

治獄明愼，宿弊革除，有神君之稱。富於著述，旁通百家而尤以詩名。〔註15〕

讞疑獄命案，摘發奸凶，出人意表。博學多通。〔註16〕

〔註6〕 趙林臨《醫碥・趙序》：「予友何君西池，年三十八始成進士，其成晚，故得博通諸藝。能醫，尤其篤嗜而專精者也。」

〔註7〕 吳繩年序乾隆《肇慶府志》：「端溪山長何君報之，博古知今，日夕商搉，至是有事編纂，發凡起例，補缺訂訛，悉以付之。何君年不敏操筆，以從其後。……」

〔註8〕 彭端淑《雪夜詩談》卷下：「何報之夢瑤，粵東名宿。余至肇始得訂交。讀其竹枝詞，清新雅雋，不減前人。他詩……皆佳句也。」

〔註9〕 福增格《賡和錄序》：「茲官廣州，得交越華山長何君報之，博雅好古之士也，留心樂律，……何君少日工琴，老而好學，非空疎者可比。」

〔註10〕 勞潼《粵臺徵雅錄序》：「何西池前輩亦有絕學程朱紹之詠，其論雖未知確否，而要非章句之儒所能逮也。」

〔註11〕 檀萃《楚庭稗珠錄・詩社》：「何西池夢瑤《菊芳園集》，出入白、蘇間，略爲生色，然較之五子、三家，風斯下矣。」

〔註12〕 張維屏《國朝詩人徵略》卷26：「（何夢瑤）其生平論詩謂：青蓮獨擅千古，子美未應齊名。則近於翻新好奇矣。」

〔註13〕 黃培芳《香石詩話》卷四：「惠門八子羅石湖外，則有南海何西池監州，夢瑤著有《菊芳園詩鈔》，其它著述等身，旁通百家，雖醫宗、算法亦有成書。」

〔註14〕 溫汝能《粵東詩海・例言》：「何西池學甚博，而才能斂。羅石湖才頗大，而氣不羈。惠門八子，是爲錚錚。」

〔註15〕 道光《廣東通志》卷287：「（何夢瑤）出宰廣西，治獄明愼，宿弊革除，有神君之稱。……富於著述，旁通百家而尤以詩名。」光緒《廣州府志》卷128《列傳十七》：「夢瑤治獄明愼。義寧民梃傷所識，奪其牛。夢瑤援新例，論戍。巡撫駁改大辟。三駁不從。巡撫怒，牒部請決。部如夢瑤議。上官自是服其能。」

〔註16〕 道光《南海縣志》卷39《列傳八》：「其讞疑獄命案，摘發奸凶，出人意表，

學通百家，無所不精。生平撰述最富，詩文並有法度，以餘事爲詞曲、聲調
悉諧節拍，尤講醫理洞通算法，並能推衍前人成矩。〔註17〕

性長於詩，兼通音律、算術。〔註18〕

粤東醫界古今第一國手。〔註19〕

康熙三十二年癸酉（1693年）　何夢瑤一歲

據《清代官員履歷檔案全編》第16卷有：「臣何夢瑤，廣東廣州府南海縣
進士，年伍拾肆歲。由廣西思恩縣知縣煙瘴伍年俸滿，乾隆拾年陸月分籤
升奉天府遼陽州知州缺。敬繕履歷恭呈御覽謹奏。乾隆拾壹年柒月貳拾捌
日。」即乾隆十一年（1746），何夢瑤54虛歲，因此可以推算出何夢瑤生
於1693年。又據何夢瑤所著《壬午聯壽序》稱：「曾幾何時，老成凋謝，
兒童漸長。青松叔、東郊弟俱六十以上，瑤亦倏躋古稀矣。今年季春賤辰
日，承各房諸父兄，攜朋罇過餉，皤皤黃髮，又復植杖成林，恍然前日之
盛。」壽序落款時間爲「乾隆二十七年壬午冬月穀旦」，即乾隆二十七年
（1762）冬。是年何夢瑤剛滿七十虛齡，此亦可證明其生年當爲康熙三十
二年（1693）。又據光緒《廣州府志》稱何夢瑤卒年七十二，故可確認何
的卒年當爲乾隆二十九年（1764）。即何夢瑤生於康熙三十二年（1693），
卒於乾隆二十九年（1764），享年七十有二。

何夢瑤爲大沙何氏第十六代。〔註20〕

祖父名何亘明。父親名何體嚴。〔註21〕

　　　類如此。以故六任州縣，刁悍斂迹，訟獄衰歇。夢瑤博學多通，宰岑溪日，
　　　大吏以鴻博薦，不就。

〔註17〕梁廷枏《粤秀書院志》：「學通百家，無所不精。乾隆庚午主講席，既又迭主
　　　端溪、越華院。生平撰述最富，詩文並有法度，以餘事爲詞曲、聲調悉諧節
　　　拍，尤講醫理洞通算法，並能推衍前人成矩。」

〔註18〕《清史稿》《列傳二百七十二》：「（何夢瑤）性長於詩，兼通音律、算術。」

〔註19〕兩廣圖書局主人《彙刻何夢瑤先生醫方全書全書序》：「何公報之，爲粤東醫
　　　界古今第一國手。」

〔註20〕據何夢瑤《壬午聯壽序》載：「瑤時與青松叔、東郊弟同受業卜俞師。」而宣
　　　統《大沙深巷何氏族譜》稱：「十六世東郊公，諱迎春，字昌時，廣振公次子。」
　　　何稱「東郊弟」，故可確定何夢瑤是大沙何氏的第十六代。

〔註21〕光緒《廣州府志》卷58《選舉表二十七》：「何亘明以孫夢瑤貤贈文林郎。」
　　　「何體嚴以子夢瑤贈文林郎。」

按：文林郎乃正七品文官所授散官名，何夢瑤雍正十一年初授廣西義寧知縣（七品），乾隆十年升任奉天遼陽知州（六品至從五品）。由此可知，最遲至乾隆十年（1745），何夢瑤祖父和父親已去世。

有一胞弟何宣調。〔註22〕

按：《哭宣調弟》自注有「予令粵西，委弟幕事。」、「予移遼陽，弟以遠不行。」可知宣調隨夢瑤入廣西幕，因乾隆十年冬何夢瑤遷遼陽知州，故乾隆十年冬後宣調回鄉。何夢瑤從乾隆十一年至乾隆十四年任遼陽知州，而《哭宣調弟》正作於遼陽時期，故宣調去世於乾隆十一年至乾隆十四年之間。

至少有三子：次子爲何之蛟；其中有一子名鵲兒；第三子傭於粵西，死於酷吏誣陷。〔註23〕

有一孫阿黃。〔註24〕

有一曾孫名何清臣。〔註25〕

何夢瑤交遊中年歲可考者：

胡方（字大靈，號金竹）四十歲。〔註26〕

惠士奇（字天牧，一字仲孺，晚號半農，人稱紅豆先生。）二十三歲。〔註27〕

汪後來（字白岸，號鹿岡）十六歲。〔註28〕

羅天尺（字履先，號石湖）八歲。〔註29〕

〔註22〕何夢瑤《菊芳園詩鈔》卷6《鶴野集》，《哭宣調弟》。

〔註23〕何夢瑤去世後，何之蛟曾爲父親何夢瑤《人子須知》作序：「先君解組投林，舌耕糊口，取號研農，教人以行爲先。」據何夢瑤《菊芳園詩鈔》卷6《鶴野集》，《除夕鵲兒索金壓歲書一錢字與之》：「孔方於我分無緣，實汝空囊別有錢。莫道充饑同畫餅，須知一字值金千」。 又據羅天尺《癭暈山房詩刪》續編《苦哉行》之序：「何十報之罷官貧甚，三郎傭於粵西，爲酷吏誣陷以死，作此傷之。」

〔註24〕辛昌五《醫碥序》云：「予嘗過其家，老屋數椽，僅蔽風雨，琴囊藥裹，外無長物。有數歲兒，破衣木履，得得晴階間，遽前揖人，婉變可愛。問之，則其孫阿黃也。」

〔註25〕王福報：《樂只堂人子須知序》，何夢瑤：《樂只堂人子須知》，廣東科技出版社，2011年，第6頁有「其曾孫清臣，懼其未成書者之易於散失也，於《人子須知》一集，錄而存之，次爲若干卷。」

〔註26〕據《嶺南學術百家》，胡方1654～1727）。

〔註27〕據楊超曾《翰林院侍讀學士惠公墓誌銘》：「公生康熙十年辛亥八月，得年七十有一。」

〔註28〕據《粵東詩海》，汪後來（1678～？）。

康熙三十三年甲戌（1694 年）　何夢瑤二歲。

康熙三十四年乙亥（1695 年）　何夢瑤三歲。

是年杭世駿（字大宗，號董浦）生。

康熙三十五年丙子（1696 年）　何夢瑤四歲。

是年陳世和（字聖取）生。〔註30〕

是年勞孝輿（號阮齋，又號巨峰）生。〔註31〕

康熙三十六年丁丑（1697 年）　何夢瑤五歲。

康熙三十七年戊寅（1698 年）　何夢瑤六歲。

幼學於宗族私塾，師從何玉枚、何翰先，與何迎春、馮相同學。〔註32〕

康熙三十八年己卯（1699 年）　何夢瑤七歲。

是年蘇珥（字瑞一，號古儕、睡逸居士）生。〔註33〕

康熙三十九年庚辰（1700 年）　何夢瑤八歲。

康熙四十年辛巳（1701 年）　何夢瑤九歲。

康熙四十一年壬午（1702 年）　何夢瑤十歲。

穎悟絕倫，十歲能文。〔註34〕

〔註29〕據《五山志林‧序》：「乾隆辛巳中秋日，書於石湖之難度軒，時年七十有六。」可推出羅天尺生於 1686 年。
〔註30〕據《粵東詩海》，陳世和 1696～1733。
〔註31〕據袁行雲《清人詩集敘錄》轉錄勞濟《先明府詩鈔紀後》：「乙丑（乾隆十年）病作，令濟等護眷回粵，至臨終皆在籍，不得視飯含焉。」而勞孝輿享年五十，故生卒年當爲 1696～1745。
〔註32〕據宣統《大沙深巷何氏族譜》卷一《藝文》何夢瑤的《壬午聯壽序》：「瑤時與青松叔、東郊弟同受業卜俞師。」《大沙深巷何氏族譜》卷一《善錄》：「十六世東郊公，諱迎春，字昌時，廣振公次子。性明敏，有志讀書。少年與南房西池公、馮子達公同肄業。當時有三龍之目。」馮相，號達公。何夢瑤《菊芳園詩鈔》第一卷煤尾集有《馮相本傳》。
〔註33〕據《粵東詩海》，蘇珥 1699～1767。

此前受業於族兄何玉枚（字卜俞）。〔註35〕

是年馮成修（字達天，號潛齋，）生。〔註36〕

康熙四十二年癸未（1703年）　何夢瑤十一歲。

康熙四十三年甲申（1704年）　何夢瑤十二歲。

康熙四十四年乙酉（1705年）　何夢瑤十三歲。

十三工詩，即應童子試，屢考輒落。與宗侄何簡元一起從學麥易園。〔註37〕

康熙四十五年丙戌（1706年）　何夢瑤十四歲。

康熙四十六年丁亥（1707年）　何夢瑤十五歲。

康熙四十七年戊子（1708年）　何夢瑤十六歲。

是年惠士奇鄉試解元。〔註38〕

康熙四十八年己丑（1709年）　何夢瑤十七歲。

是年惠士奇成進士。〔註39〕

康熙四十九年庚寅（1710年）　何夢瑤十八歲。

開始私塾教書。〔註40〕

〔註34〕據道光《南海縣志》卷三九《列傳八》：「（何夢瑤）穎悟絕倫，十歲能文。」
〔註35〕據何夢瑤的《壬午聯壽序》：「瑤時與青松叔、東郊弟同受業卜俞師。」
〔註36〕據《嶺南學術百家》，馮成修 1702～1796。
〔註37〕據道光《南海縣志》卷三九《列傳八》：「（何夢瑤）十三工詩，即應童子試，屢考輒落。」又據《哭麥易園師》其五有注：「予年十三從師學，今五十六矣。」又《故山用陸放翁韻》其三有注：「少時從學禪山，師麥易園，館課甚嚴，不得弈棋、飲酒。」又據《大沙深巷何氏族譜》卷一《善錄》：「十七世樸齋公，名簡元，字南最。性聰敏，好讀書，有文名。少與南房西池公從麥易園先生遊，易園先生器重之。」
〔註38〕錢大昕《潛研堂集》文集卷三十八《惠先生士奇傳》：「（惠士奇）戊子舉鄉試第一。」)
〔註39〕錢大昕《潛研堂集》文集卷三十八《惠先生士奇傳》：「（惠士奇）戊子舉鄉試第一。明年成進士。」

少時，妻子僕婢財十數人，有田數十畝，足供饘粥，意興甚豪。〔註41〕

按，何夢瑤在其詩文中從不提及其妻，頗與當時文人習慣相左。清初之屈大均、同學羅天尺以及稍晚一輩的黎簡等廣東名流，均有大量詩歌等文字提及妻，何氏不提，不知何故。

康熙五十年辛卯（1711年）　何夢瑤十九歲。

康熙五十一年壬辰（1712年）　何夢瑤二十歲。

康熙五十二年癸巳（1713年）　何夢瑤二十一歲。

康熙五十三年甲午（1714年）　何夢瑤二十二歲。

康熙五十四年乙未（1715年）　何夢瑤二十三歲。

康熙五十五年丙申（1716年）　何夢瑤二十四歲。

康熙五十六年丁酉（1717年）　何夢瑤二十五歲。

康熙五十七年戊戌（1718年）　何夢瑤二十六歲。

是年沈奇玉開粵臺古迹八詠詩社於白燕堂。吳世忠白燕堂社列之十一。〔註42〕

康熙五十八年己亥（1719年）　何夢瑤二十七歲。

為巡撫署掾屬三個月。〔註43〕

〔註40〕據羅天尺在《秋日送何贊調十弟試用桂林》有言「廿年講學西樵洞」，說明何夢瑤在考中進士之前，是教了二十年左右的書。何夢瑤是雍正八年（1730）進士，時年三十八歲；即，何夢瑤大概從十八歲的時候就開始入私塾教書。

〔註41〕辛昌五《醫碥序》：「西池少時，妻子僕婢財十數人，有田數十畝，足供饘粥，意興甚豪。」

〔註42〕據《粵臺徵雅錄》：「羊城沈奇玉（琦）開粵臺古蹟八詠詩社於白燕堂。」，「（吳世忠）自少有謝庭蘭玉之譽，詩名亦早著。白燕堂社列之十一，《嶠雅集》錄其五首，皆傑作也。」

〔註43〕據道光《南海縣志》卷三九，列傳八：「（何夢瑤）二十七充巡撫署掾屬三月，鬱不樂，作《紫棉樓樂府》寄意，拂衣去。」《菊芳園詩鈔·羅天尺序》：「報之家西樵山下，俗多為胥。當牽率報之給事大府中，詫傺不自得，填《紫棉樓詞》數闋，遂擲筆去。」

康熙五十九年庚子（1720 年）　何夢瑤二十八歲。

是年何夢瑤老師麥在田中舉。〔註44〕

是年冬，惠士奇奉命督學廣東。〔註45〕

康熙六十年辛丑（1721 年）　何夢瑤二十九歲。

何夢瑤、羅天尺、蘇珥、陳世和、陳海六同補郡邑，入惠門。〔註46〕

何夢瑤據惠士奇試士題作《珠江竹枝詞》。

康熙六十一年壬寅（1722 年）　何夢瑤三十歲。

何夢瑤、羅天尺等，歲考優秀，食餼。隨師閱惠州試卷。〔註47〕

雍正元年癸卯（1723 年）　何夢瑤三十一歲。

時逢考拔貢，何夢瑤、羅天尺、蘇珥和陳海六，皆參加考試，但是惠士奇都不以與選。〔註48〕

是年惠士奇留任廣東學使。〔註49〕

是年陳世和（字聖取）、周炳（字蓬五）考獲拔貢。〔註50〕

〔註44〕據光緒《廣州府志》卷 43《選舉表十二》）；何夢瑤《哭麥易園師·其三》自注：「師登賢書後，即絕意仕進。」

〔註45〕據錢大昕《潛研堂集》文集卷 38《惠先生士奇傳》。

〔註46〕據道光《南海縣志》卷三十九《列傳八》：「（何夢瑤）二十九，康熙辛丑歲試，惠公士奇籍於庠。」光緒《廣州府志》卷 128《列傳十七》記載：「年二十九受知惠士奇，稱惠門四俊」。又《菊芳園詩鈔·羅天尺序》：「康熙辛丑，長洲天牧惠公督學吾粵，余與何子報之、蘇子瑞一、陳子聖取、海六同補郡邑。」再，《瘦辛山房詩刪》惠士奇序「余昔視學嶺南歲在辛丑。試廣州，得羅生天尺、何生夢瑤、蘇生珥、陳生海六等數十人，皆南海明珠也。」

〔註47〕道光《南海縣志》卷 39《列傳八》：「康熙辛丑，歲試惠公士奇，籍於庠。壬寅試優，食餼。命隨閱惠州試卷。雍正元年癸卯考拔貢，而夢瑤不與選，僚屬問故，惠公曰：『何生必先鳴，不用此也。』甲辰，惠公再督學，舉優行，特免考驗，且牓曰：『何生文行並優，吾所素悉。』」

〔註48〕據道光《南海縣志》卷三十九，列傳八：「雍正元年癸卯考拔貢，而夢瑤不與選。僚屬問故，惠公曰：『何生必先鳴不用此也。』」《粵臺徵雅錄》：「蓋前於癸卯拔貢時，鰲山與石湖.西池.古儔，皆與試，惠公悉不以與選，謂多士美不勝收，惟四子終必顯，何生尤當先鳴，安用此為。」

〔註49〕據江藩：《國朝漢學師承記》：「雍正元年癸卯，命（惠士奇）留任三年。」

〔註50〕據《粵臺徵雅錄》：「（陳世和）雍正癸卯拔貢。」又據宣統《東莞縣志》卷六

是年四月，周炳中舉。何夢瑤作《懷周蓬五》。〔註51〕

雍正二年甲辰（1724 年）　　何夢瑤三十二歲。

舉優行，惠士奇特免何夢瑤考驗。〔註52〕

勞孝輿與何夢瑤、羅天尺、蘇珥和陳世和相識，結爲莫逆之交。〔註53〕

雍正三年乙巳（1725 年）　　何夢瑤三十三歲。

雍正四年丙午（1726 年）　　何夢瑤三十四歲。

最遲此年，何夢瑤作《拜石亭雜詠》。

最遲此年，向惠士奇舉薦胡方。〔註54〕

是年十一月，惠士奇任滿還京師，眾學子依依不捨，送行者如堵牆。何夢瑤作《送天牧師還朝六首》。〔註55〕

雍正五年丁未（1727 年）　　何夢瑤三十五歲。

作《丁未紀事》。

是年五月，惠士奇奉旨修鎮江城。〔註56〕

是年陳世和被保薦。〔註57〕

十七：「（周炳）雍正元年拔貢，肄業太學。」

〔註51〕何夢瑤《懷周蓬五》自注：「是年四月鄉試，瑤與諸子俱下第，惟周得選拔。」

〔註52〕據道光《南海縣志》卷 39《列傳八》：「甲辰，惠公再督學，舉優行，特免考驗，且牓曰：『何生文行並優，吾所素悉。』」

〔註53〕據《春秋詩話‧蘇珥序》：「康熙甲辰，余應歲試，識孝輿場中。時羅履先同余寓仙湖，何報之、陳聖取朝夕相過。」按：蘇珥序中的「康熙甲辰」原文有誤，應爲雍正甲辰（雍正二年，1724）。

〔註54〕據何夢瑤《哭吳始亭》自注有：「學使惠天牧先生訪廣東名宿，瑤以胡公對。」

〔註55〕據錢大昕《潛研堂集》文集卷三十八：「（惠士奇）任滿還都，送行者如堵牆。」蕭奭《永憲錄》卷四：「冬十二月戊午朔。督學廣東翰林院侍讀學士惠士奇任滿。按：錢大昕《潛研堂集》、蕭奭《永憲錄》皆言「十二月」，但據羅天尺《癭暈山房詩刪》卷十二有詩《次胥江驛憶雍正丙午十一月與何贊調陳海六蘇瑞一陳聖取奉送惠夫子歸舟至此》，因羅乃親歷，故「十一月」更確。

〔註56〕據江藩《國朝漢學師承記》：「丁未五月，（惠士奇）奉旨修鎮江城，以產盡停工罷官。」

〔註57〕據羅天尺《五山志林‧獨漉三世詩》「雍正五年，廣東巡撫傅泰奉詔保世和優行。」

是年胡方去世。〔註58〕

雍正六年戊申（1728年）　何夢瑤三十六歲。

是年陳世和保題引見北上。〔註59〕

雍正七年己酉（1729年）　何夢瑤三十七歲。

考中拔貢，並中舉。榜後，同年會宴，演牡丹亭劇。〔註60〕

是年辛昌五鄉試解元。〔註61〕

雍正八年庚戌（1730年）　何夢瑤三十八歲。

何夢瑤母親約雍正八年（1730）左右離世。〔註62〕

公車北上，考中賜同進士出身第三甲第117名。成進士分發到廣西學習。

〔註63〕

會試後訪胡定。〔註64〕

〔註58〕據《嶺南學術百家》。

〔註59〕據羅天尺《癭暈山房詩刪》卷三有詩《戊申冬月陳聖取二弟過訪雞庋軒小酌即送其薦優引見北上》

〔註60〕據趙林臨《醫碥，趙序》：「己酉選拔策詢水利，西池以醫喻，娓娓且千言，學士顧公亟賞之，拔置第一。」又，《粵臺徵雅錄》：「（何夢瑤）雍正己酉拔貢，是年即領鄉薦。」道光《南海縣志》卷三十九《列傳八》：「（何夢瑤）三十七選己酉拔貢，旋領鄉薦。」何夢瑤《三疊前韻遙贈同年楊直廷明府》自注有：「己酉榜後，同年會宴，演牡丹亭劇。」

〔註61〕據咸豐《順德縣志》：「昌五敦學行，能文章。雍正己酉鄉試第一。」

〔註62〕乾隆十五年（1750），何夢瑤有詩《庚午臘月羅履先寄示新刻並索和桐花詩次韻》寄贈羅天尺，內稱「憶昔我母年九十，高堂朝旭明金萱。」，由「我母去我二十載」可知，距乾隆十五年二十載，其母約雍正八年（1730）左右離世。按：詩中有「憶昔我母年九十」似乎有誤，如果其母雍正八年去世，而此時何夢瑤38歲，推出其母52歲生何夢瑤，似難合常理，故或「九十」有誤，或者「我母」為「祖母」。

〔註63〕據《粵臺徵雅錄》：「（何夢瑤）雍正己酉拔貢，是年即領鄉薦，庚戌連捷成進士。」又據《清朝進士提名錄》，何夢瑤考獲賜同進士出身第三甲第117名。羅天尺《癭暈山房詩刪》卷一《春雨蘇二珥過集雞庋軒，憶西樵聯句寄同遊陳二世和何十夢瑤、陳大海六四十五韻》有自注：「時世和官優行引見，發浙江候補。夢瑤公車北上。」

〔註64〕據《菊芳園詩鈔》卷二《戊午秋闈和淩江胡太史》其二之自注：「庚戌北還，訪胡梅嶺，留飲。」

作《北還將抵家賦別同舟諸友》。〔註65〕

公榜後，參見同年會宴，演牡丹亭劇。〔註66〕

在此年之前，與羅天尺、陳世和、蘇珥、勞孝輿等眾惠門弟子在廣州結結「南香詩社」。〔註67〕

分發廣西學習者共十人，除何夢瑤外，其他九人是：劉瓚、徐夢鳳、趙楷、張月甫、李運正、盧伯蕃、李瑜、李學周和葉志寬。〔註68〕

在廣西參修《廣西通志》，作《秋日志館作》。〔註69〕

作《答鄧炳園》。〔註70〕

雍正九年辛亥（1731年）　何夢瑤三十九歲。

曾回鄉為「錦綸會館」撰《錦綸祖師碑記》。〔註71〕

是年陳聖取卒於官。〔註72〕

是年惠士奇奉旨修鎮江城，辛亥以產盡停工，罷官。〔註73〕

〔註65〕據此詩自注：「時分發各省學習。」

〔註66〕據《三疊前韻遙贈同年楊直廷明府》自注：「己酉榜後，同年會宴，演牡丹亭劇。」

〔註67〕羅天尺乾隆十七年致序何夢瑤《菊芳園詩鈔》時稱：「憶二十年前，余與報之十餘輩結南香社時，講藝晚成堂。堂獨漉陳先輩壇坫地也，文酒流連，儕偶微逐，雖不盡以詩，而一時聲氣豪上，稱極盛焉。」由乾隆十七年（1752）逆推二十年，時在雍正十年（1732）。又何夢瑤乾隆十六年序《春秋詩話》時云：「顧孝輿善言詩，嘗同飲聖取晚成堂，雨窗夜話……追念二十年前尊酒論文，徒深舊雨之感。」由乾隆十六年（1751）逆推二十年，時在雍正九年（1731）。兩種形成時間不同的文獻均稱「二十年前」，由此這裏所謂「二十年前」應非實數。因陳世和於雍正五年被薦江浙，可知南香詩社應於雍正五年前已設立，而何夢瑤雍正八年才分發廣西，故詩社極可能持續到雍正八年。

〔註68〕據《菊芳園詩鈔》第五卷寒坡集《九君詠》序：「庚戌榜後，分發廣西候補者十人。未十載而死者三，黜者三，以憂去者二，獨予與李寧明在耳。聚散無常，日月流逝，撫今追昔，深用愴懷，作九君詠。」

〔註69〕據光緒《廣州府志》卷一百二十八列傳十七載：「（何夢瑤）庚戌成進士，分發廣西，大府耳其名，至則令修省志。」以及道光《南海縣志》卷三十九：「（何夢瑤）初至廣西，未視事，充省志纂修。」

〔註70〕此詩自注有：「時奉命學習」、「時與修粵乘，陸司馬懷雅主局事」。

〔註71〕據冼劍民、陳鴻鈞編《廣州碑刻集》：《錦綸祖師碑記》何夢瑤撰。

〔註72〕據何夢瑤《菊芳園詩鈔》《讀羅履先丁卯冬得勞孝輿凶問作，感賦次原韻》之注：「辛亥，灘江舟中得孝輿書，知陳聖取卒於官。」

〔註73〕據楊超曾，《翰林院侍讀學士惠公墓誌銘》：「辛亥以產盡停工罷官。」

雍正十年壬子（1732 年） 何夢瑤四十歲。

任廣西鄉試同考試官，作《壬子秋闈和范太史》。〔註74〕

是年門人陳仁（字符若，一字壽山，號體齋，又號壽山）鄉試考獲舉人。
〔註75〕

按：民國《遼陽縣志》三編：「何夢瑤雍正十年任（知縣）」顯然有誤。

雍正十一年癸丑（1733 年） 何夢瑤四十一歲。

十一月初九日署理義寧縣知縣印務。〔註76〕

羅天尺作《秋日送何贊調十弟試用桂林》。〔註77〕

是年辛昌五考獲進士。〔註78〕

雍正十二年甲寅（1734 年） 何夢瑤四十二歲。

作《龍勝》、《自石門隘至大加與舍弟宣調夜酌》、《桑江道中雜詠》。

援新定例定案，三駁巡撫。牒刑部請決，部如夢瑤議。〔註79〕

〔註74〕據何夢瑤《菊芳園詩鈔》有詩《壬子秋闈和范太史》；此外，詩《甲子試院與
　　　段桐峰別駕劉霞文明府話舊兼調吳文其明府》有自注「壬子分校，瑤與李元
　　　瑾、劉五以學習進士。與今二人並作古。」

〔註75〕據嘉慶《武宣縣志》卷十三、黃叔璥：《國朝御史題名》。因何夢瑤是此年鄉
　　　試的同考官，故陳仁亦是何夢瑤的門人。

〔註76〕據《清代吏治史料》第33冊，雍正十三年五月十七日，金鉷「以學習進士何
　　　夢瑤補授岑溪縣知縣」條：「先經詳奉批委署義寧縣知縣印務，於雍正十一年
　　　十一月初九日署理，於雍正十二年十一月二十八日卸事。又於雍正十二年十
　　　二月初三日署理陽朔縣印務，至今兩任，共計署一年五個月零。」另外，何
　　　夢瑤《菊芳園詩鈔》第五卷寒坡集《蘇橋道中》其一有注：「癸丑冬，之官義
　　　寧，廣文、李聖機、莫自馨，送予至此。」

〔註77〕《癭暈山房詩刪》卷八。

〔註78〕據咸豐《順德縣志》：「（辛昌五）雍正己酉鄉試第一。明年登第，官檢討，工
　　　詩。」似乎言雍正八年辛昌五亦考中進士，但是查《清朝進士提名錄》，辛昌
　　　五乃雍正十一年癸丑科進士。另外，鄂爾泰《詞林典故》卷八亦載：「雍正十
　　　一年癸丑科，辛昌五，廣東順德人。」

〔註79〕據道光《南海縣志》卷三十九：「夢瑤治獄明慎。義寧民挺傷所識，奪其牛。
　　　夢瑤援新定例，論戍，巡撫駁改大辟，不從。巡撫怒。臬府並諭夢瑤曲從，
　　　不然且黜。夢瑤執前議，益力三駁，弗變。巡撫無如何，牒部請決。部檄如
　　　夢瑤議。上官自是服其能。」類似的記載還有光緒《廣州府志》卷一百二十
　　　八：「夢瑤治獄明慎。義寧民挺傷所識，奪其牛。夢瑤援新例論戍。巡撫駁改
　　　大辟。三駁不從。巡撫怒牒部請決。部如夢瑤議。上官自是服其能。」

諭釋獞民仇殺。〔註80〕

作《金錢隘紀聞》，惜遺佚。

十一月二十八日卸任義寧縣知縣，十二月初三日署理陽朔縣知縣印務。〔註81〕

按：民國《陽朔縣志》載：「何夢瑤進士，乾隆三年任。」顯然有誤。因爲據何夢瑤自己編纂的乾隆《岑溪縣志》載，從雍正十三年至乾隆四年，何夢瑤在岑溪縣任知縣。

雍正十三年乙卯（1735 年）　何夢瑤四十三歲。

五月，任岑溪縣知縣。〔註82〕

修建岑溪縣署。〔註83〕

辭舉鴻博。〔註84〕

乾隆元年丙辰（1736 年）　何夢瑤四十四歲。

改建岑溪監獄，置學田。〔註85〕

〔註80〕據道光《南海縣志》卷三十九：「大灘地，距義寧治數百里，深箐疊嶂，攀磴援蘿，七月始達。官吏無敢至者。其獞民與懷遠縣鬥。江中崗獞仇殺，數十年未已。夢瑤蒞縣，親往開導，始解釋相度。金錢隘爲兩地通途，請上官設弁兵防守，獞民械鬥乃絕。」此外，光緒《廣州府志》卷一百二十八亦載此事：「大灘獞民地距義寧治數百里，與懷遠縣鬥。江中崗獞仇殺數十年。深箐疊嶂，官吏莫敢至。夢瑤蒞任，親往諭釋，相度金錢隘，爲兩地衝，請設兵防守。獞民械鬥乃絕。」

〔註81〕據《清代吏治史料》第 33 冊，雍正十三年五月十七日，金鉷「以學習進士何夢瑤補授岑溪縣知縣」條：「先經詳奉批委署義寧縣知縣印務，於雍正十一年十一月初九日署理，於雍正十二年十一月二十八日卸事。又於雍正十二年十二月初三日署理陽朔縣印務，至今兩任，共計署一年五個月零。」

〔註82〕據《清代吏治史料》第 33 冊，雍正十三年五月十七日，金鉷「以學習進士何夢瑤補授岑溪縣知縣」條：「先經詳奉批委署義寧縣知縣印務，於雍正十一年十一月初九日署理，於雍正十二年十一月二十八日卸事。又於雍正十二年十二月初三日署理陽朔縣印務，至今兩任，共計署一年五個月零。」乾隆《岑溪縣志》：「何夢瑤，廣東南海人，庚戌進士，雍正十三年任（知縣）。」

〔註83〕據乾隆《岑溪縣志》卷 2：「縣署舊在城西南五里舊縣城中。……雍正十三年，知縣何夢瑤見串堂後宅卑陋且壞，乃改建串堂一座三間，改後宅爲樓一座三間，又創建東廳一座三間，西廳一座三間又改建串堂右耳房一間，後宅右耳房二間，創建西廳耳房一間。」

〔註84〕據何夢瑤《讀羅履先乙卯冬得勞孝輿凶問作感賦次原韻》：「嗣聞舉鴻博，推轂兼及予。」自注：「時予已宰岑溪，辭不赴。」

是年羅天尺才考獲恩科孝廉。〔註86〕

是年勞孝輿被薦博學鴻詞。以拔貢廷試第五，入引見，以知縣用。再試鴻博不售。〔註87〕

是年惠士奇被重新啟用。〔註88〕

乾隆二年丁巳（1737 年）　　何夢瑤四十五歲。

守岑城狼兵原二十五名，何夢瑤詳免五名。〔註89〕

治理花洲，頒佈《花洲示》。〔註90〕

作詩《春泛花洲》。

是年六月惠士奇補侍讀學士。〔註91〕

乾隆三年戊午（1738 年）　　何夢瑤四十六歲。

設獞義學。〔註92〕

任廣西鄉試同考官。作《戊午秋闈和淩江胡太史》，與段桐峰、劉霞文初次相見。〔註93〕

〔註85〕據乾隆《岑溪縣志》卷二：「獄，二座，在縣署頭門內西偏，乾隆元年知縣何夢瑤捐俸改建。」乾隆《岑溪縣志》卷二：「（學）田散在各鄉。……乾隆元年知縣何夢瑤議詳歸學。批佃每畝歲收租穀一百六十斤，分六月、十月兩次交收。所收租穀變價，除完糧二十五兩外，其學租四十九兩，聽學徑解藩庫。遇水旱照例減租，或有餘羨，留學以為諸生膏火之費。」

〔註86〕據《粵臺徵雅錄》）「（羅天尺）丙辰恩科舉於鄉，一試南宮罷，歸以親老不復出，遂以終隱。」

〔註87〕據《粵臺徵雅錄》：「乾隆丙辰并薦鴻博。至京師，先以拔貢廷試第五，入引見，以知縣用，再試鴻博不售。」

〔註88〕據錢大昕《潛研堂集》文集卷 3「有旨調取來京引見，以講讀用，所欠修城銀兩得寬免。」

〔註89〕據何夢瑤《菊芳園詩鈔》卷四《北科前韻》自注：「國初調狼兵二十五名，守岑城，乾隆二年，予詳免五名。」

〔註90〕據乾隆《岑溪縣志》載：「乾隆二年，知縣何夢瑤，清出侵蝕田塘，並懲強砍竹木，給示防護（花洲）。」

〔註91〕據江藩《國朝漢學師承記》

〔註92〕據乾隆《梧州府志》卷六：「國朝乾隆三年，（岑溪）知縣何夢瑤奉旨設獞義學三處：一在大淰；一在水汶墟；一在南渡埠。」

〔註93〕據《菊芳園詩鈔》卷二《甲子試院與段桐峰別駕、劉霞文明府話舊，兼調吳文其明府》：「與君初見棘闈中」自注：「戊午」。

捐資建設岑溪公益。〔註94〕

爲南海同鄉郭治《脈如》作序。〔註95〕

乾隆四年己未（1739年）　何夢瑤四十七歲。

秋，修《岑溪縣志》。〔註96〕

最遲此年施政除弊，頒佈《革月甲示》、《革土書示》。〔註97〕

旌表李智，以通邑風。〔註98〕

最遲此年吳秋（字始亭）、侯靖來岑溪訪何夢瑤。〔註99〕

最遲此年作詩《春泛花洲》、《南樓晚眺》、《丁孝子祠》、《甘羅墓》、《大岡》、《北科用前韻》。

冬，改任思恩知縣。〔註100〕

按，因此年「孟秋望日」，何夢瑤尚在岑溪，故極有可能冬天到任思恩。

重修思恩縣官署。〔註101〕

〔註94〕乾隆《岑溪縣志》：「楊柳橋，知縣何夢瑤捐修。……南門渡，知縣何夢瑤捐修。……排候橋，知縣何夢瑤捐建。……羅許渡，知縣何夢瑤捐修。」乾隆《岑溪縣志》卷二：「乾隆三年，御書『與天地參』扁頒懸殿中：知縣何夢瑤修殿廡照牆。」

〔註95〕據郭治《脈如》，《何夢瑤序》。

〔註96〕據何夢瑤在乾隆《岑溪縣志》序中說：「僕待罪岑溪將四載矣，行且調去，念無以遺我父老子弟用，與諸紳士修輯邑乘。自夏迄冬，書成凡四卷。文不加於舊志，而隸事既多且詳，獨地處荒僻，苦無藏書廣資考訂，掛漏舛誤，知所不免，以是遺我父老兄弟，幸共正之。乾隆四年孟秋望日南海何夢瑤。」道光《南海縣志》卷三九：「在岑溪，自輯邑乘。」同治《廣州府志》：「（何夢瑤）在岑溪，地僻政簡，乃大修縣志。」

〔註97〕據乾隆《岑溪縣志‧藝文志》之《革月甲示》、《革土書示》；道光《廣東通志》卷287：「（何夢瑤）出宰廣西，治獄明慎，宿弊革除，有神君之稱。」

〔註98〕據乾隆《岑溪縣志》卷二《雜記》：「岑俗贅婿必冒妻姓，乃得承受妻父產業。於是一人有兩姓，而冠妻姓於本姓之上（如趙甲贅錢家，則曰錢趙甲也）。恬然不以爲怪。有諸生李姓智者，黃氏之贅婿也。食黃之田，而不更姓。後黃之族有欲奪其田者，智即歸之。先是，智食黃田，即不復分受妻產。至是歸田於黃，遂無以糊口，而沒齒無怨。此鐵中錚錚者，特表而出之，以爲通邑風。」

〔註99〕據《菊芳園詩鈔》《哭吳始亭》自注：「始亭訪予岑溪官署。」，「時陽朔侯明府靖亦客予岑溪署中。」

〔註100〕據民國《思恩縣志》第七編《文藝》：「何夢瑤，進士，乾隆四年任（知縣）。」

〔註101〕乾隆《慶遠府志》卷二：「思恩縣署在歐家山。……乾隆四年，知縣何夢瑤重

是年惠士奇以病告歸。錢大昕《潛研堂集》文集卷三八「己未春，以病告歸。」作詩《思恩》、《九君詠》。〔註102〕

乾隆五年庚申（1740年） 何夢瑤四十八歲。

捐買思恩學署地基。〔註103〕

義寧苗亂，作《庚申紀事》。〔註104〕

作詩《庚申仲夏作》。〔註105〕

在梧州擊龍寺遇到小山四兄何安舟。〔註106〕

乾隆六年辛酉（1741年） 何夢瑤四十九歲。

重修思恩縣城隍廟。〔註107〕

建大堂、二堂、書辦房。……監獄三間，乾隆四年知縣何夢瑤重修，另置女監一所。」另見民國《思恩縣志》第三編亦載：「乾隆四年，知縣何夢瑤重修大堂、二堂各一座，及書辦房六間，後圮。」民國《思恩縣志》第三編：「監獄三間，乾隆四年知縣何夢瑤重修，另置女監一所。」

〔註102〕據《菊芳園詩鈔·思恩》。按：詩中有「十載湘南客，移官隔荔枝。」「湘南客」乃自謂，見《菊芳園詩鈔》卷二《戊午秋闈和凌江胡太史》自注：「廣西在湘江之南。」從雍正八年到乾隆四年剛好十個年頭。《九君詠》有序：「庚戌榜後，分發廣西候補者十人。未十載而……」從雍正八年至此年恰近十年，故推測此詩作於乾隆四年。

〔註103〕乾隆《慶遠府志》卷二：「思恩縣署在歐家山。……乾隆五年，知縣何夢瑤捐買地基，永為學署。」另見民國《思恩縣志》第三編亦載：「乾隆五年，知縣何夢瑤捐買地基，永為學署。」

〔註104〕據《清高宗實錄》卷120，「乾隆五年。庚申。閏六月。」條：「廣西興安地方有楚苗糾眾入境，又有粵西懷遠、融縣、義寧、之狗猺聚集千人，欲搬往城步，知縣、縣丞、巡檢、把總等前往撫諭。凶猺竟不受撫，夥眾將知縣倪國正等五員捉回巢穴。有巡檢魯器，受傷深重，未卜存亡。夫興安義寧地方，相去廣西省城不過百里，而苗猺敢於猖獗如此，則平日之漫無約束可知。」何夢瑤作《庚申紀事》，記錄此事件。

〔註105〕據《菊芳園詩鈔》卷五《庚申仲夏作》。

〔註106〕據《庚午遇小山四兄安舟重讀〈搗藥岩集〉次壁間王書門少參韻贈之》「追憶十年前，逢君擊龍寺」、「君時年六十，四十曾不異。」自注：「擊龍寺，在梧州。」

〔註107〕據乾隆《慶遠府志》卷二：「（思恩縣）城隍廟在縣南門內。明萬曆三十年，知縣朱家賢建，久圮。乾隆六年知縣何夢瑤，十三年知縣祁秉衡，十八年署知縣金甲前後重修。」民國《思恩縣志》第三編：「城隍廟在南門城內，縣署照壁後。……清乾隆六年知縣何夢瑤修。」

任廣西鄉試同考試官。作詩《辛酉秋闈次主司韻》、《辛酉秋闈次主司胡吾山太史韻》、《辛酉秋闈與段桐峰別駕吳棕坪劉霞文兩明府話舊》。

是年三月，惠士奇卒，終年 71 歲。〔註108〕

乾隆七年壬戌（1742 年）　何夢瑤五十歲。

作詩《五十》。

是年周炳授澄邁教諭。〔註109〕

乾隆八年癸亥（1743 年）　何夢瑤五十一歲。

乾隆九年甲子（1744 年）　何夢瑤五十二歲。

重修思恩先農廟。〔註110〕

任廣西同考試官，作詩《甲子試院與段桐峰別駕、劉霞文明府話舊，兼調吳文其明府》。〔註111〕

乾隆十年乙丑（1745 年）　何夢瑤五十三歲。

六月，離任思恩，遷遼陽州知州。歲歉賠倉穀三百石，貸舟車費乃東歸。〔註112〕

最遲此年，處置「賊亂」事件。〔註113〕

〔註108〕據錢大昕《潛研堂集》文集卷三十八《惠先生士奇傳》。

〔註109〕據宣統《東莞縣志》卷六十七：「（周炳）乾隆七年授澄邁教諭。」

〔註110〕據乾隆《慶遠府志》卷二：「（思恩縣）先農壇在縣東門外。……（乾隆）九年知縣何夢瑤重修。」

〔註111〕據《菊芳園詩鈔》卷二《甲子試院與段桐峰別駕、劉霞文明府話舊，兼調吳文其明府》。

〔註112〕據秦國經主編：《清代官員履歷檔案全編》卷 16 乾隆十一年何夢瑤履歷折自稱，「由廣西思恩縣知縣煙瘴伍年俸滿，乾隆拾陸月分籤升奉天府遼陽州知州缺。」據光緒《廣州府志》卷一百二十八：「比去（思恩）縣，因歲歉賠倉穀三百石。貸舟車費乃東歸。」

〔註113〕據道光《南海縣志》卷 39《列傳八》：「（何夢瑤）在思恩，城守朱某日亭午，猝至廳事，屏左右，以獞民玉某密首，七里半聚賊千餘，今日薄暮來攻城；耳語夢瑤，請急為牒，白郡守發兵來援。夢瑤應曰：『自此至府治，往返三日，緩不及事，且諜未確，而冒昧請，不可。』朱曰：『然則公與吾宜先遣家口走避，召百姓入保。』曰：『城土垣高不踰，仞人無固志，必鳥獸散，盜賊乘機竊發；且官眷屬苟出城，是先去以為民望不可。吾兩人與

最遲此年，思恩疫氣流行，立方救療，多所全活。策楞下其方於各邑。自編《四診》爲教材，以教邑醫。〔註114〕

最遲此年，兼任東蘭州知事。作詩《自思恩赴東蘭初宿蒙山堡》和《東蘭道中》。〔註115〕

最遲此年，作《乞休三十韻》，有辭官之意，好友陸煒勸慰。〔註116〕

是年勞孝輿卒於貴州鎮遠縣任上。〔註117〕

乾隆十一年丙寅（1746 年）　　何夢瑤五十四歲。

作《丙寅迎春作》。

乾隆十二年丁卯（1747 年）　　何夢瑤五十五歲。

作《讀羅履先乙卯冬得勞孝輿凶問作，感賦次原韻》。〔註118〕

城爲存亡者也，果有此，同罵賊死耳。』是時，家人竊聽，皆哭。夢瑤叱止之。召玉至，問反賊狀。玉出一紙，列首賊姓名十餘。遽命戶書入，以玉紙付之，曰：『此欠戶，可速爲檄遣役追乎。』戶書愕眙曰：『此皆殷戶，開徵輒畢輸。』復詰曰：『果殷戶？素行何？』若曰：『最守分。』夢瑤笑曰：『吾別有事問，姑速呼至。』役捧檄去。朱問：『何緩視之甚。』夢瑤謂：『若輩皆富人，玉有求弗獲，以此誣陷耳。有異謀，必不敢來；若無，明日當至。』朱曰：『若今夜何？』夢瑤笑謂曰：『若輩眞反，已在半途矣，役往必遇，遇必疾馳報，吾將爲君再計。』次日，七里半民果至。夢瑤語之故。則皆曰：『玉夙有心疾，非時爲囈語，乞吾父母勿聽也。』其讞疑獄命案，摘發奸凶，出人意表，類如此。」

〔註114〕據光緒《廣州府志》卷 128：「時（思恩）疫氣流行，立方救療，多所全活。制府策楞下其方於各邑。」趙林臨《醫碥·趙序》：「然其在思恩也，癘疫流行，西池廣施方藥，飲者輒起。制府策公下其方於諸邑，存活甚眾。」何夢瑤《醫碥·凡例》載：「五卷「四診」，宰思恩時輯以教邑醫者。

〔註115〕何夢瑤在宣統《大沙深巷何氏族譜》中的《壬午聯壽序》之落款有「賜進士出身，誥授奉直大夫，原任奉天府遼陽州知州，前知廣西義寧縣、陽朔縣、岑溪縣、思恩縣、東蘭州事。」道光《南海縣志》卷三九亦提到何夢瑤：「以故六任州縣，刁悍斂迹，訟獄衰歇。」根據《壬午聯壽序》之落款和「六任州縣」的說法，可以確認，何夢瑤在廣西之時，兼任東蘭州知事，但是可能時間較短，筆者未見到其他相關史料。何夢瑤的《菊芳園詩鈔》第五卷寒坡集中有詩《自思恩赴東蘭初宿蒙山堡》和《東蘭道中》。

〔註116〕據《菊芳園詩鈔》第五卷寒坡集《乞休三十韻》。

〔註117〕據據袁行雲《清人詩集敍錄》轉錄勞濟《先明府詩鈔紀後》：「乙丑（乾隆十年）病作，令濟等護眷回粵，至臨終皆在籍，不得視飯含焉。」

〔註118〕是年羅天尺得知勞孝輿死於貴州鎮遠任上，寫下《乾隆丁卯仲冬病中得勞孝

乾隆十三年戊辰（1748 年）　何夢瑤五十六歲。

冬，請告還鄉。〔註 119〕

作《哭麥易園師》。〔註 120〕

最遲此年，送長兒南還回鄉；作《送長兒南還》、《病榻寒消披衿起坐，歸思益切疊前韻》、《哭宣調弟》、《襄平雜詠用老杜秦州詩韻》。〔註 121〕

最遲此年，醫治王洪。完成醫著《三科輯要》。〔註 122〕

乾隆十四年己巳（1749 年）　何夢瑤五十七歲。

作《引疾侯代，正苦無聊。忽辱錢遯兄，以滿庭芳和章郵示，讀之興復不淺，為酬一首》、《病榻寒消，披衿起坐，歸思益切，疊前韻》。

最遲此年完成《三科輯要》。〔註 123〕

最遲此年，作《送長兒南還》、《出關口號》、《遼陽寒坡嶺》、《襄平雜詠用老

與二弟鎮遠凶問，感成二十五韻》並寄何夢瑤。何夢瑤收到羅天尺的詩，緬懷勞孝輿，遂步原韻寫下《讀羅履先乙卯冬得勞孝輿凶問作，感賦次原韻》。按，詩名中「乙卯」應為「丁卯」之誤。因羅天尺詩為《乾隆丁卯仲冬病中得勞孝輿二弟鎮遠凶問，感成二十五韻》。

〔註 119〕何夢瑤有詩《引病南歸承少京兆德泉陳公賦詩寵行次韻奉酬》，其中「南還遞路獨延緣」句有自注「時，同請告，獨瑤得歸。」可見何夢瑤與陳治滋（字以樹，一字德泉）同時告病辭官。查《清高宗實錄》卷 333 乾隆十四年正月己巳條有言：「諭：據奉天府府丞陳治滋奏稱，上年有胃痛之疾，近來每月數發，諸事不能查辦，請解任回籍調理等語。」考慮到奏摺呈遞流轉依照程序耗費時日，陳治滋是折應書於乾隆十三年冬季。故可以推知，何夢瑤與陳治滋同於乾隆十三年冬請告，乾隆十四年春夏，何夢瑤獲准解任回籍。何夢瑤《引病南歸承少京兆德泉陳公賦詩寵行次韻奉酬》還有詩句稱「三載相從薊北天」，則知其前後在遼陽約三年餘。

〔註 120〕據何夢瑤《菊芳園詩鈔》第六卷鶴野集《哭麥易園師》其一自注：「戊辰春夢師南面，占之不吉，然遠隔萬里，不知師歿何時。」

〔註 121〕據《菊芳園詩鈔》卷 6《鶴野集》：《送長兒南還》《哭宣調弟》、《襄平雜詠用老杜秦州詩韻》；《菊芳園詩鈔》第八卷詩餘《病榻寒消披衿起坐歸思益切疊前韻》。

〔註 122〕據趙林臨在《醫碥‧趙序》：「遼陽民王洪，病風年餘，狂易多力，投入秫火中，焦爛無完膚，敷以藥，數日愈。於是西池坐廳事，呼伍伯縛王洪庭柱間，且詈且歌，州人聚觀如堵。西池先威以刑令怖，旋予湯液，兩人持耳灌之，有頃，暴吐下，其病遂失，人咸驚為神。」又據《彙刻何夢瑤先生醫方全書凡例》：「婦幼痘疹各書均服官遠左所著。」

〔註 123〕據《彙刻何夢瑤先生醫方全書凡例》云：「婦幼痘疹各書均服官遠左所著。」

杜秦州詩韻》、《引疾移寓戲作徘體》。

獲准解任回籍（詳見乾隆十三年條）。

乾隆十五年庚午（1750 年） 何夢瑤五十八歲。

同學辛昌五來訪。〔註124〕

十一月，受聘暫代粵秀書院山長。〔註125〕

是年為趙林臨妻治病收效。〔註126〕

作《庚午臘月羅履先寄示新刻並索和桐花詩次韻》。〔註127〕

乾隆十六年辛未（1751 年） 何夢瑤五十九歲。

春，刊刻《醫碥》。〔註128〕

撰《賡和錄》初稿。福增格見示曹廷棟《琴學》予何夢瑤。〔註129〕

受梅蒼枝邀集育青堂觀孔雀開屏，作《辛未春杪梅蒼枝邀集育青堂觀孔雀開屏因成長歌》、《辛未春集飲邱氏園林》、《辛未春杪羅履先過訪粵秀書院贈詩次韻奉答》；羅天尺來訪，作《辛未春杪羅履先過訪粵秀書院贈詩次韻奉答》。〔註130〕

乾隆十七年壬申（1752 年） 何夢瑤六十歲。

辭去粵秀書院山長之職。〔註131〕

〔註124〕據《醫碥·辛序》。

〔註125〕據梁廷枏《粵秀書院志》：「謹案，乾隆十五年十一月，有藩使以接辦之四會教諭曹慎回任，掌教乏人，請延南海何報之刺史暫代之案。」

〔註126〕據趙林臨在《醫碥·趙序》。

〔註127〕據《菊芳園詩鈔》第七卷懸車集。

〔註128〕據《醫碥·自序》落款為「乾隆十六年歲次辛未季春望日南海何夢瑤書與樂只堂」。

〔註129〕據何夢瑤《賡和錄》自序中說：「辛未初秋，將軍福公見示近人曹君廷棟所著《琴學》一編。夢瑤嘗慨音樂之不明於世，取蔡元定《律呂新書》本原九章，訓釋以教門人。顧明其理，而不得其器，則無所考證。又取御製《律呂正義》，研究八音協律、和聲之用，述其大要為一卷。……爰是又取曹書刪注，合前所訓述二書為一編，以呈福公。蒙印可謂理與器並著也。命名「賡和錄」，捐俸授梓，序之以行，使就正有道焉。」

〔註130〕據何夢瑤：《菊芳園詩鈔》第七卷懸車集。

〔註131〕據何夢瑤《又和晚秋病起述懷寄示粵中諸同好》其三有注：「芸墅瀕行，釀金

五月，羅天尺爲《菊芳園詩鈔》作序。〔註132〕

刊刻《菊芳園詩鈔》。〔註133〕

秋，杭世駿來粵，接任粵秀書院山長。何夢瑤作詩《壬申小除寄懷杭董浦太史》、《杭太史見和長篇次韻再寄》，受到張汝霖周濟。〔註134〕

十月，杭世駿爲《菊芳園詩鈔》作序。〔註135〕

乾隆十八年癸酉（1753 年）　何夢瑤六十一歲。

春，受魏大振、魏大文兄弟之邀，何夢瑤與耿國藩、趙其昌、鍾獅、陳華封等人遊廣州六榕寺。〔註136〕

春，出任端溪書院（前稱天章書院）山長。〔註137〕

重新撰《算迪》。〔註138〕

乾隆十九年甲戌（1754 年）　何夢瑤六十二歲。

六月，彭端淑到任肇羅道，與何夢瑤相識。〔註139〕

十月，知府吳繩年、高要知縣張甄陶重修躍龍竇。何夢瑤記《重修躍龍竇記

周予。未幾杭山長至粵，予遂謝講席。」光緒《廣州府志》卷 111：「（杭世駿）壬申來粵，主講粵秀書院。與何夢瑤、羅元煥、鍾獅、陳華封諸君子爲文字交。」

〔註132〕據羅天尺《菊芳園詩鈔序》落款：「乾隆壬申端陽後二日，友兄羅天尺。」

〔註133〕據何夢瑤《菊芳園詩鈔》有「乾隆壬申鐫」。

〔註134〕據《又和晚秋病起述懷寄示粵中諸同好十首》自注：「芸墅瀕行，醵金周予。未幾杭山長至粵，予遂謝講席。」

〔註135〕據杭世駿《菊芳園詩鈔序》落款：「歲在元默涒灘，陽月朔，學弟仁和杭世駿。」按：元默涒灘指壬申，陽月乃農曆十月的別稱。

〔註136〕據何夢瑤《春日魏伯起昆玉招集六榕寺分得十蒸》。

〔註137〕據傅維森的《端溪書院志》卷 5 的表格：「院長：乾隆十七年，全祖望，……乾隆十八年：何夢瑤……乾隆二十七年：陸嘉穎」從乾隆十八年至乾隆二十七年（1762），何夢瑤任端溪書院山長長達九年的時間。又據《端溪硯坑志·何夢瑤跋》有：「今年春忝主天章書院講席。」杭世駿以詩《六榕寺送李卓揆還香山何夢瑤赴端州》相送。

〔註138〕據道光《廣東通志》卷 194，《藝文略六》，《菊芳園集自序》云：「今引疾歸里，掌教端溪，因復重事編屏而精力衰耗，不能盡錄，但視舊稿所無者抄撮梗，概又得八卷，合爲一書以授學徒。」

〔註139〕據道光《肇慶府志》卷 13：「彭端淑，四川丹稜人，進士。（乾隆）十九年六月任（肇羅道）。」

略》。〔註140〕

乾隆二十年乙亥（1755 年）　何夢瑤六十三歲。

醫治羅天尺之子足疾。〔註141〕

乾隆二十一年丙子（1756 年）　何夢瑤六十四歲。

秋，擴建端溪書院齋舍。〔註142〕

乾隆二十二年丁丑（1757 年）　何夢瑤六十五歲。

正月十九日作《重修端溪書院新建後樓碑記》。〔註143〕

乾隆二十三年戊寅（1758 年）　何夢瑤六十六歲。

乾隆二十四年己卯（1759 年）　何夢瑤六十七歲。

春，始纂《肇慶府志》。〔註144〕

〔註140〕據道光《肇慶府志》卷4，《輿地四・水利》。

〔註141〕據羅天尺《緒兒喪經年矣，提筆作悼句輒不能成，一日獨坐恍然有悟，信口得四首，命孫向靈誦之》其三有注：「兒乙亥足疾就醫何十於端溪。」又據羅天尺的《秋杪歸難度軒即事有作》其二：「所喜兒歸自鼎湖，身強不用倩人扶」可見此次療效不錯。

〔註142〕據道光《肇慶府志》卷6，《建置二》，何夢瑤《重修端溪書院新建後樓碑記》：「（乾隆二十一年秋）今且歲增數十人矣。太守吳公慮兩廡齋舍不足以容，商之夢瑤購院後民房地，建樓九間以益之；又以近光亭蓮池位少偏東，並宜撤正堂舍之朽壞者宜修。請於制軍楊公應琚，副憲彭公端淑皆報可。……經始於乾隆丙子秋，閱五月而告成功。」

〔註143〕據道光《肇慶府志》卷六，《何夢瑤重修端溪書院新建後樓碑記》落款「乾隆二十二年春王正月十九日。」

〔註144〕據道光《肇慶府志》卷21《錢塘吳繩年序》：「肇慶府舊志纂修於前明者，久毀兵燹。……邑乘之新修者強半，又得端溪山長何君報之，博古知今，日夕商榷。至是有事編羅發凡起例，補缺訂訛，悉以付之。何君年不敏操筆，以從其後。始於乾隆己卯之春，脫稿於是年之秋。」《肇慶府志》從乾隆二十四年（1759，己卯）春開始編纂，到乾隆二十五年（1760，庚辰）秋完成。道光《肇慶府志》卷二十一還載有彭端淑爲《肇慶府志》所做之序說：「去年秋出使西粵，踰年始歸。而郡守吳君已纂訂成編，請商於予。予讀之而喜曰，是固余之志也。夫是志考覈甚詳，增刪頗當，其有益於肇豈淺哉！於時相與有成者，友人南海夢瑤何君也。」

乾隆二十五年庚辰（1760 年）　何夢瑤六十八歲。

秋《肇慶府志》脫稿。〔註 145〕

最遲此年，爲彭沃《三瀧詩選》作序。〔註 146〕

乾隆二十六年辛巳（1761 年）　何夢瑤六十九歲。

乾隆二十七年壬午（1762 年）　何夢瑤七十歲。

春，作《復齋詩鈔序》。〔註 147〕

《賡和錄》完稿。〔註 148〕

大沙村何氏宗族舉辦族中七十一位老人聯壽，何夢瑤撰《壬午聯壽序》，莊有恭書。〔註 149〕

羅天尺寄詩《春日病中寄祝何報之七十》賀何夢瑤七十壽。〔註 150〕

最遲此年完成《莊子故》，作《端溪書院同學錄序》。〔註 151〕

離任端溪書院，受聘越華書院山長。〔註 152〕

乾隆二十八年癸未（1763 年）　何夢瑤七十一歲。

春，《皇極經世易知》八卷完稿，未及刊行。〔註 153〕

〔註 145〕據道光《肇慶府志》卷 21《錢塘吳繩年序》。

〔註 146〕據法式善《陶廬雜錄》卷三：「《三瀧詩選》十卷。羅定彭沃選其一州人之詩。而以己詩與其子詩附焉。羅定建於前明。萬曆文教始興。能以聲律相砥屬。亦可尚也。前有何夢瑤、陳華封二序。刻於乾隆二十五年。」

〔註 147〕據何夢瑤《復齋詩鈔序》落款「乾隆壬午小春友兄何夢瑤」。

〔註 148〕據福增格：《賡和錄序》曰：「茲官廣州，得交越華山長何君報之，博雅好古之士也。留心樂律，工琴，老而好學，非空疏者可比。……乾隆壬午清明松巖福增格書於鎮粵署之酌雅齋中。」

〔註 149〕據《大沙深巷何氏族譜》卷 1《藝文》，何夢瑤撰《壬午聯壽序》。

〔註 150〕據羅天尺《癭暈山房詩刪》續編《春日病中寄祝何報之七十》。

〔註 151〕據乾隆《肇慶府志》卷 26，《藝文志下》，何夢瑤：《端溪書院同學錄序》。

〔註 152〕按，據何夢瑤在《皇極經世易知》的自序：「點勘兩載，始有條理，隨手劄記，積成八卷，另爲圖一卷，冠諸其首，名曰《經世易知》……曩忝越華書院講席，時運使階平梁公主院事，嘗語及此，瑤感其言，爰有斯役。」由於此序的落款是「乾隆癸未孟春雨水日」，即乾隆二十八年（1763），而何夢瑤說《皇極經世易知》是在任越華書院山長時候，「點勘兩載」而成的，所以由此可知乾隆二十七年（1762），何夢瑤離開端溪書院的當年就被聘爲越華書院山長。

乾隆二十九年甲申（1764 年）　何夢瑤七十二歲。卒。

《神效腳氣方》完稿。〔註 154〕

羅天尺作《寄哭何十夢瑤》；

蘇珥聞夢瑤死，即拏舟往哭，至則已蓋棺，遽令其屬啓而覆視，對屍大慟。
〔註 155〕

乾隆三十一年丙戌（1766 年）　何夢瑤卒後二年。

羅天尺去世。〔註 156〕

乾隆三十二年丁亥（1767 年）　何夢瑤卒後三年。

蘇珥去世。〔註 157〕

七月二日，莊有恭卒。〔註 158〕

乾隆三十四年己丑（1769 年）　何夢瑤卒後五年。

七月八日，張汝霖卒。〔註 159〕

乾隆三十八年癸巳（1773 年）　何夢瑤卒後九年。

杭世駿卒。

〔註 153〕據何夢瑤《皇極經世易知》「自序」：「曩忝越華書院講席，時運使階平梁公主院事，嘗語及此，瑤感其言，爰有斯役。」落款爲「乾隆癸未孟春雨水日南海何夢瑤」。按，唐良臣《皇極經世易知‧校刊凡例》：「一、是書爲何西池先生手自輯釋，未及梓行，茲南海孔君繼驥從藏書家購得，用付剞劂，以終先生之志。因屬良臣細加校訂。嘗就正於香山　黃香石夫子商定其體例云。」

〔註 154〕據《彙刻何夢瑤先生醫方全書凡例》言：「腳氣爲南人時有最險之症，而又未見專書。何先生輯此書成即歸道山。致未刻行於世，今用附全書之內公諸天下。」

〔註 155〕據《癭暈山房詩刪》續編；咸豐《順德縣志》卷 25。

〔註 156〕據《粵東詩海》。

〔註 157〕據《粵東詩海》。

〔註 158〕據錢大昕《潛研堂文集》卷 42《巡撫福建兵部右侍郎都察院右副都御史前太子少保協辦大學士刑部尚書莊公墓誌銘》，莊有恭卒於是日，享年 55 歲。

〔註 159〕據姚鼐《惜抱軒文集》卷十三《廣州府澳門海防同知贈中憲大夫翰林院侍講加一級張君墓誌銘》，張汝霖卒於乾隆三十四年七月八日，年六十一。

乾隆四十九年甲辰（1784 年）　何夢瑤卒後二十年。

七月二十四日，袁枚到南海欲訪何夢瑤，得知何已逝。〔註160〕

〔註160〕袁枚《隨園詩話》，《海南何夢瑤》：「蘇州惠天牧先生，督學廣東，訓士子以
　　　　實學，一時英俊，多在門牆。去後，人立生祠，如潮州之奉韓愈也。先生以
　　　　《珠江竹枝詞》試士。何夢瑤賦云：『看月誰人得月多，灣船唱齊浪花歌。花
　　　　田一片光如雪，照見賣花人過河。』公喜，延入幕中。此雍正年間事。後吾
　　　　鄉杭董蒲太史掌教粵東，與何唱和。《嘲杭病起》云：『門外久疏參學侶，簾
　　　　前漸立犯齋人。』《詠史》云：『趙宋若生燕太子，肯將金幣事仇人？』余慕
　　　　何君之名，到海南訪之，則已逝矣。」按，據鄭幸《袁枚年譜新編》，袁枚於
　　　　是年四月、七月到訪廣州，七月二十四日，遊西樵山。因何夢瑤家近西樵山
　　　　下，故有可能袁枚七月尋訪何夢瑤。

附錄二　何夢瑤交往人物表 [註1]

序號	姓 名	字 號	籍 貫	科 名	官 職	交往時地	依　據 [註2]
1	何士誠	子雋	南海	韶郡諸生	—	康熙四十四年前，南海雲津堡大沙村	宣統《大沙深巷何氏族譜》卷一《藝文》之《壬午聯壽序》
2	何玉枚	卜俞	南海	康熙四十七年恩貢	—	康熙四十四年前，南海雲津堡大沙村	宣統《大沙深巷何氏族譜》卷一《藝文》之《壬午聯壽序》
3	何青松	不詳	南海	—	—	康熙四十四年前，南海雲津堡大沙村	宣統《大沙深巷何氏族譜》卷一《藝文》之《壬午聯壽序》
4	何橫塘	不詳	南海	—	—	康熙四十四之前，南海雲津堡大沙村	《菊芳園詩鈔》卷四南儀集《苔痕追和家映波橫塘兩先生》
5	何映波	不詳	南海	—	—	康熙四十四之前，南海雲津堡大沙村	《菊芳園詩鈔》卷四南儀集《苔痕追和家映波橫塘兩先生》
6	何迎春	昌時，東郊	南海	—	—	康熙四十四年前，南海雲津堡大沙村	宣統《大沙深巷何氏族譜》卷一《善錄》
7	何翰先	橫塘主人	南海	—	—	康熙四十四年前，南海雲津堡大沙村	《菊芳園詩鈔》卷二鴻雪集，《哭侄孫開將》

〔註 1〕 姓名不全者未列入。
〔註 2〕 有多個依據者，僅取相對重要者之一。

8	麥易園	耀三，宗道，易園	香山	康熙五十九年中舉	—	康熙四十四年，佛山心性書院	《菊芳園詩鈔》卷六鶴野集《哭麥易園師》
9	馮相	達公	南海	—	—	康熙四十四年前，南海雲津堡大沙村	《菊芳園詩鈔》卷一煤尾集《哭馮達公》
10	何彙朝	不詳	南海	—	—	康熙四十四年前，南海雲津堡大沙村	《菊芳園詩鈔》卷一煤尾集《送族兄彙朝歸里》
11	惠士奇	天牧，仲孺，半農	江蘇長洲	康熙四十八年進士	官編修、侍讀學士	康熙六十年至雍正雍正四年十一月，廣州	錢大昕《潛研堂文集》卷三八
12	周炳	蓬五，陶甫	東莞	雍正元年拔貢	澄邁教諭	雍正元年，廣州	《菊芳園詩鈔》卷一煤尾集《懷周蓬五》
13	羅天尺	履先，石湖	順德	乾隆元年舉人	—	康熙六十年以後，廣州	《粵臺徵雅錄》
14	蘇珥	瑞一，古儕	順德	乾隆三年舉人	—	康熙六十年以後，廣州	《粵臺徵雅錄》
15	勞孝輿	阮齋，巨峰	南海	乾隆丙辰舉博學鴻詞	貴州錦屏等縣知縣	雍正二年，廣州	《粵臺徵雅錄》
16	陳世和	聖取，時一	順德	雍正元年拔貢。	龍遊縣丞	康熙六十年至雍正元年	《菊芳園詩鈔》卷一煤尾集，《寄懷陳聖取》
17	陳海六	鰲山	順德	雍正優貢	饒平訓導	康熙六十年至雍正四年，廣州	《粵臺徵雅錄》
18	吳秋	始亭，竺泉	番禺	—	—	康熙六十年至乾隆四年，廣州	《菊芳園詩鈔》卷四南儀集《哭吳始亭》
19	吳世忠	仲坡，南圃	南海	—	—	康熙六十年後，廣州	《粵臺徵雅錄》
20	惠棟	定宇，松厓	江蘇長洲	—	—	康熙六十年至雍正四年，廣州	錢大昕《潛研堂集》文集卷三十九《惠先生棟傳》
21	方月況	不詳	不詳	—	—	雍正四年之前，南海	《菊芳園詩鈔》卷一煤尾集《方月翁畫蘭歌》
22	陳儒卓	不詳	不詳	—	—	雍正四年之前，廣州	《菊芳園詩鈔》卷一煤尾集《哭陳儒卓二首》

23	吳孟旦	旭亭	番禺	雍正元年拔貢	仁化教諭	雍正四年以前，惠士奇官署	光緒《廣州府志》卷一三〇《列傳十九》
24	曹憤	萬爲，柱峰	保昌	副榜貢生	四會教諭	雍正四年以前，惠士奇官署	梁廷枏編：《粵秀書院志》
25	胡定	敬醇，靜園	保昌	雍正八年進士	陝西道御史	雍正四年以前，惠士奇官署	《菊芳園詩鈔》卷二，《戊午秋闈和淩江胡太史》
26	辛昌五	北村	順德	雍正十一年進士	檢討	雍正四年以前，惠士奇官署	《醫碥》，《辛序》
27	胡方	大靈，金竹	新會	歲貢	—	雍正四年以前，三水	《菊芳園詩鈔》卷四南儀集《哭吳始亭》
28	吳俊常	子庸	新會	拔貢	—	雍正七年以前，廣州	《粵東詩海》，何西池云：「子庸詩筆秀出天外，不可梯接。書法亦遒勁可喜。」
29	何開將	不詳	南海	不詳	不詳	雍正八年前，南海雲津堡大沙村	《菊芳園詩鈔》卷二鴻雪集《哭侄孫開將》
30	鄺徵	不詳	不詳	不詳	不詳	雍正八年前，廣州	《菊芳園詩鈔》卷二鴻雪集《題鄺徵君畫像》
31	關鴻猷	不詳	不詳	—	—	雍正八年之前，南海	《菊芳園詩鈔》卷一煤尾集《江行懷坍關鴻猷》
32	何禧	檜士	南海	—	—	雍正八年前，南海	《菊芳園詩鈔》卷五寒坡集《哭族姪檜士》
33	馮志言	不詳	不詳	—	—	雍正八年之前，南海	《菊芳園詩鈔》卷一煤尾集《月夜過光下村與馮志言話舊
34	何敦斯	不詳	南海	—	—	雍正八年之前，南海	《菊芳園詩鈔》卷一煤尾集《夢故侄敦斯》
35	鄧彪	獻升，炳園	南海	—	—	雍正八年前，廣州	《菊芳園詩鈔》卷二鴻雪集《題鄧炳園梅花書屋圖》
36	劉瓚		雲南	雍正八年進士	廣西北流知縣	雍正八年，廣西	何夢瑤《菊芳園詩鈔》卷五寒坡集《九君詠》
37	徐夢鳳	紹典	潮陽	雍正八年進士	廣西修仁知縣	雍正八年，廣西	何夢瑤《菊芳園詩鈔》卷五寒坡集《九君詠》

38	趙楷	不詳	不詳	雍正八年進士	灌陽知縣	雍正八年，廣西	何夢瑤《菊芳園詩鈔》卷五寒坡集《九君詠》
39	張月甫	不詳	新會	雍正八年進士	廣西思恩知縣	雍正八年，廣西	何夢瑤《菊芳園詩鈔》卷五寒坡集《九君詠》
40	李運正	不詳	貴州黃平州	雍正八年進士	廣西宣化縣知縣	雍正八年，廣西	何夢瑤《菊芳園詩鈔》卷五寒坡集《九君詠》
41	盧伯蕃	不詳	連州	雍正八年進士	廣西武宣知縣	雍正八年，廣西	何夢瑤《菊芳園詩鈔》卷五寒坡集《九君詠》
42	李瑜	梅若	大埔	雍正八年進士	廣西寧明州知州	雍正八年，廣西	何夢瑤《菊芳園詩鈔》卷五寒坡集《九君詠》
43	李學周	右文，菊峰	雲南蒙自	雍正八年進士	廣西隆安縣知縣	雍正八年，廣西	何夢瑤《菊芳園詩鈔》卷五寒坡集《九君詠》
44	葉志寬	不詳	澄海	雍正八年進士	恭城知縣	雍正八年，廣西	何夢瑤《菊芳園詩鈔》卷五寒坡集《九君詠》
45	陸綸	懷雅	浙江平湖	康熙丁酉舉人	梧州知府	雍正八年至乾隆十年，廣西	《菊芳園詩鈔》卷三學制集《題徐子山梅塢舒嘯圖同陸司馬懷雅》
46	楊仲興	直廷，訒庵	嘉應	雍正八年進士	廣西興安知縣	雍正八年，廣西	《菊芳園詩鈔》卷二鴻雪集《三疊前韻遙贈同年楊直廷明府》
47	金鉷	震方	漢軍鑲白旗人，登州	監生	廣西巡撫	雍正十一年十一月至乾隆元年，廣西	道光《南海縣志》卷三九《列傳八》
48	李聖機	不詳	柳城	副榜	廣西桂林府教授	雍正十一年，義寧	《菊芳園詩鈔》卷五寒坡集《蘇橋道中》
49	莫自馨	不詳	融縣	舉人	廣西臨桂縣教諭	雍正十一年，義寧	《菊芳園詩鈔》卷五寒坡集《蘇橋道中》
50	陳仁	符若，元若，體齋	武宣	雍正癸丑進士	翰林院編修	雍正十一年，廣西	《菊芳園詩鈔》卷二鴻雪集《閱卷不愜意四疊前韻懷門人陳元若侍御》
51	侯靖	獻可，殿揚	山東堂邑	康熙壬辰進士	陽朔知縣	雍正十三年至乾隆四年，岑溪	《菊芳園詩鈔》《哭吳始亭》

52	陸本仁	不詳	高要	不詳	岑溪教諭	雍正十三年至乾隆四年，岑溪	乾隆《岑溪縣志》「修志姓氏」
53	莫疏	不詳	不詳	不詳	岑溪訓導	雍正十三年至乾隆四年，岑溪	乾隆《岑溪縣志》「修志姓氏」
54	鍾朝朗	亮所	番禺人，岑溪籍	康熙庚子學人	白水知縣	雍正十三年至乾隆四年，岑溪	乾隆《岑溪縣志》「修志姓氏」
55	吳賓選	不詳	岑溪	雍正甲寅科學人	—	雍正十三年至乾隆四年，岑溪	乾隆《岑溪縣志》「修志姓氏」
56	何謙	不詳	岑溪	雍正十二年府學恩貢	—	雍正十三年至乾隆四年，岑溪	乾隆《岑溪縣志》「修志姓氏」
57	鍾昇	不詳	岑溪	雍正十二年歲貢	—	雍正十三年至乾隆四年，岑溪	乾隆《岑溪縣志》「修志姓氏」
58	王李民	不詳	岑溪	乾隆元年恩貢	—	雍正十三年至乾隆四年，岑溪	乾隆《岑溪縣志》「修志姓氏」
59	黎庸	不詳	岑溪	乾隆元年歲貢	—	雍正十三年至乾隆四年，岑溪	乾隆《岑溪縣志》「修志姓氏」
60	張懿	不詳	岑溪	乾隆三年歲貢	—	雍正十三年至乾隆四年，岑溪	乾隆《岑溪縣志》「修志姓氏」
61	高卓然	不詳	岑溪	貢生	—	雍正十三年至乾隆四年，岑溪	乾隆《岑溪縣志》「修志姓氏」
62	嚴殿直	不詳	岑溪	貢生	—	雍正十三年至乾隆四年，岑溪	乾隆《岑溪縣志》「修志姓氏」
63	高若侗	不詳	岑溪	監生	—	雍正十三年至乾隆四年，岑溪	乾隆《岑溪縣志》「修志姓氏」
64	楊世祚	不詳	岑溪	生員	—	雍正十三年至乾隆四年，岑溪	乾隆《岑溪縣志》「修志姓氏」
65	莫若煥	不詳	岑溪	生員	—	雍正十三年至乾隆四年，岑溪	乾隆《岑溪縣志》「修志姓氏」

66	練緻	不詳	岑溪	生員	—	雍正十三年至乾隆四年，岑溪	乾隆《岑溪縣志》「修志姓氏」
67	唐聖祥	不詳	岑溪	生員	—	雍正十三年至乾隆四年，岑溪	乾隆《岑溪縣志》「修志姓氏」
68	李儒松	不詳	岑溪	生員	—	雍正十三年至乾隆四年，岑溪	乾隆《岑溪縣志》「修志姓氏」
69	楊大藩	不詳	岑溪	生員	—	雍正十三年至乾隆四年，岑溪	乾隆《岑溪縣志》「修志姓氏」
70	郭治	符峰	南海	附貢生	—	乾隆三年，南海	郭治《脈如》，《何夢瑤序》
71	段桐峰	不詳	不詳	不詳	不詳	乾隆三年，廣西	《菊芳園詩鈔》卷二鴻雪集《辛酉秋闈與段桐峰別駕吳樱坪劉霞文兩明府話舊》
72	吳毓芝	星聚，文其	浙江烏程	乾隆二年進士	廣西雒容知縣	乾隆三年，廣西	《菊芳園詩鈔》卷二鴻雪集《甲子試院與段桐峰別駕劉霞文明府話舊兼調吳文其明府》
73	陳於中	太常，磊峰	涪州	舉人	廣西慶遠府知府	乾隆四年左右，廣西	《菊芳園詩鈔》卷七懸車集《挽陳磊峰副憲六十韻》
74	劉廷棟	霞文	山陰	康熙甲午舉人	岑溪知縣	乾隆四年後，岑溪	《菊芳園詩鈔》卷二鴻雪集《辛酉秋闈與段桐峰別駕吳樱坪劉霞文兩明府話舊》
75	陸煒	視三，硯山	浙江桐鄉	生員	思恩府知府	乾隆四年至乾隆十年，思恩	《菊芳園詩鈔》卷五寒坡集，《送天河陸視三明府丁外艱歸里》
76	王成李	不詳	不詳	不詳	—	乾隆四年至乾隆十年，廣西	《菊芳園詩鈔》卷五寒坡集《懷清潭王少府成李》
77	朱彩臣	不詳	不詳	不詳	—	乾隆四年至乾隆十年，廣西	《菊芳園詩鈔》卷五寒坡集《壽朱千戎彩臣》

78	周書升	不詳	不詳	不詳	北流知縣	乾隆四年至乾隆十年，廣西	《菊芳園詩鈔》卷五寒坡集《北流周書昇明府以詩索閱一枝春院本次韻奉答》
79	柯九臣	不詳	不詳	不詳	—	乾隆四年至乾隆十年，思恩	《菊芳園詩鈔》卷五寒坡集《送柯少府九臣移官周坊》
80	鄧思沛	不詳	不詳	不詳	教諭	乾隆四年至乾隆十年，柳州	《菊芳園詩鈔》卷五寒坡集《秋日偕梁明府士綸鄧廣文思沛張明經渭遊立魚峰遲陳秀才載思不至，用東坡遊寒溪西山寺韻》
81	梁士綸	不詳	不詳	不詳	知縣	乾隆四年至乾隆十年，柳州	《菊芳園詩鈔》卷五寒坡集《秋日偕梁明府士綸鄧廣文思沛張明經渭遊立魚峰遲陳秀才載思不至用東坡遊寒溪西山寺韻》
82	張渭	不詳	不詳	不詳	—	乾隆四年至乾隆十年，柳州	《菊芳園詩鈔》卷五寒坡集《秋日偕梁明府士綸鄧廣文思沛張明經渭遊立魚峰遲陳秀才載思不至用東坡遊寒溪西山寺韻》
83	陳載思	不詳	不詳	不詳	—	乾隆四年至乾隆十年，柳州	《菊芳園詩鈔》卷五寒坡集《秋日偕梁明府士綸鄧廣文思沛張明經渭遊立魚峰遲陳秀才載思不至用東坡遊寒溪西山寺韻》
84	吳王坦	樱坪，衷平	江南華亭	雍正元年進士	永福縣知縣	乾隆六年，廣西	《菊芳園詩鈔》卷二鴻雪集《辛酉秋闈與段桐峰別駕吳樱坪劉霞文兩明府話舊》
85	胡吾山	不詳	不詳	不詳	不詳	乾隆六年，廣西	《菊芳園詩鈔》卷二鴻雪集《辛酉秋闈次主司胡吾山太史韻》

86	陳鶴亭	不詳	不詳	不詳	不詳	乾隆十年之前，梧江	《菊芳園詩鈔》卷二鴻雪集《梧江喜晤陳鶴亭因送其赴滇候補》
87	梁成達	不詳	不詳	不詳	不詳	乾隆十年之前	《菊芳園詩鈔》卷二鴻雪集《題梁成達行役圖》
88	劉文昭	不詳	不詳	不詳	不詳	乾隆十年之前	《菊芳園詩鈔》卷二鴻雪集《留別劉文昭》
89	江樓山	不詳	不詳	不詳	不詳	乾隆十年多至乾隆十四年，遼陽	《菊芳園詩鈔》卷五寒坡集《送江樓山之畢總戎幕》
90	王綏	紫緗	山東掖縣	不詳	祥符知縣	乾隆十年多至乾隆十四年，遼陽	《菊芳園詩鈔》卷五寒坡集《送王紫緗兼寄吳文其明府》
91	陳綱	兼三，彝庵	江蘇宿遷	雍正甲辰進士	承德知縣	乾隆十年多至乾隆十四年，遼陽	《菊芳園詩鈔》卷六鶴野集《懷陳兼三》
92	杜峰	不詳	不詳	—	—	乾隆十年多至乾隆十四年，遼陽	《菊芳園詩鈔》卷七懸車集《次和杜上舍峰生日書懷十韻》
93	曹文煌	不詳	不詳	不詳	不詳	乾隆十年多至乾隆十四年，遼陽	《菊芳園詩鈔》卷八詩餘《題曹君文煌小像·鵲橋仙》
94	黎式廣	不詳	不詳	不詳	不詳	乾隆十年多至乾隆十四年，遼陽	《菊芳園詩鈔》卷二鴻雪集《寄題黎式廣曉暉廬》
95	林屏侯	不詳	不詳	不詳	不詳	乾隆十年多至乾隆十四年，遼陽	《菊芳園詩鈔》卷二鴻雪集《寄懷林屏侯》
96	徐子山	不詳	不詳	不詳	不詳	乾隆十年多至乾隆十四年，遼陽	《菊芳園詩鈔》卷三學制集《題徐子山梅塢舒嘯圖同陸司馬懷雅》
97	隱峰	不詳	不詳	不詳	—	乾隆十年多至乾隆十四年，遼陽	《菊芳園詩鈔》卷五寒坡集《挽隱峰禪師》
98	顧玉山	不詳	不詳	不詳	不詳	乾隆十年多至乾隆十四年，遼陽	《菊芳園詩鈔》卷五寒坡集《贈顧玉山》

99	宋偉齋	不詳	不詳	不詳	不詳	乾隆十年冬至乾隆十四年，遼陽	何夢瑤《菊芳園詩鈔》卷五寒坡集《題宋偉齋司馬凱旋圖》
100	李穆	不詳	不詳	不詳	百順巡檢	乾隆十年冬至乾隆十四年，遼陽	《菊芳園詩鈔》卷七懸車集《贈李巡宰穆》
101	王素齋	不詳	不詳	不詳	不詳	乾隆十年冬至乾隆十四年，遼陽	《菊芳園詩鈔》卷八詩餘《題河池司馬王素齋小影·滿庭芳》
102	徐楚玉	不詳	不詳	不詳	不詳	乾隆十年冬至乾隆十四年，遼陽	《菊芳園詩鈔》卷八詩餘《題徐楚玉畫像·鵲橋仙》
103	吳秉禮	敬夫，復齋	福安	貢生	遼陽州知州	乾隆十年冬至乾隆十四年，遼陽	《菊芳園詩鈔》卷六鶴野集《留別吳復齋》
104	徐少梅	不詳	不詳	不詳	不詳	乾隆十年冬至乾隆十四年，遼陽	《菊芳園詩鈔》卷六鶴野集《留別徐少梅》
105	邱應斗	不詳	不詳	不詳	不詳	乾隆十年冬至乾隆十四年，遼陽	《菊芳園詩鈔》卷六鶴野集《別邱應斗》
106	蘇大中	不詳	不詳	不詳	不詳	乾隆十年冬至乾隆十四年，遼陽	《菊芳園詩鈔》卷七懸車集《壽大中丞蘇公》
107	張蘊德	不詳	不詳	不詳	不詳	乾隆十年冬至乾隆十四年，遼陽	《菊芳園詩鈔》卷六卷鶴野集《戲贈張蘊德廣文》
108	陳治滋	以樹，德泉	福建閩縣	康熙五十二年進士	乾隆五年任奉天府丞	乾隆十年至乾隆十五年	《菊芳園詩鈔》卷六鶴野集《引病南歸，承少京兆德泉陳公賦詩寵行次韻奉酬》
109	徐爾宛	不詳	不詳	不詳	不詳	乾隆十年冬至乾隆十四年，遼陽	《菊芳園詩鈔》卷八詩餘《徐爾宛題贈紫棉樓院本次韻奉答·滿庭芳》
110	錢遹	不詳	不詳	不詳	不詳	乾隆十年冬至乾隆十四年，遼陽	《菊芳園詩鈔》卷八詩餘《引疾侯代，正苦無聊忽辱錢遹兄以滿庭芳和章郵示讀之興復不淺爲酬一首》

111	汪後來	白岸，鹿岡	番禺	康熙四十一年武舉人	佛山千總	乾隆十五年之後，廣州	何夢瑤《菊芳園詩鈔》卷七《懸車集》《汪鹿岡棄官筆耕窮老無聊張柏園司馬釀金周之凡二十五人予與焉》
112	陳華封	祝三，復齋	順德	—	—	乾隆十五年後，廣州	《復齋詩鈔》何夢瑤序
113	耿國藩	介夫，湘門	湖南長沙	太學生	—	乾隆十五年之後，廣州	《菊芳園詩鈔》卷七懸車集《題耿湘門素舫齋次其移居原韻》
114	梁善長	崇一，變庵	順德	乾隆己未進士	建寧同知	乾隆十五年後，廣州	咸豐《順德縣志》卷二六
115	張汝霖	芸墅，柏園	江南宣城	雍正乙卯拔貢	澳門司馬	乾隆十五年後，廣州	《春秋詩話·何夢瑤序》
116	方希文	不詳	不詳	不詳	—	乾隆十五年後，廣州	《菊芳園詩鈔》卷七懸車集《讀友人方希文經綠珠故里詩感賦方希文讀拙集見懷次韻奉答》
117	梅蒼枝	不詳	不詳	不詳	—	乾隆十五年後，廣州	《菊芳園詩鈔》卷七懸車集《小除後一日集陳復齋新居賦得「高枕乃吾廬」同高於天馮彤文吳調可充可江際飛黃秋苑梅蒼枝屈資統》
118	江際飛	不詳	不詳	不詳	—	乾隆十五年後，廣州	《菊芳園詩鈔》卷七懸車集《小除後一日集陳復齋新居賦得「高枕乃吾廬」同高於天馮彤文吳調可充可江際飛黃秋苑梅蒼枝屈資統》
119	屈資統	不詳	不詳	不詳	—	乾隆十五年後，廣州	《菊芳園詩鈔》卷七懸車集《小除後一日集陳復齋新居賦得「高枕乃吾廬」同高於天馮彤文吳調可充可江際飛黃秋苑梅蒼枝屈資統》
120	沈卓齋	不詳	不詳	不詳	—	乾隆十五年後，廣州	《菊芳園詩鈔》卷七懸車集《次耿湘門韻贈沈卓齋》

121	李橘園	不詳	不詳	不詳	—	乾隆十五年後，廣州	《菊芳園詩鈔》卷七懸車集《李橘園羅石湖見示詞林禪院聽圓德上人彈琴詩次其韻》
122	圓德	不詳	不詳	不詳	—	乾隆十五年後，廣州	《菊芳園詩鈔》卷七懸車集《李橘園羅石湖見示詞林禪院聽圓德上人彈琴詩次其韻》
123	林良銓	衡公，睡廬	不詳	不詳	不詳	乾隆十五年後，廣州	《菊芳園詩鈔》卷七懸車集《題瀘州林刺史畫像》
124	陳石樵	不詳	不詳	不詳	不詳	乾隆十五年後，廣州	《菊芳園詩鈔》卷七懸車集《又和晚秋病起述懷寄示粵中諸同好十首》
125	勞潼	潤芝	南海	乾隆二十年舉人	—	乾隆十五年後，廣州	何夢瑤《春秋詩話序》
126	崔錕士	守銳	番禺	乾隆二十七年恩貢	陽春教諭	乾隆十五年之後，廣州	《菊芳園詩鈔》載「受業門人」
127	陳簡在	元賓	廣府	—	訓導	乾隆十五年之後，廣州	《菊芳園詩鈔》載「受業門人」
128	李家樹	敏園	廣府	—	—	乾隆十五年之後，廣州	《菊芳園詩鈔》載「受業門人」
129	羅鼎臣	宗鵬	南海	—	—	乾隆十五年之後，廣州	《菊芳園詩鈔》載「受業門人」
130	龔天牧	偉賢	南海	—	—	乾隆十五年之後，廣州	《菊芳園詩鈔》載「受業門人」
131	李德敬	不詳	從化	—	—	乾隆十五年之後，廣州	《菊芳園詩鈔》載「受業門人」
132	黃哲	嘉秀	番禺	—	—	乾隆十五年之後，廣州	《菊芳園詩鈔》載「受業門人」
133	楊榮	仁長	番禺	—	—	乾隆十五年之後，廣州	《菊芳園詩鈔》載「受業門人」
134	楊瑞璸	佩珩	番禺	—	—	乾隆十五年之後，廣州	《菊芳園詩鈔》載「受業門人」
135	莫鑣	北野	商籍	—	—	乾隆十五年之後，廣州	《菊芳園詩鈔》載「受業門人」

136	鄭修	在湄	東莞	—	—	乾隆十五年之後，廣州	《菊芳園詩鈔》載「受業門人」
137	楊綸	言長	番禺	—	—	乾隆十五年之後，廣州	《菊芳園詩鈔》載「受業門人」
138	黃宅仁	居光	新會	—	—	乾隆十五年之後，廣州	《菊芳園詩鈔》載「受業門人」
139	羅學焜	華貺	東莞	—	—	乾隆十五年之後，廣州	《菊芳園詩鈔》載「受業門人」
140	林可棟	憲臣	廣府	—	—	乾隆十五年之後，廣州	《菊芳園詩鈔》載「受業門人」
141	黃德中	苑明	新會	—	—	乾隆十五年之後，廣州	《菊芳園詩鈔》載「受業門人」
142	麥瓞	朝冕	三水	—	—	乾隆十五年之後，廣州	《菊芳園詩鈔》載「受業門人」
143	曾開科	印歡	新安	—	—	乾隆十五年之後，廣州	《菊芳園詩鈔》載「受業門人」
144	陳鶴鳴	茂階	廣府	—	—	乾隆十五年之後，廣州	《菊芳園詩鈔》載「受業門人」
145	麥怡	葉恭	香山	—	—	乾隆十五年之後，廣州	《菊芳園詩鈔》載「受業門人」
146	楊宗耀	純養	商籍	—	—	乾隆十五年之後，廣州	《菊芳園詩鈔》載「受業門人」
147	張大進	海門	番禺	—	—	乾隆十五年之後，廣州	《菊芳園詩鈔》載「受業門人」
148	李況玉	善甫	南海	—	—	乾隆十五年之後，廣州	《菊芳園詩鈔》載「受業門人」
149	李夔班	足一	新會	—	—	乾隆十五年之後，廣州	《菊芳園詩鈔》載「受業門人」
150	馮成章	麗天	南海	—	—	乾隆十五年之後，廣州	《菊芳園詩鈔》載「受業門人」
151	楊維新	顯廷	順德	—	—	乾隆十五年之後，廣州	《菊芳園詩鈔》載「受業門人」
152	李咸臨	統勳	三水	—	—	乾隆十五年之後，廣州	《菊芳園詩鈔》載「受業門人」
153	姚振先	首穎	澄海	貢生	候選訓導	乾隆十五年之後，廣州	《菊芳園詩鈔》載「受業門人」
154	汪清	擬海	東莞	—	—	乾隆十五年之後，廣州	《菊芳園詩鈔》載「受業門人」
155	馮宗藩	宣文	廣府	—	—	乾隆十五年之後，廣州	《菊芳園詩鈔》載「受業門人」

156	黃夐上	雲峰	廣府	—	—	乾隆十五年之後，廣州	《菊芳園詩鈔》載「受業門人」
157	馮凱	時公	南海	—	—	乾隆十五年之後，廣州	《菊芳園詩鈔》載「受業門人」
158	李若珠	連五	新會	—	—	乾隆十五年之後，廣州	《菊芳園詩鈔》載「受業門人」
159	蘇文煓	家昱	廣府	—	—	乾隆十五年之後，廣州	《菊芳園詩鈔》載「受業門人」
160	馮謙	配兩	南海	—	—	乾隆十五年之後，廣州	《菊芳園詩鈔》載「受業門人」
161	李光烈	鴻業	新會	—	—	乾隆十五年之後，廣州	《菊芳園詩鈔》載「受業門人」
162	李材	凌遠	花縣	—	—	乾隆十五年之後，廣州	《菊芳園詩鈔》載「受業門人」
163	關志	明典	南海	—	—	乾隆十五年之後，廣州	《菊芳園詩鈔》載「受業門人」
164	周乾矩	萬修	新會	—	—	乾隆十五年之後，廣州	《菊芳園詩鈔》載「受業門人」
165	陳介特	國幹	南海	—	—	乾隆十五年之後，廣州	《菊芳園詩鈔》載「受業門人」
166	梁濟川	慶遠	三水	—	—	乾隆十五年之後，廣州	《菊芳園詩鈔》載「受業門人」
167	張啓善	允賢	商籍	—	—	乾隆十五年之後，廣州	《菊芳園詩鈔》載「受業門人」
168	梁植	瓈瑚	順德	—	—	乾隆十五年之後，廣州	《菊芳園詩鈔》載「受業門人」
169	梁名傑	照臨	香山	—	—	乾隆十五年之後，廣州	《菊芳園詩鈔》載「受業門人」
170	陳國玉	季良	南海	—	—	乾隆十五年之後，廣州	《菊芳園詩鈔》載「受業門人」
171	黃元舉	布五	新會	—	—	乾隆十五年之後，廣州	《菊芳園詩鈔》載「受業門人」
172	廖命英	振雄	龍門	—	—	乾隆十五年之後，廣州	《菊芳園詩鈔》載「受業門人」
173	李鏡江	不詳	不詳	不詳	不詳	乾隆十五年後，廣州	《菊芳園詩鈔》卷七懸車集《李鏡江羅石湖諸公遊六榕寺同用柳柳州晨詣超師院韻賦贈南溪唯傳二上人屬予和之時予以足疾未赴》

174	鄭必達	槐望	香山	庠生	臨安府知府	乾隆十五年後，廣州	《菊芳園詩鈔》卷七懸車集《張司馬招飲西湖客邸同大尹李鏡江孝廉羅履先中翰劉象山上舍羅雨三司馬鄭槐望疊前韻》
175	劉堉	象山	山東諸城	乾隆庚辰進士	吏部員外郎	乾隆十五年後，廣州	《菊芳園詩鈔》卷七懸車集《張司馬招飲西湖客邸，同大尹李鏡江孝廉羅履先中翰劉象山上舍羅雨三司馬鄭槐望疊前韻》
176	馮公亮	石門	南海	康熙末貢生	江蘇常州通判	乾隆十六年，廣州	《菊芳園詩鈔》卷七懸車集，《辛未春杪梅蒼枝邀集育青堂觀孔雀開屏因成長歌》
177	馮公侯	彤文	番禺	乾隆十八年舉人	—	乾隆十六年，廣州	《菊芳園詩鈔》卷七懸車集，《辛未春杪梅蒼枝邀集育青堂觀孔雀開屏因成長歌》
178	黃呈蘭	秋畹	南海	諸生	—	乾隆十六年，廣州	《粵東詩海》；《菊芳園詩鈔》卷七懸車集，《辛未春杪梅蒼枝邀集育青堂觀孔雀開屏因成長歌》
179	黃璞	同石	南海	太學	—	乾隆十六年，廣州	《菊芳園詩鈔》卷七懸車集，《辛未春杪梅蒼枝邀集育青堂觀孔雀開屏因成長歌》
180	高於天	不詳	不詳	不詳	—	乾隆十六年，廣州	《菊芳園詩鈔》卷七懸車集，《辛未春杪梅蒼枝邀集育青堂觀孔雀開屏因成長歌》
181	梁倚玉	不詳	不詳	—	—	乾隆十六年，廣州	《菊芳園詩鈔》卷七懸車集，《辛未春杪梅蒼枝邀集育青堂觀孔雀開屏因成長歌》

182	杭世駿	堇浦，大宗	浙江仁和	雍正二年舉人	翰林院編修	乾隆十七年，廣州	《匊芳園詩鈔》杭世駿序
183	羅天俊	字雨三，號漁侶	順德	—	—	乾隆十七年至乾隆十八年間，廣州	《匊芳園詩鈔》卷七懸車集《張司馬招飲西湖客邸同大尹李鏡江孝廉羅履先中翰劉象山上舍羅雨三司馬鄭槐望疊前韻》
184	魏大振	伯起	貴州平越	—	黎平訓導	乾隆十七年至乾隆十八年間，廣州	《匊芳園詩鈔》卷七懸車集，《春日魏伯起昆玉招集六榕寺分得十蒸》
185	魏大文	叔明、松軒	貴州平越	乾隆二十二年進士	庶吉士，授檢討	乾隆十七年至乾隆十八年間，廣州	《匊芳園詩鈔》卷七懸車集，《春日魏伯起昆玉招集六榕寺分得十蒸》
186	趙其昌	千遷	陽湖	—	—	乾隆十七年至乾隆十八年間，廣州	《嶺南集》之《春日魏公子招諸吟侶集六榕寺》
187	鍾獅	鐵橋	番禺	乾隆丁巳進士	靈寶知縣	乾隆十七年，廣州	光緒《廣州府志》卷一一一
188	李管朗	崇樸，崇璞，多見	順德	太學	—	乾隆十七年至乾隆十八年間，廣州	《匊芳園詩鈔》卷七懸車集，《羊城晤李太學崇樸出擬古樂府詩見示因招遊一簣山房疊前韻》
189	吳鍫	調可，梅里	番禺	—	—	乾隆十七年至乾隆十八年間，廣州	《嶺南集》卷四，「附詩話一則」
190	吳函	充可，竹屏	番禺	貢生	嘉應州訓導	乾隆十七年至乾隆十八年間，廣州	《嶺南集》卷四，「附詩話一則」
191	吳元治	不詳	浙江	—	—	乾隆十七年至乾隆十八年間，廣州	《嶺南集》卷四，「附詩話一則」
192	鍾作肅	不詳	仁和	—	—	乾隆十七年至乾隆十八年間，廣州	《嶺南集》卷四，「附詩話一則」
193	高峻	不詳	番禺	—	—	乾隆十七年至乾隆十八年間，廣州	《嶺南集》卷四，「附詩話一則」

194	王息	不詳	不詳	—	—	乾隆十七年至乾隆十八年間，廣州	《嶺南集》卷四，「附詩話一則」
195	王晄	不詳	不詳	—	—	乾隆十七年至乾隆十八年間，廣州	《嶺南集》卷四，「附詩話一則」
196	南溪	不詳	不詳	—	—	乾隆十七年至乾隆十八年間，廣州	《菊芳園詩鈔》卷七懸車集《李鏡江、羅石湖諸公遊六榕寺同用柳柳州晨詣超師院韻賦贈南溪唯傳二上人屬予和之時予以足疾未赴》
197	唯傳	不詳	不詳	—	—	乾隆十七年至乾隆十八年間，廣州	《菊芳園詩鈔》卷七懸車集《李鏡江羅石湖諸公遊六榕寺同用柳柳州晨詣超師院韻賦贈南溪唯傳二上人屬予和之時予以足疾未赴》
198	陳國棟	一隅	新會	—	—	乾隆十七年後，廣州	道光《新會縣志》卷一一
199	吳繩年	淞岩	浙江錢塘	監生	肇慶知府	乾隆十八年，肇慶	道光《肇慶府志》卷二一。
200	彭端淑	樂齋	四川丹棱	雍正十一年進士	廣東肇羅道	乾隆十九年，肇慶	彭端淑《雪夜詩談》卷下。
201	福增格	贊侯，益庵	滿洲	不詳	廣東將軍	乾隆二十七年	《虞和錄》序
202	梁國治	階平	浙江會稽	乾隆戊辰狀元	東閣大學士兼戶部尚書	乾隆二十七年，越華書院	《皇極經世易知序》
203	莊有恭	容可，滋圃	番禺	乾隆己未狀元	福建巡撫	乾隆二十七年，南海大沙村	宣統《大沙深巷何氏族譜》卷一《藝文》之《壬午聯壽序》

附錄三　何夢瑤畫像 [註1]

〔註 1〕 廣州中醫藥大學鄭洪教授據廣州博物館 1980 年展出的何夢瑤畫像描畫，由劉
　　　小斌教授提供。

附錄四　何氏大宗祠 [註1]

參考文獻

一、檔案、古籍

1. 〔南朝陳〕徐陵：《玉臺新詠》，北京：北京圖書館出版社，2004 年。

2. 《全唐詩》，上海：上海古籍出版社，1986 年。

3. 〔宋〕張行成：《皇極經世索隱》，上海商務印書館，民國影印本。

4. 〔宋〕張行成：《皇極經世觀物外篇衍義》，文津閣四庫全書，北京：商務印書館，2005 年。

5. 〔元〕釋繼洪：《嶺南衛生方》，北京：中醫古籍出版社，1983 年。

6. 〔明〕李時珍：《本草綱目》，北京：人民衛生出版社，1973 年。

7. 〔明〕陳獻章：《陳獻章集》，孫通海點校，北京：中華書局，1993 年。

8. 〔明〕張景嶽：《景嶽全書精選》，北京：科學技術文獻出版社，1996 年。

9. 〔明〕王肯堂撰，陸拯主編：《王肯堂醫學全書》，北京：中國中醫藥出版社，1999 年。

10. 《明史》，北京：中華書局，1974 年。

11. 〔清〕何夢瑤：菊芳園詩鈔，乾隆壬申（1752）刻本。

12. 〔清〕何夢瑤：《敦和錄》，廣東省立圖書館藏，〔出版時間不詳〕。

13. 〔清〕杭世駿：《道古堂全集》，清乾隆四十一年刻光緒十四年汪曾唯修本。

14. 張汝霖：《西阪草堂詩鈔》，遂初齋藏版本，道光六年（1826）。

15. 〔清〕郭元峰：《脈如》，洗沂刊本，道光丁亥年（1827）印。

16. 〔清〕孫鼎臣：《畚塘芻論》，咸豐 9 年（1859）刻本。

17. 〔清〕杭世駿：《嶺南集》，學海堂光緒七年重刊。

18. 〔清〕錢大昕：《潛研堂文集》，長沙龍氏家塾（光緒）重刊本。

19. 〔清〕李調元：《粵東筆記》，上海：上海會元文堂印，1915年。

20. 〔清〕何夢瑤：醫方全書，兩廣圖書局印行，1918年。

21. 〔清〕章學誠：《文史通義》，臺北：世界書局，1935年。

22. 〔清〕汪輝祖：《佐治藥言》，王雲五主編：《叢書集成初編》，上海：商務印書館，1937年。

23. 〔清〕羅元煥撰，陳仲鴻注：《粵臺徵雅錄》，王雲五主編：《叢書集成初編》，長沙：商務印書館，1939年。

24. 〔清〕蕭奭：《永憲錄》，北京：中華書局，1959年。

25. 〔清〕趙學敏：《本草綱目拾遺》，北京：人民衛生出版社，1963年。

26. 《皇朝經世文編》，臺北：文海出版社，民國六十一年〔1972〕。

27. 〔清〕梁廷枏：《粵海關志》，臺北：文海出版社，1975年。

28. 《清史稿》，北京：中華書局，1977年。

29. 〔清〕陳夢雷：《古今圖書集成》，臺北：鼎文書局，1977年。

30. 〔清〕袁枚：《隨園詩話》，北京：人民文學出版社，1982年。

31. 〔清〕法式善等撰：《清秘述聞三種》，北京：中華書局，1982年。

32. 〔清〕陳修圓：《女科要旨》，福建科學技術出版社，1982年。

33. 〔清〕檀萃：《楚庭稗珠錄》，廣州：廣東人民出版社，1982年。

34. 〔清〕江藩：《國朝漢學師承記》，北京：中華書局，1983年。

35. 〔清〕丹波元胤：《中國醫籍考》，北京：人民衛生出版社，1983年。

36. 〔清〕陳康祺：《郎潛紀聞初筆》，北京：中華書局，1984年。

37. 〔清〕魏源：《聖武記》，北京：中華書局，1984年。

38. 〔清〕黃宗羲：《明儒學案》，沈芝盈點校，北京：中華書局，1985年。

39. 〔清〕屈大均：《廣東新語》，北京：中華書局，1985年。

40. 〔清〕梅文鼎、梅瑴成：《勿庵曆算書目》，北京：中華書局，1985年。

41. 〔清〕何夢瑤：《算迪》，北京：中華書局，1985年。

42. 〔清〕何夢瑤：《賡和錄》，北京：中華書局，1985年。

43. 〔清〕羅天尺：《五山志林》，北京：中華書局，1985年。

44. 〔清〕勞潼：《救荒備覽》，北京：中華書局，1985年。

45. 〔清〕張維屏：《國朝詩人徵略初編》，周駿富輯：《清代傳記叢刊·學林類29》，臺北：明文書局，1986年。

46. 〔清〕徐珂編撰：《清稗類鈔》，北京：中華書局，1986年。

47. 〔清〕徐珂編撰：《清稗類鈔》，北京：中華書局，1986年。

48. 〔清〕王學權：《重慶堂隨筆》，南京：江蘇科學技術出版社，1986年。

49. 〔清〕龔未齋《雪鴻軒尺牘》，長沙：湖南文藝出版社，1987 年。

50. 《清史列傳》，王鍾翰點校，北京：中華書局，1987 年。

51. 〔清〕葉衍蘭、葉恭綽編：《清代學者像傳合集》，上海：上海古籍出版社 1989 年。

52. 〔清〕張渠：《粵東聞見錄》，程明校點，廣東高等教育出版社，1990 年。

53. 中國第一歷史檔案館編：《雍正朝漢文朱批奏摺彙編》，南京：江蘇古籍 出版社，1991 年。

54. 《欽定大清會典事例》，臺北：文海出版社，民國八十一年〔1992〕。

55. 〔清〕姚鼐：《惜抱軒文集》，上海古籍出版社，1992 年。

56. 中國第一歷史檔案館編：《雍正朝起居注》，北京：中華書局，1993 年。

57. 〔清〕袁枚撰，王英志主編：《袁枚全集》，杭州：浙江古籍出版社，1993 年。

58. 〔清〕彭端淑：《國朝詩話補》，《續修四庫全書》編纂委員會：《續修四庫 全書》，上海：上海古籍出版社，1994 年。

59. 〔清〕何夢瑤：《醫碥》，鄧鐵濤、劉紀莎點校，北京：人民衛生出版社， 1994 年。

60. 〔清〕鄂爾泰：《鄂爾泰奏稿》，上海：上海古籍出版社，1995 年。

61. 〔清〕陳修園編著，黃傑熙箋正：《〈女科要旨〉箋正》，太原：山西科學 技術出版社，1995 年。

62. 〔清〕鄒伯奇：《鄒徵君遺書》，《中國科學技術典籍通彙 物理卷 第一 分冊》，鄭州：河南教育出版社，1995 年。

63. 〔清〕法式善：《梧門詩話》、《八旗詩話》，《續修四庫全書》，上海：上海 古籍出版社，1995 年。

64. 〔清〕汪輝祖：《雙節堂庸訓》，天津古籍出版社，1995 年。

65. 〔清〕張振鋆：《釐正按摩要術》，顧廷龍主編：《續修四庫全書》，上海： 上海古籍出版社，1995 年。

66. 〔清〕朱玉振《增訂端溪硯坑志》，顧廷龍主編：《續修四庫全書》，上海： 上海古籍出版社，1995 年。

67. 〔清〕藍鼎元：《鹿洲全集》，廈門：廈門大學出版社，1995 年。

68. 〔清〕陸以湉：《冷廬醫話考注》，中國中醫藥出版社，1996 年。

69. 〔清〕梁章巨：《楹聯叢話全編》，北京：北京出版社，1996 年。

70. 秦國經主編：《清代官員履歷檔案全編》，上海：華東師範大學出版社， 1997 年。

71. 〔清〕沈德潛：《清詩別裁集》，石家莊：河北人民出版社，1997 年。

72. 〔清〕梁啓超：《清代學術概論》，上海古籍出版社，1998 年。

73. 〔清〕劉淵：《醫學纂要》，北京：中國中醫藥出版社，1999 年。

74. 〔清〕邱熺：《引痘略》，《續修四庫全書》，上海：上海古籍出版社，1999 年。

75. 〔清〕溫汝能纂輯，呂永光等整理：《粵東詩海》，廣州：中山大學出版社，1999 年。

76. 〔清〕王士雄撰，盛增秀主編：《王孟英醫學全書》，北京：中國中醫藥出版社，1999 年。

77. 〔清〕周學海撰，鄭洪新主編：《周學海醫學全書》，北京：中國中醫藥出版社，1999 年。

78. 〔清〕何夢瑤：《皇極經世易知》，四庫未收書輯刊編纂委員會：《四庫未收書輯刊》4 輯 27 冊，北京：北京出版社，2000 年。

79. 〔清〕全祖望：《全祖望集彙校集注》，上海古籍出版社，2000 年。

80. 〔清〕羅天尺：《癭暈山房詩刪》，四庫未收書輯刊，北京：北京出版社，2000 年。

81. 〔清〕鄭虎文：《吞松閣集》，四庫未收書輯刊編纂委員會：《四庫未收書輯刊》，北京：北京出版社，2000 年。

82. 〔清〕黎簡撰，梁守中校輯：《五百四峰堂詩鈔》，廣州：中山大學出版社，2000 年。

83. 〔清〕錢維福：《清秘述聞補》，《續修四庫全書》，上海：上海古籍出版社，2002 年。

84. 〔清〕錢林：《文獻徵存錄》，顧廷龍主編：《續修四庫全書》，上海：上海古籍出版社，2002 年。

85. 〔清〕黃叔璥：《國朝御史題名》，顧廷龍主編：《續修四庫全書》，上海：上海古籍出版社，2002 年。

86. 〔清〕李紱：《穆堂別稿》，上海：上海古籍出版社，2002 年。

87. 〔清〕杭世駿：《續禮記集說》，顧廷龍主編：《續修四庫全書》，上海：上海古籍出版社，2002 年。

88. 〔清〕彭端淑：《雪夜詩談》，顧廷龍主編：《續修四庫全書》，上海：上海古籍出版社，2002 年。

89. 〔清〕邱煒萲：《五百石洞天揮麈》，《續修四庫全書》，上海：上海古籍出版社，2002 年。

90. 〔清〕張九鉞：《紫峴山人全集》，顧廷龍主編：《續修四庫全書》，上海：上海古籍出版社，2002 年。

91. 〔清〕劉彬華：《嶺南群雅》，顧廷龍主編：《續修四庫全書》，上海：上海

古籍出版社，2002 年。

92. 〔清〕黃培芳：《香石詩話》，顧廷龍主編：《續修四庫全書》，上海：上海古籍出版社，2002 年。

93. 〔清〕吳汝綸：《吳汝綸全集》，合肥：黃山書社，2002 年。

94. 〔清〕王昶：《國朝詞綜》，《續修四庫全書》，上海：上海古籍出版社，2002 年。

95. 《清代吏治史料》，北京：線裝書局，2004 年。

96. 〔清〕惠士奇：《周易記》，《文津閣四庫全書》，北京：商務印書館，2005 年。

97. 〔清〕王植：《皇極經世書解》，商務印書館四庫全書出版工作委員會編：《文淵閣四庫全書》，北京：商務印書館，2005 年。

98. 《世宗憲皇帝上諭內閣》，商務印書館四庫全書出版工作委員會：《文淵閣四庫全書》，北京：商務印書館，2005 年。

99. 〔清〕汪中撰，田漢雲點校：《新編汪中集》，揚州：廣陵書社，2005 年。

100. 〔清〕法式善：《梧門詩話合校》，南京：鳳凰出版社，2005 年。

101. 《雍正朝東華錄》，臺北：文海出版社，中華民國九十五年〔2006〕。

102. 《四庫全書》出版工作委員會：《文津閣四庫全書提要彙編》，北京：商務印書館，2006 年。

103. 〔清〕惠周惕，惠士奇，惠棟撰，漆永祥點校：《東吳三惠詩文集》，臺北：中央研究院中國文哲研究所，2006 年。

104. 〔清〕江藩：《江藩集》，漆永祥整理，上海：上海古籍出版社，2006 年。

105. 〔清〕梁啓超：《中國近三百年學術史》，上海：上海三聯書店，2006 年。

106. 〔清〕陳華封：《復齋詩鈔》，桑兵主編：《清代稿鈔本》，廣州：廣東人民出版社，2007 年。

107. 〔清〕吳綺等撰：《清代廣東筆記五種》，廣州：廣東人民出版社，2006 年。

108. 〔清〕周中孚：《鄭堂讀書記》，北京：北京圖書館出版社，2007 年。

109. 〔清〕福格：《聽雨叢談》，汪北平點校，北京：中華書局，2007 年。

110. 〔清〕李元度：《國朝先正事略》，長沙：嶽麓書社，2008 年。

111. 〔清〕朱壽朋撰編：《東華續錄》，上海古籍出版社，2008 年。

112. 《清實錄》，北京：中華書局，2008 年。

113. 〔清〕勞孝輿：《春秋詩話》，陳建華、曹淳亮主編：《廣州大典》第 4 輯，《嶺南遺書》第 2 冊，廣州：廣州出版社，2008 年。

114. 〔清〕姚鼐：《惜抱軒詩文集》，上海：上海古籍出版社，2008 年。

115. 〔清〕丹波無堅編著，徐長卿點校：《藥治通義》，北京：學苑出版社，2008年。

116. 〔清〕周岩：《本草思辨錄校釋》，張金鑫校釋：北京：學苑出版社，2008年。

117. 〔清〕許宗彥：《鑑止水齋集》，《清代詩文集彙編》編纂委員會編，上海：上海古籍出版社，2010年。

118. 〔清〕法式善：《存素堂詩初集錄存》，紀寶成主編：《清代詩文集彙編》，上海：上海古籍出版社，2010年。

119. 〔清〕桂文燦：《經學博採錄》，上海：華東師範大學出版社，2010年。

120. 宣統《大沙深巷何氏族譜》卷一複印件，原件藏南海區西樵鎮崇北村上坊自然村，2010年。

121. 〔清〕陳恭尹：《獨漉堂詩文集》，紀寶成主編：《清代詩文集彙編》，上海：上海古籍出版社，2010年。

122. 〔清〕王昶《蒲褐山房詩話新編》，北京：人民文學出版社，2011年。

123. 〔清〕楊鍾義：《雪橋詩話全編》，北京：人民文學出版社，2011年。

124. 《文獻通考》，北京：中華書局，2011年。

125. 〔清〕何夢瑤：《樂只堂人子須知》，廣州：廣東科技出版社，2011年。

126. 〔清〕何夢瑤：《三科輯要》，廣州：廣東科技出版社，2011年。

127. 〔清〕何夢瑤：《傷寒論近言》，廣州：廣東科技出版社，2012年。

二、方 志

1. 康熙《南海縣志》，廣東省地方史志辦公室輯：《廣東歷代方志集成》，廣州：嶺南美術出版社，2007年。

2. 雍正《浙江通志》，南京：鳳凰出版社，2010年。

3. 乾隆《紹興府志》，清乾隆五十七年刊本。

4. 乾隆《梧州府志》，臺北：成文出版社，民國50年。

5. 乾隆《福州府志》，臺北：成文出版社，民國56年。

6. 乾隆《慶遠府志》，清乾隆十九刻本。

7. 乾隆《肇慶府志》，廣東省地方史志辦公室輯：《廣東歷代方志集成》，廣州：嶺南美術出版社，2007年。

8. 乾隆《潮州府志》，廣東省地方史志辦公室輯：《廣東歷代方志集成》，廣州：嶺南美術出版社，2009年。

9. 乾隆《番禺縣志》，廣東省地方史志辦公室輯：《廣東歷代方志集成》，廣州：嶺南美術出版社，2008年。

10. 乾隆《長洲縣志》，清乾隆十八年刻本。

11. 乾隆《元和縣志》，《續修四庫全書》，上海：上海古籍出版社，1997 年。

12. 乾隆《蒙自縣志》，臺北：成文出版社，民國 56 年。

13. 乾隆《富川縣志》，故宮博物院編：《故宮珍本叢刊》第 202 冊，海口：海南出版社，2001 年。

14. 乾隆《岑溪縣志》，，臺北：成文出版社，1967 年。

15. 嘉慶《澄海縣志》，廣東省地方史志辦公室輯：《廣東歷代方志集成》，廣州：嶺南美術出版社，2009 年。

16. 嘉慶《增城縣志》，廣東省地方史志辦公室輯：《廣東歷代方志集成》，廣州：嶺南美術出版社，2007 年。

17. 嘉慶《武宣縣志》，故宮博物院編：《故宮珍本叢刊》第 198 冊，海口：海南出版社，2001 年。

18. 嘉慶《山陰縣志》，紹興縣修志委員會校刊鉛印本，民國二十五年。

19. 道光《廣東通志》，廣東省地方史志辦公室輯：《廣東歷代方志集成》，廣州：嶺南美術出版社，2007 年。

20. 道光《肇慶府志》，廣東省地方史志辦公室輯：《廣東歷代方志集成》，廣州：嶺南美術出版社，2009 年。

21. 道光《瓊州府志》，廣東省地方史志辦公室輯：《廣東歷代方志集成》，廣州：嶺南美術出版社，2009 年。

22. 道光《直隸南雄州志》，廣東省地方史志辦公室輯：《廣東歷代方志集成》，廣州：嶺南美術出版社，2007 年。

23. 道光《南海縣志》，廣東省地方史志辦公室輯：《廣東歷代方志集成》，廣州：嶺南美術出版社，2007 年。

24. 道光《廣寧縣志》，廣東省地方史志辦公室輯：《廣東歷代方志集成》，廣州：嶺南美術出版社，2009 年。

25. 道光《新會縣志》，廣東省地方史志辦公室輯：《廣東歷代方志集成》，廣州：嶺南美術出版社，2007 年。

26. 道光《英德縣志》，廣東省地方史志辦公室輯：《廣東歷代方志集成》，廣州：嶺南美術出版社，2009 年。

27. 道光《新會縣志》，廣東省地方史志辦公室輯：《廣東歷代方志集成》，廣州：嶺南美術出版社，2007 年。

28. 道光《佛山忠義鄉志》，清道光十年本。

29. 咸豐《順德縣志》，廣東省地方史志辦公室輯：《廣東歷代方志集成》，廣州：嶺南美術出版社，2007 年。

30. 同治《廣州府志》，廣東省地方史志辦公室輯：《廣東歷代方志集成》，廣

州：嶺南美術出版社，2007 年。

31. 同治《韶州府志》，廣東省地方史志辦公室輯：《廣東歷代方志集成》，廣州：嶺南美術出版社，2009 年。

32. 同治《連州志》，廣東省地方史志辦公室輯：《廣東歷代方志集成》，廣州：嶺南美術出版社，2009 年。

33. 同治《番禺縣志》，廣東省地方史志辦公室輯：《廣東歷代方志集成》，廣州：嶺南美術出版社，2007 年。

34. 同治《河源縣志》，廣東省地方史志辦公室輯：《廣東歷代方志集成》，廣州：嶺南美術出版社，2009 年。

35. 光緒《廣西通志輯要》，清光緒十七年刊本。

36. 光緒《廣州府志》，廣東省地方史志辦公室輯：《廣東歷代方志集成》，廣州：嶺南美術出版社，2007 年。

37. 光緒《高州府志》，廣東省地方史志辦公室輯：《廣東歷代方志集成》，廣州：嶺南美術出版社，2009 年。

38. 光緒《重修天津府志》，《續修四庫全書》第 690 冊，上海：上海古籍出版社，1995 年。

39. 光緒《重修華亭縣志》，清光緒四年刊本。

40. 光緒《平湖縣志》，臺北：成文出版社，民國 64 年。

41. 光緒《寧河縣志》，清光緒六年刻本。

42. 光緒《海陽縣志》，廣東省地方史志辦公室輯：《廣東歷代方志集成》，廣州：嶺南美術出版社，2009 年。

43. 光緒《潮陽縣志》，廣東省地方史志辦公室輯：《廣東歷代方志集成》，廣州：嶺南美術出版社，2009 年。

44. 光緒《香山縣志》，廣東省地方史志辦公室輯：《廣東歷代方志集成》，廣州：嶺南美術出版社，2007 年。

45. 光緒《嘉應州志》，廣東省地方史志辦公室輯：《廣東歷代方志集成》，廣州：嶺南美術出版社，2009 年。

46. 光緒《信宜縣志》，廣東省地方史志辦公室輯：《廣東歷代方志集成》，廣州：嶺南美術出版社，2009 年。

47. 光緒《香山縣志》，廣東省地方史志辦公室輯：《廣東歷代方志集成》，廣州：嶺南美術出版社，2007 年。

48. 光緒《贛榆縣志》，臺北：成文出版社，民國 59 年

49. 光緒《嘉善縣志》，臺北：成文出版社，民國 59 年

50. 光緒《福安縣志》，臺北：成文出版社，民國 56 年。

51. 宣統《東莞縣志》，廣東省地方史志辦公室輯：《廣東歷代方志集成》，廣

州：嶺南美術出版社，2007 年。

52. 宣統《番禺縣續志》，廣東省地方史志辦公室輯：《廣東歷代方志集成》，廣州：嶺南美術出版社，2007 年。

53. 宣統《高要縣志》，廣東省地方史志辦公室輯：《廣東歷代方志集成》，廣州：嶺南美術出版社，2007 年。

54. 民國《順德縣志》，廣東省地方史志辦公室輯：《廣東歷代方志集成》，廣州：嶺南美術出版社，2007 年。

55. 民國《思恩縣志》

56. 民國《大埔縣志》，廣東省地方史志辦公室輯：《廣東歷代方志集成》，廣州：嶺南美術出版社，2007 年。

57. 民國《開平縣志》，廣東省地方史志辦公室輯：《廣東歷代方志集成》，廣州：嶺南美術出版社，2007 年。

58. 民國《遼陽縣志》，臺北：成文出版社，民國 62 年。

59. 民國《閩侯縣志》，臺北：成文出版社，民國 55 年。

60. 民國《番禺縣志》，廣東省地方史志辦公室輯：《廣東歷代方志集成》，廣州：嶺南美術出版社，2007 年。

61. 民國《陽朔縣志》，民國二十五年石印本。

62. 民國《佛山忠義鄉志》，民國刊本。

63. 順德市地方志編纂委員會編：《順德縣志》，北京：中華書局，1996 年。

三、今人著作

1. 劉伯驥：《廣東書院制度沿革》。〔不詳〕：商務印書館，〔1938 年〕。

2. 朱自清：《詩言志辨》，北京：古籍出版社，1956 年。

3. 王國維：《觀堂集林》，北京：中華書局，1959 年。

4. 蘇樹蕃編：《清朝御史題名錄》，沈雲龍主編：《近代中國史料叢刊》第 14 輯，臺北：文海出版社，1961 年。

5. 楊向奎：《中國古代社會與古代思想研究》，上海：上海人民出版社，1964 年。

6. 廣東文徵編印委員會：《廣東文徵》，香港中文大學出版社，1974 年。

7. 謝國禎：《明清之際黨社運動考》，北京：中華書局，1982 年。

8. 沈嘉榮：《顧炎武》，南京：江蘇人民出版社，1982 年。

9. 中國科學院自然科學史研究所地學史組主編：《中國古代地理學史》，北京：科學出版社，1984 年。

10. 章太炎：《訄書原刻手寫底本》，上海：上海古籍出版社，1985 年。

11. 范行準:《中國醫學史略》,北京:中醫古籍出版社,1986 年。

12. 周駿富輯:《清代傳記叢刊》,臺北:明文書局,1986 年。

13. 錢仲聯主編:《清詩紀事》,南京:江蘇古籍出版社,1987 年。

14. 錢儀吉、繆荃孫等輯:《清代碑傳全集》,上海:上海古籍出版社,1987 年。

15. 葉顯恩、譚棣華:《明清廣東社會經濟研究》,廣州:廣東人民出版社,1987 年。

16. 余英時:《士與中國文化》,上海:上海人民出版社,1987 年。

17. 朱庸齋選,陳永正注:《嶺南歷代詞選》,廣州:廣東人民出版社,1987 年。

18. 朱伯昆:《易學哲學史》,北京:北京大學出版社,1988 年。

19. 杜維運:《清乾嘉時代之史學與史家》,臺北:臺灣學生書局,1988。

20. 黃愛平:《四庫全書纂修研究》北京:中國人民大學出版社,1989 年。

21. 周作人:《知堂回想錄》,臺北:龍文出版社,1989 年。

22. 陳智超編注:《陳垣來往書信集》,上海:上海古籍出版社,1990 年。

23. 陳支平:《近 500 年來福建的家族社會與文化》,上海:上海三聯書店,1991 年。

24. 何冠彪:《明末清初學術思想研究》,臺北:臺灣學生書局,1991 年。

25. 賴力行:《中國古代文學批評學》,武漢:華中師範大學出版社,1991 年。

26. 張仲禮:《中國紳士——關於其在 19 世紀中國社會中作用的研究》,李榮昌譯,上海:上海社會科學院出版社,1991 年。

27. 南炳文等:《清代文化——傳統的總結和中西大交流的發展》,天津古籍出版社,1991 年。

28. 李文海主編:《清史編年》,北京:中國人民大學出版社,1991 年。

29. 傅大為:《異時空裏的知識追逐:科學史與科學哲學論文集》,臺北:東大圖書公司,1992 年。

30. 王茂等:《清代哲學》,合肥:安徽人民出版社,1992 年。

31. 葉顯恩主編:《清代區域社會經濟研究》,北京:中華書局,1992 年。

32. 陳祖武:《清初學術思辨錄》,北京:中國社會科學出版社,1992 年。

33. 陳祖武、汪學群:《清代文化志》,上海:上海人民出版社,1998 年。

34. 費正清:《劍橋中國晚清史》,北京:中國社會科學出版社,1993 年。

35. 仇江選注:《嶺南歷代文選》,廣東中華民族文化促進會編,1993 年。

36. 王俊義:《清代學術與文化》,瀋陽:遼寧教育出版社,1993 年。

37. 胡楚生:《清代學術史研究》,臺北:臺灣學生書局,1993 年。

38. 嚴靈峰編著：《周秦漢魏諸子知見書目》，北京：中華書局，1993 年。

39. 中國科學院圖書館整理：《續修四庫全書總目提要》，北京：中華書局，1993 年。

40. 楊向奎：《清儒學案新編》，濟南：齊魯書社，1994 年。

41. 胡楚生：《清代學術史研究續編》，臺北：臺灣學生書局，1994 年。

42. 陳鼓應等主編：《明清實學簡史》，北京：社會科學文獻出版社，1994 年。

43. 袁行雲：《清人詩集敘錄》，北京：文化藝術出版社，1994 年。

44. 徐德志等：《廣東對外經濟貿易史》，廣州：廣東人民出版社，1994 年。

45. 李小松、陳澤泓編著：《歷代入粵名人》，廣州：廣東人民出版社，1994 年。

46. 廣東炎黃文化研究會編：《嶺嶠春秋：嶺南文化論集》，北京：中國大百科全書出版社，1994 年。

47. 廣東炎黃文化研究會編：《嶺嶠春秋：嶺南文化論集（二）》，北京：中國社會科學全書出版社，1995 年。

48. 陳金陵：《洪亮吉評傳》，北京：中國人民大學出版社，1995 年。

49. 曾大興：《中國歷代文學家之地理分佈》，武漢：湖北教育出版社，1995 年。

50. 艾爾曼：《從理學到樸學——中華帝國晚期思想與社會文化面面觀》，趙剛譯，南京：江蘇人民出版社，1995 年。

51. 趙所生、薛正興主編：《中國歷代書院志》，南京：江蘇教育出版社，1995 年。

52. 郭英德等：《中國古典文學研究史》，北京：中華書局，1995 年。

53. 白新良：《中國古代書院發展史》，天津：天津大學出版社，1995 年。

54. 朱維錚：《求索真文明——晚清學術史論》，上海：上海古籍出版社，1996 年。

55. 郭潤濤：《官府、幕友與書生——「紹興師爺」研究》，北京：中國社會科學出版社，1996 年。

56. 劉聖宜、宋德華：《嶺南近代對外文化交流史》，廣州：廣東人民出版社，1996 年。

57. 高翔：《康雍乾三帝統治思想研究》，北京：中國人民大學出版社，1996 年。

58. 李開：《惠棟評傳》，南京：南京大學出版社，1997 年。

59. 錢穆：《中國近三百年學術史》，北京：商務印書館，1997 年。

60. 馮天瑜：《明清文化史散論》，武漢：華中理工大學出版社，1998 年。

61. 李儼:《李儼錢寶琮科學史全集》,瀋陽:遼寧教育出版社,1998 年。

62. 嚴迪昌:《清詩史》,臺北:五南圖書出版有限公司,1998 年。

63. 陳春聲、劉志偉:《經營文化:中國傳統社會單元的運營與管理》,香港:香港教育圖書公司,1999 年。

64. 趙園:《明清之際士大夫研究》,北京:北京大學出版社,1999 年。

65. 尚小明:《學人遊幕與清代學術》,北京:社會科學文獻出版社,1999 年。

66. 胡守爲:《嶺南古史》,廣東人民出版社,1999 年。

67. 黃愛平:《18 世紀的中國與世界·思想文化卷》,瀋陽:遼海出版社,1999 年。

68. 馮友蘭:《中國哲學史》,上海:華東師範大學出版社,2000 年。

69. 葛兆光:《中國思想史》,上海:復旦大學出版社,2000 年。

70. 陳居淵:《清代樸學與文學》,南昌:百花洲文藝出版社,2000 年。

71. 王紹曾主編:《清史稿藝文志拾遺》,北京:中華書局,2000 年。

72. 汪辟疆:《汪辟疆說近代詩》,上海:上海古籍出版社,2001 年。

73. 李緒柏:《清代廣東樸學研究》,廣州:廣東省地圖出版社,2001 年。

74. 嚴峻峻:《嶺南醫家婦科學術源流及臨證經驗整理研究》,廣州中醫藥大學碩士研究生學位論文,2001 年。

75. 馬積高:《清代學術思想的變遷與文學》,長沙:湖南人民出版社,2002 年。

76. 顏澤賢、黃世瑞:《嶺南科學技術史》,廣州:廣東人民出版社,2002 年。

77. 郭成康等:《康乾盛世歷史報告》,北京:中國言實出版社,2002 年。

78. 黃愛平:《樸學與清代社會》,石家莊:河北人民出版社,2003 年。

79. 郭康松:《清代考據學研究》,武漢:崇文書局,2003 年。

80. 姜廣輝:《中國經學思想史》,北京:中國社會科學出版社,2003 年。

81. 王日根:《明清民間社會的秩序》,長沙:嶽麓書社,2003 年。

82. 何宗美:《明末清初文人結社研究》,天津:南開大學出版社,2003 年。

83. 陳來:《宋明理學史》,上海:華東師範大學出版社,2004 年。

84. 施堅雅主編:《中華帝國晚期的城市》,葉光庭等譯,北京:中華書局,2004 年。

85. 鄧洪波:《中國書院史》,上海:東方出版中心,2004 年。

86. 賴文、李永宸:《嶺南瘟疫史》,廣州:廣東人民出版社,2004 年。

87. 毛慶耆主編:《嶺南學術百家》,廣州:廣東人民出版社,2004 年。

88. 陳實:《清代珠江三角洲教育狀況研究》,暨南大學博士論文,2004 年。

89. 何富貴等：《西樵大沙何氏宗譜》（手抄本），南海圖書館藏，2004 年。

90. 趙園：《關於士風》，《中國文化研究》，2005 年夏之卷。

91. 陳弱水、王泛森主編：《思想與學術》，北京：中國大百科全書出版社，2005 年。

92. 陳祖武、朱彤窗編：《乾嘉學術編年》，石家莊：河北人民出版社，2005 年。

93. 艾爾曼：《經學：政治和宗教——中華帝國晚期常州今文學派研究》，趙剛譯，南京：江蘇人民出版社，2005 年。

94. 彭林編：《清代經學與文化》，北京：北京大學出版社，2005 年。

95. 李治亭：《清康乾盛世》，南京：江蘇教育出版社，2005 年。

96. 朱萬章：《粵畫訪古》，北京：文物出版社，2005 年。

97. 吳琛瑜：《清代前中期江南無功名下層士人社會生活探研》，蘇州大學 2005 年碩士學位論文。

98. 趙園：《士人‧言論‧心態——〈明清之際士大夫研究〉續編》，北京：北京大學出版社，2006 年。

99. 程美寶：《地域文化與國家認同：晚清以來「廣東文化」觀的形成》，北京：三聯書店，2006 年。

100. 傅斯年：《中國古代思想與學術十論》，桂林：廣西師範大學出版社，2006 年。

101. 蔡鎮楚：《中國文學批評史》，長沙：嶽麓書社，2006 年。

102. 黃侃：《黃侃手批爾雅義疏》，北京：中華書局，2006 年。

103. 劉墨：《乾嘉學術十論》，北京：北京三聯書店，2006 年。

104. 冼劍民、陳鴻鈞編：《廣州碑刻集》，廣州：廣東高等教育出版社，2006 年。

105. 保羅‧肯尼迪：《大國的興衰——1500～2000 年的經濟變遷與軍事衝突》，北京：國際文化出版社，2006 年。

106. 江慶柏：《清朝進士提名錄》，北京：中華書局，2007 年。

107. 楊念群主編：《新史學（第一卷）——感覺‧圖像‧敘事》，中華書局，2007 年。

108. 羅炳良：《清代乾嘉歷史考證學研究》，北京：北京圖書館出版社，2007 年。

109. 李孝悌的《戀戀紅塵：中國的城市、欲望和生活》，上海：上海人民出版社，2007 年。

110. 黃仁宇：《萬曆十五年》（增訂本），北京：中華書局，2007 年。

111. 游明：《〈菊芳園詩鈔〉校注》，廣西大學碩士學位論文，2007 年。

112. 許紀霖等：《近代中國知識分子的公共交往：1895～1949》，上海：上海人民出版社，2008 年。

113. 韓書瑞、羅友枝：《十八世紀中國社會》，陳仲丹譯，南京：江蘇人民出版社，2008 年。

114. 周琍：《清代廣東鹽業與地方社會》，北京：中國社會科學出版社，2008 年。

115. 王崇存：《嶺南醫家何夢瑤〈傷寒論近言〉殘本整理及相關研究》，廣州中醫藥大學碩士學位論文，2008 年。

116. 王業鍵：《清雍正時期（1723～35）的財政改革》，《中研院歷史語言研究所集刊論文類編（歷史編・明清卷)》第 2 冊，北京：中華書局，2009 年。

117. 科大衛：《皇帝和祖宗：華南的國家與宗族》，卜永堅譯，南京：江蘇人民出版社，2009 年。

118. 鄭幸：《袁枚年譜新編》，復旦大學博士論文，2009 年。

119. 紀寶成主編：《清代詩文集彙編》，上海：上海古籍出版社，2010 年。

120. 劉志偉：《在國家與社會之間：明清廣東地區里甲賦役制度研究》，北京：中國人民大學出版社，2010 年。

121. 劉鳳雲、劉文鵬：《清朝的國家認同：「新清史」研究與爭鳴》，北京：中國人民大學出版社，2010 年。

122. 楊念群：《何處是江南：清朝正統觀的確立和士林精神世界的變異》，北京：三聯書店，2010 年。

123. 劉小斌：《嶺南醫學史（上)》，廣州：廣東科技出版社，2010 年。

124. 侯外廬等：《中國思想通史》，北京：人民出版社，2011 年。

125. 錢穆：《中國近三百年學術史》，北京：九州出版社，2011 年。

四、今人論文

1. 梁啓超：《近代學風之地理的分佈》，《清華學報》第 1 卷第 1 期（1924）。

2. 裴沖曼：《中國算學書目彙編》，《清華學報》第 3 卷第 1 期（1926）。

3. 何夢瑤：《傷寒論近言》，《中醫雜誌》第 3、4 期，民國十六年（1927）。

4. 嚴敦傑：《伽利略的工作早期在中國的傳佈》，《科學史集刊》1964 年第 7 期。

5. 徐復霖：《從〈醫碥〉看何夢瑤的學術經驗》，《新中醫》1980 年第 2 期。

6. 張志斌：《何夢瑤〈醫碥〉的嶺南特色》，《廣西中醫藥》1980 年第 5 期

7. 曾時新：《嶺南名醫何夢瑤》，《新中醫》1981 年第 1 期。

8. 劉小斌：《何夢瑤生平及著作考》，《新中醫》1987 年第 1 期。

9. 劉小斌、郭世松：《〈景嶽全書〉對嶺南醫學之影響》，《新中醫》1988 年第 2 期。

10. 王躍生：《清代科舉人口研究》，《人口研究》1989 年第 3 期。

11. 劉志英、許永周：《何夢瑤的濕病論》，《新中醫》1989 年第 11 期。

12. 劉志偉：《祖先譜系的重構及其意義——珠江三角洲一個宗族的個案分析》，《中國社會經濟史研究》1992 年 4 期。

13. 何炳棣：《明清進士與東南人文》，載《中國東南地區人才問題國際研討會論文集》，杭州：浙江大學出版社，1993 年；

14. 李寶峰：《〈醫碥〉論痰思想初探》，《江蘇中醫》1993 年第 8 期。

15. 陳正生：《康熙十四律乃徐壽「律管試驗」之濫觴與戴念祖先生商榷》，《黃鐘》1995 年第 1 期。

16. 李緒柏：《清代廣東文化的結晶體——東塾學派》，《廣東社會科學》1996 年第 3 期。

17. 范金民：《明清江南進士數量、地域分佈及其特色分析》，《南京大學學報》（哲人社版）1997 年第 2 期

18. 陳正生：《我國歷代管口校正研究述評》，《交響：西安音樂學院學報》1997 年第 3 期。

19. 王俊義：《二十世紀清代學術思想史研究之回顧》，《中國社會科學院研究生院學報》1997 年第 3 期。

20. 王偉彪，鄭洪：《嶺南人體質特點與何夢瑤火熱論》，《廣東醫學》1998 年第 1 期。

21. 王淑玲、洪素蘭：《何夢瑤辨痰治痰要旨》，《中國醫藥學報》1998 年第 5 期。

22. 李安民：《清代名醫何夢瑤的醫學成就》，《中醫雜誌》1998 年第 11 期。

23. 蔣寅：《東瀛讀書記》，《文獻》1999 年第 1 期。

24. 沈登苗：《明清全國進士與人才的時空分佈及其相互關係》，《中國文化研究》1999 年第 4 期。

25. 楊英豪等：《羽翼〈準繩〉針砭時醫》，《河南中醫》1999 年第 5 期。

26. 陳永正：《嶺南詩派略論》，《嶺南文史》1999 年第 6 期。

27. 葉漢明：《明代中後期嶺南的地方社會與家族文化》，《歷史研究》2000 年第 3 期。

28. 李緒柏：《明清廣東的詩社》，《廣東社會科學》2000 年第 3 期。

29. 呂平波：《何夢瑤對氣血生成來源的學術見解》，《中醫研究》2001 年第 8 期。

30. 馬小蘭：《淺論何夢瑤〈醫碥〉之脈學成就》，《中華醫史雜誌》2001 年第 4 期。

31. 王獻軍：《端溪書院史話》，《廣東史志》2002 年第 2 期。

32. 劉志偉：《地域社會與文化的結構過程——珠江三角洲研究的歷史學與人類學對話》，《歷史研究》2003 年第 1 期。

33. 吳琦、趙秀麗：《儒佛互補：明清易代之際嶺南士人的行爲特徵》，《中南民族大學學報》2003 年第 3 期。

34. 李文海、趙曉華：《晚清官僚士人群體的人際交往》，《中國人民大學學報》2003 年第 6 期。

35. 朱大爲：《16 至 18 世紀中國遠距離貿易和全國性市場的形成》，《福建論壇》2003 年第 6 期。

36. 陳國慶：《清代學術史研究的幾個問題》，《中州學刊》，2004 年第 5 期。

37. 黃海妍：《〈錦綸祖師碑記〉的介紹與解讀》，《華南研究資料中心通訊》第 41 期，2005 年。

38. 趙園：《任道與任事——關於明清之際士人的一種姿態分析》，《西北師範大學學報》2006 年第 2 期。

39. 蕭運鴻：《〈算迪〉中的槓杆力學知識》，《力學與實踐》2006 年第 2 期。

40. 王應憲：《惠士奇：清代廣東經學的開拓者》，《嶺南文史》2006 年第 3 期。

41. 田文敬：《簡評何夢瑤之〈醫碥〉》，《中國中醫基礎醫學雜誌》2006 年第 6 期。

42. 朱漢民：《書院歷史變遷與士大夫價值取向》，《湖南大學學報》（社科版）2007 年第 3 期。

43. 邱立新：《何夢瑤論治中風病的特色》，《中華中醫藥學刊》2007 年第 12 期。

44. 范松義：《清代嶺南越臺詞社考論》，《暨南學報》2008 年第 3 期。

45. 詹石窗、馮靜武：《邵雍的「皇極經世」學及其歷史影響》，《文史哲》2008 年第 5 期。

46. 趙毅、秦海瀅：《明清時期淄川士人的社會交往與空間轉換》，《遼寧師範大學學報》（社會科學版）2008 年第 5 期。

47. 桑薈：《明清時期江南士人習醫原因初探》，《中國地方志》2008 年第 5 期。

48. 劉小斌：《嶺南名醫何夢瑤研究》，中華醫學會醫史學分會第 12 屆 1 次學術年會論文集，2008。

49. 趙毅、秦海瀅：《明清時期淄川士人的社會交往與空間轉換》，《遼寧師範

大學學報》2008 年第 5 期。

50. 趙伯陶：《明清八股取士與文學及士人心態》，《深圳大學學報》（人文社會科學版）2009 年第 1 期。

51. 李際強、羅翌：《何夢瑤治療瘟疫病學術思想探討》，《中醫文獻雜誌》2009 年第 2 期。

52. 范松義：《嶺南詞風「雅健」辨》，《文學遺產》2009 年第 6 期。

53. 朱鴻林：《文獻足徵與文獻阻徵：從韓雍處置大藤峽事宜的一封奏疏說起》，《文獻》2010 年第 4 期。

54. 陳剛俊、彭潔：《不爲良相願爲醫——明清江西從醫士人群體研究》，《江西中醫學院學報》2010 年第 3 期。

55. 于梅舫：《科考與經解——詁經精舍、學海堂的設置與運思》，《中山大學學報》2010 年第 6 期。

56. 安東強：《清代學政沿革與皇朝體制》，中山大學博士學位論文，2010 年。

57. 蔡灼暖：《陳白沙詩歌研究》，暨南大學碩士學位論文，2010 年。

58. 荀鐵軍：《〈醫碥〉與〈證治準繩〉的淵源》，《安徽中醫學院學報》2011 年第 3 期。

59. 鄧駿捷、駱偉：《新見張汝霖〈西阪草堂詩鈔〉中的澳門詩》，《澳門研究》2012 年第 3 期。

後　記

　　此書是根據我 2012 年的博士論文《何夢瑤研究》修定而成。讀博士的念頭始於父親（諱品高，1939～1998 年）的殷切期望。雖然他離開我已整整十五週年，但他正直、堅韌、沉默的形象時常縈繞心中。此書的出版也算是對他的一種紀念。

　　論文的完成，首先要感謝我的媽媽，她以一生的辛苦操勞，培養了我們兄妹三人長大，對我們的生活、工作、學習予以竭力呵護；感謝擁軍、劍銘、學軍、文芳默默的支持鼓勵和幫助。

　　特別感謝我愛妻楊麗容博士對我深沉的愛和體貼入微的照顧！我們相依相伴，相濡以沫；在我失落時，你的鼓勵給了我振作的勇氣，你的愛意宛如涓涓細流溫暖我心田。我愛你及我們的孩子！還有感謝岳父母及智偉對我的辛苦付出和鼓勵關懷。親人們的鼎力支持是我能夠完成論文的不竭動力。

　　我曾學醫五年，之後考入華南師大，師從恩師顏澤賢教授攻讀科技哲學碩士。畢業後在數個機關和地方磋跎。2008 年入暨南大學師從劉正剛教授。由於我史學基礎薄弱和天資不敏，論文的寫作得到他辛勤的指點和修改，特別感謝他數年來對我的指導和教誨。

　　感謝暨大文學院的諸位老師：湯開建、范立舟、張其凡、張廷茂、勾利軍；他們的學識和爲人給我很多教益和啓迪。同時感謝廣州中醫藥大學的劉小斌教授的指點和幫助。

　　感謝博士答辯委員會的諸位教授：黃國信、李慶新、黃志繁、王元林和馬建春；他們對論文提出了非常寶貴而中肯的指導意見，給我今後的學術研究指明了努力方向。

　　同時要特別感謝張中鵬博士。他具有木訥剛毅近乎仁的品格，本文的寫作得其鼓勵和幫助尤巨，其學識和爲人均使我受益匪淺。

　　還要特別感謝南海區西樵鎮崇北村主任何春華先生，他作爲何夢瑤的同族後人，提供了宣統《大沙深巷何氏族譜》第一卷的複印件，此份資料是本書寫作彌足珍貴的史料。

　　感謝師弟黃建華辛苦爲我查閱和收集資料，潤色論文。此外，王再華、黃紅衛、楊常青、江波、曾繁花、喬玉紅、朱文慧、熊鳴琴、王潞、李貝貝、Tim Wong、陳斌、歐健等同學和朋友爲本書的資料搜集、寫作和修改幫助不少；臺灣花木蘭文化出版社高小娟社長和楊嘉樂女士爲本書的出版費心諸多，在此一併致謝。

荀鐵軍

2013 年 5 月 3 日於廣州花果山